몬드라곤에서
배우자

몬드라곤에서 배우자
— 해고 없는 기업이 만든 세상

초판 1쇄 발행 2012년 1월 20일
초판 5쇄 발행 2021년 3월 12일

지은이 윌리엄 F. 화이트, 캐서린 K. 화이트
옮긴이 김성오
펴낸이 정순구
책임편집 조수정
기획편집 조원식, 정윤경
마케팅 황주영

출력 블루엔
용지 한서지업사
인쇄 한영문화사
제본 한영제책사

펴낸곳 (주) 역사비평사
등록 제300-2007-139호 (2007.9.20)
주소 10497 경기도 고양시 덕양구 화중로 100(비젼타워 21) 506호
전화 02-741-6123~5
팩스 02-741-6126
홈페이지 www.yukbi.com
전자우편 yukbi88@naver.com

한국어판출판권© 역사비평사, 2012
ISBN 978-89-7696-279-9 / 03330

Making Mondragon: The growth and dynamics of the worker cooperative complex(2nd ed., 1991)
by Whyte, William Foote & Whyte, Kathleen King.
ILR Press(New York State School of Industrial and Labor Relations, Cornell University Press)
이 책의 한국어판 출판권은 저자 윌리엄 F. 화이트와 옮긴이 김성오의 협약에 따라 역사비평사가 독점적 권리를 갖고 있습니다.

책값은 표지 뒷면에 표시되어 있습니다.
잘못 만들어진 책은 구입하신 서점에서 바꾸어 드립니다.

몬드라곤에서 배우자

Making Mondragon

해고 없는 기업이 만든 세상

윌리엄 F. 화이트, 캐서린 K. 화이트 지음
김성오 옮김

역사비평사

몬드라곤에서 배우자 / 차례

1부 몬드라곤에 대한 초보적 이해

01 인류의 실험장, 몬드라곤 22

특이한 사례가 갖는 의미 23 | '연구와 실천'을 위한 문제 제기 24 | 노동자 소유제와 몬드라곤 26 | 기업구조에 대한 전통적 이론의 퇴조와 새로운 대안의 모색 27

02 바스크 지방에 대하여 29

바스크 문화의 유래 29 | 프랑코 통치기: 1939~1975 35 | 프랑코 통치기의 노사 관계 37 독재에서 민주주의로 41 | 몬드라곤 이전의 협동조합들 44

2부 몬드라곤 협동조합 복합체의 건설

03 몬드라곤 협동조합 복합체의 전사 50

돈 호세 마리아: 자영 농장주의 아들에서 성직자로 53 | 몬드라곤에서의 출발 55

04 최초의 노동자생산협동조합 61

울고의 창립 63 | 정관 작성 67 | 조합평의회 70 | 여성 노동자의 권리 75 | 투표권 75 재정 정책 76 | 임금과 급여 수준 78 | 정부의 승인 80 | 초창기의 발전 82

05 지원기관과 협동조합의 다양화 85

협동조합 은행의 설립 86 | 사회보장협동조합 90 | 알레코프 학생협동조합 93 서비스와 농업 관련 협동조합 95 | 주택 공급과 건설 98

06 협동조합 그룹으로 발전 100

'울라르코'의 설립 102 ∣ 운영체계 104 ∣ 이윤과 손실의 공동화 105

07 높은 경쟁력의 비밀, 공업기술연구협동조합 107

돈 호세 마리아의 영향 109 ∣ 이켈란의 자금 조달과 지역사회에 대한 봉사 109
운영체계와 노동조직 112

08 협동조합 은행, 노동인민금고의 중추적 역할 115

노동인민금고의 조직과 관리 115 ∣ 연합협정 116 ∣ 노동인민금고 기업국 120
여성협동조합의 설립 126 ∣ 노동인민금고 내부에서 만들어진 협동조합의 설립 사례 131
협동조합 그룹에 의한 새로운 회사 설립 134 ∣ 협동조합으로 전환한 사기업 137

3부 경영체계의 변화

09 내부 갈등의 극복 144

새로운 직무평가 프로그램 147 ∣ 직무평가에 대한 불만 150 ∣ 1974년의 파업 151
1974년 파업 이후의 논쟁 154 ∣ 파업 가담자들을 구제하기 위한 운동 156
파업 경험에 대한 반성 157

10 노동자 참여체계에 대한 재고 159

노동조합 및 정당과의 관계 165

11 노동개혁 프로그램 172

코프레시에서 시도된 최초의 실험 175 ∣ 다른 협동조합들로 확대되는 개혁 182
신설 공장의 새로운 노동조직 186 ∣ 조합평의회의 모호한 역할 187
돈 호세 마리아의 초연함 189 ∣ 노동개혁 프로그램의 성과 190

4부 80년대 경제침체기의 몬드라곤의 대응

12 모두가 살기 위해 나누는 희생 196

임금정책의 변경 200 | 조합원들의 출자금 증액 209

13 실업에 대한 보상과 지원 221

권리와 의무의 균형 222 | 사업 수행을 위한 정책과 그 과정 223 | 비용의 분담 226

14 울라르코에서 파고르로 229

느슨한 연합 체제에서 통합 경영 체제로: 1964~1975 229
개입과 재편: 1976~1983 231 | 협동조합 그룹의 재편: 1985~1986 236

15 서비스업과 농업 관련 협동조합의 규모 확장 243

에로스키 슈퍼마켓의 성장 244 | 농업 관련 사업 부문의 발전 246

16 노동인민금고의 역할 변화 255

위기 대응으로서 방어와 구제 프로그램 256 | 수비올라의 구제 260
수비올라 경영의 구제 273 | 위기에서 노동인민금고의 역할 274

5부 90년대와 그 이후를 대비한 조직 재편

17 전략적인 조직 재편 278

지역 및 중앙 정치·경제에 끼친 몬드라곤의 영향 279 | 경제위기에 직면 280
구조 개혁의 계획과 수행 285 | 경제적 도전에 대한 대응 289 | 사기업과의 관계 294
몬드라곤의 생산성과 경쟁력 296

18 강화된 경쟁에 따른 조건 변화와 대응 298

고용 창출과 유지를 위한 필요조건의 변화 300 ▎교육과 연구의 강화 302 ▎조직 재편의 사회적 의미 310 ▎조직 내 민주주의와 참여 314 ▎의사소통의 문제 316 ▎경영·운영과 노동 관리에 참여하는 노동자 318 ▎조합평의회의 역할 321 ▎몬드라곤의 힘 326

6부 몬드라곤의 교훈

19 돈 호세 마리아의 사상 334

설립자에 대한 소개 335 ▎제자들의 눈에 비친 돈 호세 마리아 338
돈 호세 마리아 사상의 전개 341 ▎문화적 정치적 억압에 직면하여 344
교회와의 관계 349 ▎정치적 이데올로기 351 ▎근본적인 지도 이념 355
협동조합운동에 관하여 366 ▎지도자로서 돈 호세 마리아 372

20 민족문화와 조직문화 376

바스크 문화 378 ▎협동조합의 문화 379 ▎사고의 틀 381
조직문화를 유지·변화시키기 위한 제도의 형성 385

21 몬드라곤의 경험은 우리에게 무엇을 의미하는가? 392

미국에서 몬드라곤의 영향 393 ▎노동자에 의한 소유와 통제의 유지 400 ▎노동자로서의 이익과 소유자로서의 이익 균형 403 ▎보완·지원조직 405 ▎지도력 406
조직문화 407 ▎지역경제의 발전 410

참고문헌 416
미주 429
추천사 434

한국어판 저자 서문

몬드라곤 협동조합 복합체가 위치한 스페인의 바스크 지방과 마찬가지로 협동·단결의 전통이 깊은 곳으로 알려진 한국으로부터 *Making Mondragon*의 번역 및 출간을 승인해달라는 요청을 받고 큰 영광을 느낍니다. 몬드라곤의 경험은 기술, 경제, 노사 관계의 영역에서 많은 시사점을 던져줄 뿐만 아니라, 협동과 단결의 전통을 기반으로 하는 새로운 인간관계의 측면에서도 많은 시사점을 주고 있습니다.

몬드라곤의 설립자이며 주요 입안자인 호세 마리아 아리스멘디아리에타는 스페인 바스크 지방의 몬드라곤이라는 작은 도시의 가톨릭 신부였습니다. 그는 자신이 만들어낸 종교적이고도 윤리적인 독특한 가치관을 실현하고자 분투했습니다. 다른 동료 신부들이 개인의 영혼을 구제하는 데 혼신의 노력을 기울이고 있는 동안, 그는 자유와 평화, 그리고 사회적인 연대를 보장해주는 훌륭한 사회를 건설하고자 노력했습니다. 전통적인 입장을 고수하던 신부들은 그의 세계관을 지지하지 않았습니다. 프랑코 치하의 친정부 인사들에게는 그가 기존 질서를 뒤흔드는 '빨갱이 신부'로밖에 보이지 않았습니다.

돈 호세 마리아는 자신이 바라는 사회가 단순히 종교적이고 윤리적인 원리만으로 이루어질 수 없다는 것을 잘 알고 있었습니다. 그 원리는 스페인의 법률과 기술, 경제, 사회학의 제반 원리와 관련을 맺어야만 했습니다. 그래서 그는 노동자생산협동조합의 역사뿐만 아니라 윤리적 기반을 갖춘 경제적 사회적 활동들을 진지하게 탐구하고 공부하는 연구자가 될 수밖에 없었습니다. 그는 노동자생산협동조합에 기반을 둔 사회를 건설하기 위해서는 로버트 오언이나 다른 유토피언들이 빠졌던 오류를 피해야 한다는 점을 확실하게 인식하고 있었던 것입니다.

교육은 몬드라곤운동의 기초를 마련해주었습니다. 물론 이 교육은 학교에서 하는 형식적인 수업을 뛰어넘는 것이었습니다. 돈 호세 마리아의 제자이며 훗날 최초의 노동자생산협동조합인 울고를 설립한 젊은이들이 기술적인 문제들을 연구하는 동안, 돈 호세 마리아는 정기적으로 그들과 만나 경제와 사회문제들에 대해 함께 토론했습니다. 그들이 돈 호세 마리아가 설립한 학교를 졸업한 뒤에도 이런 논의는 지속되었습니다. 1956년 울고가 창립된 뒤에도 돈 호세 마리아는 2년 동안 이 토론회를 계속 이끌면서 최초의 노동자생산협동조합이 정관과 내규를 정하도록 도와주었습니다. 이때 마련된 정관은 울고에 아주 잘 들어맞았고 합리적이어서, 이후 설립되는 몬드라곤 협동조합 복합체 안의 다른 모든 협동조합이 정관을 만드는 데 기본적인 뼈대가 되었습니다.

협동조합 연구자들이 한결같이 일치된 의견을 보이는 것이 있습니다. 그것은 사기업체에 둘러싸여 있는 고립된 노동자생산협동조합이 장기적으로 살아남아 경제적 성공을 이룰 가능성은 거의 없다는 것입니다. 노동자생산협동조합운동의 성공 여부는 노동자생산협동조합을 지탱해주는 하부구조를 얼마나 조직적으로 구축해나가느냐에 달려 있습니다. 돈 호세 마리아는 협동조합 은행, 협동조합 연구기관 및 개발기관 등 협동조합을 뒷받침하는 여러 지원조직들을 설립해나가는 방향으로 그의 추종자들을 이끌었습니다.

한국에서도 협동과 단결의 오랜 전통에 기반을 두고 노동자생산협동조합 운동이 활발히 전개되리라고 낙관합니다. 한국 사회는 이런 전통에 기반하여 경제, 사회, 기술의 문제들에 대한 연구를 개발·축적하고 이를 위한 지원·연대조직을 만들 수 있을 뿐만 아니라, 인간관계의 바탕이 되는 윤리적 측면의 탐구 또한 활발히 전개해나갈 것입니다. 미래의 도전에 대한 이런 대응은 한국 사회의 미래에 새로운 희망을 불어넣을 수 있을 것이라고 확신합니다.

1991년 12월 10일, 윌리엄 푸트 화이트

저자 서문

몬드라곤을 알기 전까지만 해도 나는 노동자생산협동조합은 이상에 불과하다고 생각했다. 현대의 공업화된 경제체제 속에서 노동자생산협동조합이 살아남거나 성장할 가능성은 거의 없다고 보았던 것이다. 내가 몬드라곤을 처음 알게 된 것은 1974년 코넬대학 학회지에 실린 로버트 오크샷의 논문[1]을 통해서였다.

몬드라곤을 알고 나서 오크샷이 그랬던 것처럼 나 역시 매우 흥분하지 않을 수 없었으며, 스페인에 있는 이 협동조합 복합체를 직접 견학하기로 결심했다. 1975년 4월 마침내 독일 마샬기금의 후원으로 캐서린 킹 화이트(윌리엄 푸트 화이트의 부인이자 이 책의 공동저자 — 옮긴이 주)와 함께 몬드라곤을 방문해 1차 현장학습을 했다.

1차 현장학습의 연구과제는 몬드라곤이 어떻게 설립되어서 어떻게 살아남았고 어떻게 성장했는가 하는 그 역동적 과정을 해명하는 것이었다. 이 주제를 집요하게 연구한 사람은 1975년 몬드라곤 방문에 동행했던 코넬대학의 대학원생 아나 구티에레스-존슨이었다. 그녀는 우리가 몬드라곤을 떠난 뒤에도 계속 남아서 현장학습을 두 차례 더한 뒤 석사, 박사학위 논문[2]을 완성했다.

1980년대의 연구과제는 몬드라곤의 협동조합들이 당시의 혹심한 경제불황을 어떻게 극복했는지 해명하는 것이었다. 스페인 경제는 서유럽의 다른 나라들보다 훨씬 심각한 불황을 겪고 있었으며, 따라서 몬드라곤의 협동조합들도 생존경쟁에 뛰어들어야만 했다.

1983년 10월 캐서린과 나는 재차 몬드라곤을 방문했다. 두 번째 현장학습 때는 좀 더 깊이 있는 연구를 할 수 있었다. 이때부터 우리들의 연구 작업은 몬드라곤의 주민들, 그리고 코넬대학의 동료·학생들과의 긴밀한 협력 속에서 진행되었다. 그 과정을 통해 우리는 몬드라곤의 협동조합들이 인간적인 가치를 포기하지 않으면서 스스로를 재조직해갔던, 고통스럽지만 매우 성공적이었던 투쟁에 대해 구체적으로 이해할 수 있었다. 1986년 우리가 몬드라곤을 떠날 즈음, 몬드라곤 협동조합들은 새로운 경제적 기술적 역량을 갖추게 되었으며 다시금 역동적인 성장기로 진입했다. 실제로 같은 해 바스크 지방 전체의 실업률이 25%를 넘어섰음에도, 몬드라곤 협동조합들은 500여 개의 새로운 일자리를 만들어냈으며 19,500명이 넘는 사람들이 전일全日고용 상태로 일하고 있었다.

1988년 이 책의 초판이 출간되었을 때, 우리는 몬드라곤에 관한 연구가 일단락되었다고 생각했다. 그러나 이후 몬드라곤의 기관지 『노동과 단결』을 비롯한 다른 몇몇 잡지들을 구독하면서, 우리의 연구 작업이 몬드라곤 협동조합 복합체에서 매우 중요한 구조적 변화와 정책 변화가 일어나기 바로 직전에 끝났다는 사실을 명확히 알게 되었다. 유럽공동시장에서 살아남기 위해 몬드라곤의 체질 강화를 목표로 했던 '변화'들은 매우 흥미로운 것이었다.

1990년 4월 우리는 6일간의 일정으로 또다시 몬드라곤을 방문했다. 변화를 주도한 인물들과 인터뷰를 진행하면서 그들로부터 전해 들은 풍부한 내용을 통해 우리는 개정판을 낼 수 있는 용기를 얻었고, 이전에 밝혀지지 않았던 사건들의 중요성도 깨달을 수 있었다.

마지막으로, 이 책은 우리의 연구 작업에 도움을 주었던 몬드라곤 사람들과 우리의 오랜 협조 관계의 산물임을 밝혀둔다.

1991년 3월, 윌리엄 푸트 화이트

옮긴이 서문

벌써 20여 년이 흘렀다. 1992년 9월 『몬드라곤에서 배우자』를 처음 번역해서 세상에 내놓았을 때, 나는 20대 후반의 야심만만하고 활기 넘치는 청년이었다. 세상에 대한 두려움은 없었다. 잠자는 시간을 빼면 조직 활동과 집필이 생활의 전부였다. 낮에는 협동조합을 만드는 프로젝트를 진행하거나 조합원들을 교육하러 다녔고, 밤에는 새벽까지 글을 쓰는 바쁜 나날이었다. 나는 매일매일 협동조합주의자가 되어갔다.

협동조합주의자가 되기 전, 그러니까 이 책을 만나기 전 1984년부터 90년까지 나는 사회주의 혁명을 꿈꾸며 실천하고 있었다. 노동야학과 위장취업, 노조 조직화와 사상투쟁으로 점철되었던 7년 내내 눈빛은 살기를 띠었고 체지방률은 제로에 수렴했다. 그즈음 내 또래의 선배, 후배, 친구들의 상황도 크게 다르지 않았다. 우리는 사실 앞으로 닥칠 전국적인 봉기에 대비하고 있었다.

하지만 민중봉기가 먼저 일어난 곳은 사회주의 종주국 소련과 동유럽의 '동지국'들이었다. 마오의 나라 중국 또한 자본주의를 본격적으로 받아들이기 시작했다. 북한의 경제난은 심화되었다.

소련의 붕괴는 너무나 놀라운 일이었다. 아니, 황당하다는 표현이 적당할 것 같다. 무엇과 비교할 수 있을까? 한 남자가 한 여자를 마음속 깊이 사모하고 있었다. 남자는 매일 그 여자를 생각하며 연애편지를 썼다. 하지만 소중한 이에게 편지를 보내는 일조차 죄스러워 매일 새로 쓴 편지를 품에 안고 잠들었다. 7년쯤 지나, 남자는 길거리에서 우연히 꿈에도 그리던 여자를 만나게 되었다. 여자는 남자에게 퉁명스럽게 말했다. "실은, 난 여자 옷을 입고 다닌 남자다." 남자가 느꼈을 기막힘이 그때의 황당함과 비교될 수 있을까?

　1990년 말 공장 활동을 접고 몇 개월간 앓아누웠다. 몸과 마음이 많이 상한 상태였다. 명상과 절, 독서와 등산으로 소일하며 짧지 않았던 20대를 되돌아보고 있었다. 그즈음 이남곡 선배로부터 몬드라곤 협동조합 이야기를 처음 듣고, 그와 관련된 책을 10여 권 얻었다. 세 권은 영어책이었고 나머지는 일어책이었는데, 그중 가장 마음에 드는 책이 한 권 있었다. 윌리엄 화이트와 캐서린 화이트 부부가 쓴 *Making Mondragon*이라는 책으로, 바로 『몬드라곤에서 배우자』의 원서이다. 번역은 약 1년에 걸쳐 진행되었다. 그 사이 건강은 회복되었고 눈빛도 다시 반짝이기 시작했다. 1992년, 나는 '자본주의의 부정의와 사회주의의 비효율을 넘어선 정의와 효율의 통일'이라고 책의 부제를 붙였다(복간본은 시대 변화를 감안해 '해고 없는 기업이 만든 세상'으로 부제를 바꾸었다).

　책이 출간되고 일곱 해쯤 지나 미국 사회학회 회장을 역임한 뛰어난 사회학자 윌리엄 화이트 교수가 별세하셨다. 몬드라곤은 지금도 마찬가지지만 그때도 계속 변화하고 있었다. 내겐 큰 걱정거리가 하나 생겼다. '10년에 한 번은 이 책을 개정해야 하는데, 누가 하지?' 아니나 다를까, 2000년쯤부터 협동조합 종사자들이나 연구자들은 이 책의 후속판을 내야 한다고 나를 압박해 왔다. 하지만 윌리엄 화이트 교수가 작고하신 마당에 그 일은 감히 진행하기 힘든 작업이었다. 시간도 없었지만 내 실력으로는 엄두가 나지 않는 일이었기 때문이다.

책이 출간되고 20여 년이 흘렀지만 나는 실천적인 면에서나 학문적인 면에서나 아직 한참 미숙성한 상태라는 것을 잘 알고 있다. 현장운동에서는 성공보다 실패를 훨씬 더 많이 겪었고, 총기는 더욱 희미해지고 독서량은 줄었으며, 글쓰기는 더욱 낯설어졌다. 더욱이 2002년부터는 협동조합 현장에서 한 발 떨어져 있는 상태이기도 했다. 그러나 나는 여전히 협동조합주의자이고 앞으로도 계속 그러할 것이다. 최근 들어 나는 이 일을 더 미루기 힘들다는 판단을 하고 '무모한 용기'를 내게 되었다.

1992년 당시 나는 사회주의 붕괴 이후 새로운 길을 찾고 있는 비슷한 처지의 동료들에게 이 책을 선물하고 싶었다. 몬드라곤을 통해 뭔가 다른 희망을 찾도록 돕고 싶었던 것이다. 하지만 지금 몬드라곤은 그때와 달리 자본주의냐 사회주의냐, 아니면 제3의 무엇이냐 하는 거대 담론의 측면보다는 우리에게 좀 더 구체적이고 생활에 밀착된 문제의 해결책을 찾는 데 영감을 주고 있다고 생각한다. 바로 일자리 문제, 고용 문제이다. 더 나아가 몬드라곤의 경험은 우리에게 기존 '성장 패러다임'에 대한 재검토를 요구하고 새로운 성장 패러다임을 찾는 실마리를 제공한다는 느낌이 들었다.

우리 국민은 바야흐로 보편적 복지국가로 가는 대장정을 시작했다. 보편적 복지국가로 가는 데 가장 기본적인 것은 보편적 복지국가에 맞는 성장 패러다임을 새로이 마련하는 일이다. 『몬드라곤의 기적』 5부에서 본격적으로 다루겠지만, 우리가 선택해야 할 성장은 '행복한 고용, 질 좋은 고용을 위한 성장'이라고 생각한다. 몬드라곤은 기업 차원에서 이런 성장 전략을 가장 명료하게 실천하고 있는 사례다. 나는 주로 이 문제에 집중하면서 『몬드라곤의 기적』을 구상했고, 부족한 실력으로나마 한 글자 한 글자 20년 전과 마찬가지로 독수리 타법에 의존해 ― 나는 아직도 컴퓨터 한글 자판을 다 익히지 못했다 — '무모한 글쓰기'를 감행했다.

역사비평사의 처음 제안은, 옛날에 나왔다가 절판된 『몬드라곤에서 배우자』의 번역을 다듬고 그 안의 「역자 보론: 진보운동의 새로운 방식과 한국 사회의 미래」 비중을 크게 늘려(보론이 아닌 본문의 한 꼭지로 구성) 변화된 상황과 발전된 논의를 반영한 새로운 책을 한 권 만들어보자는 것이었다. 그러나 나는 이 제안에 응할 수 없었다. 왜냐하면 『몬드라곤에서 배우자』는 윌리엄 화이트 교수의 마지막 저서이고 그 자체로 너무나 완벽한 연구보고서인 데다, 감히 나 따위가 손댈 수 없는 역작이기 때문이다. 나는 수정 제안을 했다. 기존의 책을 용어나 어법만 현실에 맞게 약간 손봐서 복간하고, 1992년 이후 20여 년간 진행된 몬드라곤의 경험과 그것이 한국에서 가지는 의미 등을 새로 정리하여 다른 한 권으로 내자는 것이었다. 그리하여 한 권은 번역서(『몬드라곤에서 배우자』), 또 한 권은 집필서(『몬드라곤의 기적』)라는 독특한 2부작의 조합이 만들어졌다. 내 제안을 기꺼이 받아준 역사비평사에 이 자리를 빌려 감사드린다. 그리고 돌아가신 윌리엄 화이트 교수께는 나의 무례함에 대해 마음속 깊이 사죄드린다.

『몬드라곤에서 배우자』를 다시 읽으면서 20년 전과 마찬가지로 큰 감동을 받았다. 1940년대 초부터 시작된 호세 마리아 아리스멘디아리에타 신부의 헌신적인 노력과 초기 설립자들의 희생과 열정이 가슴을 먹먹하게 했다. 그들이 눈앞에 닥친 수많은 문제를 해결해온 긴 과정에서 노동자생산협동조합의 원칙, 즉 자본 주도가 아닌 노동 주도의 기업 운영 원칙을 견지하기 위해 지새웠을 불면의 밤들이 나를 잠들지 못하게 했다. 그들은 점점 거칠어지는 시장 환경 속에서 원칙을 지키기 위해 싸웠다. 시장의 승자가 되어야 할 뿐 아니라 원칙도 지켜야 했던 이중의 노고에 경의를 표하지 않을 수 없다.

20년 전 『몬드라곤에서 배우자』를 이미 읽어본 독자들은 이번에 다시 한 번 3부와 4부를 다시 한 번 정독해주길 바란다. 만약 몬드라곤을 처음 접하는 독자라면 『몬드라곤의 기적』 1부와 2부를 먼저 읽은 뒤에 『몬드라곤에서 배우자』를 읽어볼 것을 권한다. 혹은 2011년 3월에 방영된 〈KBS 스페셜〉의 '몬드라곤의 기적'이라는 다큐멘터리를 먼저 감상하고 『몬드라곤에서 배우자』를 읽기 시작하는 것도 좋은 방법이다. 이 프로그램은 내가 화이트 교수의 책을 번역하기 전 참고했던 1980년대 초반 영국 BBC 제작 영상물보다(한살림에서 김민기 씨의 목소리로 더빙했다) 화질이나 내용 모두에서 한 단계 진전된 작품이다.

『몬드라곤의 기적』 1~3부에서는 몬드라곤 협동조합의 현황과 조직구조, 최근 20여 년간의 진화 과정, 그리고 몬드라곤 협동조합의 원칙을 살펴보았다. 이 부분은 주로 몬드라곤 그룹이 공식 발표한 자료들, 1990년대와 2000년대에 발표된 연구논문들을 참고했다. 특히 1998년부터 매년 공개된 「애뉴얼 리포트」와 홈페이지에 밝힌 그들의 공식 입장을 중요하게 다루었다. 원칙 부분에서는 국제협동조합연맹이 발표한 몇몇 보고서들도 참고했다.

『몬드라곤의 기적』 4부에서는 몬드라곤의 미래에 대한 내 견해를 피력했다. 특히 4부 11장에서는 몬드라곤과 현대자동차를 비교하면서 몬드라곤을 우리 옆으로 가까이 당겨놓으려 시도했다. 기업지배구조와 고용 문제에 대해 고민하는 노동운동가들에게 참고가 될 것이라고 생각한다. 4부 12장에서는 몬드라곤의 미래를 염려하며 몬드라곤 사람들에게 두 가지 제안을 했다.

『몬드라곤의 기적』 5부와 6부야말로 내가 무모한 글쓰기를 결심하게 된 계기였음을 밝힌다. 5부에서는 몬드라곤의 경험이 현재 우리에게 어떤 성장 패러다임을 시사하는지 살펴보았다. 기업 활동의 최종 목표는 수익 확대인가, 아니면 고용 확대인가? '자본의 도구적 종속적 성격'은 어떤 의미를 갖는가? 이런 문제들을 살피면서 성장 패러다임의 전면적인 전환을 강조했다.

6부에서는 한국에서 1990년대 이후 겪은 경험과 현황을 간략하게 짚어보고 독자들께 한 가지 제안을 하는 것으로 책을 마무리했다. 이 제안은 내가 협동조합주의자로서 남은 인생을 바치고자 하는 일과 관련되어 있다. 이것은 한국 기업들의 지배구조 변화, 그리고 고용 문제 해결과 관련되어 있는 동시에 하나의 새로운 가능성을 열어두는 일이다.

마지막으로, 이 책을 쓰면서 마음에 품었던 기업지배구조에 대한 나의 진화론적 관점을 미리 밝혀두고자 한다. 기업지배구조는 기업의 오랜 역사 동안 진화해왔고, 앞으로도 진화할 것이다. 나는 협동조합주의자이지만 협동조합 형태가 전 사회에 단 하나의 기업지배구조로 자리 잡는 일은 가능하지도 바람직하지도 않다고 생각한다. 협동조합은 기업지배구조의 여러 형태 중 하나이고, 그 자체도 계속 진화하고 있다. 진화의 방향을 결정하는 것은 기업과 관련된 당사자들, 즉 경영자, 노동자, 소비자, 우리 모두의 의지이다. 우리와 우리 후손들이 기업지배구조 진화의 열쇠를 쥐고 있는 것이다. 많은 사람이 선호하는 형태가 주목을 받을 것이다. 하지만 시간이 흐름에 따라 선호 또한 바뀔 것이다. 진화의 종착점 같은 건 없다. 단지 자본수익률을 최고의 가치로 여기는 대주주 중심의 기업지배구조와 공기업 형태의 기업지배구조에 더해, 협동조합 형태의 기업지배구조가 선택지의 하나로 자리 매김될 수 있었으면 한다. 그럴 경우 진화는 한층 역동적인 과정이 될 것이고, 협동조합 인자가 진화의 우성인자인지 열성인자인지에 대한 판단은 지금보다 훨씬 공정해질 것이다.

단 한 번도 원고를 채근하지 않고 내게 편안한 집필 기회를 준 역사비평사 식구들께 감사드린다. 자료 찾기와 영어 번역을 도와준 친구 김소강, 후배 박노근 광운대 교수, 한국의 다양한 자료들과 프랑스어 자료를 찾아준 김신양, 장종익 씨에게도 이 자리를 빌려 감사드린다.•

2011년 10월, 김성오

• 『몬드라곤의 기적』 15장에서 자활공동체운동과 노동자기업인수운동 관련 부분은 김신양의 미발표 원고 「대안경제활동의 의미와 현황」을 참고했고, 사회적 기업에 관련된 내용은 장종익의 2010년 발표 원고 「한국 협동조합 섹터의 발전 방향과 사회적 기업과의 연계 가능성」을, 그리고 원주 지역에서의 새로운 실험에 관한 내용은 우영균의 2009년 발표 원고 「이종 협동조합 간 연대에 의한 지역공동체운동 사례 연구」와 장종익의 원고를 참고했음을 밝힌다. 세 분에게 감사의 뜻을 전한다.

| 1부 |
몬드라곤에 대한 초보적 이해

01 인류의 실험장, 몬드라곤
02 바스크 지방에 대하여

01
인류의 실험장, 몬드라곤

　미국은 물론이고 다른 나라에서도 몬드라곤은 아직 일상용어가 될 만큼 친근한 말이 아니다. 그러나 많은 연구자와 활동가들에게는 스페인 바스크 지방의 작은 도시에 있는 이 협동조합 복합체야말로 일반적으로 실패할 수밖에 없다고 여겨졌던 노동자생산협동조합 조직의 놀라운 성공 사례로 인정되고 있다. 몬드라곤이 성공하면서, 노동자생산협동조합이 경제적으로 성장하고 존속하기는 힘들다는 통설이 강한 반론에 부딪쳤다.
　노동자생산협동조합에 대해 최초로 부정적인 평가를 내린 사람은 20세기 초 유명한 사회과학자 베아트리체 웹과 시드니 웹 부부로, 이들의 견해는 이후 고전적 통설이 되었다.

> 자본주의 제도의 대안으로 제기된 지금까지의 모든 생산자 연합체는 실패하거나, 아니면 생산자 민주주의를 포기하지 않을 수 없었다. (…)
> 　파산을 면한 몇몇 사업체들마저도 생산자 민주주의와 자주경영을 유지하지

못한 채 결국 자본가 연합체로 변질되었으며 (…) 연합체 외부의 임금노동자들을 고용함으로써 이윤을 추구하고 있다.[1]

몬드라곤 협동조합은 웹 부부가 제기했던 두 가지 문제를 명백히 극복했다. 이들 조합은 고용 증가 — 1956년 단 하나의 협동조합에 23명의 노동자로 시작하여 지금은(이 책에서 특별한 언급이 없는 한 '지금', '현재' 또는 '오늘날'은 1991년 시점이다. — 편집자 주) 100여 개 협동조합과 지원기관에 19,500여 명 — 뿐 아니라 생존 비율 또한 놀라울 정도이다. 1956년부터 1986년까지 103개의 신규 조합이 만들어졌으며, 그중 파산한 조합은 단지 3개에 불과하다. 미국에서 새로 설립된 기업체 가운데 단 20%만이 평균 5년간 유지되었다는 기록과 비교해볼 때, 30여 년 동안 97% 이상의 생존 비율을 기록한 몬드라곤 협동조합의 사례는 분명히 주목할 만한 가치가 있다.

그뿐만 아니라 몬드라곤 협동조합은 민주적인 성격을 결코 잃지 않았다. 노동자 1인 1표의 원칙을 여전히 고수하고 있으며, 대부분의 몬드라곤 협동조합은 조합원 외의 노동자를 고용하지 않는다. 비조합원을 고용할 경우에도 전체의 10%를 넘지 못하도록 정관과 내규에 정해놓았다.

특이한 사례가 갖는 의미

1976년 미국 사회학회 연례총회에서 발표된 몬드라곤에 관한 첫 번째 보고서[2]에 대해, 한 참가자는 몬드라곤의 사례를 단순히 사람의 호기심을 끄는 이야기 정도로 치부했다. 그는 몬드라곤의 성공이 첫째, 바스크 지역의 독특한 문화와, 둘째, 몬드라곤 협동조합의 설립자 호세 마리아 아리스멘디아리에타의 천재성이라는 두 가지 조건 때문에 가능했다고 주장했다. 그는 세계 어느 지역에도 이와 동일한 조건은 있을 수 없기 때문에 몬드라곤의 사례는 과학적으로나 실천적으로 별 의미가 없다고 말했다.

이런 주장에 대한 가장 일반적인 반론은 바로 그 주장 자체가 비과학적이라는 것이다. 왜냐하면 어떤 법칙이나 일반 원리에서 예외가 발견될 경우에 그 예외를 근거로 새로운 일반 원리를 재정립하고자 하는 것이 과학적 태도이기 때문이다. 예외 사례가 기존의 일반 원리를 수정하거나 더 근본적인 일반 원리로 접근하게 함으로써 과학적 진보가 이루어진다.

그러나 그의 주장은 우리로 하여금 두 가지 점에서 더 깊이 있는 고민을 하게 했음을 인정한다. 하나는 몬드라곤 협동조합이 바스크 문화를 배경으로 한다는 점이었고, 다른 하나는 몬드라곤의 사례가 가지고 있는 과학적 실천적 의미였다.

'연구와 실천'을 위한 문제 제기

이 책에서 제기하는 문제들은 연구 시기와도 관계가 있다. 몬드라곤은 1960년부터 1979년까지 급속히 성장했다. 고용이 정체된 시기는 1980년부터 1986년까지였는데, 이 시기 동안 스페인 경제는 극심한 불황을 겪고 있었다. 이 불황기에도 몬드라곤은 1981~1983년 사이에 약간의 고용 감소를 보였을 뿐, 1984~1986년 사이에는 고용이 다시 어느 정도 증가했다.

경제적 측면의 실패와 성공에 대해서는 두 시기(1979년까지와 1980년 이후의 두 시기 — 옮긴이 주) 모두를 검토한다. 1979년 이전 시기에서는 '몬드라곤이 어떻게 그토록 빠르고 지속적인 성장을 이룰 수 있었는가?'가 핵심 주제이고, 그 이후 시기에서는 '그토록 극심한 불황 속에서도 어떻게 살아남을 수 있었는가, 아니 정상적인 성장을 회복할 수 있었는가?'가 중심 주제가 될 것이다.

이런 질문에 대한 해답뿐 아니라, 우리는 노동자 소유 기업의 설립에 따른 문제 및 그 가능성, 그리고 성장기의 노동자 소유권과 통제권의 확보 문제 및 그 가능성에 대해서도 살펴볼 것이다. 또한 우리는 지방자치와 풀뿌리 민주주의의 틀 내에서 '규모의 경제'를 확립하려는 노력에 대해서도 연구할 것이다. 협동조합들에 대한 기술 지원 및 실패한 협동조합의 복구를 위한 개입과 지도, 그리고 협동조합 경영 정신의 기초를 이루는 독특한 제도에 대해서도 연구할 것이다. 우리는 몬드라곤의 개별 협동조합들이 공업기술연구협동조합의 도움으로 이루어낸 기술 및 조직 혁신 과정도 분석할 것이다.

몬드라곤이 노동자생산협동조합의 모든 문제에 해답을 제시해준다고 볼 수는 없다. 사실 몬드라곤의 조합원들과 지도자들은 찬양 일변도의 외부 인사들과 달리 자신의 조직에 대해 비판적인 시각을 가지고 있다. 그러나 몬드라곤은 가구, 주방용품, 공장기계, 전자부품 등 다양한 제조업 부문과 인쇄, 조선, 금속제련 부문에서 오랫동안 풍부한 경험을 축적해왔다. 게다가 소비자와 생산자, 그리고 농민과 노동자의 혼합 협동조합을 설립했으며 자체적인 사회보장협동조합과 바스크 지역의 다른 은행들보다 훨씬 빠른 속도로 성장하고 있는 협동조합 은행(노동인민금고 — 옮긴이 주)을 발전시켰다. 몬드라곤 협동조합 복합체는 1943년 고등학교 수준의 교육기관을 설립한 데 이어 현재는 공학, 경영학 분야의 단과대학까지 설립했다. 이 다양한 협동조합들은 독특한 형태로 서로 연계되어 있는데, 그 또한 우리의 연구 대상이다.

어떤 협동조합이라도 그 지역의 문화와 정치, 그리고 경제적인 조건 속에서 발전할 수밖에 없다. 하지만 몬드라곤 협동조합운동은 오랜 기간에 걸쳐 다양하게 전개되어왔기 때문에 바스크 지역 이외의 지역에도 적용될 수 있는 풍부한 사고 틀을 제시해준다. 이 사고 틀은 노동자생산협동조합이나 종업원 소유 기업에도 적용될 수 있다. 더 나아가 몬드라곤은 지역개발 문제라든가 소유 형태와 상관없이, 기업 간의 유대를 어떻게 지원·유지할 것인가에 대해서도 중요한 교훈을 제공해준다. 몬드라곤 협동조합 복합체는 '확대된 소경제체제(expanding mini-economy)'로, '자립적 경제(self-contained)'와는 거리가 멀지만 몬드라곤 협동조합 복합체의 근간인 상호 협조체계는 지역개발에도 중요한 시사점을 던져준다.

우리는 사기업에서 노동자와 경영주의 협력 관계를 모색할 때 몬드라곤이 제공해주는 교훈에 대해서도 살펴볼 것이다. 몬드라곤은 모든 형태의 경영조직에 요구되는 '참여와 협력'이라는 두 가지 조건을 살펴볼 때도 많은 교훈을 제공한다.

노동자 소유제와 몬드라곤

몬드라곤에 대한 관심은 최근 특히 유럽과 미국에서 노동자생산협동조합과 종업원 소유 기업이 폭발적으로 늘어남에 따라 증가했다. 1981년 현재 이탈리아에 있는 11,203개의 노동자생산협동조합 중 절반이 1971년 이후에 설립된 것이다. 1983년 현재 프랑스의 1,269개 노동자생산협동조합 가운데 66%가 1978년 이후 만들어졌으며, 1984년 현재 영국의 911개 노동자생산협동조합 중 75%가 1979년 이후에 만들어졌다.[3]

미국에서 가장 주목할 만한 노동자생산협동조합은 노스웨스트주의 합판 제조업체인데,[4] 최근에는 종업원지주제계획(ESOPs)에서 노동자 소유제가 가장 눈에 띄게 성장하고 있다. 1970년만 해도 종업원 지주제는 극히 드문 현상이었다. 1986년 국립종업원소유제센터(National Center for Employee ownership)의 간부 코레이 로젠은 약 7,000여 개의 회사에서 900만 명의 노동자들이 자기 회사의 주식을 소유하고 있는 것으로 평가했다. 하지만 대부분의 경우 노동자들은 상징적인 의미로만 주식을 소유하고 있을 뿐, 경영에 대한 영향력은 거의 없는 실정이다. 그러나 로젠은 1986년에 적어도 500여 개의 회사에서 종업원 소유의 주식이 전체 주식의 과반수를 차지하고 있으며, 잘 알려지지 않았지만 더 많은 회사에서 노동자들의 경영 참여가 이루어지고 있다고 집계했다.

기업구조에 대한 전통적 이론의 퇴조와 새로운 대안의 모색

지금까지 경제조직과 경영에 관한 논의는 생산수단을 개인이 소유하고 통제하느냐, 아니면 국가가 소유하고 통제하느냐 하는 두 가지 방향에 국한된 형태로, 일종의 '지식의 감옥'에 갇혀 있었다. 논쟁을 벌인 두 진영의 이론가들은 자신의 체계가 갖는 약점은 최소한으로 인정하고 상대방의 체계가 지닌 결함에는 최대한의 비판을 가했다. 이 두 진영의 사람들이 공통적으로 전제한 것은 '경제활동을 조직하고 통제하는 데는 기본적으로 이 두 가지 노선만 존재한다'는 것이었다.

이런 독선적인 주장들은 시간이 지나면서 실제 경험에 의해 빛을 잃게 되었다. 국가에 의한 생산수단의 소유, 통제에 대한 믿음은 이 체계가 지닌 경직성과 비효율성, 비민주성으로 인해 점점 약화되었다. 유고슬라비아는 이미 몇 십 년 전에 국가에 의한 완전통제 제도를 거부하고 노동자 자주관리 기업을 만들었음에도, 정통 노선에서 일탈된 이런 경향은 '색다르고 엉뚱한 주제에 관심 갖기를 즐기는' 몇몇 지식인들을 빼고는 거의 주목을 받지 못했다. 그러나 지금은 대중매체들조차 중국에 사기업이나 협동조합이 늘어나고 있다는 사실을 주목하고 있다.

한편 사기업 노선에 동의하는 이들도 기업을 운영하는 과정에서 나타나는 명백한 결함들이 일회적인 땜질로는 치유되기 힘들다고 생각하기 시작했다. 이들은 상품 생산과 유통 면에서 높은 효율성을 지닌 사기업체계의 의의를 부정하지 않으면서도, 이 제도가 분배와 완전고용의 달성을 주로 이윤 동기와 사적 경쟁에 의존한다는 한계를 가졌다는 데 주목하고 있다.

단순히 이윤 동기를 받아들이느냐 마느냐 하는 선택의 문제가 중요한 것은 아니다. 중요한 것은 이윤 추구를 유일한, 혹은 가장 주된 동력으로 생각할 것이냐, 아니면 다른 목적을 위한 수단으로 생각할 것이냐의 선택이다. 후자의 입장에는 경제적 잉여가 장기적이고 지속적인 고용 증가의 토대가 되어야 한다는 견해가 깔려 있다.

전통적 이론의 약화는 노동자생산협동조합과 종업원 소유 기업의 급격한 성장과 궤를 같이한다. 많은 사람이 오늘날 기존 이념을 거부하면서 경제활동의 조직과 통제에 대한 비정통적인 노선의 실험에 힘을 쏟고 있다. 어떤 사람들은 협동조합을 자본주의와 사회주의를 동시에 보완하면서 두 체제가 갖는 문제점을 치유할 수 있는 만병통치약으로 보기도 한다. 그러나 우리는 매우 다양한 형태의 경제조직들이 시장에서, 그리고 그러한 경제조직에 종사하는 이들의 마음속에서 정당성을 검증받을 수 있는 경제체제를 꿈꾸고 있다. 몬드라곤 협동조합 복합체가 사회와 경제 발전에서 우리에게 주는 교훈은 이처럼 한층 실용적이고 다원적인 관점이다.

02
바스크 지방에 대하여

바스크 지방을 처음 방문하는 외부인들은 상당히 의아해한다. 소수의 노인들을 제외하고는 이 지역 사람들 대부분이 스페인어를 모국어처럼 구사하고 정치·경제적으로 스페인에 속해 있음에도, 스페인의 다른 지역 사람들과는 구별되는 뚜렷한 문화적 특징을 갖고 있기 때문이다. 이런 특징들을 과대평가할 이유는 없지만, 몬드라곤을 이해하기 위해서는 바스크 지역의 정치·경제적 발전 과정을 고찰해볼 필요가 있다.

바스크 문화의 유래

바스크 문화의 가장 큰 특징은 다른 어떤 언어들과도 관련이 없는 에우스케라어를 사용하고 있다는 점이다. 에우스케라어는 바스크 지역을 통틀어 25% 정도가 사용하고 있지만, 몬드라곤이 위치한 기푸스코아 지방에서는

56%가 유창하게 구사한다.[1] 최근 10년 동안 에우스케라어 교육은 바스크 지역의 학교, 특히 바스크 문화를 보존·육성하기 위해 설립된 사립학교에서 강화되고 있다.

바스크인은 대서양 연안(비스케 만)을 따라 살고 있다. 바스크 지역은 피레네 산맥을 중심으로 스페인령과 프랑스령으로 양분되어 있으나, 대다수 바스크인들은 피레네산맥 서쪽 스페인령에 살고 있다. 바스크 지역은 공식적인 행정구역 개념에 따를 것인지 또는 바스크 민족주의자들의 주장에 따를 것인지에 따라 3개(알라바, 기푸스코아, 비스카야) 혹은 4개(알라바, 기푸스코아, 비스카야, 나바레) 주州로 구성된다.

프랑코 사후에 들어선 민주정권의 행정 조정에 따라 알라바, 기푸스코아, 비스카야 지방이 모여 반¥자치적인 바스크 지방정부를 구성했다. 나바레 북부 지방 주민들 대다수도 바스크인들이지만, 나바레 지방은 고대 나바레 왕국과 긴밀한 관계가 있고 스페인 문화를 많이 받아들였기 때문에 바스크 지방정부에서 제외되었다. 4개 지역을 포함하여 스페인 전체 인구에서 바스크인은 약 270만 명으로 추산된다. 지리적으로 볼 때 몬드라곤 협동조합 복합체의 협동조합들 대부분이 기푸스코아 지방에 집중되어 있으며, 그 다음으로 비스카야 지방에 많이 있다. 나바레 지방과 알라바 지방에도 적은 숫자이기는 하지만 점점 더 많은 협동조합들이 생겨나고 있다.

바스크 지역은 대체로 험준한 산악 지대이며 공기는 매우 습한 편이다. 역사적으로 바스크인들은 별로 혜택받지 못한 땅에서 주로 농업과 목축으로 생계를 유지해왔으나, 일찍이 해양업과 조선업, 그리고 철광석 채굴업이나 철강 가공업 등에 진출하기도 했다.

바스크의 해안 도시들은 14세기 스페인 조선업의 중심지였으며 18세기까지 번창했다. 조선업이 사양길로 접어든 뒤에는 철강업이 발전했다. 유명한

몬드라곤 | 기푸스코아, 비스카야, 알라바의 세 지역이 모여 바스크 지방정부를 구성하고 있으며, 주도는 비토리아이다. 나바레 지역과 프랑스의 인접 지역도 넓게 볼 때 바스크 지방에 속한다. 몬드라곤은 바스크 지역에 있는 자치도시이며, 몬드라곤 협동조합운동의 중심지이다. 위 그림은 바스크 지역을 나타낸 지도이고, 아래 사진은 항공사진으로 촬영된 몬드라곤 시이다.

톨레도 검劍이 이 지역 광산에서 나온 강철로 만들어졌으며, 몬드라곤 부근의 공장에서 생산되었다. 바스크 지역에 대한 뛰어난 연구자 훌리오 카로 바로하가 말한 대로 "17세기 중엽까지 몬드라곤은 검뿐만 아니라 모든 종류의 무기 생산지로 유명했다."[2] 이러한 산업의 발전은 바스크 농촌 지역에도 커다란 영향을 미쳤다. 카로 바로하가 언급한 것처럼 "조선소와 주물 공장들은 기능인을 키우는 학교의 역할을 했으며, 그 영향력은 바스크 전 지역에 파급되었다."[3]

15세기 페르디난드와 이사벨라의 통치하에 국가 통합이 이루어지기 전까지 바스크 지역은 자주적인 발전의 길을 걸었다. 통합 이후의 역사를 이해하려면 자치권을 유지하려는 이 지역 지도자들과 스페인 국왕 — 그는 초기에 바스크의 자치권을 인정했다가 결국 정복해버렸다 — 사이의 투쟁을 이해해야 한다.

13세기부터 14세기까지 바스크인들은 바스크 지역 봉건영주들과 싸움을 벌였던 나바레 왕국과 카스틸레 왕국의 국왕들 덕을 보았다. 그 이전에는 봉건영주들이 아라곤 왕국과 연합하여 바스크 지역을 통치했는데, 봉건영주들 간의 싸움으로 인해 이 지역에서는 상업이 발달하지 못했다. 그러나 이 왕국의 국왕들이 아라곤 왕국 및 바스크 지역 봉건영주들과 싸우는 과정에서 도시가 성장했다. 카스틸레의 국왕들은 도시 이주민들에게 봉건영주의 속박에서 벗어날 수 있는 자유를 주었다. 그들은 도시민들을 봉건영주로부터 독립시켜야 중앙정부의 통제력이 강화된다고 보았고, 바스크인들은 이를 자치권 확보의 기회로 받아들였다.

자치권을 확보하기 위한 싸움에서 바스크의 민족 신화는 큰 역할을 했다. 15세기에 이르러 바스크인들은 국왕을 설득하여 모든 기푸스코아의 주민들이 이호달고스°라는 선언을 하도록 했는데, 그에 따라 바스크인은 모두 '귀족'이며 평등하였다. 그러나 역설적이게도 바스크 신화 자체는 만민평등주의에 기반하고 있지 않았으며, 바스크인들은 모두 귀족 태생이기 때문에 바스크인들끼리는 동등하지만 다른 민족들보다 훨씬 우수한 민족이라는 허구적인 선민주의에 기반하고 있었다.

민주적인 지방정부들은 평등사상을 강조했다. 16세기부터 17세기에 이르기까지 모든 남성 세대주들이 투표권을 행사하여 시의회 의원을 선출했으며, 기푸스코아와 비스카야 자치주에서는 시의회가 지방정부 대표들을 선출했다. 이 두 지방에서는 '푸에로스'(지방을 자치 단위로 하여 통치·관리하기 위한 법률)라는 관습법에 따라 주민총회가 구성되었다. 오늘날 많은 바스크인들은 푸에로스가 민주주의의 토대였다고 생각하면서 그리워하고 있다. 그러나 17세기 이후 스페인 국왕은 지방자치 정책을 포기하고 시의회의 투표권을 부유한 이들에게만 제한적으로 부여함으로써 선거권자의 수를 대폭 줄였다.

숙련공과 전문직에 종사하는 바스크인들은 자신이 가진 기술에 대한 독점적 권리를 주장하는 동시에, 작업조직 내에서는 평등과 민주주의적 가치를 실현하기 위해 노력했다. 교역이 자유화되고 광산과 공장에서 일할 값싼 노동력을 요구하는 상인들의 영향력이 점차 커지면서, 기존의 이주 제한과 동업조합·직능조직의 독점적 지위가 무너지기 시작했다. 농촌 지역에서는 공동노동, 상호부조 등을 통해 평등과 사회적 유대가 강화되었다.

바스크의 길드는 생산 단위 역할을 하면서 동시에 보건과 복지를 위한 조직이었다. 피고용인을 보호하고 고아와 과부의 구제사업에도 열심히 참여했으며 병원과 요양 시설을 설립하기도 했다. 또한 숙련 노동자의 연계망을 구

● 이호달고스: 유명한 가문의 자손들, 직역하면 '특별한 자손들'. 줄여서 '이달고'라고도 하는데, 이는 스페인의 소귀족을 지칭한다.

축하여 길드 내에 일자리를 창출하고 길드 간의 작업량을 배분하면서 완제품의 공급을 담당했다.

길드조직은 강력한 내부 유대와 외부인에 대한 폐쇄성이 큰 특징이었다. 대규모 공업이 발달하면서 길드의 독점은 점차 약화되었지만, 그 전통은 이 지역에 뿌리 깊게 남아 있었다. 예를 들어 무기 제조 길드처럼 규모가 큰 길드조직은 20세기 들어서도 자체적인 협동조합을 만드는 경우가 있었다. 이런 유형의 조직은 바스크 지역 내 소규모 산업 부문에 도입되었고, 스페인의 다른 지역에서도 마찬가지였다. 1972년 바스크 지역에는 193개의 노동자생산협동조합이 등록되어 있었는데,[4] 이들 중 144개는 몬드라곤 협동조합 복합체와는 관계없는 별개의 협동조합이었다.

공업과 상업의 성장으로 인해 계급과 계층을 초월한 바스크 민족의 유대 기반이 붕괴되고, 강력하고 전투적인 노동조합이 생겨났다. 모든 노동자의 존엄성과 가치를 존중하는 바스크적 가치체계와 사회의 계층 분화는 서로 대립되는 것이었다.

> 절대왕정기의 카스틸레 왕국에서는 귀족은 물론 이달고가 공업이나 상업에 종사하는 것이 자연스러운 일로 받아들여지지 않았다. 이들이 할 수 있는 일이란 고작 행정 업무나 군인·성직자, 영지 관리 등이었다. 그러나 바스크 지역의 선조들은 귀족 칭호를 가진 신사 계급들도 공장이나 조선소에서 일했으며, 상업에 종사하고 무역업을 했다. 따라서 18세기 중엽까지 기푸스코아나 비스카야에는 넓은 영지를 경영하던 카스틸레 왕국이나 안달루시아 왕국의 귀족들과는 전혀 다른 사회 계급이 존재하고 있었음을 알 수 있다. 이 계급은 우리가 고전적인 문학작품을 통해 익히 알고 있는 '가난한 이달고'와도 다르다. 이들 사회 계급은 차라리 영국의 '젠트리'에 비유될 수 있는데, 부유한 가문 출신이

면서 혈통은 다소 모호하거나 뒤섞여 있지만 대대로 부를 축적하고 안락한 생활을 누리며 모든 기회와 정열을 불태운다는 이점을 갖고 있었다.[5]

노동의 존엄성과 평등에 대한 바스크인들의 관념에 대해 이야기할 때는 약간의 전제가 필요하다. 바스크 지역에서는 스페인의 다른 지역들과 달리 직접 공업이나 상업에 종사하는 것을 천시하지 않는다. 직업상 귀천이 전혀 없는 것은 아니지만, 바스크인들은 사람을 평가할 때 그 사람과 그의 직업을 분리해서 생각한다. 따라서 직업이나 공공 업무, 그리고 인간관계에서 사회적 차별은 최소화되어 있다. 같은 학교 동창생들끼리는 직업상 매우 다른 처지에 놓여 있다 해도 친밀한 교우 관계를 지속한다.

프랑코 통치기: 1939~1975

스페인 내전(1936~1939)에서 승리한 프란시스코 프랑코 장군과 그가 이끄는 팔랑헤당은 무솔리니의 협조주의 국가 노선에 따라 스페인 정부를 조직했다. 1940년대에 와서 팔랑헤주의자들이 정권에서 밀려나고 1950년대부터 통치 체제가 이완되기는 했지만, 1975년 프랑코가 죽기 전까지 스페인은 프랑코의 강력한 독재 체제로 유지되었다.

프랑코 정권은 가톨릭교회를 제외한 모든 중요한 정치조직과 경제조직을 직접 통제했다. 스페인 내전 직전의 정권(스페인 인민전선 정부 — 옮긴이 주)은 기존의 역대 정권들로부터 부분적인 비호를 받아왔던 가톨릭교회를 해체하는 등 다양한 사회개혁을 추진했다. 그러나 프랑코는 교회에 대한 국가 차원의 지원을 합법화하고 정부 동의하에 교황이 성직자를 임명하도록 하는 방식으

프란시스코 프랑코 | 프랑코는 스페인 내전에서 승리한 뒤 팔랑헤당의 1당 독재에 의한 파시즘 국가를 세웠다. 프랑코 자신이 독실한 가톨릭 신자이기도 해서 교회에 대해 어느 정도 독립성을 부여하기도 했다.

로 가톨릭교회에 대한 간접 지배 형태를 구축했다. 성직자들에게는 정부에 대한 충성서약이 강요되었다.

 스페인 내전 이전에 바스크인들은 이념적으로 바스크 민족주의와 사회주의, 공산주의로 나뉘어 있었지만, 이들 대부분은 프랑코에 반대한다는 동일한 노선을 취하고 있었다. 프랑코는 젊은 장군들을 핵심적인 지지 기반으로 두고 있었기 때문에, 그들이 지휘하는 부대에 배속된 바스크인들은 프랑코의 명령에 따를 수밖에 없었다. 그렇지 않으면 처형만이 있을 뿐이었다. 따라서 수많은 바스크인들이 프랑코의 지휘 아래서 바스크 민병대와 싸움을 벌여야 했다. 이 분열의 시기에 프랑코 군은 바스크 군이 몬드라곤 외곽의 산악 지역으로 밀려나자 한동안 몬드라곤을 직접 통치하기도 했다.

 프랑코 정권은 초기 수개월 동안 바스크 지역에서 프랑코에게 충성하지 않는 성직자들과 고위급 사제들을 제거했다. 바스크의 마테오 무히카 대주교는 몇몇 사제들과 함께 국외로 추방되었다.[6] 무히카의 후임으로 온 프란시코 하비에르 라우수리카 이 토랄바 대주교는 "나는 총통의 명령에 따라 바스크 민족주의를 쳐부수러 온 또 한 사람의 장군이다"라고 공언했다.[7]

이런 상황임에도 바스크 지역에서 교회는 일정한 독립성을 유지하고 있었다. 프랑코 통치기 동안 정부 허가를 받은 경우를 제외하고는 모든 공공 집회가 금지되었다. 이는 가톨릭교회가 노동조합이나 협동조합에 관심을 가진 사람들의 토론과 회합 장소를 제공할 수 있는 유일한 기관이었음을 의미한다. 개인적인 위험이 크긴 했지만 친(親)노동자적이고 민주적인 사제들은 반정부운동이나 조직을 육성하거나 지도할 수 있었다.

프랑코 정권은 특히 바스크 민족어인 에우스케라어를 겨냥해 강력한 문화적 탄압을 가했다. 에우스케라어를 쓰는 어린이가 발견되면 그 부모에게 벌금형을 부과했으며 부모는 정부를 반대하는 사람으로 몰아 수시로 경찰이 감시했다. 이런 탄압에 대해 바스크인 부모들은 상반된 방식으로 대응했다. 어떤 부모들은 집에서조차 에우스케라어를 쓰지 못하게 함으로써 아이들이 공공연하게 에우스케라어를 쓰다 적발될 가능성을 미연에 방지했으며, 또 다른 부모들은 고통을 감수하면서까지 집에서는 에우스케라어를 쓰도록 강조하고 밖에서는 사용하지 못하도록 아이들을 단속했다. 여러 해가 지난 뒤 문화적 탄압이 중단되고 1968년 에우스케라어의 사용과 출판·인쇄가 공식적으로 인정되었다.

프랑코 통치기의 노사 관계

프랑코 정권은 정치 활동 규제의 일환으로 자유로운 노조 활동을 불법화하고 파업을 금지했다. 대신 '스페인조합협회'라는 협조주의적 노조를 만들었는데, 이는 경영자와 노동자를 모두 산업별로, 이른바 수직체계로 조직한 것이었다. "노동쟁의, 특히 가장 중요한 파업 활동은 불법이었으나 반대로 노동자들에게는 높은 수준의 고용 안정 혜택이 주어졌다."[8]

단체교섭은 불법이었으며 임금은 노동부가 결정했다. 단체교섭 대신 정부는 모든 회사에 '노사협의회'(스페인 원문을 직역하면 '기업재판소')라는 자문기관을 만들도록 명령했다. 이 기구는 경영자가 지명한 의장 1인과 관리직·기술직·노동자 숫자에 비례하여 10인 이내로 구성되었다.[9]

1958년에 정부는 단체교섭을 허용했다. 단, 각 회사 단위의 노사협의회를 통해야 한다는 제한을 두었다. 몇몇 회사가 연합해서 종업원 대표들과 교섭할 때는 스페인조합협회의 각 지역 및 전국 사무실에서 이루어졌다. 노사협의회가 단체교섭을 주도할 경우에 회사가 임명한 사람은 의장이 될 수 없었으며, 교섭은 동수의 노동자 대표와 경영자 대표에 의해 진행되었다.

노사협의회가 생김에 따라 기존의 노조 지도자들과 운동가들은 딜레마에 봉착했다. 그것은 바로 노사협의회를 경영자 독재기관(실제로 그랬다)으로 규정하여 보이콧할 것인가, 아니면 노사협의회에 들어가 이를 노조 성향의 조직으로 바꿀 것인가였다. 일부 노조 활동가들은 후자의 방식을 선택하여 노사협의회를 노조조직과 거의 비슷하게 만드는 성과를 올리기도 했다.* 물론 스페인의 노조 활동가들은 단순히 노사협의회의 대표라는 직분을 계속 유지

---

* 이런 상황은 미국의 철강 노동자 조직위원회 'SWOC'가 거대한 미국 철강회사에 노조를 설립하기 위해 벌였던 투쟁에 비견될 만한 것이었다. 경영자 측이 이미 각 공장에 기업별 노조를 조직한 상태에서 조직위원회의 지도자들은 조합원들에게 자신들을 각 단위 노동조합의 대표로 선출해줄 것을 호소했다. 이러한 침투 전략이 광범위하게 성공을 거두면서 회사 전체에서 노조 조직화가 실질적으로 진행되었으며, 이 노조는 회사 전체 차원에서 경영자 측과 단체교섭을 벌일 수 있게 되었다.

해야만 했다.

프랑코 정권의 법률과 정책은 노동자의 힘보다는 고용주와 경영주의 힘을 강화시키는 것이기는 했지만, 고용주들이 전적으로 이에 만족했다고는 볼 수 없다.

> 전형적인 협조주의 체제하에서 노동자들은 파업권을 박탈당한 채 노동부에 의해 임금이 결정되었다. 반대로 고용주들 또한 피고용인을 해고할 수 없었으며, 피고용인을 새로운 직종으로 옮기려 할 경우 커다란 부담을 감수해야 했다. 1958년 이후 외국자본과의 경쟁에 직면하게 되자 고용주들은 이런 고용 안정 규정이 이득보다는 오히려 생산성 정체를 더 크게 야기한다는 것을 알게 되었다. 결국 1960년대와 1970년대에 고용주들은 노사협의회의 단체협약을 통해 노동자 대표들과 교섭을 벌이면서, 노동자들에게 노동부가 규정한 임금보다 높은 임금과 기타 부수적인 이익을 제공하는 대신, 노동력 재배치와 기타 생산성 관련 규정에 대해 융통성을 발휘할 수 있도록 요구했다. 이로써 노동자위원회(Comisiones Obreras), 노동조합동맹(USO), 그리고 노동총동맹(VGT)과 같은 노동조합이 다시 출현하게 되었고, 이는 더 나아가 정치적인 정당 활동의 재등장을 촉진했다.[10]

프랑코 통치 기간 중의 노사 관계를 이해하려면 공식적인 것과 비공식적인 것을 구별할 줄 알아야 하고, 30여 년 동안 점진적으로 진행되어온 정치적 변화 또한 정확하게 알아야 한다. 공식적으로는 전 기간에 걸쳐 파업이 불법이었으며 노동조합도 허용되지 않았지만, 특정 산업 분야와 지역에서는 강력한 노동조합들이 성장했다. 또한 공식적으로는 경영주들이 노조 지도자들을 해고하고 심지어 감옥에 보낼 수 있는 권한까지 갖고 있었지만, 노조가 강력한 곳에서 이런 행위는 단지 '값비싼' 파업만 초래할 뿐이었다. 따라서 많은 경우 고용주들은 이러한 비합법 노조들과 단체교섭을 벌이고, 더 나아가 이들과 특정한 계약을 — 그러나 이는 비공식적인 것이다 — 맺기도 했다. 게다가 파업이 성공적으로 진행될 경우, 정부 측 인사들은 노동자들을 탄압하는 대신 고용주에게 노동자들의 요구조건 일부를 수용해 쟁의를 해결하라고 압력을 넣었다. 노조운동가들은 스페인 전체를 포괄하는 '노동자위원회'를 만들어 기업별 노사협의회를 묶는 느슨한 연계망을 짰다. 이러한 노동자위원회는 공식적인 조직으로 인정될 수 없었음에도 가장 강력한 노동자조직으로 성장하여 정치적 성향을 지닌 노동자들을 광범위하게 묶어낼 수 있었다. 노동자위원회는 노동자의 힘을 매우 효과적으로 조직하여 몇몇 노동쟁의에서 정부 측을 굴복시키기도 했지만, 1967년 이후 정권의 탄압으로 공개적인 활동을 벌일 수 없게 되었다.[11]

프랑코 통치 기간 동안 노동자계급의 역량은 정치·경제적 변화와 밀접하게 연관되어 있었다. 프랑코와 팔랑헤당은 이념적으로는 물론이고 스페인 내전 시의 독일과 이탈리아의 경제적 군사적 지원을 의식해서 제2차 세계대전에서 추축국의 강력한 동조 세력이 되었다. 프랑코는 이들 국가와 이전과 같은 동맹 관계를 맺는 것은 반대했지만 추축국의 승리를 바라고 있던 것만은 확실했다. 그러나 연합국이 승리함으로써 스페인은 정치·경제적으로 고립을 면할 수 없게 되었다.

연합국의 승리는 한편으로 프랑코의 저항 세력에게 독재의 종말이 가까워졌다는 허구적인 희망을 심어주었고, 다른 한편 좀 더 실용적이고 탈이데올로기적인 전환의 필요성이 커지면서 정부 지도자들을 동요시켰다.

1949년에 처음으로 정치·경제적 고립에서 벗어날 수 있는 기회가 주어졌다. 해리 트루먼 대통령은 미국이 스페인의 군사기지를 사용하는 대가로 마셜플랜을 통해 스페인에 경제원조를 제공했다. 미국 자본의 도입으로 스페인의 경제성장이 이루어지면서 프랑코 체제는 더욱 강화되었다. 1950년대와 1960년대 스페인 경제가 빠른 속도로 성장하고 경제 규모가 확대되면서, 경영 문제와 인플레이션에 대한 적절한 대처가 당면 과제로 등장했다. 그에 따라 자신을 정치 지도자라고 생각하기보다는 전문 행정가로 생각하는 부류의 사람들이 정권 핵심에 진출하는 경향이 강하게 나타나기 시작했다. 이 기간 동안 팔랑헤당에 소속된 정치가들은 권력의 핵심에서 밀려나고 기술관료(테크노크라트)들이 등장하여 경제와 정치를 담당했다.

시간이 지나면서 프랑코 정권의 통치력 누수 현상은 정치와 노사 관계뿐 아니라 사회생활의 다른 분야에서도 두드러지게 나타났다. 언론통제는 프랑코 정권 말기까지 계속되었지만, 1975년 우리가 처음 스페인을 방문했을 때는 이미 책방에 마르크스와 레닌의 저작이 공개적으로 비치되어 있는 것을 볼 수 있었다.*

독재에서 민주주의로

1970년대에 이르러 비합법적이지만 공개적인 정치 활동이 매우 활발해졌다. 프랑코의 건강이 좋지 않으며 곧 죽을 것이라는 사실이 알려지자, 정치 활동가들과 노조 활동가들은 프랑코의 죽음에 대비하여 공개적인 정치 공간으로 진입하기 위한 기반 조성 작업에 착수했다. 1970년대 초반의 정치 상

---

* 1965년까지만 해도 마르크스주의 저서들을 사고팔다가 적발된 사람들은 가혹한 처벌을 받았다.

황을 설명할 때 바스크인들은 압력밥솥의 비유를 즐겨 사용한다. 온도는 서서히 올라갔으며 뚜껑이 열리자마자 분출될 준비가 거의 완료되어 있었다는 것이다.

프랑코 사후 초기 며칠간 민주화는 놀라운 속도로 진척되었다. 자유총선거가 공고되었으며 (공산당을 포함한) 모든 정당들이 합법화되었다. 1977년 최초의 의회선거가 있기 두 달 전, 자유로운 단체교섭권이 합법화되었다.

민주화의 진전으로 바스크인들은 지방자치권을 확보할 가능성을 갖게 되었다. 몇 달에 걸친 긴장된 협상 결과 바스크 자치정부가 구성되고, 그 주도는 몬드라곤에서 남쪽으로 약 30km 떨어진 비토리아로 결정되었다. 지방정부의 권한은 매우 제한적이기는 했지만 문화 활동과 경제 발전에서 중요한 지평을 열 수 있었다. 이제 에우스케라어는 단순히 허용되는 수준 — 이는 프랑코 치하에서 이미 달성되었다 — 을 넘어 에우스케라어를 가르치는 초급학교에 재정 지원이 제공되는 등 적극적인 수준에서 장려되었다.

자유총선이 실시된 결과, 바스크 지역에서는 '바스크민족주의당(PNV)'이 집권당이 되고 사회당이 제1야당이 되었다. PNV에게는 바스크 지역의 더욱 강력한 자치권을 확보해달라는 요구가 위임되었다. 그러나 1986년 내부의 분파투쟁으로 인해 PNV는 매우 약화되고 말았다. 또 다른 민족주의 정당인 '에리 바트스나당'은 바스크 지역을 스페인에서 독립시킬 것을 공약했지만, 어느 선거에서도 16% 이상의 지지를 얻지 못했다. 바스크의 정치나 바스크 지역의 협동조합에 대한 토론에 참여한 외국인들은 늘 세계적으로 유명한 비밀 테러 집단인 ETA(에우스케라어로 '바스크 조국과 자유'의 앞글자를 딴 것임)에 대해 알고 싶어 한다. ETA는 몬드라곤 협동조합에는 거의 아무런 영향도 미치지 못했지만, 그런 호기심을 만족시켜주기 위해 여기에서 간단히 배경을 설명하기로 한다.

ETA는 단일조직이 아니라 바스크 지역을 스페인에서 독립시킨다는 목적을 투철하게 견지하는 운동 단체들 사이의 느슨한 연대 틀이었다. 프랑코 통치하에서 ETA는 비밀 활동 방식을 취할 수밖에 없었고, 그 존재 자체도 숨겨져 있었는데, 현재 이 조직은 합법 정치 정당 '에리 바트스나'와 연계를 맺고 있다고 한다. ETA의 활동은 1950년대부터 시작되었지만 폭력적인 방식이 시도된 것은 1968년 한 해뿐이다. 이때 ETA의 표적이 되었던 사람들은 정부 고위 인사들, 군 장성들, 그리고 국립 경찰조직인 '구아르디아시빌'의 간부들이었다. ETA는 그들과 그들 소유 회사에 대해 '혁명세'를 내지 않으면 폭력을 사용하겠다고 위협했다.*

바스크 지역에서 ETA에 대한 대중적 지지도가 어느 정도였는지는 알 수 없다. 그러나 ETA에 대한 지지도는 민주주의가 복귀되면서 급격히 떨어진 것으로 보인다. 이는 반反ETA 시위가 벌어졌던 사실로 입증된다. 바스크의 몇몇 지방에서도 이러한 시위가 일어났다.

독재 종식 이후 ETA의 무장 게릴라 수는 현저히 감소했지만, 여전히 몇몇 소수 과격분자들이 현대식 무기로 무장한 채 커다란 위협요소로 존재하고 있다. 오늘날 대부분의 바스크인들은, 바스크가 스페인에서 정치적 독립을 달성하는 일은 가능할지 모르지만, 만약 그렇게 된다면 바스크 경제는 붕괴될 수밖에 없음을 잘 알고 있다. ETA의 폭력 노선은 바스크 지역의 정치·경제적 발전에 부정적인 요소로 인식되고 있다.

* 몬드라곤 협동조합들은 이들의 공격 대상에서 분명히 제외되었다. 그러나 우리는 몬드라곤 협동조합이 ETA의 요구에 따라 보호비를 지불했다는 말을 결코 들어보지 못했다.

몬드라곤 이전의 협동조합들

바스크 지역에서 협동조합운동은 노동운동, 정당, 그리고 가톨릭교회와의 긴밀한 연대 속에서 발전해왔으며,[12] 농촌 지역과 길드에 존재했던 협동노동의 전통을 체계화하는 과정에서 탄생했다. 올리바리의 보고에 따르면, 바스크 지역에는 1870년경부터 소비자협동조합, 생산자협동조합, 어부조합, 주택조합, 그리고 이들 간의 연계를 공고히 하는 상호부조협동조합들이 있었다. 최초의 소비자협동조합은 1884년에 만들어졌는데, 주로 바라칼도의 철강회사 노동자들이 참여했다. 또 기록에 남아 있는 최초의 농업협동조합은 1906년에 만들어졌다.

20세기 초반의 협동조합운동에는 그 조직화를 주도하고 지원해온 다섯 분야의 후원이 있었다. 먼저, 많은 고용주들이 온정주의 노선에 따라 자신의 회사 내에 피고용인들을 대상으로 하는 소비자협동조합을 설립했다. 고용주들이 자본을 출자했지만 조직의 운영권은 노동자들에게 맡겨졌다.

가톨릭교회도 협동조합 발전에 적극적인 역할을 했다. 그러나 교회가 직접 소비자협동조합, 농업협동조합, 신용협동조합 등을 만드는 데는 한계가 있었다. 사회당은 소비자협동조합들을 후원했으며, 노동조합과 관련된 초기 노동자생산협동조합의 발전에 기여했다. '바스크연대노조(ELA)'와 관련된 바스크 민족주의자들도 소비자협동조합의 발전에 기여하면서 노동자생산협동조합을 만들어나갔다. 이들은 또 협동조합 연합조직으로 '바스크중앙연대조합(SOV)'을 만들고 1929년 제1차 총회를 열기도 했다. 마지막으로 고용주, 정당, 교회와 무관한 개인적 모임들이 소비자협동조합과 주택조합을 만들었다.

바스크인들이 다른 지역 사람들보다 협동조합에 더 많은 관심을 기울였던 것처럼 보일지도 모르지만, 바스크 지역 협동조합의 발전은 스페인의 다른 지역에서도 협동조합에 대한 관심이 높아지고 있었다는 사실과 함께 고찰되어야 한다. 바스크 지역뿐 아니라 바스크 외의 많은 협동조합을 포괄한 '스페인 북부 협동조합동맹'이 1914년에 창립되었다. 이 동맹은 1936년에 신용협동조합을 설립했다. 가톨릭교회는 1917년 '전국가톨릭농업연합'을 만들었는데, 이는 1,500개 지방의 21개 연합조직으로 구성되었으며, 전체 회원이 20만 명에 이르렀다. 이들 지방조직은 거의 대부분 소비자협동조합이나 농업협동조합이었다. 농업협동조합의 성장은 1906년 입법으로 더욱 가속화되었다. 1931년에 통과된 또 다른 법률은 협동조합이 다른 영역으로 발전할 수 있는 합법적 기반을 제공했다.

1920년까지 노동자생산협동조합들은 빵을 굽는 것이나 가구 제조와 같은 소규모 직인조직에 한정되었다. 몬드라곤 협동조합 이전의 대표적인 노동자생산협동조합 ─ 알파, 즉 무기 판매·제조 협동조합 연합체 ─ 은 1920년에 설립되었다. 알파는 노동조합에 소속된 노동자들이 장기간 파업 과정에서 스스로 무기 제조업체를 설립하기 위해 재원을 마련하면서 생겨났다. 이들은 자신이 소속되어 있는 비스카야 금속노동조합으로부터 강력한 지원을 받았다. 금속노동조합은 초기 자본금 30만 페세타 중 4만 5,000페세타˚를 출자했다. 한동안 알파는 놀라울 만큼 성장을 보였다. 1925년 그들이 생산한 무기가 미국에서 수입된 무기와의 가격경쟁에서 더 이상 이길 수 없게 되자, 알파의 지도자들은 무기 제조에서 재봉기 제조로 업종을 전환했다. 알파는 1936년 스페인 내전이 발발하기 전까지 지속적인 번영을 누렸다. 당시 이

˚ 독자의 이해를 돕기 위해 페세타와 달러의 환율을 대략 계산해보면 1페세타=755원(2011년 기준), 1달러(미국)=1.83페세타(2009년 기준)이다. 그러나 앞으로 계속 등장하는 화폐단위인 '페세타'는 이 책의 저자 윌리엄 화이트가 그때그때 미국 달러 환율과 비교해 표시해 놓았다. ─ 옮긴이 주

협동조합의 자본 규모는 500~600만 페세타였으며, 1,000여 가구의 생활을 책임지고 있었다.

교회, 정당, 노동조합 들은 모두 다양한 방식을 통해 협동조합의 발전을 지원했지만, 서로 경쟁은 하지 않았다. 교회는 사회주의자나 노조운동가와 긴밀한 유대 관계를 형성했다. ELA 지도자들은 교황 파우스 11세의 회칙(1931)을 임금제도의 청산이라는 협동조합주의의 이상을 강화하는 데 활용하기도 했다. 1933년 비토리아에서 개최된 ELA 총회에서는 노동자가 소비자협동조합, 노동자생산협동조합, 신용협동조합을 지원하고 서로를 효과적으로 연계시킨다는 권고안이 채택되었다. 또한 제3차 총회를 1936년에 개최하여 전체 운동의 발전을 위해 다양한 형태의 협동조합들 간 유대를 강화할 수 있는 방법을 모색하기로 하는 일정이 합의되었다. 그러나 스페인 내전이 발발함에 따라 1936년 총회는 개최되지 못했다.

몬드라곤 협동조합운동은 이처럼 풍부하고 다양한 문화를 바탕으로 발전했기 때문에 바스크 지역 내의 광범위한 이해관계와 많은 조직을 대표하는 운동이 될 수 있었다. 몬드라곤 협동조합의 창시자 호세 마리아 아리스멘디아리에타 신부는 알파 협동조합의 사례를 잘 알고 있었다. 호세의 조카가 알파 협동조합의 조직자이자 지도자였던 토리비오 에케바리아의 친구이기도 했다. 그러나 토리비오는 몬드라곤 협동조합운동에는 한 번도 관여하지 않았다. 토리비오는 스페인 내전이 일어나자 곧 미국으로 망명했던 것이다. 호세와 토리비오 두 사람의 개인적인 접촉은 1966년 편지 왕래를 통해 시작되었다. 우리는 토리비오가 보낸 편지 한 통을 읽고, 그가 돈 호세 마리아와 몬드라곤 협동조합운동을 매우 칭찬했다는 사실을 알 수 있었다. 그러나 알파 협동조합이 몬드라곤의 모델이 되었던 것은 아니다. 돈 호세 마리아의 삶과 저작을 연구하는 호세 아수르멘디는 다음과 같이 말했다.

알파의 간접적이고 잠재적인 영향을 전적으로 부정할 수는 없다. 아리스멘디아리에타는 토리비오 에케바리아의 됨됨이를 칭찬했다. 그러나 그는 몬드라곤이 이전의 모델을 모방하거나 답습하려는 데서 시작된 것이 아니라, '협동조합' 기업이라는 독자적 모델을 추구하는 과정에서 이루어진 것임을 명백히 했다.[13]

바스크 지역은 스페인 내전이 일어나기 전에도 협동조합의 성장에 적합한 매우 비옥한 토양을 제공했다. 그럼에도 알파 협동조합을 제외하면 이렇다 할 노동자생산협동조합은 거의 존재하지 않았으며, 프랑코 통치하에서는 가톨릭교회만이 협동조합의 설립과 성장을 지도·추동하고 자유로운 활동을 보장할 수 있는 유일한 조직이었다. 그러나 교회는 노동자생산협동조합을 만들어본 경험이 없었다. 신부들이 협동조합운동을 활성화하기 위해 계속 노력할 것이라는 사실이 예상되기는 했지만, 한 명의 신부가 협동조합운동의 원칙에 기반하여 협동조합 복합체를 설립하고 정신적 지도자가 되리라고는 누구도 예견하지 못했다.

| 2부 |

몬드라곤 협동조합 복합체의 건설

03 몬드라곤 협동조합 복합체의 전사
04 최초의 노동자생산협동조합
05 지원기관과 협동조합의 다양화
06 협동조합 그룹으로 발전
07 높은 경쟁력의 비밀, 공업기술연구협동조합
08 협동조합 은행, 노동인민금고의 중추적 역할

03
몬드라곤 협동조합 복합체의 전사 前史

 스페인 내전이 끝날 무렵 지역개발 전문가에게 바스크 지역 내에서 앞으로 중요한 산업단지가 될 후보지를 꼽아보라고 했다면, 몬드라곤은 가장 가능성이 없는 도시 중 하나였을 것이다. 몬드라곤은 가파른 언덕과 산으로 둘러싸인 협곡에 자리 잡은 작은 도시(1940년 당시 인구 8,645명)로, 길이 좁고 건물들도 15세기에 지은 낡은 것들이어서 산업이 발달하거나 인구가 늘어날 만한 여지가 거의 없었기 때문이다. 이 지역이 발전하기 시작한 것은 도시 외곽의 언덕에 고층 아파트가 들어선 이후였다.
 몬드라곤은 북부 해안에 있는 두 개의 바스크 도시 빌바오와 산세바스티안의 안쪽에 위치하고 있는데, 빌바오에서는 약 50km 남동쪽에, 산세바스티안에서는 100km 남서쪽에 자리하고 있다. 1965년에 철도가 없어진 뒤로 바깥세계와의 유일한 통로는 형편없이 낡은 도로뿐이었다. 스페인 남부의 주요 시장으로 가는 길은 비토리아를 통과한다. 비토리아는 몬드라곤에서 약 30km 정도밖에 떨어져 있지 않았지만, 산으로 둘러싸여 있기 때문에 길이 매우 구

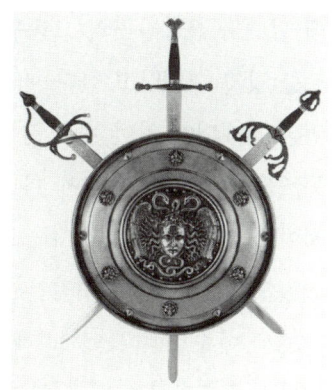

톨레도 검 | 스페인의 유명한 톨레도 검은 몬드라곤 지역에서 생산되는 강철로 만들어졌다. 오늘날에도 스페인의 기념품 가게들에서는 톨레도 검의 장식용 모조품을 많이 팔고 있다.

불구불하고 굽이져 있다. 그 길이 상당히 좋아진 1980년대 중반에도 대부분의 도로는 여전히 2차선이었고, 대형 트럭들의 통행량도 점점 늘어나 운전자들은 기다시피 운전해야 했다.

몬드라곤의 공업 발전을 촉진할 수 있는 유일한 조건은 오랜 공업 전통뿐이었다. 유명한 톨레도 검이 이곳에서 생산된 철로 만들어졌다. 그러나 현대로 올수록 공업이 발달할 가능성은 점점 희박해 보였다.

20세기 초반부터 몬드라곤의 산업은 제철·제강 공장인 세라헤라 유니언이 장악하고 있었다. 이 회사의 주식은 창업자의 가족과 친구들만 소유하고 있었으며, 외부인은 누구도 현장감독관 이상 승진할 수 없었다. 세라헤라 유니언은 노사분규를 여러 차례 겪었다. 갈등이 절정에 이르른 것은 1916년 3개월간의 파업이었다. 이 싸움에서 노조는 완전히 패배했다. 노동자들이 일터로 돌아오려 했을 때 경영진은 파업 주동자로 찍힌 35명의 노동자를 해고했다. 이는 해고 노동자 35명이 그 지역에 있는 다른 40개 공장과 작업장에서도 채용이 거부된다는 것을 의미했다. 그 지역 회사들은 이른바 '문제 노동자'를 배제하기 위한 공동의 블랙리스트를 가지고 있었기 때문이다. 1950년대 말에도 몬드라곤의 고용주들은 여전히 노조 활동가를 규제하는 블랙리스트를 갖고 있었다고 한다. 세라헤라 유니언에 대항했으나 실패로 끝난 그 파업은 잠재되어 있던 계급 갈등의 불씨에 기름을 부은 격이었다. 몬드라곤 협동조합의 설립자 돈 호세 마리아의 말을 빌리면 "이곳은 내전 이전에도 활동적이고 항상 살아 움직이는 도시였으며 사회주의를 지향하는 본능적인 힘이 있었습니다. 또한 사회적인 긴장도 매우 심각했습니다."•

호세 아수르멘디는 세라헤라 유니언의 한 관리자의 말을 인용했다. 그 관리자는 몬드라곤을 "사업하기 힘든 곳이고, 가장 거친 도시"라고 표현하면서 "나는 경호원을 데리고 다녔던 기억이 있습니다. 내전 이전에는 가두시위와 테러가 자주 발생했기 때문입니다"라고 덧붙였다.[1] 1940년까지 야당 지도자와 투쟁적인 노조 지도자들은 모두 지하로 숨어버렸지만 급진적인 정치사상과 계급의식은 노동자들의 마음속에 살아남아 있었다.

몬드라곤은 확실히 노동자계급의 도시였다. 일부 가문이 상층계급을 형성하고 소수의 상인, 전문 직업인, 사무 노동자들이 중산층을 이루고 있었다. 노동 대중과 소수의 상층계급 사이에는 커다란 간극이 존재했다. 당시 몬드라곤에서 노동자의 아들이 노동자가 되는 것은 — 만일 그가 직장을 구할 수만 있다면 — 당연한 일이었다. 교육은 계급 이동의 통로가 되지 못했다. 공립학교에는 산업 분야나 공업기술 분야에 대한 훈련 과정이 없었다. 세라헤라 유니언이 이런 훈련 과정을 지원했지만, 그 지원은 자기 회사 노동자들의 아들에게만 한정되어 있었다. 고등교육은 말할 것도 없어서, 몬드라곤 노동자의 자식들은 대학 문턱을 넘어본 적이 없었다.

• 돈 호세 마리아를 인용한 글은 특별한 언급이 없는 한, 그와 가진 개인적 인터뷰에서 따왔다.

몬드라곤 세라헤라 유니언의
견습공학교

호세 마리아 아리스멘디아리에타는 훗날 '배고픈 시절'로 회상되는 1941년에 몬드라곤에서 신부 일을 시작했다. 노동자계급은 절망적인 빈곤과 실업, 황폐하고 북적대는 주거 환경에다 결핵 감염까지 더해져 고통당하고 있었다. 이들은 스스로를 피정복민이라고 생각했으며, 정치적 자유나 경제적 기회를 모두 박탈한 정권 치하에서 살고 있다고 생각했다.

돈 호세 마리아 : 자영 농장주의 아들에서 성직자로

호세 마리아 아리스멘디아리에타는 1915년 4월 22일 몬드라곤으로부터 약 50km 정도 떨어진 마르키나라는 마을에서 태어났다.* 재산은 많지 않았

---

* 지금부터는 호세 마리아 아리스멘디아리에타를 몬드라곤에서 흔히 불렸던 대로 돈 호세 마리아 또는 아리스멘디라고 부르겠다. 바스크 지역에서는 사제나 전문 직업인에게 '돈(Don)'이라는 수식어를 붙인다.

지만 마을에서 존경받는 자영 농장주의 맏아들로 태어나 여동생 하나, 남동생 둘과 함께 집안에서는 에우스케라어를 쓰면서 자라났다. 세 살 때 사고로 왼쪽 눈의 시력을 잃었지만, 그것이 자신이 사는 마을 너머의 세계에 대한 지칠 줄 모르는 호기심을 누그러뜨리지는 못했다. 바스크 지역에서는 맏아들이 농장을 상속받아 경영하는 것이 일반적이었다. 그러나 돈 호세 마리아는 어린 시절부터 사제로의 부름을 느꼈으며 그의 어머니에게서 용기를 얻어 가업 상속을 포기했다.

열두 살 되던 해 돈 호세 마리아는 신학 공부를 위해 예비학교에 들어갔으며, 이후 비토리아에 있는 신학교에서 신부 수업을 계속했다. 공부하는 동안 줄곧 에우스케라어와 바스크 문화에 특별한 관심을 보였기 때문에, 동료들 사이에서 그는 바스크 문화에 정통한 사람으로 알려졌다.

1936년 7월 내전이 시작되고 곧이어 비토리아는 파시스트의 손아귀에 들어갔다. 그때 아리스멘디는 비스카야의 고향 마을에서 방학을 보내던 중이었다. 비스카야와 기푸스코아는 당시 인민전선 정부를 지지했고, 돈 호세 마리아도 정부군에 참가했다.

아리스멘디는 소년 시절에 입은 상처(왼쪽 눈의 시력 상실) 때문에 전투 임무를 수행하지는 못했다. 대신 바스크 군이 펴내는 에우스케라어 신문을 창간하고 편집을 맡았다. 기자로 일하는 동안 그는 여러 가지 정보를 얻을 수 있었다. 그는 친구들 사이에서 사태를 객관적이고 비판적으로 볼 줄 아는 사람으로 통했다. 그는 바스크의 대의에 충실했지만 전쟁의 결과에 대해서는 어떠한 환상도 갖고 있지 않았다. 당시 아리스멘디의 친구였던 한 사람은 그가 다음과 같이 말했다고 전했다. "이 전쟁에서 승리할 사람은 군부와 자본가일 것이다."[2]

1937년 6월 빌바오가 프랑코 군에게 함락된 뒤, 아리스멘디가 복무하고 있는 지역에서는 더 이상의 무장 항쟁이 불가능해졌다. 프랑코 군의 손아귀에서 도망칠 수 없다고 판단한 그는 당국에 자수하기로 결심했다. 그는 바스크 군에서 함께 복무했던 28명의 동료들과 함께 한 달 조금 넘게 감옥에 갇혀 있었다. 운명을 결정짓는 군사재판이 열렸다. 이 재판에서 그에게 신문한 중요한 내용 중 하나는 그가 어떤 역할을 담당했었는가 하는 것이었다. 얼마간 머뭇거리다 그는 바스크 군대의 군인이었다고 대답했다. 이 대답으로 그는 살아날 수 있었다. 전쟁 포로로 분류되어 뒤에 풀려났던 것이다. 그와 신문사에서 함께 일했던 어떤 이는 자신을 기자라고 밝혀 처형되었다.*

아리스멘디는 신부 수업을 마치기 위해 비토리아로 돌아갔다. 그는 신학뿐 아니라 사회문제와 사회운동에도 관심이 깊었기 때문에 도서관에서 폭넓게 독서했다. 신부 서품이 얼마 남지 않자, 그는 대주교에게 벨기에 루뱅대학에서 사회학을 공부하도록 허락해줄 것을 간청했다. 대주교는 그의 호소를 무시하고 교구의 선임 신부들 밑에서 일하는 것 외에 다른 어떤 임무도 주지 않은 채 그를 몬드라곤에 파견했다. 대주교는 아리스멘디의 청을 거부함으로써 바스크 지역에 학위를 가진 사회학자가 한 명 더 늘어나는 것을 막았지만, 결국 어떤 학위로도 배출하기 힘든 실천적인 사회학자를 배출한 셈이었다.

몬드라곤에서의 출발

1941년 2월 5일 아리스멘디는 한 사람의 평범한 신부로 몬드라곤에 도착

---

* 몬드라곤 협동조합 복합체의 교육센터 이카스비데 도서관에는 아리스멘디를 처형될 사람으로 분류해놓은 프랑코 군의 서류가 전시되어 있다.

했다. 아리스멘디의 전기 작가는 그가 매우 경험이 많고 유능한 전임자들의 뒤를 이어야 하는 힘겨운 일을 맡았다고 쓰고 있다.³

> 전임자들의 뛰어난 말솜씨에 매혹되어 있던 이들이 새로운 신부를 기다리고 있었다. 돈 호세 마리아는 스스로 말솜씨가 부족하다는 것을 알고 있었고, 돈 루이스 돌로라 신부의 웅변술과 돈 로베르토 아퀴레 신부의 유려한 화법에 익숙해진 사람들 앞에서 어려운 시험을 치르게 되리라는 점을 확실히 느끼고 있었다.
>
> 돈 호세 마리아의 설교는 사람들을 매우 실망시켰다. 그는 단조로운 목소리로 알아듣기도 어려운 산만하고 반복적인 화법을 사용했다. '대주교가 우리에게 보낸 이 신부를 갈아치우자', '그는 기품 있게 책을 낭송할 줄도 모른다' 등이 신도들이 보인 첫 반응이었다.

아리스멘디는 그의 차례가 올 때마다 강단에서 설교를 펼쳤지만, 결코 선임자들의 화려한 웅변술을 습득하지는 못했다. 그는 오히려 일대일의 대화나 소규모 토론에서 훨씬 더 자연스럽고 감명 깊게 말했다. 그의 화술이 이러니, 사람들이 처음부터 그를 제대로 이해하기란 힘든 일이었다.

아리스멘디는 사회복음을 만들어가고 있었는데, 그것은 개인의 구원에만 관심을 갖고 있던 대부분의 동료 신부들의 복음과는 전혀 다른 것이었다. 19장에서 아리스멘디의 사회철학을 자세히 검토할 것이므로, 여기서는 그가 어떤 세계관을 형성했고 뒷날 그를 따르는 사람들에게 무슨 영향을 끼쳤는지에 대해서만 언급하고자 한다. 그는 설교와 집필을 통해 노동은 형벌이 아니라 자기실현의 수단이라고 강조했다. 또한 어떤 노동이든 노동은 존엄하며 협동과 집단적 연대가 필요하다고 주장했다. 그리고 기술지식 및 기능 연마를 위

호세 마리아 아리스멘디아리에타 | 1941년 평범한 가톨릭 신부로 몬드라곤에 도착한 돈 호세 마리아는 이곳에서 목회 활동을 시작했다. 그는 세 살 때 사고로 왼쪽 눈의 시력을 잃어버린 뒤 짙은 검은색의 안경을 끼고 다녔다. 물질적 안락을 추구하지 않는 소박한 소품의 돈 호세 마리아는 항상 자전거를 타고 다녔는데, 아래 사진은 그러한 그의 상징적 모습을 잘 보여준다. 위의 사진은 부활절에 촬영된 모습이다.

한 교육의 중요성을 사회적 전망과 결부시켰다.

당시에는 아리스멘디의 추종자들조차 그를 사회주의자라고 생각했다. 일부 보수적인 마을 주민들은 그를 '빨갱이 신부'라고 불렀다. 그는 사람들이 당면한 문제를 스스로 해결할 수 있도록 하면서 좀 더 구체적인 문제들로 관심을 모아나갔다.

사목 일을 하는 동안 돈 호세 마리아는 이름뿐인 두 개의 교회조직, 즉 노동청년조직과 교구민 가족조직을 되살리는 데 특별한 관심을 기울였다. 그는 교회조직을 통해 사람들과 함께 의료소를 설립했다. 또한 운동경기장을 세우고 스포츠 리그를 만들었는데, 처음에는 축구 리그부터 시작했다. 이런 초기 조직 활동은 이후에 만들어질 모든 조직의 사회적 기반이 되었으며, 그 과정을 통해 가장 주요한 관심사, 즉 어떻게 하면 몬드라곤 주민들에게 사회적 전망에 필요한 숙련된 기술을 제공할 수 있을까 하는 데 집중할 수 있었다.

아리스멘디는 세라헤라 유니언의 경영진으로부터 견습공 교육과정에서 종교교육을 담당해달라는 부탁을 받았다. 그는 이 기회를 이용하여, 경영진에게 견습공 교육과정을 확대해 회사 종업원들과 관련 없는 소년들도 받아줄 것을 요구했다. 그러나 회사가 이 제안을 거절하자, 그는 14~15세 소년들에게 기능과 기술을 가르칠 독자적인 학교를 설립하는 사업을 시작했다. 그는 대중의 관심과 지지를 얻어내기 위해 청년들과 함께 일할 수 있는 학부모연합회를 만들었다. 학부모연합회는 현지 기업들로부터 기부금을 받고 다양한 문화 활동과 운동경기를 통해 돈을 모았다.

아리스멘디의 조직 활동이 최고조에 달한 것은 학무모연합회가 몬드라곤의 주요 도로 모퉁이에 상자를 설치해서 새로 세워질 학교에 관심 있는 모든 시민이 자신의 이름과 주소, 그리고 그들이 기부이든 직접 봉사든 무엇을 할 수 있는지를 적어넣도록 한 것이었다. 이름을 적어넣은 사람들은 창립 멤버가 되어 투표권을 행사하고, 중요한 정책을 결정할 수 있었다.

어떤 이유에서든 자유선거에 우려를 갖기 마련인 정부 관리들은 민주주의적인 자기표현 양식에 매우 놀랄 수밖에 없었다. 사람들은 아리스멘디가 민중 선동가이며 문제아라고 생각했다. 그의 주임신부는 그를 지지했지만, 목소리를 좀 낮추고 이단적인 활동에 관여하지 말라고 충고했다. 그러나 과격한 바스크 민족주의자들 일부는 아리스멘디가 법적 테두리 안에서만 모든 일을 처리하려 한다는 이유로 그를 정부의 협력자로 생각했다.

당시 몬드라곤 성인 인구의 약 15%에 달하는 600여 명의 주민들이 후원을 약속했다. 많은 중소기업들도 이 운동에 참여했지만 세라헤라 유니언과 현지 지방정부는 참여를 거부했다. 1943년 마침내 1개 반 20명의 학생으로 학교 문을 열었다.

그러나 이 학교는 '가톨릭 행동단'의 학부모회와는 공식적인 관계를 맺지 못했으며, 국가교육보조금을 받을 자격도 얻지 못한 상태였다. 그러므로 다음 단계는 이 학교를 체계화하고 합법화하는 것이었다. 당시에는 거의 모든 조직이 금지되었지만, 아리스멘디는 법령집을 뒤져 마침내 학부모회를 '교육문화동맹'이란 이름으로 인가받을 수 있는 19세기의 법 조항을 찾아냈다. 이렇게 하여 1948년에 만들어진 교육문화동맹은 최초의 조직 헌장에서 발언권과 투표권을 행사할 수 있는 네 그룹의 회원을 규정했다.

(1) 동맹에 직접 가입을 희망하는 개인
(2) 매월 회비와 봉사(교습 봉사 포함)를 제공하는 적극적 회원
(3) 매년 최소한 1,000페세타를 후원하는 후원회원(1948년의 미 환율로는 약 89달러. 몬드라곤에 있는 대부분의 소기업이 후원자가 되었다.)
(4) 명예회원(모든 연합회에 대표를 파견하도록 규정하고 있는 현지 정부당국)

각 그룹은 10명의 대표를 총회에 파견했으며, 총회는 다시 14명의 학교 이사를 선출했다. 그중 6명의 이사는 기부금을 내는 기업 대표였으며, 1명은 몬드라곤의 시장이었다.

'기술전문학교(Excuela Politenica Professional)'의 설립을 인가하고 학교 이사회에 시장이 참석했다는 사실은, 결과적으로 이 새로운 협동조직을 현지 정부 당국이 인정했다는 의미였다. 1971년이 되어서야 세라헤라 유니언도 도제학교를 폐쇄하고 기술전문학교에 매년 기부금을 내기 시작했다.

학교는 교과과정을 늘려 학생이 한 과정을 마치면 다음 단계의 과정을 밟을 수 있도록 했다. 스페인의 기술 교육은 세 단계로 이루어져 있는데, 오피시알리아, 마에스테리아, 페리타에 인두스트리알이 바로 그것이다. 오피시알리아는 초·중등학교 수준, 마에스테리아는 고등학교 수준에 해당하는 기술 교육이며, 페리타에 인두스트리알은 대학의 학부 1, 2, 3학년 수준이다.

이 기술전문학교는 머지않아 몬드라곤 협동조합 복합체를 구성하는 협동조합의 설립과 발전에 기반이 되었다. 돈 호세 마리아는 학교를 설립하는 과정에서 신부로서뿐만 아니라 교사로서 몬드라곤의 협동조합운동을 이끌 수 있는 사회적 전망을 제시한 것이다.

04
최초의 노동자생산협동조합

　기술전문학교의 첫 졸업생들 중에서 몇 명은 몬드라곤의 유력한 개인기업인 세라헤라 유니언에 들어가 일하면서도 교육을 더 받고 싶어 했다. 그러나 몬드라곤이나 그 근처에는 대학이 없었고, 졸업생들은 직업을 포기하고 유학할 만한 경제적 여유가 없었기 때문에, 그들의 희망이 실현되기란 결코 쉬운 일이 아니었다. 아리스멘디는 여러 가능성을 검토한 뒤 아라곤 지방(바스크 지역 외부)에 있는 사라고사대학과 협정을 맺어 몬드라곤 출신 학생들이 출석하지 않고도 공부할 수 있도록 했다. 그리하여 기술전문학교의 1기 졸업생 20명 중 11명이 대학에서 기술공학 학위를 받기 위해 학업을 계속했다.
　그들은 공부를 계속하면서도 열심히 일함으로써 일부는 숙련 노동자로, 일부는 하급 관리직이나 간부직으로 승진했다. 그러나 이런 조건 속에서도 그들의 마음은 편할 수 없었다. 이 시기의 노사 관계가 매우 적대적이었으며, 기술전문학교의 졸업생들은 자신이 심정적으로 노동자 편이라는 것을 깨닫고 있었기 때문이다.

그런 동안에도 그들은 매주 아리스멘디와 만나 토론을 계속했다. 1941년 평범한 신부로 몬드라곤에 도착해서 최초의 노동자생산협동조합이 설립되는 1956년까지, 아리스멘디는 선생으로, 그리고 토론의 지도자로 크게 활약했다. 그의 가장 친한 동료 중 한 사람인 호세 마리아 오르마에케아에 따르면, "1956년을 곰곰이 생각해보면, 그는 2,000개 이상의 공부 모임을 이끌고 있었습니다. 그 모임들 일부는 종교적이고 인문적인 성향을 갖고 있었지만, 나머지는 대부분 사회적인 성격을 띠었습니다."[1]

아리스멘디는 1941년부터 계속해서 학교에서 지내는 정규적인 생활 이외에도 휴일과 휴가를 가리지 않고 적어도 평균 2.7일마다 1개꼴로 학회를 이끌고 있었다. 전에 그의 학생이었던 한 사람이 우리에게 말한 것처럼 "그는 종교와 사회학 과목을 가르쳤습니다. 그러나 실제로 그의 종교 수업은 주로 사회학에 관련된 것들이었습니다." 그가 교사 생활을 할 때 처음 만났던 학생들로 구성된 학회에서는 주로 노동과 자본의 갈등, 사기업의 개혁, 자주경영, 노동자들의 소유권 참여에 관한 토론이 큰 비중을 차지했다.

1950년대 초 세라헤라 유니언은 새 주식을 발행하여 회사 자본금을 늘리기로 결정했다. 아리스멘디의 제자들은 회사 고위 경영진과 가진 정식 면담 자리에서 노동자들에게도 회사에 투자할 수 있는 기회를 달라고 요구했다. 그러나 경영진은 이 제안을 단호하게 거부했다. 제자들은 사기업 체제를 개혁하기 위한 마지막 시도로, 마드리드로 찾아가 정부당국이 노동자들도 소유권에 참여할 수 있는 제도를 마련해야 한다고 건의했다. 그러나 이것마저 거절당하자, 그들은 자본가 소유 회사를 개혁하려는 희망을 포기할 수밖에 없었다. 다만 이들 중 다섯 사람, 즉 루이스 우사토레, 헤수스 라라냐가, 알폰소 고로뇨고이티아, 호세 마리아 오르마에케아, 하비에르 오르투바이는 지금까지 토의해온 사회경제적 노선에 맞는 조직체계를 갖춘 새로운 회사를 설립할

울고를 설립한 다섯 사람의 개척자 | 돈 호세 마리아의 제자 가운데 루이스 우사토레, 헤수스 라라냐가, 알폰소 고로뇨고이티아, 호세 마리아 오르마에케아, 하비에르 오르투바이 등 다섯 명은 1956년 최초의 노동자생산협동조합인 '울고'를 설립했다.

각오가 서 있다고 아리스멘디에게 얘기했다.

이는 이들 다섯 개척자들이 자신의 사회관에 따라 행동한 것이기도 하지만, 동시에 당시의 경제 상황에 대한 평가를 바탕으로 내린 자신들의 직업에 대한 우려와도 관련된 것이었다. 그들은 세라헤라 유니언에서 노동자의 자식은 하급 관리직 이상으로 승진할 수 없다는 점을 깨달았던 것이다. 또한 그들은 스페인이 다른 나라로부터 경제적으로 고립되어 있기 때문에 쓸모 있고 우수한 상품을 생산한다면 어떤 회사라도 성공할 수 있다는 결론을 내렸다.

울고의 창립

다섯 개척자들은 그들이 만들고 싶은 조직구조나 법률체계에 대한 청사진을 전혀 갖고 있지 않았다. 다만 그것이 노동자생산협동조합 정도일 것이라고 막연히 생각하고 있었다. 전례가 없는 형태이기는 했지만, 그들은 공동출자를 통해 이 모험적인 회사조직을 실험해보기로 결정했다. 공동저축계좌를 만들 법률 조항도 없었기 때문에, 다섯 사람은 그들의 저축을 각자의 개인구

울고 | 울고는 몬드라곤에서 최초로 설립된 노동자생산협동조합이다. 당시 석유난로를 생산했던 울고는 경험 부족에서 오는 여러 문제를 안고 있었다. 고전을 면치 못하던 울고는 초기의 기술 문제와 시장 문제를 극복하고 빠르게 성장하여 1960년대 초반에 이르러서는 스페인의 100대 기업으로 성장했다. 사진은 1950년대의 울고 모습이다.

좌에 넣어두었다가 투자할 시기가 되면 공동출자하기로 했다.

아리스멘디는 이전에 사회복지와 교육사업에서 그랬던 것처럼 더 많은 돈을 모으기 위해 지역사회에 도움을 요청하는 계획을 세웠다. 아리스멘디는 개척자들에게 '치키테오'라는 훌륭한 마을 풍습을 활용하라고 충고했다. 그리하여 매일 일이 끝난 뒤 몇 무리의 친구들이 몬드라곤 거리에 모여서 술집을 옮겨 다니며 포도주를 마시기도 하고, 가게에 있는 손님들이나 바텐더와 함께 대화를 나누기도 했다. 이런 비공식적인 통로를 통해 다섯 사람은 자신들이 협동조합 회사 설립을 계획하고 있으며 지역사회로부터 대출금의 형태로 도움을 구하고 있다는 이야기를 퍼뜨렸다. 아리스멘디와 그의 동료들은 개별 면담과 조직을 통해 이 계획을 선전해나갔다.

이때만 해도 그들은 돈을 빌려줄 사람들에게 협동조합 회사가 무엇을 생산하고, 어디에 자리 잡을 것이며, 어떻게 합법적으로 설립될 것인지 설명해줄 수 없었다. 그러나 전에 성공적으로 지역사회를 조직해냈던 경험과 육체노동자의 자식으로는 처음으로 대학을 졸업했다는 명성을 바탕으로 일을 추진할 수 있었다. 이들 개인의 직접적인 약속 이외에는 믿을 게 아무것도 없는 상황인데도, 100여 명이 다섯 개척자들과 돈 호세 마리아의 지도력을 믿고 도와주겠다는 약속을 했다. 다섯 설립자들이 낸 돈을 합쳐 1,100만 페세타(1955년 당시 환율로 36만 1,604달러)가 모아졌다. 이는 당시 스페인의 노동자계급 사회에서는 엄청난 액수였다.

그러나 당시 스페인 시민에게는 기업체를 설립할 자유가 없었다. 기업체 설립은 정부당국의 특권에 속했으며, 이 때문에 고위층에 연줄이 없는 노동자들은 자신의 회사를 설립할 수 있는 기회가 거의 없었다. 이는 헤수스 라라냐가 "1955년에는 공장 설립에 대한 인가가 강력한 규제를 받고 있었으며, 인가 발급 권한을 갖고 있는 이들은 그것이 마치 보물단지라도 되는 양 생각했다"[2]라고 지적한 것에서도 잘 알 수 있다. 아리스멘디는 주물 공장을 세우자고 제안했다. 다섯 사람 중 오르마에케아가 타당성 조사를 하고 인가 발급 관리에게 공장 설립서를 제출했지만, 이 서류는 정부의 서류철 속에 묻혀버렸다.

1955년 말로 접어들 무렵, 비토리아에 있는 한 사기업이 파산했다는 소식이 들려왔다. 이는 비로소 첫 번째 돌파구가 열렸음을 의미했다. 다섯 개척자들은 그 회사의 건물이나 장비보다 허가증에 더 관심이 있었다. 그 회사는 가정용 전자기계 제품을 생산할 수 있는 허가증을 갖고 있었으므로 그 회사를 사들이면 그토록 얻기 힘들었던 권리증을 확보할 수 있었기 때문이다.

비토리아에 있는 건물에서 1년을 보낸 뒤 다섯 개척자들과 18명의 동료들은 회사를 자신들이 지은 몬드라곤의 새 건물로 이전했다. 1956년 11월 12일 회사를 몬드라곤으로 옮기던 날이 몬드라곤의 첫 번째 노동자생산협동조합 울고*가 공식적으로 설립된 날로 기억되고 있다. 설립자들은 이 날을 '몬드라곤의 협동조합 경험'이라는 뜻으로 이름을 지어 기념했다.

울고는 3년이 넘도록 정관이나 내규도 없이 운영되었다. 이때는 설립자 중 한 사람의 이름으로만 등록되어 있었으므로 정부당국은 한 개인이 울고를 운영한다고 보았다. 사람들은 서로를 신뢰했고, 특히 돈 호세 마리아를 굳게 믿고 의지했기 때문에 조직이 갖춰야 할 형태를 제대로 알지 못하면서도 함께 일할 수 있었다. 그들은 하루 일이 끝나면 자주 아리스멘디와 모임을 가졌으며, 조직이 안고 있는 이론적이고 실무적인 문제를 토의했다. 이런 토론은 좋

• 울고(ULGOR): '울고'라는 이름은 다섯 사람의 설립자(루이스 **우**사토레, 헤수스 **라**라냐가, 알폰소 **고**로뇨고이티아, 호세 마리아 **오**르마에케아, 하비에르 오**르**투바이) 이름에서 첫 번째 또는 두 번째 글자를 따서 만들어졌다.

은 경험이 되었다. 왜냐하면 함께 일하면서 배운 경험에다 아리스멘디의 사회관과 법률 연구 내용을 결합시킬 수 있었기 때문이다. 아리스멘디 자신은 울고에서나 몬드라곤에 있는 어떤 협동조합에서도 공식적인 직함을 갖지 않은 채 '고문'의 위치에 남아 있었다. 그는 울고를 만든 뒤 협동조합 관리기구의 어떤 공식 회의에도 참가하지 않았으며, 비공식적인 개별 논의나 토론을 통해서만 정보와 의견을 교환했다.

정관 작성

울고의 정관과 내규는 여러 번 수정을 거쳐 이후 생겨날 다른 노동자생산협동조합의 모델이 되었다(몬드라곤 협동조합의 골격은 〈그림 4-1〉 참조). 정관은 협동조합 총회에 무한한 권한을 부여했으며, 회사의 모든 구성원은 총회에서 투표권과 투표 의무를 갖는다.* 총회는 적어도 1년에 한 번씩 열리고, '이사회(Governing Council, 스페인 원어는 junta rectora)'의 요청이나 조합원 1/3 이상의 요청으로 소집될 수 있다.

'이사회'는 협동조합의 최고 정책결정기관이다. 이 기관이 지닌 권한이 우리에게 친숙한 사기업 이사회와 공통점을 가지고 있기 때문에 보통 '이사회(board of director)'라고 번역되지만, 사기업 이사회와 협동조합 이사회는 다음과 같은 차이점이 있으므로 주의해야 한다.

첫째, 사기업 이사회는 주주들에 의해 선출되며, 주식 1주당 1표의 권리를 부여하기 때문에 많은 주식을 갖고 있는 기관이나 개인이 그 회사를 좌우한

* 그러나 정당한 이유 없이 총회에 빠진 회원들은 다음 회의 때 투표권을 갖지 못한다.

〈그림 4-1〉 몬드라곤 협동조합의 구조

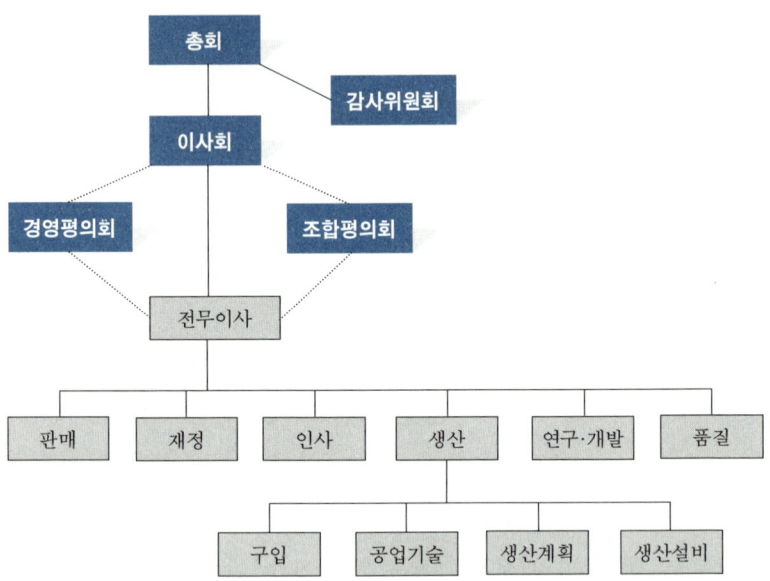

일반적으로 몬드라곤의 협동조합들은 총회에서부터 전무이사까지 같은 상부구조를 갖고 있다. 그러나 규모나 활동 분야에 따라 구조가 다양하다.

다. 그러나 몬드라곤 협동조합의 이사회는 모두 노동자 조합원들에 의해 선출되며, 각각의 노동자는 동등한 1표의 권리를 갖는다.

둘째, 사기업 이사회에는 일반적으로 그 회사에 고용되어 있지 않은 이사와 회사의 고위 간부들이 포함된다. 그러나 협동조합 이사회는 회사에 고용된 노동자만을 구성원으로 하고 있다. 즉 고위 간부들은 회의에 참석할 수는 있지만 이사회의 구성원은 아니다. 몬드라곤은 기업에 대한 지배와 경영을 분리한다. 사기업에서는 간부진이 종종 지배와 경영을 겸하기 때문에 이런 분리가 어렵다.

셋째, 사기업에서는 이사장 직함에 CEO(경영 실무 책임자)라는 직함이 명시되어 있지 않으면 이사장과 CEO가 동일 인물이 아닐 수도 있다. 그러나 몬드라곤에서는 협동조합의 CEO를 전무이사(gerente)라고 부른다. 그는 개인적으로 볼 때는 조합에서 가장 영향력 있는 사람이지만 일반적으로 이사회의 지시를 받는다. 전무이사는 발언권은 있으나 투표권은 없다.

또한 전무이사는 영향력 있는 경영 간부지만 각 부서 책임자들과 긴밀히 상의하면서 일해야 한다. 그는 부서 책임자의 교체에 관해 이사회의 조언을 받아야 하고, 개인적으로 의사결정을 할 수 없다. 주요 정책에 대한 최종 결정은 이사회에서 내려진다.

이사는 4년을 임기로 2년마다 반씩 새로 선출된다. 이사들에게는 이사회에서 맡은 직무에 대한 별도의 보수가 지급되지 않으며 원래의 자기 임금만 지급된다. 이사회는 경영 정책과 계획에 대해 전반적인 책임을 진다. 이사회는 전무이사를 선출하고, 선출된 전무이사는 이사회가 직위를 해제시키지 않는 한 4년 임기를 유지한다. 이사회는 전무이사의 비서도 임명한다. 그뿐만 아니라 전무이사의 실적을 검토하여 재선출할 수도 있다. 이런 점에서 사기업과 대조를 이룬다. 사기업에서는 CEO의 임기가 없는 경우가 대부분이고,

그의 실적을 재검토하는 과정도 거의 없다. 그래서 그는 정년퇴직하거나 회사를 그만두거나 이사회에서 직위 해제되지 않는 한 언제까지나 그 자리에 남아 있다.

울고는 이외에도 사기업과 구별되는 두 가지의 구조적 특성을 갖고 출발했다. 정관에 명시된 감사위원회는 협동조합 조합원들이 뽑은 세 명으로 구성된다. 감사위원회의 주요한 역할은 회사의 재정 활동에 대한 내부 감사와 계획된 정책이 잘 이행되고 있는지 감사하는 것이다. 울고는 또한 전무이사와 주요 부서의 책임자들로 구성되는 경영평의회를 만들었다. 사기업에서는 이런 기구가 비공식적으로 존재하는 것이 보통이지만, 울고의 설립자들은 실무에 대한 결정 과정을 공식화하는 것이 매우 중요하다고 생각했다. 울고의 조직과 정관, 내규는 아주 철저한 토론을 통해 결정되었기 때문에, 이후 울고가 다른 협동조합 조직과 관계를 맺을 때를 제외하고는 별다른 개정이 없었다.

조합평의회

울고의 조직에서 최초의 중요한 변화는 조합평의회를 설립한 것이다. 이전의 출판물들 — 우리 것을 포함해서 — 은 조합평의회가 울고의 창설과 동시에 설립되었다는 인상을 주고 있지만, 지금 생각해보면 그랬을 가능성은 거의 없다. 서로 잘 아는 최초 조합원 23명으로 시작한 협동조합에서 조합평의회와 이사회가 둘 다 필요하다고 느꼈을 이유가 없기 때문이다. 울고가 설립될 당시에 조합평의회가 존재하지 않았던 것은 분명하지만, 조합평의회의 전신前身이 될 만한 기구는 상당히 일찍 만들어졌다. 기록에 따르면 1957년 초에 조합위원회가 설립 총회를 열고, 1957년 2월 25일 처음으로 실무회의를 가졌다. 이는 울고가 비토리아 공장에서 조업을 시작한 지 불과 1년이 좀 지난 무렵이었다. 1958년 2월 조합위원회 위원들은 조합평의회 설립을 위한 공식적인 규약을 마련할 것을 제안했다. 그해 12월 초 이사회는 그 규약을 승인하고, 이사장은 총회의 비준을 받기 위해 그 안건을 총회에 제출했다.

몬드라곤에서 독특하게 고안된 이 기구는 특별히 관심의 대상이 된다. 우리는 이 기구가 생겨나도록 한 사회적 동기와 사상적 기원에 대해 궁금증을 갖고 있었다. 울고가 빠른 속도로 성장해나갔기 때문에 연례적으로 개최되는 총회만으로는 부족해서 더 많은 조합원의 참여를 위해 필요했던 것은 아닐까 추측해봤지만, 조합원이 50명도 채 못 되던 시기에 조합평의회의 전신인 조합위원회의 첫 회의가 열렸다는 것을 알고는 우리가 세운 가정이 틀렸음을 깨달았다.

1976년 아리스멘디가 죽기 전에는 그에게 조합평의회를 어떻게 구상하게 되었는지 물어볼 생각도 못했었다. 나중에야 아리스멘디와 초기부터 함께 일했던 두 대의원과 인터뷰를 할 수 있었다. 그들의 얘기에 따르면, 조합평의회는 아리스멘디의 생각이며 그가 울고의 정관과 내규에 조합평의회의 기능과 임무를 규정하는 조항을 초안했고, 1958년 10월 정부당국에 제출하여 다음 해 4월에 승인을 얻었다고 한다. 그러나 이들은 당시 아리스멘디가 무엇을 염두에 두고 조합평의회를 설립했는지 확실하게 알지 못했다.

알폰소 고로뇨고이티아는 어쩌면 아리스멘디의 생각은 기술전문학교에 학생들을 제도적으로 참여시켰던 경험에서 나왔을지도 모르며, 당시 스페인의 사기업에서 경영진의 자문을 위해 선출된 기구, 즉 노사협의회를 검토하면서 구상했을지도 모른다고 말했다. 그러나 그는 당시에 몬드라곤의 유력한 사기업에 노사협의회가 존재하긴 했지만 경영진은 노사협의회가 제기하는 어떠한 건의에도 항상 "안 돼! 안 돼! 안 돼!" 하는 똑같은 대답만 반복했다는 말을 덧붙였다. 짐작건대 아리스멘디는 선거를 통해 구성되는 자문기구가 협동조합에 더 적합할 거라고 생각했을지도 모른다. 1986년 코넬대학의 데이비드 그린우드 교수와의 인터뷰에서 고로뇨고이티아는 조합평의회가 경영진의 대항 세력으로 고안된 것이 아니었음을 여러 번 강조했다. 조합평의회는 경영자 측에 요구하는 것이 아니라 오히려 회사 내의 의사소통 과정을 폭넓게 함으로써 협동조합을 하나로 만드는 데 도움을 준다는 것이다. 그러나 그는 이 기구가 경영진의 권력 남용에 문제를 제기하는 것은 당연하다는 점을 시인했다. 그는 몇몇 조합평의회 대의원들이 조합평의회에 영향을 미쳐 그것이 노조의 역할을 담당하도록 만들고 싶어 했다고 설명하면서, 1979년과 80년의 어려운 재정비 기간에 협동조합의 조합평의회는 그들의 합법적 기능을 넘어서 나아갔다고 덧붙였다. 그는 조합평의회를 노동조합과 어떤 식으로든 비교하기를 거부하면서, 이와 가장 비슷한 조직의 모델은 노사협의회라고 주장했다.

그런데 1958년 이후 일부 노사협의회는 경영진에 대한 건의뿐 아니라 노사 간의 단체교섭을 이끌기도 했다. 이것은 고로뇨고이티아가 주장하는 차이점을 수긍하기 어렵게 만든다. 이 때문에 협동조합이 발전해가는 과정에서 조합평의회가 맡게 된 역할의 모호성에 관심이 갔다. 고로뇨고이티아가 스스로 결론을 내린 것처럼, 조합평의회는 협동조합 내의 다른 모든 기구와 마찬가지로 경험의 산물이었다. 우리는 비록 아리스멘디가 무슨 생각으로 조합평의회를 설립했는지는 말할 수 없지만, 몬드라곤 협동조합 복합체의 월간지 『노동과 단결』 1966년 12월호에 그가 '구상(concept)'이라는 제목으로 다음과 같이 쓴 것을 인용할 수는 있다.

> 각 조합원이 누리는 조합원으로서의 특수성과는 상관없이 우리 개개인은 협

동조합 내의 노동자라는 것을 알고 있다. (…) 조합원의 관점에서 보면 우리 모두가 이사회에서 대표성을 갖고 있다. 그러나 만일 이사회가 우리의 유일한 대표기구라고 한다면, 최소한 노동의 일상적인 문제와 관련해서 볼 때 우리의 참여는 거의 없는 것이나 마찬가지다. 이러한 소극성을 피하고 많은 문제를 직접 경험할 수 있도록 하기 위해 이른바 조합평의회가 탄생한 것이다.

그러고 나서 아리스멘디는 조합평의회가 이사회와 경영진에게 건의할 수 있는 권리의 범위에 대해 설명했다. 여기에는 직무의 안전과 건강, 사회보장, 급여 제도, 그리고 사회복지사업 및 그 계획이 포함된다. 이 문제들에 관한 이사회와 경영진은 결정을 내리기 전에 조합평의회의 조언을 들어야 한다.

조합평의회는 처음 설립될 때부터 이사회와는 다른 식으로 대표를 선출했다. 이사들은 회사의 전 분야를 대표하여 선출되는 반면, 조합평의회의 대의원들은 그들이 일하는 부서나 과에서 선출되었다. 조합평의회는 매년 2년 임기의 대의원을 선출했다. 재선이 허용되기는 했지만, 아리스멘디는 가능한 한 많은 조합원들이 이런 경험을 하기를 바랐기 때문에 재선을 바람직하게 여기지 않았다.

정관은, 보수가 낮은(급여체계에서 지수 1.6 이하) 직급에 종사하는 이사는 자동적으로 조합평의회의 대의원이 되도록 규정하고 있다. 이 정책은 확실히 이사들 대부분이 경영진 중에서 선출되리라는 점을 예상한 것이었다(그 예상은 정확했다). 작업 부서를 기반으로 하는 대표 선출 제도는 경험이 많은 일반 노동자가 조합평의회의 대의원으로 선출될 수 있게 했다.

처음에는 노동자 10명당 1명 비율로 조합평의회 대의원이 선출되었다. 그러나 아리스멘디는 조합평의회 대의원 총수가 50명을 넘지 않는 것이 바람직하다고 생각했기 때문에, 협동조합의 규모가 커짐에 따라 조합평의회의 규모를 유지하기 위해서는 1인의 대표가 10명 이상의 회원을 대표할 수밖에 없었다.

이사회의 조언기관으로서 성격을 명확히 하기 위해, 조합평의회 의장은 이사회에 의해 이사 또는 경영진 중에서 선출된다. 조합평의회는 매달 회의를 갖지만, 의장의 요구가 있으면 언제든 소집될 수 있다.

조합평의회가 노조로 활동하도록 고안된 것은 아니었다 해도, 조합위원회와 조합평의회의 회의록을 검토해보면 대부분의 안건들이 대체로 노조가 경영진에게 제기하는 쟁점들에 집중되어 있음을 알 수 있다. 임금 인상안이 제기되기도 하고, 임금은 그대로 둔 채 노동시간을 10시간에서 9시간으로 단축하는 안이 제기되기도 했다.* 추가 유급휴가와 장려금 제도도 논의되었으며, 이른바 월급 외 소득에 대해서도 여러 차례 논의되었다. 1959년 울고가 공식적으로 협동조합이 되면서 조합원들은 더 이상 스페인 사회보장제도의 혜택을 받지 못하게 되었다. 따라서 경영진과 조합평의회는 조합원들에게 의료보험과 퇴직금의 혜택을 주기 위한 계획을 세워야 했다. 조합위원회와 조합평의회는 처음부터 식당을 운영하거나 조합원들에게 의약품을 판매하는 일, 또는 작업장 안전 문제와 사회 활동 계획 등 사회보장과 관련된 문제들에 노력을 기울였다. 물론 그것은 알폰소 고로뇨고이티아의 기대에는 훨씬 못 미치는 수준이었다.

프랑코 시대의 노사협의회처럼 경영진이 의장을 임명했기 때문에, 조합평의회의 독립성에는 한계가 있었으며 (1985년 노사협의회에 주어진 것과 같은) 경영진과의 협상권도 갖지 못하고 있었다. 그러나 '협상'이냐 '논의'냐를 명백하게 구분하기란 불가능하다. 따라서 조합평의회의 활동이 어느 정도까지 '논의'

* 1959년 12월, 이사회는 하루 9시간 노동에 합의했다.

로부터 이른바 '협상'으로 진전될 수 있을지는 두고 볼 문제이다. 조합평의회는 파업을 선언할 권리가 없지만, 조합평의회와 이사회가 심각한 의견 대립을 보일 경우 조합평의회는 이 문제를 총회에 제기할 수 있고, 총회에서는 협동조합의 전 조합원에 의해 최종 결정을 내린다.

여성 노동자의 권리

기혼 여성 노동자들에 대한 차별은 제2차 정관 개정에서 삭제되었다. 처음에 미혼녀는 차별 없이 고용되었지만, 결혼하면 회사를 떠나야만 했다. 결혼한 여성으로 하여금 회사를 그만두게 한 정책에는, 결혼한 여성이 있어야 할 곳은 집안이라는 전통적인 관념과 함께 높은 실업률에 대한 우려가 반영되어 있었다. 남성이야말로 일차적으로 돈을 버는 사람이라고 간주되었기 때문에 남성이 고용에서 유리한 위치를 차지하는 것이 당연하게 여겨졌다.

1960년대 중반에 이르러 여성들은 이런 제도의 폐지를 요구했고, 몬드라곤 협동조합에서 노동 인력의 수요가 급격히 늘어남에 따라 경제적인 필요와 성차별을 없애고자 하는 남녀평등 원리가 시기적으로 맞아떨어져 마침내 폐지되었다.

투표권

초기에 있었던 또 하나의 변화는 투표권에 관한 것이다. 전일 근무를 하는 모든 조합원이 총회에서 투표권을 갖지만, 울고는 그 비중을 달리하는 투표

제도를 채택하고 있었다. 총회에서 하는 투표는 직급과 연관되어 있기 때문에, 경영진과 감독관들은 일반 조합원들보다 더 많은 투표권을 가졌다. 이 제도의 바탕에는 회사에 더 많은 기여를 하는 사람이 더 큰 영향력을 행사해야 한다는 의식이 깔려 있었다.

그러나 몇 년 뒤 이 규정은 없어졌다. 더 적은 보수를 받는 노동자들의 수가 더 많은 보수를 받는 이들보다 수적으로 아주 우세했으므로 그 비중을 달리하는 투표권이 별다른 의미를 갖지 못했기 때문이다. 또한 본래 이 정책의 불평등성은 평등주의를 강조하는 몬드라곤 협동조합의 문화와도 대립되었으며, 조합원들도 그것이 몬드라곤에 널리 알려져 있는 협동조합의 전통적 원리에서 벗어난다는 점을 인식했기 때문이다.

재정 정책

재정 운영 분야에서 처음부터 변함없이 유지되어온 정책은 조합원이든 외부인이든 그 누구도 몬드라곤 협동조합의 주식을 소유할 수 없다는 것이다(몬드라곤 협동조합에는 주식이 없다 — 옮긴이 주). 협동조합의 자금은 이사회가 명시하고 조합원들이 승인한 범위 내에서 그들의 출자금과 가입금으로 조달된다. 이는 마치 조합원이 회사에 돈을 대출해주고 있는 것과 같아서, 각 조합원은 회사에 자기의 자본구좌를 가졌다. 조합원의 이익배당금은 매회 그들의 구좌로 입금되고, 자본구좌에 붙는 이자는 반년마다 현금으로 조합원들에게 지불된다.

잉여금(비용을 공제한 잉여분)의 최소 10%는 교육·문화·자선사업을 위해 매회 따로 떼어놓는다. 또 이사회가 결정한 몇 퍼센트의 잉여금은 회사의 적립금으로 모아둔다. 나머지 잉여금은 일한 시간과 임금 수준에 비례하여 조합원들에게 지급된다. 1960년에는 회사의 잉여금 중 10%가, 1961년에는 25%가, 1962년부터 1965년까지는 30%가 현금으로 조합원들에게 지급되었다. 잉여금의 나머지 부분은 그들의 자본구좌에 입금되었으므로, 1966년부터 현재까지의 모든 이익도 조합원들에게 돌아간 셈이다.

회계학 용어에 익숙하지 못한 사람들은 조합원의 자본구좌를 저축은행이나 신용조합에 예치된 돈이라고 생각할지 모른다(회사를 떠나기 전까지 그 돈이 인출될 수 없다 하더라도). 그러나 자본구좌는 회사와 조합원 간에 서류상으로 만들어진다. 그리고 현금 자체는 조합원이 회사를 떠나거나 정년퇴직할 때 회사가 조합원들에게 지불하는 시기에만 의미를 갖는다. 즉 현실적으로 출자금은 다른 자금과 따로 떨어져 있기보다는 일반적인 운영비용으로 쓰인다.

우리는 조합원들에게 잉여금이 현금으로 지급된 적이 없다고 알고 있다.[3] 만약 조합원들이 잉여금을 현금으로 받는 데 익숙해졌다면, 뒷날 자본금을 증자하기 위해 눈앞의 현금을 포기하라고 설득하기가 무척 힘들었을 것이다. 초기인 1960~1965년 사이에는 잉여금의 일부가 현금으로 지불된 적이 있지만, 그 이후에는 조합원들이 현금으로 잉여금을 받은 적이 없다.

현금 지불을 없애기로 한 것은 중대한 결정이었다. 만약 현금 지불을 계속하거나 늘려가기로 결정했다면, 지금처럼 힘 있고 건실한 협동조합 복합체를 세우지 못했을 것이다. 당시 이 결정을 놓고 격렬한 토론이 벌어졌다고 한다. 그러나 우리는 그 과정에 대해서는 전혀 모른다. 이 결정은 울고가 다른 협동조합들과 함께 협동조합 그룹인 울라르코를 만든 뒤인 1966년에 이루어졌다. 돈 호세 마리아와 울고, 그리고 울라르코의 지도자들이 당시 진행되고 있던 조업 확장에 소요되는 자금을 신속하게 투자·지원하기 위해서는 자본을 축적할 필요가 있다고 조합원들을 설득했음이 분명하다.

정년퇴직하기 전에 스스로 회사를 떠나는 이들은, 이사회가 합당한 이유가 있다고 판단할 경우 자신의 자본구좌에 있는 돈을 모두 가져갈 수 있다. 그러나 협동조합의 경쟁사에 들어가기 위해 떠난다면, 협동조합은 그 조합원의 자본구좌에서 20%를 공제할 수 있다. 정년퇴직할 때까지 남아 있는 이들은 회사에서 물러날 때 자본구좌에 있는 돈을 모두 받아 갈 수 있다. 이 돈은 조합원의 월급에서 공제하여 적립된 연금과는 성격이 다르다.

1959년부터 69년까지 적립금 비율은 35%에서 52.6%로 증가했다. 1970년대에는 10.8~29% 사이를 유지했다. 1980년대 경기침체기의 심각한 적자로 인해 적립금이 부족할 때, 조합원들은 회사를 지키기 위해 자신의 자본구좌에 있는 돈을 인출해야만 했다(자본구좌에서 출자금 형식으로 회사에 돈을 냈다는 의미로, 이때도 현금 이동이 있었던 것은 아니다. — 옮긴이 주). 이런 경험을 겪은 뒤 다시 흑자로 돌아서자, 적립금을 더 큰 비율로 비축해놓게 되었다.

임금과 급여 수준

몬드라곤에서 급여와 관련된 결정은 세 가지 원칙에 기초를 두고 있다.

(1) **바스크 지역 노동자들과의 연대** 미숙련 노동자의 초봉 수준을 사기업의 유사 직종 노동자의 임금 수준에 맞춰 책정한다는 것을 의미한다.
(2) **내부 연대** 뛰어난 업적이나 활동에 대한 보상과 직급 간 급여 차의 최소화 사이에 서로 균형을 맞춘다는 것을 의미한다.
(3) **급여에 관한 공개성** 임금 관련 정보를 모든 조합원이 알 수 있게 한다는 것을 의미한다.

몬드라곤에서 임금과 급여는 선수금(anticipos: 수입을 예상하여 지급되는 돈)이라고 한다. 초기에 협동조합 설립자들은 가장 높은 급여와 가장 낮은 급여 사이의 비율을 3:1로 설정했다. 어떻게 이처럼 차이가 작은 급여 기준을 설정했을까? 처음에 그들은 회사가 어떤 규모로 얼마만큼 복잡하게 성장해갈 것인지에 대해 아무런 전망도 할 수 없었다. 다만 100~200명의 조합원으로 이루어진 회사를 상상했으며, 그런 회사라면 전무이사의 업무와 책임이 일반 조합원의 그것과 크게 차이가 없으리라고 생각했다.

협동조합이 성장함에 따라 상급 경영진의 보수는 비슷한 규모와 생산성을 지닌 사기업의 월급에 비해 크게 뒤떨어졌다. 그러자 조합의 유능한 실무진이 사기업으로 하나둘씩 떠나갔다. 1975년에 우리가 처음 몬드라곤을 방문했을 당시에는 상급직 교체 비율이 연당 10%에도 훨씬 못 미친다고 들었지만, 어쨌든 이곳 지도자들은 그 문제를 고민하고 있었다. 회사를 떠난 사람들 중 기술전문학교를 거친 사람은 거의 없었다. 다시 말해 젊은 시절 협동조합의 생활 방식으로 사회화된 이들은 더 높은 급여의 유혹에 동요되지 않고 협동조합에서 사회적 심리적 만족감을 느끼고 있었다. 하지만 큰 협동조합의 고위 경영진은 조합 설립자들이 소규모 기업을 전제로 하여 임금 격차를 3:1로 결정했다는 사실을 안 뒤 고민하게 되었다.

다른 협동조합과 지원조직들이 점차 설립되고 울고의 규모도 커지면서, 초기부터 협동조합 복합체에서 일했고 오랫동안 고위 경영진에 몸담아온 이들 사이에 불만이 생겨났다. 그들의 불만은 스페인의 다른 사기업체와 월급을 비교한 데서만 나온 것은 아니었다. 오히려 어떤 산업사회에도 그토록 작은 임금 격차는 없었다는 사실이 그들을 괴롭혔다. 3:1의 임금 비율은 시대에 뒤떨어진 것이고 결국 폐지해야 한다는 생각이 경영진 내에서 제기되었다. 협동조합 복합체를 설립하고 조합의 성장에 크게 이바지했던 사람들에게 정년퇴직 때까지 3:1의 임금 격차를 계속 적용하는 것은 옳지 못했다. 그리하여 책임이 크고 중요한 경우와 평상시 노동시간을 초과하는 경우에는 기본급에 50%의 가산금을 부가하도록 결의했다. 이렇게 하여 그 비율이 4.5:1이 되었지만, 다른 회사들과 비교해보면 여전히 매우 낮은 수준이었다. 실제로 급여지수 3.0 이상의 직책을 가진 이들은 협동조합 복합체 내에 소수의 간부진밖에 없었다.

몬드라곤 내의 일부 선진 기술력을 기반으로 하는 협동조합에서는 미숙련 노동자가 1.0의 월급을 받는 경우가 거의 없기 때문에, 실제의 급여 차이도 4.5:1보다 훨씬 작다. 따라서 만일 필요한 지식과 기술을 가진 사람을 회사에서 발견하기 어렵거나 불가능할 경우, 협동조합은 더 많은 월급을 주는 특별한 계약을 맺는 방식을 통해 밖에서 사람을 구해 고용할 수 있다. 그러나 협동조합의 정관에는 비조합원을 10% 이상 고용하는 것이 금지되어 있다. 실제로 비조합원을 10% 가까이 고용한 협동조합은 거의 없다.

울고가 설립된 이후 수년 동안 급여 비율은 바스크 지역의 유사 업종 사기업의 일반적인 비율에 근거를 두었고, 생계비 상승에 맞춰 조정되었다. 몬드라곤 협동조합은 심각한 경기침체에 대응하여 1978년부터 힘겨운 과정을 거쳐 임금 지불 및 출자 제도에 관한 기본 원칙을 변경했다. 그와 관련된 내용은 12장에서 다룰 것이다.

정부의 승인

건실한 내부 법규와 재정구조의 확립은 몬드라곤 복합체의 생존과 성장에 필요조건이었지만 충분조건은 되지 못했다. 설립자들이 회사 운영의 골격을 만든 뒤에 그것을 법적으로 승인받아야 했기 때문이다. 아리스멘디는 마땅한 국내 법률을 찾기 위해 오랜 시간을 들인 끝에 마침내 그 조직에 알맞은 법규를 발견했다. 1942년의 협동조합법은 불완전하기는 해도 쓸 만해 보였다. 그러나 프랑코 정권은 모든 협동조합을 정부기관인 협동조합 사업국의 통제하에 두고 있었다. 따라서 아리스멘디와 동료들은 입법과 행정 절차 때문에 마음을 놓을 수 없었다.

아리스멘디는 법적 승인을 얻어내기 위해 마드리드로 갔다. 아리스멘디의 전기 작가에 따르면 울고의 정관은,

> 정통 협동조합과는 전혀 다른 개념을 갖고 있었다. 그러나 마드리드의 협동조합 사업국 고문인 호세 루이스 델 아르코와 협력하여 이 상황을 헤쳐나갈 수 있었다. 호세 루이스 델 아르코는 돈 호세 마리아가 울고 협동조합의 사회적 경제적 개념을 끈질기게 설명하자 이를 받아들였다.[4]

그런데 호세 루이스 델 아르코는 이 만남을 다르게 회상했다.

> 아리스멘디와의 첫 만남에서 우리는 협동조합의 사회적 경제적 가능성을 믿는다는 데 서로 의견이 일치했다. 그렇지만 나는 법률 분야의 전문가였다. 15년 이상 이 분야에 헌신해왔으며 중요한 직책을 맡고 있었다. 아리스멘디는 법률 서적을 읽고도 해답을 찾을 수 없던 문제에 대해 나에게 상의하러 왔다. 나는 그에게 해답을 가르쳐주었다. 법 조항이 말하고 있는 것이 한 가지라면 법의 정신은 그 법 조항에 생명을 불어넣는 것이기 때문이다. 간단히 말해서, 나는 아리스멘디 신부에게 굴복한 것이 아니라 그가 찾을 수 없었던 해결책을 제시해준 것이었다.[5]

두 사람의 이 만남에서 어떠한 일이 있었든지 간에 중요한 것은, 호세 루이스 델 아르코가 아리스멘디를 도와 정부 관리들이 받아들일 만한 표현으로 승인 신청서를 고쳐 쓰도록 했다는 점이다. 이 만남으로 시작된 두 사람의 우정은 아리스멘디가 죽을 때까지 지속되었다. 그리하여 몬드라곤 협동조합은 스페인 정부의 협동조합 정책에 영향력을 가진 인물의 협조와 지원을 받을 수 있었다.

초창기의 발전

초기에 고전을 면치 못하던 울고가 생각보다 빠르게 지속적으로 규모를 키워나가자, 다른 기업가들도 노동자생산협동조합을 설립했다. 이는 울고의 성공과 그들이 만들어낸 제품의 전망을 보면서 자극받은 것이었다. 초기에 울고의 뒤를 이어 생긴 노동자생산협동조합들 중에는 돈 호세 마리아의 가르침에 따른 것도 있었다.

창립 초기와 그 이후에 울고와 밀접한 관련을 맺은 협동조합은 아라사테, 코프레시, 에델란이었다. 1958년에 설립된 공작기계 회사 아라사테는 제품의 일부를 울고에 판매했고, 나아가 국내와 국제시장을 개척했다. 코프레시는 1963년에 설립되었는데, 처음에는 밸브, 온도계, 가정용·상업용 주방제품 전량을 울고에 판매했다. 1980년대까지 코프레시는 생산량을 늘리고 시장을 넓혀나갔다. 그에 따라 울고에는 생산량의 20%만을 판매하게 되었다. 에델란은 1963년 울고의 주조 부문과 파산한 개인 소유의 주조회사인 코메트가 통합되어 설립된 협동조합이다.

몬드라곤 협동조합 복합체의 역사를 돌이켜보면, 초기 형성기는 조합 설립자들을 위한 교육의 과정이었다. 이것은 주로 지역민을 위한 건강 프로그램과 스포츠 프로그램을 만들고 학교를 세우는 운동에서 시작되었다. 울고의 설립자들은 돈 호세 마리아와 계속 대화하면서 기술 및 경제적 측면에서 높은 경쟁력을 길렀고, 경쟁력과 사회관을 결합시키는 것이 중요하다는 점을 인식했다. 이렇게 사회경제사상을 기술과 연계시킨 것은 여러 협동조합의 내적인 발전을 이루는 것뿐만 아니라 상호 보완적인 협동조합 망을 확장시키는 데도 매우 중요했다.

몬드라곤에 대한 기존의 연구는 현재의 구조와 정책이 마치 처음 협동조합이 설립될 때 완성된 것처럼 생각하고, 뒤에 내려진 결정들도 대부분 초기에 세워진 틀에 맞게 미리 방향 지어진 것처럼 서술하는 경향이 있었다. 물론 초기의 일부 결정들은, 만일 그것이 다르게 정해졌다면 몬드라곤운동이 오늘날과 아주 다른 것이 되었을 수도 있다는 점에서 중요한 요소였음이 틀림없다. 회사에 대한 소유권과 통제권의 형태가 그런 결정 중의 하나다. 통제권이 법적으로 주식 소유자에게 있었다면, 아무리 1인 1주 규정에 따라 주식 소유가 노동자에게 국한되었다 해도 노동자생산협동조합의 특성을 오래 유지하기 어려웠을 것이다.

초기의 재정 정책은 고정된 요소와 변화 가능한 요소를 동시에 갖고 있었다. 울고는 초기에 조합원 자본구좌와 잉여금 배당 제도를 만들겠다고 했지만, 1965년까지는 계속 잉여의 일부가 현금으로 조합원들에게 지급되었다. 그 뒤 몇 해가 지나서야 모든 조합원의 잉여배당금을 그들의 자본구좌에 넣는 방침이 확립되었다.

비슷한 예가 또 있다. 창립 때부터 소득 중 일부는 적립금으로 따로 떼어 놓겠다고 했지만, 지도자들과 조합들이 경험을 통해 알 수 있었던 바와 같이 그 적립 비율은 수년 동안 모두 다를 수밖에 없었다.

마지막으로 조합평의회는 아주 초기에 만들어지기는 했지만 그 역할이 매우 불분명하여, 지도자들과 조합원들은 이 중요한 조직의 성격에 대해 거듭 생각하고, 새로이 규정하지 않을 수 없었다.

05
지원기관과 협동조합의 다양화

초기의 울고는 문제투성이였다. 당시 울고에서 생산된 석유난로는 나중에 생산된 것과 비교해보면 거의 구석기시대의 물건이나 다름없었다. 그러나 경험이 없는 기업가들에게는 이것을 생산하는 것만 해도 쉬운 일이 아니었다. 기술적인 면에서 금속부품이 부식되는 것도 큰 문제였다.

이렇게 그들이 여러 가지 어려움을 해결해나가고 있을 무렵, 공장에서 화재가 발생하여 작업 중이던 10명의 노동자 중 1명이 치명적인 화상을 입는 사고가 일어났다.

조합원들은 일주일에 6일, 하루에 10~12시간까지 일하면서도 초과 노동시간에 대한 수당은 생각지도 못하고 있었다. 울고가 점차 노동시간을 줄여갈 수 있게 된 것은(현재는 주당 42.5시간) 조합원들의 단결과 함께 안정된 재정이 밑받침되었기 때문이다.

협동조합 은행의 설립

울고의 지도자들이 초기에 직면한 기술 부족 문제와 시장 개척 문제를 채 해결하기도 전에, 돈 호세 마리아는 이들에게 협동조합 은행의 설립에 대해 설명하기 시작했다. 그는 노동자생산협동조합이 성공하려면 신용조합이나 협동조합 은행이 꼭 필요하다고 생각했다. 협동조합은 개인 투자가들을 끌어들여 주식 자본을 모을 수 없으며, 민간 은행은 노동자생산협동조합에 대출해 주는 것을 꺼릴 것이고, 만약 노동자생산협동조합이 민간 은행에 빚을 진다면 독립성을 잃게 될 것이라고 판단했다. 아리스멘디는 은행법을 면밀히 검토하여 민간 은행이 한 번도 이용한 적이 없는 중요한 단서를 찾아냈다. 바로 '아보로 오브레로(육체노동자를 위한 예금)' 프로그램이다. 이는 은행이 다른 예금구좌보다 0.5% 더 높은 이자율을 책정해놓은 것으로, 협동조합이 예금을 끌어모으는 데 매우 유리했다.

알폰소 고로뇨고이티아는 뒷날 이렇게 회고했다.[1]

> 우리가 울고의 경영평의회를 열고 있을 때, 그가 갑작스레 방문하여 협동조합 형태의 은행을 세워보라고 했다. 우리는 그의 제안에 곤혹스러워 했으며 반대 의사를 분명히 했다. (…) 우리는 그것이 비현실적인 생각에 불과하다고 여겼던 것이다. 또 금융과 은행에 대해서 너무 몰랐기 때문에 우리가 가진 지식이나 경험, 사고로는 도저히 상상할 수 없는 것이었다. 그것은 단지 우리에게 환상일 뿐이며, 환상 중에서도 좋지 않은 환상처럼 여겨졌다.[2]

돈 호세 마리아는 주변 사람들의 강한 반대에 부딪쳤음에도 자신의 길을 포기하지 않았다.

그는 참을성 있게 혼자서 정관과 내규를 준비했다. 그는 때때로 미소를 짓기도 하고, 머뭇거리며 돌아와서는 우리와 이야기를 나누고 이 은행의 필요성을 주장하곤 했다. 그의 전략이 늘 정확했던 것처럼, 그는 아마도 이 순진한 젊은 이들의 반대에 개의치 않고 이 무지의 벽을 우회하여 혼자 전략을 세우고 목적한 바에 다다르는 길을 찾아야 한다고 결심했음이 분명했다.[3]

우리는 돈 호세 마리아가 젊은 동료들의 반대를 어떻게 극복했는지 궁금했다. 우리는 그 은행의 역사에 관한 글을 쓰고 있는 시몬 마르티네스 데 아로이아베와 이야기를 나누면서, 은행 설립자인 돈 호세 마리아가 그의 동료들을 말로 설득하지 않았다는 것을 알게 되었다. 돈 호세 마리아는 설득 대신 그들 앞에 기정사실이 된 은행을 내보였다. 그는 울고의 법적 승인을 도왔던 호세 루이스 델 아르코와 의논하여 은행(노동인민금고)을 공식적으로 설립할 수 있는 길을 닦았다. 그 첫 단계가 정부에 '결성준비회의' 의사록을 제출하는 것이었다. 그 서류에는 1959년 3월 15일에 회의가 열렸으며, 그 회의에서 의원들이 정관과 내규를 승인하고 임시이사회와 감사위원회를 구성했다고 쓰여 있었다. 또한 의사록에는 알폰소 고로뇨고이티아와 호세 마리아 오르마에케아의 서명이 있었다.

1983년 아로이아베가 우리에게 설명해준 바에 따르면 이 회의는 열린 적이 없었다. 돈 호세 마리아는 심지어 고로뇨고이티아와 오르마에케아에게 알리지도 않은 채 이들의 서명을 위조했다.

우리는 아로이아베에게 "그들이 자신들의 허락도 없이 돈 호세 마리아가 서명을 위조한 사실을 안 뒤에 화내지 않았느냐?"라고 물었다. 아로이아베는 "그들은 순간 조금 화가 났지만, 그런 은행이 될 성 싶지도 않았기 때문에 신경을 쓸 만한 가치조차 없다고 생각했다"라고 말해주었다.

협동조합 은행이 공식적으로 설립 인가를 받기도 전에, 아리스멘디는 기술전문학교와 가톨릭 행동단의 사무실에서 실무를 처리하고 기푸스코아 저축은행에 돈을 예치할 준비를 했다. 1959년, 울고가 설립된 지 겨우 3년 만에 노동인민금고는 기푸스코아와 알라바 두 지방에서 설립 인가를 받아냈다. 두 지방에 설립 인가를 요청한 것은 당국이 어느 한 지방의 설립 인가를 해주지 않더라도 바스크 지역에서 계속 은행을 운영해나갈 수 있도록 하기 위해서였지만, 어느 한 곳도 법적으로 이의를 제기하지는 않았다. 아리스멘디가 택한 이런 전략은, 예측할 수 없는 모든 사태에 대해 그가 얼마만큼 철저히 대비했는가를 잘 보여준다.

돈 호세 마리아는 고로뇨고이티아와 오르마에케아를 설득하여 노동인민금고를 맡기고 싶어 했다. 그러나 그가 할 수 있었던 일은, 겨우 그들을 설득해 은행이 1959년 9월 24일 공식적으로 설립되었을 때 그 존재를 받아들이도록 하는 데 그쳤을 뿐이다. 그래서 돈 호세 마리아가 은행을 이끌 만한 사람으로 다시 주목한 사람은 호세 아얄라였다.

호세 아얄라는 돈 호세 마리아의 최초 사도 가운데 한 사람이었으며, 그와 함께 여러 종교, 스포츠, 문화 활동에도 참여하고 있었다. 1943년 아얄라는 몬드라곤의 청년운동 모임을 이끄는 초대 회장이 되었다. 아로이아베의 설명에 따르면, 아얄라는 아리스멘디의 신조를 지지하고 따랐으며 단정한 옷 매무새를 하고 다녔고, 그 지방의 부유한 집안 여자와 결혼했다. 이처럼 아얄라는 은행가로서의 사회적 지위도 갖추고 있었고, 예금주들에게 믿음을 줄 수도 있었다.[4]

아얄라는 1982년에 죽었기 때문에 직접 인터뷰할 수는 없었다. 그러나 그의 부인을 통해 아얄라가 돈 호세 마리아의 권고에 따라 은행사업에 참여하게 된 과정을 들을 수 있었다.

호세 아얄라는 로네오(현지 사기업체)에서 사무직으로 일하고 있었습니다. 그 회사에 근무한다는 것은 많은 사람이 원하는 좋은 직업, 안정된 직업을 가졌다는 의미였습니다. 사무직을 가진 사람은 훌륭한 시민 계층이며 특권을 누리면서 잘살 수 있는 가능성을 가진 사람으로 통했죠.

그러나 돈 호세 마리아는 그런 편안한 한직에 만족하는 것에 대해 훈계조의 말을 길고 지루하게 늘어놓곤 했습니다. 지금도 나는 솔직히 돈 호세 마리아가 제시한 이론이 매우 불분명했다고 말하고 싶습니다. 그 이론은 너무나 애매모호하고 정의 규정조차 형편없을 정도입니다. 그는 소비자협동조합과 신용조합, 그리고 그 외에 무엇이었는지 잘 모르지만 하여튼 여러 가지를 마구 섞어서 능숙한 말솜씨로 우리를 이끌어갔습니다. 우리는 사도의 직분에 충실했고, 그분의 사상보다는 바로 그 사람 자체를 위해 우리의 운명을 걸었던 것이죠.[5]

호세 아얄라는 성실하게 노동인민금고를 운영해나갔으며, 그곳에서 오랫동안 지도적인 직책에 있었다. 그 뒤에는 사망할 때까지 복합체의 사회보장 협동조합인 라군─아로(Lagun Aro: '보호 사업'을 의미하는 바스크어)에서 경영진으로 일했다.

돈 호세 마리아는 아얄라의 역할에 고마워했지만, 좀 더 사업가적인 안목과 능력을 가진 사람이 지도층에 있을 필요가 있다고 생각했다. 1961년 그는 울고의 생산 책임자로 있던 오르마에케아를 설득해서 은행의 경영 실무 책임을 맡도록 했다. 처음에는 비상근이라는 조건으로 시작했다. 1년 뒤 오르마에케아는 울고를 떠나 은행에 상근하며 헌신적으로 일했다. 같은 시기인 1961년 5월, 돈 호세 마리아는 알폰소 고로뇨고이티아를 설득해서 은행의 이사장으로 일하도록 했다. 한 달 뒤에 루이스 우사토레와 헤수스 라라냐가가 이사회에 합류했다. 이렇게 해서 울고의 다섯 설립자 중에서 네 사람이 은행의 중요한 직책을 맡게 되었다.*

울고의 설립자들이 지도력을 발휘하면서 은행에 대한 일반인들의 인식이 달라지고, 은행은 큰 규모로 성장해나갔다. 이런 변화로 노동인민금고는 스페인의 선도적인 은행 중 하나가 되었다.

신용조합은 당시 바스크 지방은 물론이고 그 밖의 다른 곳에서도 친숙한 조직이었다. 일반적으로 신용조합은 개인의 예금을 유치하여 생활자금을 개인에게 대출해주는 제한된 목적만을 갖고 있다. 그러나 노동인민금고의 주요한 목적은 노동자생산협동조합 및 기타 협동조직을 설립·확장하는 데 필요한 자금을 대주는 것이었다.

노동인민금고는 몬드라곤운동에서 최초의 2차 협동조합이었다. 노동인민금고는 서로 다른 조직들을 연결하고 지원하기 위해 울고, 아라사테, 그리고 푼코 노동자생산협동조합과 산호세 소비자조합을 조합원으로 끌어들였다(산호세 소비자조합은 애초 노동자생산협동조합과 연계가 없었다).

사회보장협동조합

노동인민금고는 저축과 사회보장이라는 두 분야에서 시작되었다. 노동자생산협동조합의 조합원들은 스페인에서 피고용인으로 인정되지 않기 때문에, 정부가 시행하는 전국사회보장제도의 혜택을 받을 수 없었다. 그래서 협동조합은 조합원들의 의료와 정년퇴직 이후 물질적 보장을 위한 기구를 만들어야

---

* 울고의 설립자 다섯 명 중에서 나머지 한 명인 오르투바이는 비토리아에 사기업체를 설립하기 위해 몬드라곤을 떠나 있었다.

했다. 그들은 급여에서 공제한 자금으로 라군-아로의 설립에 필요한 거의 모든 자금을 마련했다.

1967년 라군-아로는 건물과 이사회를 갖춘 독립된 협동조합으로 설립되었다. 이사들은 자사 조합원의 사회보장금을 납부하는 각 협동조합에서 선출해 파견했다.

라군-아로와 연계된 회원 협동조합이 늘어나면서 라군-아로는 빠르게 성장해갔다. 1984년 말 무렵에는 140개의 협동조합과 관계를 맺었으며, 18,266명의 조합원들과 부양가족을 포함하여 47,465명의 고객을 위해서 일하게 되었다.

최근 라군-아로는 국가기구인 '자치공제조합'과 계약하여 조합원들이 연금 적용을 받지 않도록 했다. 라군-아로는 수년 동안 조합원과 그 가족을 위해 근대적이고 우수한 의료 제도를 운영해왔다. 몬드라곤의 일반 시민에게도 유료로 봉사했는데, 그에 따라 지역의료보호사업이 널리 확대되었다. 1987년 1월 1일 바스크 지방정부는 이 진료소들의 재정과 운영을 넘겨받았고, 바스크 지역 내의 다른 도시에서도 이를 모범으로 삼아 진료소들을 운영했다.

몬드라곤 협동조합원들은 전국사회보장제도에서 제외되었지만 라군-아로를 통해 재정과 서비스 면에서 오히려 더 좋은 혜택을 받을 수 있었다. 노동인민금고 이사장 알폰소 고로뇨고이티아가 말한 것처럼, 1983년 전국사회보장제도는 사기업들에게 1년에 노동자 1인당 42만 페세타(2,800달러)를 납부하도록 했다. 하지만 라군-아로는 단지 24만 페세타(1,600달러)를 가지고도 뛰어난 보험 혜택을 제공하고 있었다. 고로뇨고로이티아에 따르면, 많은 사기업체들이 보험료를 납부하지 못했으며 정부는 납부를 강요할 경우 도산할 위험이 있는 회사에게는 제대로 징수하지 못했다고 한다. 그 때문에 협동조합은 사회보장세를 납부하는 사기업체들보다 비용 면에서 훨씬 유리한 입장에 있

라군-아로 | 라군-아로(LAGUN ARO)는 보호사업을 의미하는 바스크어로, 몬드라곤의 사회보장협동조합이다. 위 사진은 「2007 애뉴얼 리포트」(1998년부터 몬드라곤에서 매년 발행하는 보고서)에 소개된 라군-아로 사무실이며, 아래 사진은 2009년 현재 라군-아로의 한 지점이다.

었다.

최근 들어 작업 개선과 새로운 작업 방식 개발에 대한 관심이 높아짐에 따라, 라군-아로의 의료진은 새로운 기술과 노동 형태의 개발을 위한 프로젝트에 대해 점점 더 많은 조언을 요구받고 있다.

알레코프 학생협동조합

처음에는 2년 과정이던 기술전문학교가 상급 과정으로 확대됨에 따라 등록 학생 수가 급격하게 늘어났다. 그에 따라 재정 지원을 받지 못한다면 수업료를 인상할 수밖에 없는 상황이 되었다. 이는 결국 가난한 집안의 유능하고 야심 있는 아이들이 교육을 받을 수 없게 되는 상황으로 이어질 수 있었다. 학비를 부담할 능력이 있는 가정에만 교육 혜택이 돌아간다는 것은 협동조합의 원리에 어긋나는 것이었다.

돈 호세 마리아는 조합원들이 또 하나의 사회조직을 고안하도록 이끌었다. 이것이 바로 조합원의 대부분이 기술전문학교 학생들로 구성된 알레코프 학생협동조합이다. 처음에는 돈 호세 마리아가 지도하고 있던 교육문화동맹(the League of Education and Culture)이 사기업체와 실습 계약을 맺고 학생들에게 시간제 직업을 갖도록 주선하여 교육비를 마련할 수 있도록 도와주는 형태였는데, 알레코프가 만들어지면서 노동을 통해 학비를 조달하는 유형이 협동조합 복합체 내에 도입되었다.

알레코프는 1966년 설립 당시부터 오전과 오후에 각각 4시간씩 나누어 근무하는 2교대로 운영되었다. 학생들은 공장에서 하루에 4시간 일하고, 4시간 수업을 받았다. 이는 학교가 동일한 교육과정을 오전과 오후에 실시해야

몬드라곤 기술전문학교 | 아리스멘디의 주도로 설립된 기술전문학교는 머지않아 몬드라곤 협동조합 복합체를 구성하는 협동조합의 설립과 발전에 기반이 되었다. 기술전문학교의 학생들은 알레코프 학생협동조합을 만들어 노동을 통해 학비를 벌고, 또 회사의 운영도 경험해볼 수 있었다.

한다는 의미였다. 알레코프는 다른 협동조합이 주문한 부속품들을 생산하는 일에서부터 출발했다. 이 일을 계속해가는 동안 다른 사기업체로부터도 점차 많은 주문을 받아냈다. 알레코프는 기술전문학교에서 출발했기 때문에 학교와의 관계를 활용하여 고등학교와 대학교의 과학 및 공학 교육에 쓰일 장비와 도구를 개발하기도 했다.

지도자들은 알레코프를 구상하는 과정에서 학생 조합원들을 회사 운영에 참여시키는 문제와 소수의 상근 경영진 및 기술자들의 이해관계와 경험을 존중함으로써 회사를 경제적으로 강화하는 문제를 서로 조화시켜야 했다. 또 알레코프와 제품 공급 계약을 맺고 있는 다른 협동조합들의 이익도 고려해야 했다. 그리하여 삼자가 참여하는 대표기구가 만들어졌다. 이사의 1/3은 그 회사에 상근하는 참모진이 뽑고, 1/3은 학생 조합원들이, 나머지 1/3은 계약을 맺고 있는 협동조합이 선출했다. 1984년 알레코프는 450명이 넘는 학생 조합원들에게 학비와 생계비를 벌 수 있는 일거리와 노동 경험, 그리고 협동조합의 운영 과정을 직접 겪어볼 수 있는 기회를 제공했다.

서비스와 농업 관련 협동조합

울고의 개척자들은 울고를 설립할 때 활동 범위가 공업 분야에 국한될 것으로 생각했다. 그러나 울고가 성공을 거두면서 몬드라곤 협동조합 복합체는 주위에 있는 농촌 지역 사람들의 주목을 받게 되었다. 마르키나에서 가족농장을 물려받은 돈 호세 마리아의 동생은 몇몇 친구들과 함께 그들의 농장에서 생산하는 우유, 목재, 목재산품을 시장에 내다 팔기 위한 농업협동조합을 만들고자 돈 호세 마리아에게 도움을 청하러 왔다. 일반적으로 농업협동조합은 농민 조합원에 의해 지배되고, 농산품이나 생산용품을 파는 가게에서 일하는 사람들은 단순히 피고용인으로 간주된다. 돈 호세 마리아는 이런 관행이 협동조합의 철학에 어긋난다고 생각하고, 가게에 근무하는 노동자들도 농민들과 똑같은 조합원의 권리를 갖는 혼성 협동조합을 만들어보라고 권유했다. 그리하여 몬드라곤 최초의 농업협동조합인 라나가 마르키나에 사무실을 두고 출발했다. 조직이 커짐에 따라 다른 지역에서도 이런 협동조합이 생겨났다. 라나는 1961년 25명의 농민과 1명의 가게 노동자를 조합원으로 두고 출발했다. 그러나 1982년에 이르러서는 300명의 농민과 농산품의 판매·배급·가공에 종사하는 120명의 노동자를 조합원으로 거느리게 되었다.

경영진은 두 집단의 조합원들에게 소득을 배분하는 원칙을 만들었다. 농민들은 협동조합에 가져온 물건 값을 시장가격으로 받았고, 노동자들은 시장에 팔면서 붙는 이윤을 근거로 그에 상응하는 돈을 받았다. 라나에 대하여, 그리고 협동조합 복합체에서 농업과 서비스 분야의 중요성에 대해서는 15장에서 집중적으로 논의할 것이다.

몬드라곤 협동조합 복합체가 발전해갈 당시에 바스크 지방에는 이미 몇 개의 소비자협동조합이 있었기 때문에, 초기 설립자들은 소비자협동조합을 만들 생각이 없었다. 그러나 1960년대 말에 이르러 기존의 소비자협동조합 중 9개의 협동조합이 재정과 조직 면에서 어려움을 겪고 있었다. 그들은 노동인민금고에 자신들의 조직을 통합해서 새로운 협동조합 복합체로 만들어 달라고 호소했다. 당시 노동인민금고에는 소비자협동조합의 경험이 있는 사람이 아무도 없었으므로, 경영진은 연구팀을 만들어서 몬드라곤 협동조합 복합체의 영역을 그 분야까지 넓히는 문제를 심사숙고했다. 연구팀은 문헌조사 외에 프랑스와 스위스의 성공적인 소비자협동조합들을 찾아가 현지조사를 하기도 했다.

당시 스페인 법은 소비자협동조합이 비조합원에게 물건을 판매하는 일을 금지하고 있었다. 연구팀은 소비자협동조합이 법에 정해진 테두리 안에 머물러 있는 한 성장에 필요한 매출액을 달성할 수 없다는 결론을 내렸다. 그래서 그들은 새롭게 만든 소비자협동조합 에로스키에서는 최소한의 금액을 납부하는 사람이면 누구에게나 조합원 자격을 주기로 결정했다. 처음 온 고객도 그가 구입한 물건 값에 몇 페세타만 더 지불하면 계산대에서 즉시 조합에 가입할 수 있게 한다는 것이었다. 그리고 다수의 조합원을 관리하는 사무를 간소화하기 위해 에로스키는 처음부터 구매액에 따른 배당 제도를 도입하지 않았다. 그럼에도 조합원들은 오히려 에로스키의 중간 정도의 가격과 소비자 정보, 문화 활동 프로그램에 매력을 느꼈다. 최근 에로스키는 제품의 품질, 영양 기준, 건강 관리 정보 등을 소개하는 소비자 잡지를 월간으로 발행하고 있는데, 이 무료 출판물은 미국의 『소비자 리포트』에 버금갈 정도의 호응을 얻고 있다.

에로스키가 후원하는 문화 상품으로는 조합원들이 적당한 가격으로 이용할 수 있는 여행 상품과 숙박 상품 등이 있다. 에로스키는 또한 광범위한 소비자를 대상으로 하는 교육 프로그램도 갖추고 있다.

기존에 소비자협동조합의 조합원 자격은 소비자에 국한되었고, 조합원은 이사를 선출할 때 1표의 투표권을 가졌다. 그러나 에로스키는 처음부터 두 집단의 조합원, 즉 소비자 조합원과 소비자협동조합에서 일하는 노동자 조합원으로 이루어진 혼성조직으로 출발했다. 두 집단의 이익을 조화시키기 위해 이사회 구성은 소비자와 노동자를 같은 수로 선출하도록 했다. 다만 에로스키의 정관에 따라 이사장은 항상 소비자 조합원이 맡았다.

에로스키를 만들 당시 협동조합 복합체의 지도자들은 에로스키를 별로 중요하지 않은 주변조직 정도로 여겼다. 그러나 최근 들어 에로스키는 엄청난 규모로 성장했다. 지금은 에로스키의 엄청난 사업 규모 때문만이 아니라, 그것이 오히려 협동조합 복합체의 성장을 가속화한다는 점에서 그 중요성이 새롭게 인식되고 있다. 이 점에 대해서는 15장에서 다시 다루기로 하겠다.

주택 공급과 건설

협동조합 복합체가 성장함에 따라 바스크 내의 다른 지역이나 바스크 바깥 지역에서 몬드라곤과 그 주변으로 이주해오는 사람들이 늘어났다. 1970년 몬드라곤의 인구는 1940년에 비해 거의 세 배가 늘어났다. 지도자들은 산과 언덕으로 둘러싸인 열악한 주거 환경 속에서 노동자들과 그 가족을 위한 주택 문제를 고민하지 않을 수 없었다. 이런 문제를 해결하기 위해 협동조합 주택단지가 형성되고 건설협동조합이 발전하게 되었다. 1982년에는 5개의 주택협동조합에 1,511명의 조합원이 가입했으며, 1984년까지 17개의 주택협동조합단지(주로 고층아파트)가 만들어졌다.

몬드라곤의 지도자들은 복합체의 확대 과정에서 최초로 소비자협동조합을 설립했던 영국 로치데일 선구자들의 원칙을 따르지는 않았다. 그들은 노동자 생산협동조합의 조직 형태로부터 혼성 형태의 농업과 서비스협동조합, 그리고 알레코프, 더 나아가 상호 지원조직망을 갖춘 2차 협동조합을 고안하는 데 이르기까지 새로운 협동조합의 유형을 많이 만들어냈다. 그들의 관점은 개별 협동조합을 건설하는 데 멈추지 않았다. 오히려 그들은 개별 협동조합들 간의 연대와 관계 틀을 구축하는 문제로 관점을 확대하면서 협동조합적인 생활과 노동 방식을 개발하는 데 온 정성을 기울였다. 바로 이런 관점이 조직의 발전에 수반되는 실재적 문제를 해결하는 지침이 되었다.

몬드라곤 전경 | 몬드라곤 지역은 산으로 둘러싸여 있기 때문에 주거 환경이 몹시 열악했다. 게다가 인구도 계속 늘어나서 몬드라곤 지도자들은 주택 문제를 심각하게 고민할 수밖에 없었다. 이런 고민을 해결하기 위해 고층아파트 중심의 협동조합 주택단지가 건설되었다. 위 사진은 1940년대 몬드라곤의 모습이고, 아래는 아파트가 단정하게 들어서 있는 2000년대의 몬드라곤 전경이다.

06
협동조합 그룹으로 발전

1960년대 초반에 이르러 울고는 초기의 기술 문제와 시장 문제를 극복하고 스페인의 100대 기업으로 성장했다.[1] 설립자들은 이 성장 규모와 성장 속도를 전혀 예상하지 못했다. 그들이 품은 이상은 모든 성원이 서로 얼굴을 알 수 있어서 개인 상호 간, 조직 간 조정이 용이한 소규모의 조직을 만드는 것이었다. 그러나 울고의 사업적 성공은 그런 이상에 배치되었다.

사기업이 울고처럼 역동적으로 성장할 경우, 기업 경영은 모든 부문이 최고 경영인의 확고한 통제하에 놓이는 부문별 조직 형태를 띠거나 자회사 설립 같은 방식을 취하는 경향이 있다. 이런 방식은 재원을 집중시키고 생산과 판매 분야에서 '규모의 경제'를 실현하며, 사업 전략과 연구 개발 계획을 지원할 수 있다는 이점이 있다. 그러나 여기에는 방만하고 비능률적인 관료제의 폐단이 수반된다. 이는 유연성과 진취성, 창조성을 현저하게 떨어뜨리고 노동자들을 경영자들로부터 분리시키기 쉽다. 몬드라곤 지도자들의 사회관으로 볼 때 이런 성장 모델은 채택될 수 없었다. 그들의 목표는 관료제의 경직성에 빠지지 않으면서 성장의 이점을 얻는 것이었다.

아리스멘디의 지속적인 지도와 설립자 자신들의 경험 축적, 그리고 다른 협동조합과 개인기업이 성장 과정에서 직면했던 문제를 연구함으로써 설립자들은 기업의 '성장'과 '자치'가 균형을 이룰 수 있는 원칙을 생각해냈다. 고용을 확장하면서 동시에 기존 조직의 확대를 제한하기 위해 그들은 어떤 생산 부문이라도 생산과 판매에서 독립적인 조직이 될 수 있을 정도의 효율적인 규모에 이르면 언제나 원래 회사로부터 분리시킨다는 방침을 정했다. 이 방침은 서로의 이익을 보완해주면서도 성장을 촉진시켰다.

한 예로 울고에서 필요한 생산부품이나 공작기계를 조달하는 새로운 회사가 설립되었다. 이 새로운 회사는 울고라는 확보된 시장 외에 구매를 원하는 다른 기업에도 생산품을 판매했다.

몬드라곤 지도자들은 이른바 국가경제적인 차원에서 수입 대체 정책이라고 불릴 만한 정책을 취하고 있었다. 일국의 공업 생산을 확대하고 인력자원을 개발하는 방법의 하나는 수입 상품을 국내에서 생산하는 것이다. 같은 논리가 한 도시의 경제에도 적용될 수 있다.[2] 한 도시나 지방의 경제는 서로 관련 없는 생산과 상업조직들을 늘리는 것만으로 성장할 수 없다. 제이콥스에 따르면, 가장 건전하고 지속적인 성장의 토대는 좀 더 숙련된 노동자와 전문적인 인력시장이 형성되는 것에 따라 서로 사고팔 수 있는 회사의 수를 늘려나가는 것이다.

몬드라곤의 지도자들은 자회사 설립을 계획할 때, 각 회사의 자치권을 부당하게 침해하지 않으면서도 그 회사들을 서로 연결시킬 수 있는 방법에 대해 연구해야 했다. 그뿐만 아니라 회사의 한 부서를 떼어내 새로운 회사로 만드는 과정에 대해서도 연구하지 않으면 안 되었다. 또한 자회사 조합원들의 이익과 모회사에 남아 있는 조합원들의 이익이 서로 균형을 이루도록 해야 했다. 자회사는 당연히 모회사의 부서에서 쌓은 경험을 갖고 있지만, 자체 공정 시스템과 판매조직의 개발비용 때문에 설립 초기에는 모회사보다 이익이 적을 수밖에 없다.

그러나 자회사를 만들기 위해 모회사를 떠나는 조합원의 이익을 희생시키는 것은 불공평한 일이었다. 또한 모회사와 자회사의 이익을 통합하여 노동시간과 등급에 따라 분배한다면, 모회사 조합원들은 자회사에게 보조금을 지급해야 한다는 강요를 받고 있다고 느낄 것이다. 지도자들은 기업 그룹을 형성하면 성장 계획의 수립이 수월해진다는 것을 알고 있었다. 그러나 어떻게 이런 계획을 실행할 것인가 하는 문제는 여전히 과제로 남았다.

'울라르코'의 설립

협동조합 그룹인 '울라르코'에 대한 기본적인 구상을 제시하고 조합원들로 하여금 실행하게 한 사람은 물론 돈 호세 마리아였다. 울라르코(ULARCO)라는 이름은 몬드라곤에 최초로 만들어진 세 개의 협동조합, 즉 울고(Ullgor), 아라사테(Arasate), 코프레시(Copeci)의 첫 두 글자를 따서 지은 것이다. 아라사테는 울고의 공구를 생산하기 위해 설립되었고, 코프레시는 울고의 가스레인지와 석유난로 부품을 생산하기 위해 만들어졌다.

울라르코 그룹의 네 번째 회원 협동조합인 에델란은 사기업이던 주물 공장을 인수하여 울고의 주물 공장과 합병함으로써 만들어졌다. 전자부품과 전자설비를 생산하는 파고르 전기회사는 최초의 세 협동조합에서 몇 부문이 통합되어 만들어졌고, 울라르코 그룹의 다섯 번째 회원사가 되었다.

몬드라곤 협동조합 복합체 | 몬드라곤 협동조합 복합체의 효시는 '울라르코'이다. 울라르코는 몬드라곤에 만들어진 세 개의 협동조합인 울고, 아라사테, 코프레시의 첫 두 글자를 따서 만들어진 이름이다. 사진은 위에서부터 차례대로 1960년대의 울고, 아라사테, 코프레시의 공장 내부 모습이다.

운영체계

협동조합 그룹에 적용되는 경영 방침을 세우기 위해 조직 수준을 달리하는 몇 가지 새로운 체계가 고안되어야 했다. 그룹의 조합원들은 다섯 협동조합의 조합원들로 이루어졌지만, 작업 조건을 변경할 때는 조합원 각자가 곧바로 투표할 수 있는 절차가 확립되어야 했다.

협동조합 그룹의 체계는 개별 협동조합의 구조와 비슷했지만, 그룹의 여러 업무에 종사할 담당자를 선출하는 과정은 달라질 수밖에 없었다. 울라르코의 총회는 각 협동조합의 이사들과 경영평의회 전무이사와 대의원들, 그리고 감사위원회 이사들로 구성된다. 총회는 예산과 결산을 승인하고 개별 협동조합의 가입과 제명을 결정하며 전체적인 정책을 결정한다.

울라르코의 이사회는 처음에는 각 협동조합에서 파견된 세 명의 대표들로 구성되었다. 울라르코에 새로운 협동조합들이 가입함에 따라 파견 대표자 수는 두 명으로, 이후 한 명으로 줄었다.

울라르코 경영본부(General Management)의 임원은 울라르코의 이사회가 선임하며, 전체적인 계획 수립과 조정, 각 회원 협동조합의 연차 계획 및 장기 계획의 검토와 권고, 그리고 판매 정책에 대한 조정의 책임을 지고 있다. 또한 경영본부는 통일적인 관리체계와 관리기구의 연구 및 확립, 제조 허가의 취득, 외부조직들과 관계 유지, 그리고 새로운 회사와 서비스업의 설립 및 감독 등의 임무를 맡고 있다. 경영본부는 구성조직들에 대해 인사·법규·회계와 기타 약간의 서비스를 제공한다. 인사 기능이 집중됨에 따라 울라르코 내의 한 협동조합에서 다른 협동조합으로 구성원들의 이동이 쉬워졌다. 그래서 어떤 협동조합이 생산을 줄여야 할 필요가 생길 경우, 그곳 노동자들을 더 필요로 하는 협동조합으로 일시적 혹은 영구히 이동시킬 수 있다. 이것은 고용 안정화의 중요한 방법으로 평가되고 있다.

중앙조합평의회(초기에는 상임위원회라고 불림)는 처음에는 각 협동조합의 조합평의회에서 나온 두 명의 대표로 구성되었다. 지금은 각 협동조합 대표 한 명씩으로 구성된다. 중앙조합평의회(The Central Social Council, CSC)는 경영계획을 연구하고 평가하는 책임을 진다. 따라서 경영진은 CSC에 보고해야 하고, 주요 계획에 관해서는 CSC의 지도자들과 협의해야 한다. CSC는 다시 각 협동조합의 조합평의회에 보고한다.

잉여와 손실의 공동화共同化

적어도 1970년부터 '울라르코'에 가입한 협동조합의 모든 조합원에게는 그룹 내 모든 회사의 잉여와 손실을 공유한다는 원칙 아래 보수가 책정되었다. 이 방침은 단계적으로 실시되었다. 울라르코 설립 당시 최초의 세 협동조합에 이미 이런 제도가 있었기 때문에, 파고르 전기회사는 다음 해부터 매년 10%씩 공동화(共同化) 비율을 낮추기로 하고 첫 해(1966)에 자기 회사 잉여의 90%를 공동화하는 데 동의했다. 코프레시, 아라사테, 에델란은 잉여의 20%를 공동화하는 것으로 시작하여 매년 10%씩 높이기로 했다. 울고는 처음부터 잉여의 100%를 공동화했다.

1970년 울라르코의 모든 협동조합은 잉여의 100%를 공동화해야 한다는 정책이 비준되었다. 울고 이사회에 제출된 보고서(1985년 5월 31일자)에는 이 방침이 실제로는 1968년에 시행되었다고 기록되어 있다. 1966년부터 1970년까지 취해진 결정들은 새로운 조직과 정책에 대한 복잡한 조정 과정을 반영하고 있는데, 이는 단위 협동조합의 잉여와 협동조합 그룹의 잉여를 토론과 협의를 통해 조정하기 위한 것이었다. 100% 공동화는 분명히 울라르코에게는 이상적인 목표다. 흥미롭게도 이 목표는 코프레시, 아라사테, 에델란 등의 참여 비율이 그것을 점차 낮춰온 파고르 전기회사와 서로 엇비슷해졌을 무렵에 달성되었으며, 그 시점은 세 협동조합의 참여 비율이 100%에 도달하기 훨씬 전이었다.

협동조합 그룹 '울라르코'는 조직 면에서 전혀 새로운 형태였다. 몇 년 뒤 몬드라곤 협동조합의 대부분은 노동인민금고의 지원을 받아 그 같은 형태의 협동조합 그룹을 형성했다.

07
높은 경쟁력의 비밀, 공업기술연구협동조합

　지금까지의 통설에 따르면, 노동자생산협동조합이 설령 민주적 경영에 따른 제반 문제를 해결하고 회사의 확장 및 불황에 대비한 자금을 비축하거나 조달할 수 있다 하더라도, 규모가 작고 개발 능력이 모자라기 때문에 결국에는 실패할 수밖에 없다고 여겨졌다. 또한 노동자생산협동조합이 최신 과학기술을 가지고 시작한다 해도, 다른 사기업체들이 기술과 제품을 현대화하기 전까지만 경쟁력이 있을 뿐이라는 게 지배적인 생각이었다. 이 문제에 대한 몬드라곤의 해결 방식은 공업협동조합을 지원하고 다시 공업협동조합의 지원을 받는 공업(응용)기술연구협동조합을 만드는 것이었다.

　공업기술연구협동조합인 이켈란은 기술전문학교에서 공장 운영에 관한 과목을 담당하던 교사 마뉴엘 케베도의 주도로 만들어졌다. 1965년 케베도를 비롯한 몇몇 사람들이 공업기술 연구의 가능성을 검토하기 시작했고, 1966년에는 이미 몇 가지 계획이 실행에 옮겨졌다. 초기의 연구 목적은 협동조합의 기술과 생산 실태를 관찰하여, 이를 바탕으로 학교 교과과정을 강화시키는 것이었다. 그러나 몇 달 뒤 케베도는 범위를 넓혀서 협동조합의 효율 향상을 위한 연구를 포함시켰다. 1968년 이를 위한 연구 분과가 설립되고 케베도와 동료 교사 2명은 이 일을 전담하기 위해 학교교육 업무를 면제받았다.

1968년 케베도를 포함한 교사 6명은 프랑스의 대학으로 공업기술에 관한 공부를 하러 가기 위해 6개월간 휴가를 얻었다. 그들이 파리에 도착했을 때는 마침 학생 시위로 인해 대학들이 일시적으로 마비되었을 때였다. 그럼에도 그들은 파리의 연구실에서 어떤 연구가 진행되고 있는지 알 수 있었다. 그들은 끊임없이 책을 읽었고, 나중에는 더 깊은 연구를 위해 다른 나라도 방문했다. 그들의 목적은 외국의 공업기술 관련 연구 현황 및 주도적인 연구 단체의 조직·운영 현황을 배우는 것이었다.

비슷한 시기에 케베도는 학교에 자동화 연구실을 설립하자고 제안했다. 교장인 하비에르 레테기는 학교에 그럴 만한 자금이 없다고 대답했지만, 케베도는 성인교육과정에서 과외 지도로 번 돈을 학교에 기부했다. 1972년 자동화 연구실은 협동조합들과 계약을 맺고 작업을 시작했다.

1974년 돈 호세 마리아는 몬드라곤이 한층 야심적인 공업기술 연구 계획을 마련할 준비가 되었다고 선언하여 학교에 있는 그의 가까운 동료들조차 놀라게 만들었다. 1차로 약 1억 1,200만 페세타(75만 달러)가 몇 개의 사무실과 실습실, 그리고 한 개의 기계작업장을 갖춘 새 건물을 짓는 데 투자되었다. 이 투자는 협동조합 복합체로서는 매우 큰 부담이었다. 울고의 개척자 중 한 사람인 헤수스 라라냐가는 "우리는 돈 호세 마리아의 다른 제안과 마찬가지로 이 제안에도 반대했습니다. 그러나 그는 언제나 우리를 수긍하게 만들었습니다"라고 말했다.

1974년 노동인민금고를 비롯하여 공업기술연구협동조합의 지도자들이 모였다. 노동인민금고와 많은 협동조합이 돈 호세 마리아의 제안을 받아들여

연구소에 대한 지원을 약속했다. 이켈란은 1977년 초에 새 건물로 옮겼다.

돈 호세 마리아의 영향

돈 호세 마리아의 동료들은 이켈란에 전체적인 방향 — 몬드라곤이 외부의 과학기술과 자본에 대한 의존에서 탈피해야 할 필요성 — 을 제시한 것은 돈 호세 마리아였다고 말한다. 미래에 대한 그의 관점은 사회적 경제적 측면에만 한정되지 않았다. 그는 폭넓은 주제에 걸쳐 왕성한 독서를 했으며 최근의 공업기술 발전에 대해서도 대단한 흥미를 가지고 있었다. 학교 교장인 레테기는 돈 호세 마리아가 가끔 레테기와 그의 동료들이 전혀 들어보지도 못한 새로운 기술이나 생산과정에 대해 얘기했다고 말해주었다. 또 케베도는 그런 정보의 출처를 찾아보고 나서야 돈 호세 마리아가 매우 정확하고 올바른 견해를 가지고 있었음을 발견하곤 했다고 말했다.

케베도를 이켈란의 소장으로 임명하기로 결정한 사람은 돈 호세 마리아와 레테기였다. 그 결정은 어떤 의미에서는 매우 자연스러웠다고 할 수 있다. 학교에 자동화 연구실을 만든 케베도는 이 새로운 조직을 이끌 유일한 인물이었던 것이다.

이켈란의 자금 조달과 지역사회에 대한 봉사

초기에 이켈란은 전적으로 몬드라곤 협동조합의 지원에 의지했지만, 1982년부터는 바스크 지방정부가 이켈란 예산의 절반을 기부하기 시작했다. 1984

년에는 연구 프로젝트 계약을 맺은 회사들이 예산의 38%를 지불했다. 계약을 맺은 곳은 대부분 협동조합이었지만, 정부 지원을 받은 이후 사기업에게도 문호를 개방하여 1984년에는 두 개의 사기업과 프로젝트 계약을 맺었다. 예산의 나머지 12%는 매년 각 지원조직의 회원들이 납부하는 1인당 2,600페세타(17.80달러)의 연회비로 충당되었다.

이켈란은 회원의 범위를 넓히기 위해 회비 액수를 가능한 한 낮은 수준으로 유지하는 것을 목표로 삼았다. 회원 협동조합들과 사기업들은 이켈란이나 그 외의 연구소에서 개발된 새로운 기술이나 제조 방법을 소개하는 회보를 매달 받아 볼 수 있다. 이켈란의 모든 조합원은 기술에 대한 아이디어를 그 지도자들에게 알려야 한다. 이런 방법으로 회원사들은 최신의 기술 정보를 모두 받게 된다.

이켈란의 회원이 아닌 협동조합과 사기업은 같은 계약에 대해 회원들보다 50%를 더 지불해야 한다. 50%를 추가로 지불하는 사기업은 연구 결과에 대해 2년 동안 독점권을 갖는다. 만약 그 회사가 독점권을 영원히 보유하기를 원하면 이켈란에 100%의 할증금을 내야 한다.

이켈란의 직원들은 가끔 그들이 해결할 수 있으리라고 확신하지 못하는 주제에 대해서도 계약을 맺는다. 만약 그 주제를 해결하지 못하면 이켈란과 연구를 발주한 회사는 연구비용을 50:50으로 공동부담한다. 이켈란이 부담하는 절반은 학습비용의 일부로 간주된다. 이런 방침은 회사들이 모험적인 연구에도 투자할 수 있도록 유도했다.

정부 기부금은 이켈란의 일반 자금으로 사용되는 보조금이 아니다. 그것은 공학·물리학·에너지 관련 전공의 우수한 대학생들에게 장학금으로 지급된다. 해마다 이켈란과 바스크 지역에 있는 다른 두 사립 연구기관에 주는 연구비는 공식적으로 발표된다.

이켈란 | 공업기술연구협동조합 이켈란은 외부의 과학기술과 자본에 대한 의존에서 탈피하기 위해 설립되었다. 설립되고 불과 몇 년이 지나지 않아 이켈란은 스페인에서 주도적인 산업연구기관이 되었으며, 지금도 끊임없는 혁신을 모색하고 있다. 사진은 2009년 현재의 이켈란 건물이다.

이켈란에서 학비를 지원받는 자로 선정된 이들은 박사학위 논문에 필요한 기초 연구를 하면서 교육실습생으로 8개월 또는 2년 동안 일한다. 프로젝트의 내용과 재정상의 문제가 없으면 이들 가운데 몇 사람은 이켈란의 직원으로 채용된다.

이켈란의 재정 정책은 협동조합이 조합원들과 지역사회에 봉사해야 한다는 몬드라곤 설립자들의 이상을 반영하고 있다. 이 정신에 따라 이켈란은 협동조합과 동일한 기준으로 사기업체에도 회원 자격과 계약 권리를 부여한다. 바스크 지방정부가 생겨나기 전에도 케베도는 바스크의 다른 두 연구기관 지도자들에게 정부 지원을 함께 얻어내자고 제안했다. 그들은 바스크 지역의 응용기술 연구 능력을 향상시키려면 연구비 지원이 불가피하다고 정부 관리들을 설득했다.

바스크 정부는 해마다 100~120명의 외국 유학생에게 장학금을 제공했다. 이켈란에서 일하고 있는 사람들도 프랑스 툴루즈대학의 박사과정 또는 그 밖의 곳에서 수준 높은 연구에 필요한 장학금을 받을 수 있다.

1983년 몬드라곤을 방문했을 때 우리는 바스크 지역에서 이켈란이 담당한 또 다른 역할을 목격했다. 그때는 이켈란과 다른 연구기관이 개발한 로봇 전시회가 준비 중이었다. 이켈란은 지원 회사들과 산업설비 자동화 관련 회사들에게 전시회 초청장을 보내고 있었다.

운영체계와 노동조직

이켈란은 2차 협동조합으로, 그 조합의 이익은 지원조직 조합원들의 이익과 균형을 이루어야 했다. 이켈란의 직원들은 85명으로 구성된 총회의 40%

가량을 차지하고, 지원 협동조합들은 조합원 300명당 대표 1명을 파견하여 현재 30%를 차지하고 있다. 다른 2차 협동조합(학교와 노동인민금고)의 대표 역시 조합원 300명당 1명으로 총회 대의원을 구성하지만, 30%를 넘지 못하도록 규정되어 있다. 12명으로 구성된 이켈란의 이사회는 이켈란 직원 4명, 공업협동조합 대표 6명, 2차 협동조합의 대표 2명으로 이루어진다. 선거는 2년마다 실시되고 대표의 임기는 4년이다.

1984년 말 당시 이켈란에는 90명의 조합원이 있었는데, 54명은 상근 직원이고, 13명은 연구원, 19명은 학생, 4명은 반나절만 일하는 기술전문학교 교수였다. 연구 분야는 극소전자공학, 기계공학, 컴퓨터공학, 로봇공학 등 네 개로 나뉘어 있었다.

이켈란의 조직은 고도로 분권화되어 있다. 몇 개의 연구과제를 맡는 책임자와 그 밑에서 일하는 조수들을 두는 대신, 모든 상근 직원은 연구과제를 두 개씩 맡아 그에 대한 모든 책임을 진다.

협동조합이나 사기업체의 의뢰를 받는 경우에는 고객 회사에 소속된 1명 또는 그 이상의 직원과 이켈란의 직원들로 구성된 협동연구조를 편성한다. 이러한 편성 계획은 협동조합과 연구조직의 정보 교환을 원활하게 함으로써 신기술 개발과 도입을 용이하게 해준다. 케베도에 따르면, 고객 회사에 공업기술 연구 직원이 있을 때 연구사업은 더욱 효율적으로 진행된다고 한다. 생산방법의 개선에 관한 연구는 협동조합이 맡고, 이켈란은 좀 더 진보된 기술에 전념하는 것이 가장 이상적인 형태이다.

계약에 따라 위임된 연구과제와 이켈란 직원들이 자체적으로 수립한 연구과제를 대등한 비율로 나누는 것이 이켈란의 정책이다. 이켈란의 조합원들은 각각 한 가지씩 연구과제를 관리하고 있다.

불과 몇 년이 지나지 않아 이켈란은 스페인에서 주도적인 산업연구기관

중 하나로 명성을 얻었고 국제적 관심도 많이 받고 있다. 어떻게 이런 일이 가능했을까? 여기서 또다시 돈 호세 마리아와 그가 설립했던 학교의 중요성을 확인하게 된다. 공업기술연구기관을 설립할 때 사람들은 일반적으로 높은 학위를 지닌 사람을 최고 간부로 채용한다. 그러나 몬드라곤의 지도자들은 몬드라곤에서 으레 그렇게 해왔듯이 사회적 명성이나 학위에 구애받지 않고, 되도록 몬드라곤 자체 내에서 사람을 뽑아 조직을 구성했다. 케베도에게 높은 학위가 없다는 것이 그들에게는 전혀 문제가 되지 않았다. 그들은 케베도가 새로운 임무를 맡을 때마다 자신과 함께 작업할 모임을 만들어 그것에 대처해왔음을 알았고, 책임이 더 커짐에 따라 그가 계속 발전하리라 기대했다.

케베도와 조합원들은 당장 해야 할 일에 집중하면서도 미래에 대한 전략을 세우고 이켈란을 발전시켰다. 이 점은 특히 그들이 바스크 정부로부터 재정 지원을 얻어낸 방식에서 잘 드러난다. 그들은 정부가 출범하기 몇 달 전부터 일을 시작했으며, 나아가 다른 두 연구기관과 연합하여 이켈란이 몬드라곤에만 봉사하는 것이 아니라 바스크 지역 전체의 사회와 경제, 그리고 산업 부문의 발전에 기여할 것임을 밝혔다. 더욱이 이켈란은 당면한 일시적 상황만 고려해서 진로를 결정하지 않았다. 이켈란의 지도자들은 다른 연구기관에 대해 공부하고 그들 스스로의 경험을 꾸준히 분석한 것을 토대로 조직 발전을 위한 체계적인 전략을 계속 가다듬었던 것이다.

08
협동조합 은행, 노동인민금고의 중추적 역할

1960년 노동인민금고가 문을 열 당시 직원은 두 사람뿐이었다. 그러나 이후 4반세기 동안 노동인민금고는 스페인에서 가장 수익성이 높은 금융기관 중 하나로 성장했고, 몬드라곤 복합체를 강화시키는 데 중심적인 역할을 하고 있다. 노동인민금고와 개별 협동조합의 관계는 노동인민금고가 거래하는 협동조합의 정관을 결정하고 조합의 발전을 지도할 만큼 긴밀하다.

노동인민금고의 조직과 관리

노동인민금고의 총회는 노동인민금고 조합원들 1/3과 지원 협동조합을 대표하는 대의원들 2/3로 구성된다. 그러나 조합평의회는 노동인민금고의 조합원들로만 구성된다.

이사회는 12명으로 구성되는데, 8명은 다른 협동조합들을 대표하고 4명은 노동인민금고 조합원들을 대표한다. 8명은 대개 주요 협동조합의 최고 경영인이다. 이사장 알폰소 고로뇨고이티아에 따르면, 그들은 이사회 내에서 수적 우세와 함께 협동조합 복합체의 최고 지도자라는 명성을 기반으로 이사회를 지배한다고 한다. 따라서 노동인민금고는 금고의 돈을 빌려 쓰는 사람들에 의해 좌우되는, 매우 비정상적이고 불합리한 성격을 지니고 있는 셈이다. 만약 민간 은행이 그렇게 관리된다면 차용인들이 은행의 이익보다 자기들의 이익을 앞세워 결국 자본 해체가 초래될지도 모른다. 그러나 노동인민금고는 차용인들을 통제할 수 있는 실질적인 힘을 갖고 있으며, 그럼으로써 장기적으로 성장할 수 있었다. 고로뇨고이티아는 노동인민금고의 관리와 경영구조를 '여러 세력이 균형을 이룬 아라베스크'로 표현했다. 앞으로 노동인민금고의 기업국을 살펴보면, 이 은행이 어떻게 힘의 균형을 이루었는지 알 수 있을 것이다.

1983년 직전까지 고로뇨고이티아는 울고와 울라르코, 그리고 노동인민금고의 이사장이었다. 이는 그가 높은 신임을 받고 있었다는 의미지만, 정작 그는 자신에게 지도자로서의 책임이 지나치게 집중되어 있다고 생각했다. 그는 책략을 써서 울고의 이사장에서 벗어나려고 시도한 적도 있었다. 그리고 다음 달부터는 노동인민금고나 울라르코 이사장직 중 하나를 그만두고 싶다고 우리에게 말했다. 울고 설립자 중 한 사람인 호세 마리아 오르마에케아는 여러 해 동안 노동인민금고의 전무이사이면서 경영 실무 책임자였다.

연합협정

노동인민금고와 개별 협동조합 간의 협정은 협정 당사자 간의 관계뿐만 아니라 연합한 협동조합들의 주요한 내부 정책과 구조까지 규정한다. 우리의 관심사는 세부 규정들보다는 계약 관계의 전체적인 성격이기 때문에, 지금까지 체결된 계약의 내용을 검토하는 대신 1980년대에 일반화된 규정들을 요약해보기로 하겠다.

개별 협동조합 조합원들의 민주적 권리는 연합협정에 명시된 규범과 기구 내에서 행사되어야 한다. 즉 협동조합을 만들어 은행과 계약을 맺고자 하는 노동자들은, 그들이 원하는 형태의 조직을 마음대로 만들 수 없다. 몬드라곤이 느슨한 연합체가 아닌 협동조합들이 탄탄하게 묶인 그룹이 된 것은 노동인민금고에 위임되어 있는 이러한 규범적인 통제 때문이다.

이 협정에 따르면, 각 회원 협동조합은 노동인민금고에 분담금을 내고 모든 은행거래를 노동인민금고와 해야 한다. 노동인민금고는 4년에 한 번씩 회원 협동조합들에 대한 회계감사를 할 권리를 가진다.* 회계감사는 재정 문제에 대한 엄밀한 감사뿐만 아니라 이른바 '사회적 또는 기업적 관점'에 대해서도 실시한다. 감사비용은 없다.

협동조합은 성性이나 정치적 종교적 신념 등을 이유로 고용에 차별을 두어서는 안 된다. 조합원의 임무를 준수하고 재정 책임을 지려 하는 사람은 누구나 가입할 수 있다. 그러나 협동조합 조직의 필요에 근거해서 선별됨은 물론이다. 원칙상 실습 기간이 끝난 모든 노동자는 조합원이 되어야 한다. 실제로는 조합원이 아닌 사람도 고용될 수 있다. 그러나 비조합원은 전체의 10%를 넘어서는 안 된다.

협동조합들은 한 명의 조합원이 한 표의 투표권을 행사하는 원칙에 근거하여 민주적인 관리체계를 확립해야 한다. 또한 정관과 내규에는 울고에서

• 1980년대의 불황기에는 2년에 한 번씩 회계감사를 했다.

처음 창안된 제도들(예를 들어 이사회, 조합평의회, 경영평의회 등 — 옮긴이 주)이 명시되어야 한다.

협동조합에 가입하기 위해 조합원은 출자금과 가입금을 내야 한다. 출자금은 급료에서 공제하는 방식으로 납입할 수도 있다. 그런데 그 액수는 가입 당시 노동인민금고가 조합원들에게 요구하는 출자금 액수의 80% 이하이거나 120% 이상이어서는 안 된다. 가입금은 의무 출자금의 25%를 초과할 수 없다.

이 협정은 또한 협동조합의 수익을 사회사업 자금과 적립금, 조합원의 배당금으로 배분하는 데 기준이 되는 정책적 개요도 제시한다. 배당금은 조합원의 자본구좌에 예치되며 현금으로 지급되지 않는다. 이자 지불에 관한 정책조차도 분명히 개인 수입보다는 자본축적에 비중을 둔다. 조합원들의 자본구좌에 대한 이자는 스페인 은행이자율 — 협동조합 이사회의 허가가 있는 경우 3% 높은 이자율 — 로 반년마다 구좌로 입금된다. 그러나 조합원들에게 배당되는 이자의 액수에 상관없이 6%만 현금으로 지급된다.*

모든 회원 협동조합의 목적은 각 협동조합의 재정 능력 범위 내에서 최대의 일자리를 만드는 것이다. 연합협정은 협동조합들이 자본 부족을 이유로 새로운 조합원의 가입을 제한하지 못하도록 규정했다. 협동조합은 추가 생산을 통해 시장에서 이익을 남길 수 있다면 신규 투자를 해서라도 고용을 증대시켜야 한다. 따라서 실제로 고용 증대는 조합원들에게 추가 자본을 부담 지우거나 노동인민금고에서 대출을 받을 때 가능하다.

이 협정은 또한 협동조합이 원칙적으로 자체 재원을 통해 투자 자금을 충당할 것을 규정한다. 이 원칙을 좀 더 구체화하기 위해 협정에는 협동조합이

● 몇 년 뒤 스페인의 실제 이자율은 6%의 두 배가 넘었다.

두 배 또는 그 이상의 '재정 자립도'를 유지할 것을 규정해놓았는데, 이는 협동조합의 자기자본금이 차입 자본금의 두 배 이상이 되어야 함을 의미한다. 노동인민금고가 협동조합에게 단순히 추가 고용을 위해 투자를 늘리라고 강요하는 것은 불가능하진 않다 하더라도 어려운 일임이 틀림없다. 이 정책은 몬드라곤 협동조합 복합체의 중요한 사회적 공약을 보여준다.

급여 정책에서 협동조합은 최고 임금과 미숙련 노동 임금 간의 최대 비율을 3:1로 고수할 것에 동의해야 한다. 매우 특별한 책임과 재능을 지닌 몇몇 사람에 대해서는 그 범위가 4.5까지 확대될 수 있다. 회사에 절대적으로 필요한 사람이라면 비조합원을 채용할 수 있으며, 급여지수 4.5 이상의 보수를 지급할 수도 있다. 협동조합은 임금의 범위를 노동인민금고에서 통용되는 임금의 90~110%로 정한다. 협동조합이 재정 손실을 입었을 때는 90% 이하로 내려갈 수도 있다. 특정한 직무에 대한 급여 비율을 정할 때 협동조합은 노동인민금고에서 마련한 직무평가 방법을 적용한다.

우리가 받은 첫 번째 인상은, 노동인민금고가 회원 협동조합들과의 관계에서 실질적인 영향력을 행사하면서 몬드라곤 복합체에서 중추적인 역할을 하고 있다는 것이다. 노동인민금고가 제공하는 기술적인 지원과 대출, 그리고 여타 지원들이 노동인민금고의 영향력과 힘의 기초가 되었다. 게다가 노동인민금고는 연합협정에 의해 협동조합들에 대한 강력한 법률적 통제력도 갖고 있다. 이 협정은 회원 협동조합의 내부 구조와 운영뿐만 아니라 자본구조의 강화와 고용 증대에 관한 의무 규정 및 그 절차들을 상세하게 제시하고 있다. 1980년대 초반의 불황기를 극복해낸 노동인민금고와 회원 협동조합들의 경험을 검토하는 과정에서, 우리는 가능한 한 많은 일자리를 제공하는 데 필요한 자본구조의 강화에 노동인민금고가 중요한 역할을 수행했음을 알 수 있을 것이다.

노동인민금고 기업국

몬드라곤의 설립자들은 기업가적 재능과 추진력으로 협동조합운동을 시작했다. 그들은 연구와 경험을 통해 일반 조합원 이상의 지식을 습득해나갔다. 그러나 그들을 이끌었던 것은 개인주의적인 경쟁의식이 아니라 그들이 지닌 사회적 전망이었다. 데이비드 엘러맨[1]이 지적한 것처럼, 그들은 여태껏 선례가 없었던 '사회적 기업가 정신'에 근거한 제도를 창조하고 있었다.

회사들을 신설할 당시의 초기 수년 동안 설립자들은 주어진 상황에 맞게 일을 처리했으며 훌륭하게 기회를 포착했다. 그러나 그들은 임시변통의 문제해결 방식에 결코 만족하지 않았다. 토론과 연구, 돈 호세 마리아의 지도, 그리고 스스로의 경험을 반성하면서, 그들은 협동조합운동에 필요한 기본 원칙을 수립해나가고 그 원칙의 관철에 필요한 조직 및 사회적 절차를 강구하기 위해 끊임없이 노력했다. 노동인민금고는 그 과정에서 지도력을 발휘했고, 최근에는 울라르코를 필두로 한 협동조합 그룹이 더욱더 적극적으로 활동하고 있다.

초기에 노동인민금고는 기존의 협동조합들과만 관계를 맺었기 때문에 새로 설립되는 협동조합과는 관련이 없었다. 이런 경향은 지금도 강하게 남아 있다. 그러나 새로운 조합들에 비해 노동인민금고의 재원이 훨씬 더 빨리 늘어났을 뿐만 아니라, 비록 조건이 구비되지 않았다 해도 긴박한 요구와 시기를 놓칠 수 없었기 때문에, 노동인민금고는 새로 설립되는 협동조합들을 조직하는 역할을 담당하게 되었다. 예를 들어, 노동인민금고는 1983년 농민들과 함께 우유 및 쇠고기 생산협동조합을 건설하려다 실패한 뒤 그런 조직을 다시 만들기 위해 농업기술 교육을 받은 젊은이들을 채용하기도 했다.

노동인민금고는 처음부터 개발은행의 성격을 띠고 있었다. 정관에 따르면

노동인민금고(Caja Laboral) | 1960년에 설립된 노동인민금고는 몬드라곤의 협동조합 은행이다. 1980년대 경제불황기에 노동인민금고는 일자리를 제공하는 데 필요한 자본구조의 강화에 중요한 역할을 담당했다. 위의 두 사진은 1960년대 노동인민금고의 모습이고, 아래는 2000년대 노동인민금고 한 지점의 내부 모습이다.

노동인민금고는 협동조합 기업의 고용 창출을 위해 노력해야 한다. 노동인민금고의 예금과 수익이 대출 요구를 초과함에 따라, 노동인민금고의 지도자들은 차용인들이 은행에 오기를 앉아서 기다릴 수만은 없게 되었다. 그들은 협동조합과 지방자치단체에 연락을 취해 잠재력이 있는 기업가 단체들을 확보하기 위한 적극적인 프로그램을 개발해야 했다. 기업국은 그런 필요에 부응하여 만들어졌다.

기업국은 1982년 당시 직원 수가 116명으로 노동인민금고 전체 직원의 1/10 정도에 불과했지만, 새로운 협동조합의 설립과 기존 협동조합들과의 상담 및 긴급 지원 등 많은 역할을 담당했다. 1981년 기업국은 6개의 연구 및 사업 부문으로 재편되었는데, 그중 몇몇 부문에는 2개 또는 그 이상의 분과가 있었다. 당시 기업국의 편제는 다음과 같았다.

(1) 연구 개발부, 도서 및 자료실을 포함한 연구 부문
(2) 농업·식료품 진흥 부문
(3) 제품 분과와 개발 및 개입 분과를 두고 있는 공업 진흥 부문
(4) 수출·판매·생산·인사·경영·재정 및 법률 업무의 상담 부문
(5) 회계감사와 정보 관리를 포괄하는 감사 정보 부문
(6) 도시계획과 공장 건물, 주택 건설을 포괄하는 도시계획 부문

심각한 재정난을 겪고 있는 협동조합을 지원해야 할 필요가 커짐에 따라 1983년에 개입 분과가 공업 진흥 부문으로부터 독립 부문으로 분리되었다. 1980년대 초반의 경기불황에 대한 몬드라곤의 대응을 검토하면서 이 개입 프로그램에 대해 다루게 될 것이다.

공업 진흥 부문은 주로 회사의 신규 설립에 관한 업무를 담당한다. 제품

분과는 시장조사 및 관련 생산품에 대한 타당성 조사를 토대로 '제품은행'으로서의 개발·개선 업무를 담당한다. 물론 기업의 신규 설립 당사자들도 그들이 내놓을 생산품에 대한 타당성 조사를 하지만, 선타당성(prefeasibility)조사는 그 범위를 좁혀준다. 지금까지 타당성 조사에는 대체로 2년이 소요되었지만, 선타당성 조사는 이 기간을 줄여주었다.

능력이 있는 기업 설립 모임이 형성됨과 동시에 기획은 현실화되기 시작한다. 이때 그들은 노동인민금고에 연락하거나 노동인민금고의 정보와 진흥정책에 관심을 나타낸다. 이 모임에 소속된 한 사람이 장래의 경영 책임자로 내정되면, 그는 타당성 조사의 책임을 맡는다. 만약 노동인민금고의 제품 분과에서 이 경영자의 자질과 설립 그룹의 계획을 승인하면, 노동인민금고는 이 장래 경영자를 제품 분과에 편입시키고 그에게 18~24개월의 봉급을 지불한다. 다만 그에게 지불되는 봉급을 신설될 기업의 대출금으로 할 것인가, 아니면 설립 모임의 성원들에 대한 개인 대출금으로 할 것인가가 정해져야 한다. 설립 모임 성원들이나 연대보증인의 개인 재산은 그 대출금에 대한 담보로 취급된다.*

만약 그런 모임이 기존 협동조합이나 협동조합 그룹 — 예를 들어 울라르코와 같은 — 내에서 결성되는 경우에는 그 조직이 대출금의 상환을 보증할 수도 있다. 이런 절차가 끝나면 제품 분과는 직원 한 사람을 '후원자' 또는 '후견인'으로 정해 장래 경영자와 함께 타당성 조사와 사업 계획을 수행하도록 한다. 이 후견인은 조업 개시 이후 회사가 손익분기점에 도달할 때까지 회사에 남아 자문 역할을 수행한다. 그 기간 동안 그는 새 협동조합의 이사

---

* 만약 협동조합이 만들어지지 않으면, 모임의 성원은 그 대출금의 상환에 대해 개인적인 책임을 진다.

회에 참석한다.

노동인민금고는 회사가 설립되어 손익분기점을 지나 이익을 내려면 최소한 3년이 걸린다는 사실을 발견했다. 노동인민금고는 이 기간의 손실을 부담한다. 그러나 이 손실은 차후에 회사 이익에서 변제되어야 한다.

앨러맨이 관찰한 바에 따르면,² 기업국은 당연히 새 회사들로 하여금 대출금을 상환하도록 하고 있지만, 이 상환금은 기업국의 전체 연구비(제품·기술·시장, 그리고 도시와 지역개발 등에 대한 연구비)의 반에도 채 미치지 못하는 것으로 추정된다. 물론 노동인민금고는 앞으로 신설 기업의 은행 업무를 취급함으로써 보조금의 상당 부분을 벌충할 수 있다.

1975년 신설 협동조합 조합원들의 당초 불입금(출자금+가입금)은 총소요자본의 약 20%를 차지했다. 그리고 신설 기업에 그 고용 인원수에 비례하여 대출해주는 노동부의 저리 융자 프로그램에서 20%를 대출받았다. 나머지 60%는 노동인민금고에서 빌려주었다. 1975년 조합원들의 당초 불입금은 2,000달러였으나, 지속적인 인플레이션으로 1981년에는 약 5,000달러로 올랐다. 이처럼 고용 창출의 비용이 계속 오르자 노동인민금고는 조합원들의 대출금 상환 기간을 2년에서 4년으로 연장하는 문제를 고려하고 있다.³

앨러맨의 추정에 따르면,⁴ 이처럼 비용이 상승하고 있는데도 설립 조합원의 당초 불입금은 10~20% 가까이 떨어졌다. 노동인민금고는 이 차액을 메우기 위해 회사에 대한 대출금을 늘렸다. 이는 노동인민금고가 추가 부담을 떠맡음으로써 조합원들의 분담금 증가를 억제하는 정책이었다.

신설 기업의 설립 초기 2~3년 동안의 적자를 당해 연도의 대차대조표에서 처리하게 되면, 설립 조합원들이 불입한 창업 자본은 창업에 따른 불이익으로 인해 완전히 없어져버릴 수도 있다. 이 경우 설립 조합원들의 개인구좌에는 자본이 거의, 혹은 전혀 남아 있지 않은 반면, 신규 가입 조합원들은 그들의 자본금을 고스란히 가지고 회사에 참여하게 된다. 이처럼 명백한 불평등을 피하기 위해 노동인민금고는 회사 설립 후 몇 년간 회사 손실의 30%만을 당시의 비용으로 처리하고, 나머지 70%는 자본계정에 계상하여 이후 7년에 걸쳐 상쇄하도록 했다.[5] 예를 들어 창업 초기에 누적된 협동조합의 손실이 총 100만 페세타라면, 30만 페세타는 설립 조합원 및 현재 조합원의 자본구좌에서 인출되고 70만 페세타는 노동인민금고에 대한 협동조합의 부채에 계상된다.

1980년대까지 노동인민금고가 지원한 기업이 완전히 실패한 적은 단 한 번밖에 없었다. 실패한 기업은 바로 어업 분야였는데, 노동인민금고는 이 분야에 대한 경험이 전혀 없었다. 그때 정부는 대출금의 71%를 제공했고, 노동인민금고는 24%, 노동자들은 5%만을 출자했다. 노동인민금고의 견해에 따르면, 어부들이 운영 자본을 낭비했고 결국 회사는 파산 지경에 이르렀다. 노동인민금고의 직원들은 어부들이 자본을 추가 불입하고 좀 더 견실한 사업 계획을 수립했더라면 성공할 가능성이 있었다고 생각했다. 그러나 어부들은 더 이상의 위험 부담을 거부했고, 노동인민금고는 그 사업에서 손을 뗐다.

회사가 손익분기점에 도달하지 못한 채 경영이 어려워질 경우, 노동인민금고는 경영을 재조직하거나 새로운 사업 계획을 개발하는 등의 과감한 조치를 취하기도 했다. 어떤 때는 기업국이 생산라인을 완전히 바꿈으로써 예상되던 실패를 면한 경우도 있었는데, 생산라인의 기계를 교체하는 동안 노동자들은 휴가 명목으로 집으로 보내졌다. 이런 노동인민금고의 조정과 개입으로 회사가 살아나기도 했다.

노동인민금고는 특히 불황기에 재정난에 처한 사기업을 협동조합으로 전환시켜달라는 부탁을 자주 받았다. 그러나 노동인민금고 직원들이 우리에게 밝힌 바에 따르면, 비록 숙련된 직원들과 기존의 공장 및 설비, 그리고 시장

점유율에서의 기득권 — 그것이 아무리 불안정한 것이라 할지라도 — 등을 갖추고 있다 해도, 그런 식의 전환은 대개의 경우 협동조합을 신설하는 것보다 훨씬 어렵다고 한다. 그들의 관찰에 따르면, 문제는 물질적 조건 여하에 있는 것이 아니라 경영자들과 노동자들을 몬드라곤 복합체의 문화에 맞게 재사회화하는 데 있기 때문이다. 그럼에도 성공적으로 전환이 이루어진 사례 또한 없지 않았다.

다음의 두 사례는 협동조합 설립 과정을 구체적으로 설명하기 위한 것이다. 첫 사례는 노동인민금고가 아직 현재와 같은 개발 능력이 없었던 1965년의 사례다.

여성협동조합의 설립

아우소-라군 협동조합에 관한 설명은 구티에레스-존슨의 연구에 근거를 두고 있다. 그녀의 연구가 특별히 중요한 이유는, 그것이 협동조합 내에서 여성의 역할 변화를 설명해줄 뿐만 아니라 돈 호세 마리아의 창조적 영향력을 보여주는 또 하나의 예이기 때문이다.

초창기 몬드라곤에서는 약간의 사무직을 제외한 생산 부문은 남성의 배타적 영역으로 간주되고 있었다. 그러나 몬드라곤 복합체가 확장되면서 여성도 산업 노동자로 일할 수 있어야 한다는 요구가 대두했다.

아우소-라군이 설립된 1965년까지만 해도, 몬드라곤의 여성들은 결혼을 하면 협동조합에서 해고되었다. 교육과 훈련에서 여성이 남성보다 뒤떨어지는 것은 사실이었다. 1977년에 실시된 조사 결과, 48%의 아우소-라군 여성들은 초등학교를 졸업하지 못했으며, 겨우 읽고 쓰고 간단한 계산을 할 수

아우소-라군 | 초창기 몬드라곤에서는 약간의 사무직을 제외한 생산 부문은 남성의 배타적 영역으로 간주되고 있었다. 그러나 몬드라곤 협동조합 복합체가 확장되면서 여성도 산업 노동자로 일할 수 있어야 한다는 요구가 대두했다. 그리하여 1965년 기혼 여성에게 시간제 일을 주는 것을 목적으로 아우소-라군이 정식 등록되었다. 사진은 2009년 현재 아우소-라군 협동조합 사무실이다.

있는 정도였다. 35%가량은 초등학교를 졸업했고, 고등학교 졸업자는 겨우 10%에 불과했다. 고등학교 이상의 교육 혜택을 받은 사람은 6%이고, 대학 학위를 가진 사람은 1%였다.

1960년대 초 돈 호세 마리아는 가족의 생계를 보조할 필요가 있고 최소한의 시간제 근무에 관심을 가진 기혼 여성들의 ─ 바스크인은 물론이고 다른 지역에서 이주해온 여성들도 포함하여 ─ 숫자가 증가하고 있음을 알게 되었다. 그는 이런 필요와 이해관계를 관철하기 위해 어떤 방법으로 당시 노동시장에 진입할 것인가를 놓고 여성들과 함께 토의하기 시작했다. 그는 그들이 가정주부로서 가지고 있는 기술(음식을 마련하고 제공하는 일, 청소 등)에 대한 수요가 있음을 지적했다. 이렇듯 여성의 노동시장 진입에 대한 필요와 관심이 시장의 수요와 합치되는 면이 있기는 했지만, 이것이 전면적으로 환영받지는 못했다. 바스크 남성들은 이것이 전통적인 가족제도에 대한 위협이라며 반대했고, 남성들보다 더 전통 지향적인 일부 여성들 또한 마찬가지였다.

그러나 새로운 협동조합 설립을 위한 모임은 뜻을 굽히지 않았으며, 마침내 1965년 아우소-라군 협동조합이 정식 등록되었다. 이 새로운 회사는 기혼 여성에게 시간제 일을 주는 것을 목적으로 소규모로 발족하여 협동조합 공장 한 곳에 음식을 제공했으며 몬드라곤에 작은 식당도 열었다. 이후 다른 협동조합과 몇몇 사기업체들과도 급식 계약을 맺었다. 이 기간에 아우소-라군은 한 교회 건물 밖에서 음식을 준비했다. 어떤 조합원들은 증기취사기구를 설치해 음식을 만들었고, 어떤 조합원들은 자기 트럭을 몰고 공장에 음식을 배달했다. 몇 년 지나지 않아 아우소-라군은 다양한 고객들의 시설물을 청소하기 위해 청소장비를 실은 트럭과 여성들을 파견하는 산업 청소 분과를 포함한 새로운 분과들을 신설해나갔다.

'제3자에 대한 용역'이라는 분과는 여성이 임시 산업 노동직에 근무해주기를 바라는 울라르코의 요구로 신설되었다. 이 분과를 만들기 전에 아우소-라군은 울라르코와 함께 이러한 종류의 일에 관심을 가진 기혼 여성의 노동시장을 조사했다. 여기에 관심을 갖고 있는 여성의 수가 충분하다는 사실이 확인되자 아우소-라군은 이 분과를 신설했고, 즉시 그 수의 반 정도를 고용했다. 이 분과는 대부분 여성들을 고용했지만, 또한 가장 문제가 있는 분과이기도 했다.

울라르코 그룹의 각 기업 정관과 내규에는 일시 해직 상태의 노동자에게 정규 봉급의 80%를 지불하도록 명시되어 있기 때문에, 회사들은 일시적인 수요 급증기에 새로운 인원을 확보할 수 없었다. 아우소-라군의 '제3자에 대한 용역' 분과는 공업협동조합에 시간제 미숙련 노동을 제공함으로써 울라르코가 가진 그 같은 문제점을 해결했다. 그러나 아우소-라군은 울라르코가 더 이상 필요로 하지 않는 노동자들에게 지속적인 일자리와 의료 및 사회보장을 제공해야 하는 무거운 부담을 안게 되었다. 이 문제는 울라르코가 아우소-라군에게 시간제 노동자의 임금을 아우소-라군이 지급하는 것보다 약간 높은 수준으로 지급함으로써 해결되었다. 그래서 아우소-라군은 임시직 노동자에 대한 수요가 많을 경우 적립금을 조성할 수 있었다. 그러나 이는 재정 부담을 덜어주었지만 재정적 불안까지 해결해주지는 못했다.

같은 시기에 아우소-라군의 지도자들은 또 다른 문제, 즉 탁아의 필요성에 직면했다. 학교에 보내기에 아직 어린 아이들을 기르는 여성들은 아이를 돌볼 친척이나 친구가 없으면 시간제로도 일할 수가 없었다. 그래서 1976년에 탁아소를 설치하여 근무시간 동안 아동을 보호하는 일을 전문적으로 맡게 했다. 이를 위해 조합원에게 약간의 요금이 부가되었고, 조합원이 아닌 경우 좀 더 높게 책정된 요금을 받았다.

지금까지 아우소-라군은 이런저런 조건에 피동적으로 대응하면서 단속적으로 성장해왔다. 이에 여성들은 조합을 더 사업체답게 만들고 미래를 더 효율적으로 계획하기 위해 회사를 재정비할 필요성을 느끼게 되었다. 아우소-라군 이사회는 회사를 재조직할 '총책임자'라는 직무를 신설하기로 했다. 이런 전환을 이루기에는 창설 조합원 중 몇 명이 협동조합을 떠나는 등 어려운 상황이었지만, 전환을 위한 모든 조치는 이사회와 조합평의회에 의해 승인되었다.

아우소-라군은 노동인민금고의 지속적인 도움을 받아 한층 체계적인 사업 계획 프로그램을 개발했다. 노동인민금고는 울라르코의 시간제 노동 수요가 일정하지 않기 때문에 가능한 한 울라르코에 대한 아우소-라군의 의존성을 줄이기 위해 지역의 시장조건을 조사했다.

아우소-라군은 몬드라곤 근처의 공업단지에 자체 공장을 세워 규모를 확장했다. 새 공장에는 앞에서 언급한 사업 외에 아우소-라군이 직접 관리하는 울라르코의 조그만 하도급 관련 작업을 위한 공간과 시설을 마련했다.

1970년대 말 아우소-라군은 몬드라곤과 그 주변에 매일 약 1,500명의 식사를 공급하고 있었다. 새로운 공간과 시설에 18만 달러를 투자한 결과, 이 분과는 5,000여 명분의 식사를 매일 제공함과 동시에 다른 도시까지 사업을 확대할 정도로 규모가 커질 것이 기대되고 있다.

1977년 아우소-라군은 조합원에게 400개 이상의 시간제 일자리를 제공하고 있었지만, 시간제 노동자에 대한 울라르코의 수요가 줄어든 1982년 불황기에는 아우소-라군의 일자리가 352개로 줄어들었다.

아우소-라군은 여성이 노동자생산협동조합을 효율적으로 운영할 수 있다는 점을 몬드라곤 전체에 입증했다. 경영 부문의 요직에 점점 더 많은 여성들이 진출하는 것에 대해서는 17장에서 다룰 것이다.

노동인민금고 내부에서 만들어진 협동조합의 사례

여기서는 1983년 10월 후안 마리아 이라에타와의 인터뷰를 통해 알게 된 최근의 사례를 살펴보겠다. 이라에타는 산세바스티안에서 자랐으며 그곳에서 공학 학위를 받았다. 이후 그는 울고에서 15년, 노동인민금고 기업국에서 2년 6개월간 일했다. 그가 노동인민금고로 옮겨온 이유는 특정 분야에 국한되지 않은 전체적인 성격의 일을 해보고 싶었기 때문이었다.

산세바스티안 부근의 작은 해안 도시인 사라우스에는 노동자생산협동조합이 없었기 때문에, 이라에타는 그곳에 협동조합을 설립하는 데 관심을 갖기 시작했다. 수년 전만 해도 가구 공장이 몇 개 있었지만 모두 파산해버려, 결국 "사라우스는 여행자를 위한 도시로 변해가고 있었다."

이라에타는 협동조합 설립을 논의하기 위해 사라우스에서 9명의 동료들을 모았다. 그들은 그의 구상에 호응하여 노동인민금고와 접촉했고, 노동인민금고는 그들을 진심으로 환영했다. 노동인민금고가 실현 가능성을 조사하고 협동조합의 설립을 추진해나갈 사람을 뽑을 단계가 되자, 그들은 이라에타를 선택했다. 이것은 그리 놀라운 일이 아니었다. 그는 처음으로 이런 구상을 했던 사람이고 당시 노동인민금고에서 일하고 있었기 때문이다.

우리가 이라에타를 만났을 당시, 그는 1년 8개월 동안 노동인민금고에서 이 사업을 진행시키고 있던 중이었다. 첫 5개월간 그는 선타당성 조사가 가능한 제품들(농업기계류, 비누와 세척제, 안경테)에 대한 조사 작업에 몰두했다. 이 계획을 실행해나가는 과정 내내 그는 매달 특정 주말에 다른 9명의 동료들과 만났다. 1982년 2월 그들은 안경테와 선글라스 테를 생산·판매하는 데 집중 투자하기로 결정했다.

그는 스페인과 유럽, 나아가 전 세계의 시장에 대한 정보 수집 등 체계적인 연구를 진행했다. 시장 전망이 좋다고 판단했기 때문에, 그는 구체적으로 어떤 제품을 생산하고 그 판매조직은 어떻게 만들 것인지, 그리고 회사의 구조와 재정 및 인사의 전문화 등을 포괄하는 5개년 계획을 세우기 시작했다.

1983년 2월 이라에타는 노동인민금고에 조사자료와 제안서를 제출하고 재정 지원을 요청했다. 몇 주 동안의 토의와 수정을 거쳐, 마침내 7월에 노동인민금고 이사회는 그 계획을 승인했다. 그에 따라 이쿠스라는 협동조합이 1984년에 문을 열었다.

이쿠스의 설립자들은 유명 상표가 붙은 제품만 취급하는 고가품 시장에 뛰어들기로 결정했다. 이 계획은 입생로랑의 디자인을 사용하는 프랑스 회사 제품들을 판매해서 시장을 확보할 때까지 생산을 연기하는 것이었다. 그것은 달리 말하면 사라우스 회사에는 단지 2~3명의 직원만 있고, 나머지 사람들은 영업부 직원들로 보충된다는 것을 의미했다. 이라에타는 판매사원을 뽑기 위해 회사가 대리점을 내려는 지역에 광고를 냈다.

9명의 조합원 중 누가 둘 또는 셋의 업무를 맡을 것인가? 이라에타는 개별적으로 조합원들을 만나 각 업무의 내용에 대해 논의하고 새로운 회사에 참여할 것인지 알아보았다. 새로운 협동조합을 만드는 데는 모두가 관심을 보였지만, 그중 두 명이 특히 적극적인 관심을 나타냈다. 그에 따라 이들은 노동인민금고에서 인성검사를 받았다. 그리고 동시에 다른 협동조합의 판매부장이 이곳으로 파견되어 왔다.

이라에타는 판매 전략이 제대로 자리 잡기까지 생산을 연기하기로 한 것이 노동인민금고의 결정이 아님을 설명했다. 그와 그의 동료들은 곧바로 생산에 뛰어들 경우 공장을 세우고 기계를 도입해서 발생할 재정적 부담을 걱정했던 것이다.

노동인민금고는 1984년 말까지는 무이자로, 1985년과 그 이듬해에는 8%

로, 그리고 1987년에는 14%의 이자로 이 계획에 대한 재정 지원을 했다.*
또한 노동인민금고는 이쿠스 이사회에 참석하여 회사의 발전에 대해 감독하고 조언할 대표를 한 사람 파견했다.

바스크 지방정부는 고용 1건당 30만 페세타(당시 약 2,000달러 정도)의 보조금을 지원해주었다. 스페인 중앙정부도 10%의 이자율로 자금을 대출해주고 7년에 걸쳐 갚게 해주었다. 이라에타와 그의 동료들은 처음에는 정부 지원에 의존하지 않고, 나중에 고용이 더 확대되면 그때 가서 다시 결정하기로 했다. 이라에타는 비록 협동조합이 설립 과정에서 1회 이상 대출을 받을 수 있다 하더라도, 다른 기관으로부터 일단 대출을 받으면 정부 대출을 받는 것이 더 어려워질 것이라고 생각하여 회사가 확장될 때까지 기다리기로 결정했다. 신입 조합원들은 자본금으로 52만 2,000페세타(약 3,500달러), 적립금으로 10만 5,000페세타를 출자했다.

우리는 이라에타에게, 새로운 협동조합이 실패할 경우 노동인민금고로 복직할 수 있는 보장이 있는지 물어보았다. 그의 대답은, 아무런 보장도 없지만 그런 것이 필요하지 않기를 바란다는 것이었다. 이라에타의 부인은 이미 여성협동조합의 총책임자였다. 그녀는 당시 바스크의 주도 비토리아에서 정부기관에 근무하고 있었다. 사라우스에 협동조합이 설립된다면 비토리아에서 사라우스까지 통근할 수 없기 때문에 직장을 그만두어야 했다. 그녀는 통근하기 쉬운 산세바스티안의 정부기관에서 근무하고 싶어 했지만, 확실한 보장은 받지 못했다. 이라에타에게는 이 역시 또 하나의 위험 부담이었다(그녀는 후에 산세바스티안에서 직장을 갖게 되었다).

* 이와 같이 이자율을 달리하는 대출 정책은 1980년대의 불황기에 기업 설립을 촉진하기 위하여 취해졌다.

우리는 이라에타에게 이러한 위험 부담을 감수하게 된 동기를 물었다. 그는 자신이 회사를 세우는 데 줄곧 관심을 기울이고 있었으며, 부양가족이 더 늘거나 나이를 먹기 전에 시작하려면 지금이 좋다고 생각했기 때문이라고 대답했다. 사라우스에 대한 애착이 있었기 때문에 회사의 위치를 그곳으로 정했지만, 단지 그것만이 근본적인 동기는 아니었다. 이쿠스는 1987년까지 27명의 조합원을 가질 정도로 성장했다가 1988년에 파산하고 말았다.

알폰소 고로뇨고이티아에 따르면, 고용 1건을 창출하는 데 필요한 평균 투자액은 500만 페세타(그 당시 환율로 약 33,000달러)였다. 이렇듯 과중한 부담을 감안하여 노동인민금고는 건물과 생산설비에 투자하기 전에 시장 확보 전략을 수립하는 데 힘쓰게 되었다.

협동조합 그룹에 의한 새로운 회사 설립

몬드라곤 협동조합 복합체 내부의 기업 설립에 관한 업무는 노동인민금고만의 전담 업무가 아니다. 협동조합 그룹들도 기업 설립에 대해 관심을 높여 가고 있으며, 이는 기업 설립에 관한 업무를 분산시키려는 노동인민금고의 정책이기도 하다. 몬트리올에서 열린 노동자생산협동조합 회의(1984. 8)에서 노동인민금고의 기술국장 이냐키 고로뇨는 몬드라곤이 지나치게 노동인민금고 기업국에 의존하고 있으며, 따라서 좀 더 분산적인 전략이 개발되어야 한다고 말했다.

협동조합 그룹들 가운데 현재는 울라르코가 새로운 노동자생산협동조합의 설립을 주도하고 있다. 울고를 설립하고 10년간 울라르코와 울고는 적극적으로 생산라인을 분리하고 신설하여 새로운 회사들을 설립했지만, 이렇게 만들여진 새로운 협동조합들은 울라르코 그룹 내에 남아 있었다. 울라르코 소속이 아닌 회사의 설립은 이 단계에서 단 한 걸음(매우 중요한 한 걸음)만 더 나가면 가능하다.

1970년대 말 울라르코의 지도자들은 젊은 바스크인들의 기업가 정신을 고취하는 데 관심을 가졌다. 이런 경향은 바스크 문화가 변화했기 때문이 아니라 고용 기회를 증대하기 위한 것이었다고 생각된다. 몬드라곤운동 초기에는 바스크 지역 어디에서도 일자리를 구하기가 어려웠다. 하지만 그룹이 확대됨에 따라 점차 바스크인들뿐 아니라 스페인의 여타 지역에서 이주해온 사람들까지 고용하게 되었다. 그 결과 능력 있고 모험적인 젊은이들이 협동조합 안에서 훌륭한 경험을 많이 쌓을 수 있었다. 또한 협동조합들은 사기업에서는 얻기 어려운 경력사원도 안정적으로 확보할 수 있었다.

기업 설립을 촉진하려는 노력의 일환으로 울라르코의 지도자들은 사실상 '산업 배양기'와 같은 시설을 만들었다. 그것은 다음과 같은 방법으로 운영된다. 먼저 울라르코 안에서 수년 동안 일해온 산세바스티안의 토박이가 신제품에 대한 구상을 가지고 고향에서 회사를 세우고 싶어 한다고 가정하자. 울라르코 경영진이 보기에 그가 믿을 만하고 그가 고안한 제품이 유망하다면, 경영진은 그가 자신의 계획을 추진하도록 도와준다. 나아가 주요 인적자원의 조정을 통해 그 계획을 지원한다. 경영진은 새로운 기업을 이끌어가는 데 필요한 경험을 쌓을 수 있도록 그에게 약 2년간 관리직을 순환 근무시킨다. 이 기간 동안 그는 자기 시간을 쪼개, 한편으로는 자신의 정규 업무를 수행하고, 다른 한편 새로운 계획을 준비한다. 경영진은 또한 그에게 산세바스티안에서 앞으로 새로운 협동조합의 핵심이 될 두서너 명의 친척이나 친구를 울라르코로 불러오도록 권고한다. 울라르코는 이들에게도 일련의 유사한 경영 경험과 연구, 훈련 기회를 제공한다.

새로운 회사의 설립 계획이 완료되면 경영진은 자체적으로 타당성 조사를 한다. 계획 입안자와 동료 노동자들이 울라르코 경영진의 신임을 받을 수 있고 그 계획의 전망이 밝을 경우, 울라르코는 그 계획에 대해 재정을 지원하거나 노동인민금고로부터 대출을 보장해준다.

2년의 훈련 기간 동안 지급되는 급여는 결코 새로운 회사의 조합원에게 울라르코가 베푸는 선물이 아니다. 그것은 공장용지, 공장과 설비, 그리고 운영 자본과 마찬가지로 새 회사에 대한 대출금의 일부이다.

1983년 몬드라곤에서 약 50km 떨어진 북동쪽의 작은 도시 아스페이티아를 방문했을 때, 우리는 또 다른 협동조합 그룹인 우르키데가 새로운 노동자 생산협동조합을 만들기 위해 초기 작업을 벌이는 것을 볼 수 있었다. 우르키데는 3년 전 가구를 생산하는 4개의 협동조합과 목공기계·목공용구를 생산하는 협동조합, 그리고 기계류를 생산하는 협동조합이 하나씩 모여 형성된 것이었다. 이 협동조합 그룹은 특히 기계와 도구 생산업체인 수비올라의 부진으로 인해 심각한 파급 효과가 발생하기 바로 직전에 형성되었다(16장에서 수비올라의 구제와 재편을 다룬다).

수비올라가 인원을 감축하지 않을 수 없었기 때문에 우르키데는 서둘러 기업을 신설해야만 했고, 우리는 그 과정을 관찰할 수 있었다. 바스크 지역 내에서 양질의 소나무가 공급되고 있는데도 우르키데 그룹에 속한 가구협동조합들은 이 소나무를 효과적으로 이용하지 못한 채 다른 목재류를 이용하고 있었다. 만약 소나무를 이용하는 데 기술적인 문제가 해결된다면, 기존의 우르키데 그룹과 경합하지 않는 새로운 가구협동조합의 설립이 가능했다. 1983년에 우리가 이곳을 방문했을 당시 수비올라 협동조합의 이전 조합원들 몇몇은 목재화학 분야와 목재기술 분야 전문가의 지도하에 이 문제를 연구·개발하고 있었다. 당장은 수비올라의 실직 노동자들 중 겨우 일부만 고용되었지만, 새로운 회사가 설립되면 실직한 노동자들을 더 많이 고용할 수 있으리라는 희망이 있었다.

협동조합의 설립 책임자는 노동인민금고 기업국에서 파견된 사람들과 연구·개발 계획을 함께 논의했다. 그와 그의 시험적 생산 집단이 기술과 생산의 문제를 다루는 동안, 우르키데 내의 다른 조합들은 소나무 가구의 시장 전망을 조사하고 회사 설립 시 건물과 장비에 들어갈 비용을 계산하고 있었다. 우르키데 경영진은 선타당성 조사 결과 긍정적인 결론을 내리고, 노동인민금고 재무국에 5개년 사업 계획을 제시하면서 재정 지원을 요청했다. 그리하여 새로운 협동조합인 레로아가 1985년부터 가동을 시작했다. 레로아는 1986년 말까지 24명의 조합원을 고용했다.

협동조합으로 전환한 사기업

노동자생산협동조합은 처음부터 새로운 회사로 설립되거나 사기업을 전환하는 방법을 통해 설립될 수 있다. 노동인민금고 지도자들은 분명히 새로 만드는 것을 더 좋아한다. 노동인민금고의 전 이사장 알폰소 고로뇨고이티아가 우리에게 이야기한 바에 따르면, 사기업 전환은 대체로 회사를 새로 만드는 것보다 여섯 배의 노력이 더 필요하다. 기업국 산하 진흥 부문의 책임자 라파엘 이달고는 사기업 출신 고용주와 피고용인들을 재교육시키기가 얼마나 어려운지를 강조하면서 이렇게 말했다. "콘크리트가 28일 만에 굳어진다면, 그 사람들은 약 18년 동안 자기들 방식대로 굳어진 사람들이다."[6]

몬드라곤 협동조합은 대부분 새로 설립되는 형태였지만, 최초의 협동조합 중 하나인 에델란은 일부는 전환에 의해, 즉 사기업을 인수하여 울고에서 분리·신설된 기업과 결합시켜 만들어졌다. 전환은 간헐적이기는 하지만 계속 있었다. 특히 1980년대의 불황기에는 도산한 기업들을 협동조합으로 전환시켜 구제해달라는 요구가 늘어나 오히려 노동인민금고를 당황시키기도 했다. 그러므로 이러한 전환사업의 가능성과 문제점을 조사해보는 것도 의미 있을 것이다.

전환을 통해 얻을 수 있는 잠재적 이익은 다음과 같다.

(1) 생산, 재정, 시장 판매에 대한 사기업의 과거 기록 분석을 이용해서 명확한 사실과 수치에 근거한 타당성 조사를 할 수 있다. 새로 만드는 경우 이런 기록을 이용하는 것은 불가능하다.
(2) 사기업이 보유한 주요 경영진의 전문 지식은 협동조합에 필수적이다.
(3) 노동자들은 협동조합이 요구하는 기술의 일정 부분을 이미 보유하고 있기 때문에 기술 훈련의 필요성이 최소화된다.
(4) 사기업이 심각한 재정 상태에 처해 있는 경우, 건물·기계·상표·면허 등을 시장에서 구입하는 것보다 낮은 가격으로 구입할 수도 있다.

그러나 전환 계획의 관련 당사자들이 소유권 이전 협상에 관한 문제를 해결하고 경쟁력 있는 노동자생산협동조합을 만드는 데 필요한 재구성과 재교육을 이루어내지 않는 한, 위에서 언급한 그 어떤 이익도 얻을 수 없다. 우선 소유권 이전 협의와 관련된 문제부터 조사해보기로 하자.*[7]

전환의 문제점은 소유자 겸 기업가, 노동자들, 그리고 재정과 기술 지원을 담당하는 노동인민금고의 이익 등을 어떻게 충족시킬 수 있는가에 있다. 더

* 우리의 현장 연구는 구티에레스-마르케스가 상술한 많은 사례조사에 의해 보충되었다.

구나 바스크 지역에서는 대체로 기업 소유자가 피고용인의 일부와 — 전부는 아니지만 — 주식을 나눠 갖고 있다. 그 때문에 주식을 가진 최고 경영자와 약간의 지분을 가진 종업원 주주, 그리고 지분이 없는 노동자들의 이해관계가 서로 다르다. 비싼 가격으로 파는 것은 분명히 최고 경영자의 이익에는 부합하지만, 지분이 없는 노동자들의 이익과는 상충된다. 반면 종업원 주주들은 양면적일 가능성이 높다.

이런 입장 차이는 협상 과정에도 영향을 미친다. 일반적으로 사기업을 매각할 때는 소유자의 대리인이 기업을 통제하고 대표한다. 노동인민금고는 (협동조합 조합원들이 될) 무지분 노동자들이 협상 과정에서 대표권을 가져야 한다는 입장을 취하고 있다.

사기업 피고용인들의 법적 권리도 협상의 대상이 된다. 구티에레스-마르케스가 지적한 대로[8] 기업 전환은 "스페인 노동법과 협동조합법에 따른 노동자들의 법적 지위 변화와 관련이 있다. 협동조합원이 되면 일시해고나 공장 폐쇄의 상황에서 다른 노동자들이나 피고용인들이 받는 일괄적 보상의 권리를 갖지 못하게 된다."

노동자들은 소유권 전환을 용이하게 하기 위해 일괄 보상에 대해 부분적으로 그들의 요구를 포기할 수 있다. 대신 다른 곳에서는 전혀 가질 수 없는 협상권을 법적으로 보장받는다. 기업 전환은 법적인 절차와 계약 체결이 완료되어야 끝이 난다. 새로운 협동조합은 노동부에 등록을 해야 한다. 구티에레스-마르케스가 조사한 사례를 보면, 노동부가 등록을 승인하기까지는 공문서를 접수하고 나서 8~10주가 소요된다. 노동인민금고와의 관계를 청산하는 데는 더 많은 시간이 든다. 노동인민금고는 체계적인 타당성 조사 결과가 만족스럽고, 신설 협동조합 지도자들이 제출한 사업 계획이 타당하며, 노동인민금고의 임원들이 그 경영 지도부, 특히 최고 경영자를 신뢰하는 경우에만 재정을 지원한다. 전환되는 기업의 장래는 물론 사기업 출신의 기술 전문가들에게 달려 있지만, 노동인민금고는 이들이 협동조합에 요구되는 경영 지도력을 갖추고 있다고는 믿지 않을 것이다. 그럴 때 전문가들을 경영자보다는 조언자로 남게 할 수는 없을까? 또 필요한 경영 지도력을 그 기업 내에서 당장 발견할 수 없을 경우, 해당 분야에서 일해온 노동인민금고 직원들이 경영 책임을 맡도록 할 수는 없을까? 이런 복잡한 문제들은 간단히, 그리고 빨리 해결될 수 없는 것들이다. 그 과정은 관련 당사자들 간에 상당한 조사, 토의, 협상을 거쳐야 한다.

　마지막으로 재산의 가치를 평가하고 판매 가격을 결정하는 문제가 있다. 회계와 평가 문제에 연관된 복잡성 외에 이 과정에서 무지분 노동자들의 이익을 특별히 보호해야 한다. 예를 들면 아즈페치아 시의 경우, 마이악이라는 협동조합으로 전환된 기업의 노동자들은 공장폐쇄라는 상황에 직면하자 그 도시의 협동조합 그룹인 우르키데의 경영진에 원조를 요청했다. 우르키데의 조사에 따르면, 노동자들은 직장을 잃지 않기 위해 기업의 자산가치보다 훨씬 많은 돈을 낼 용의가 있는 것으로 나타났다. 우르키데의 개입은 매매가격을 실질적으로 낮추는 결과를 가져왔다. 한편 새로운 협동조합이 지나친 부채 부담으로 말미암아 파산하는 일이 없도록 하기 위해 노동인민금고의 개입이 불가피했던 사례도 있었다.

　전환 수속이 계속되고 있는 동안 발생하는 사기업의 재정 손실로 인해 상황이 더욱 복잡해지기도 한다. 한 가지 예를 들어보면, 전환 과정 초기에 기업 소유자가 가지고 있던 주식 가치가 2년간 재정 손실을 입으면서 소멸해버려 결국 당초의 기대에 훨씬 못 미치는 수준에서 타결된 사례도 있었다.

　재교육은 전환 과정이 이루어질 때 바로 시작해야 하며, 새로운 협동조합이 설립되고 초기 수개월간 또는 수년간 계속되어야 한다. 기술적인 능력뿐 아니라 경영 능력도 갖춘 책임자를 확보하는 문제가 중요하다. 그리고 기구와 제도 변경도 물론 필요하다. 협동조합으로 전환하고자 하는 사기업의 경우, 초기에는 기업가 한 사람의 전문 지식으로도 성공을 거둘 수 있다. 그는 자신이 지닌 전문 지식으로 노동자와 부하들의 존경을 받을 수 있다. 그러나 그에게는 책임을 위임하고 효율적인 조직을 건설해낼 능력이 없을 수도 있다. 그런 개인이 협동조합을 그만두거나 고문으로 직책을 바꾸면, 새로운 경영 실무 책임자(CEO)는 재교육을 실시해야 한다. 그는 이전보다 더 큰 책임을 맡게 될 경영자들과 앞으로 협동조합 성원으로서 권리와 책임을 수행해야 할 노동자들을 훈련시켜야 한다.

위와 같은 수많은 문제들을 생각해보면 왜 노동인민금고의 지도자들이 사기업의 전환에 나서기를 주저하는지 알 수 있다. 그럼에도 전환은 일어나고 있다. 우리가 기록을 검토해서 얻은 결론은, 기업 전환에는 다음과 같은 조건이 고려되어야 한다는 사실이다.

- **규모** 사기업의 규모가 클수록 전환은 더 복잡하고 어려울 가능성이 크다.
- **위치** 몬드라곤 시가 급격히 성장함에 따라 정책 결정자들은 다른 지역으로의 확장에 각별한 관심을 보이고 있다. 이는 신설되는 협동조합이 다른 협동조합과 멀리 떨어진 지역에 위치한다는 것을 의미하지 않는다. 오히려 협동조합 그룹이 이미 존재하거나(아즈페치아의 마이악 협동조합과 같은 경우) 몬드라곤 협동조합들과 가까운 지역(레가스피아의 우로라 협동조합의 경우)을 선호하고 있다.
- **상호 보완성** 노동인민금고는 기존 협동조합과 경쟁 관계에 있는 기업의 전환은 지원하지 않으려고 한다. 노동인민금고는 생산과 판매 면에서 기존 협동조합들에게 이익이 된다면 전환을 선호한다. 예를 들어 마이악 협

동조합은 우르키데 내 다른 세 개의 가구생산협동조합들과 다른 종류의 가구를 생산한다. 그래서 마이악은 그 협동조합 그룹의 운영비용을 부담하는 새로운 협동조합이면서, 동시에 우르키데의 판매 계획을 보강해줄 수 있다. 재무구조가 튼튼한 고이스페르 협동조합은 자신이 필요로 하는 부품을 계속 확보하기 위해 플라스틱 제품과 플라스틱 제조설비를 생산하는 우로라 협동조합의 전환에 관심을 보였다.

- **사회 적응성** 이것이야말로 가장 중요한 조건이다. 다른 모든 조건이 긍정적이라 해도, 몬드라곤은 경영자와 노동자들의 재교육 전망이 별로 없어 보이는 경우에는 전환을 하려고 하지 않는다.

몬드라곤운동은 연대의 원칙을 모든 관계의 기초로 삼고 있다. 바스크 사회와의 연대는, 기존의 바스크 회사들과 경쟁할 우려가 있는 지역에 새로운 협동조합 기업을 만들지 않는다는 정책에 나타나 있다. 살아남으려면 정치적 보복을 야기할 수 있는 분쟁을 회피해야 했던 초기에 특히 이 정책이 중요했다. 지역사회와의 연대는 바스크어를 사용하는 협동조합 학교를 지속적으로 확대·신설해왔다는 점에서도 나타난다. 협동조합 간의 연대는 서로에게 물건을 파는 협동조합이나 서로 편의를 제공할 수 있는 협동조합을 신설한다는 전략에서 드러난다. 협동조합 간 연대는 또한 하나의 총괄 경영 체제하에서 거대한 관료적 통제 없이 규모의 경제를 이룩해낸다는 방침에서도 표현된다.

돈 호세 마리아의 이상과 그 추종자들의 기술·경제 현실에 대한 체계적이고 객관적인 분석, 그리고 헌신성이 결합됨으로써 인상적이고 역동적인 운동이 창출된 것이다.

| 3부 |
경영체계의 변화

09　내부 갈등의 극복
10　노동자 참여체계에 대한 재고
11　노동개혁 프로그램

09
내부 갈등의 극복

 1970년대 초 울고와 울라르코는 극심한 내부 갈등을 겪었다. 이 갈등은 협동조합 내·외부의 변화와 함께 고찰되어야 한다. 1960년대 이후 울고는 급격히 성장했다. 1974년 조합원 수가 3,500명을 넘어서자, 조합의 방식에 익숙하지 않은 노동자를 훈련시키는 것이 울고에게 커다란 부담이 되기도 했다. 이 시기는 프랑코 독재의 말기에 해당한다.
 스페인의 독재정치는 나치와 파시스트 독재가 종말을 고한 뒤에도 1970년까지 4반세기 동안 계속되었다. 프랑코는 사실상의 군주제도를 부활시켰다. 그러나 프랑코 사후 팔랑헤당은 영향력을 상실했고, 독재를 유지할 만한 조직적 정치적 기반을 갖지 못했다. 따라서 이 시기에 비밀정당과 노조 지도자들은 군대와 경찰의 탄압을 피해 가능한 한 완전히 기존의 통치구조를 바꾸기 위해 대중을 조직할 방법을 연구하고 있었다.
 우리가 1975년 4월 스페인을 처음 방문했을 때 그곳은 긴장, 공포, 불안의 분위기가 지배하고 있었다. 다양한 정견을 가진 사람들이 독재자의 죽음을 기다리고 있었으며, 독재자가 죽었을 때를 대비해 적극적인 행동을 취할 준비를 하고 있었다. 동시에 그들은 스페인이 내전에 휩싸여 프랑코 같은 독재자가 또다시 나타날 것을 우려했다.

비공식 정치집회는 바스크 지방에서 특히 두드러지게 일어났는데, 그렇다고 해서 바스크인들이 일치된 견해를 갖고 있었던 것은 아니었다. 이들은 계급, 정치 이데올로기, 바스크 민족주의에 대한 입장에 따라서 뚜렷하게 분열되어 있었다. 마드리드의 억압 통치에 대한 분노는 대체로 공유하고 있었으나, 지방자치를 더 많이 원하는 사람들과 독립 바스크국이라는 이상을 가진 사람들로 갈라졌다.

분리주의자들 가운데 가장 투쟁적인 이들은 ETA(바스크 조국과 자유)를 지지했으나, ETA 내부는 각각의 이데올로기에 따라 날카롭게 분열되어 있었다. 지지자들의 일부는 정치 이데올로기와 상관없이 단순히 바스크의 분리 독립을 추구했지만, ETA의 내부는 마르크스사상이라는 공통 기반을 갖고 있으면서도 실천 노선에 따라 심각하게 대립하고 갈라져 있었다. 일부는 독자적인 사회주의 노선을 주장했고, 또 일부는 마르크스-레닌주의를 추종하는 소련식의 전망을 받아들였으며, 마오쩌둥주의자들도 점점 늘어났다.

ETA는 몬드라곤 협동조합에 대해 일관되고 통일된 정책을 갖고 있지 않았다. 협동조합을 자본주의의 위장 형태로 보고 프롤레타리아 혁명의 장애물로 보는 사람부터 사회주의의 기반으로 보는 사람에 이르기까지 관점이 다양했다.

울고의 동요가 처음으로 광범위한 관심을 끈 것은 1971년 3월이었다. 울고의 두 공장 가운데 하나에서 소수의 그룹이 직무평가 방식의 변경을 요구하는 파업을 조직하려 했던 것이다. 그들이 파업하면서 내건 요구는 대중의 폭넓은 지지를 얻지 못했다. 해고는 없었다. 그러나 파업에 참여했던 세 명의 견습공은 정식 조합원으로 채용되지 못했고, 다만 이후 다른 협동조합에 들어갈 수 있도록 배려되었다.

울고 이사회는 바스크 지방 또는 스페인 전체의 노동운동을 지지하는 연대파업과 회사 내부 문제로 인한 내부 파업을 구분하는 규약을 만들어 이런 혼란에 대처했다. 그때부터 내부 파업은 협동조합 자체에 대한 공격으로 여겨졌고, 해고를 포함한 벌을 받도록 했다.

1971년 4월 ETA의 한 분파는 다음과 같이 협동조합 노선을 공격했다. "우리는 협동조합주의가 우리에게 맞지 않고(바스크 노동계급의 양심을 비인격화하고 해체하는 것), 따라서 인정될 수 없는 것이라는 점을 주목하고 경계해야 한다." 그들은 노동자들에게 "협동주의자라고 자처하는 테크노크라트 계급에 대항해서 일어설 것"을 호소했다.[1]

1972년 11월 ETA의 마오쩌둥주의자들은 '몬드라곤에서 무슨 일이 일어나고 있는가?'라는 제목의 비난 성명을 냈다. 이 성명은 몬드라곤에서 협동조합운동이 대중 생활의 모든 부문, 즉 노동, 스포츠, 교육, 지방정치 등을 지배하고 있다고 비난했다. 또한 몬드라곤을 "모든 형태의 사회적 대립이 존재하는 환경을 애써 무시하는 평화와 협동노동의 섬"이라 비난하고, 협동조합 운동이 노동계급의 이익을 옹호한다는 사실을 부정했다. 그것은 "단지 사업가적 모험"에 불과한 것으로 매도되었다.[2]

비난의 화살은 특히 조합평의회를 향하고 있었다.

> 조합평의회의 본질은 명확하다. 그것을 키워주고 있는 체제의 충실한 하인이며, 그 체제의 적자嫡子이다. 이 기구에 노동자들이 참여하는 것은 민주적인 일면이 있다. 그러나 협동조합 지도자들의 사탕 발린 이야기가 노동자들의 관심을 끌고 있고, 이를 일종의 부르주아 의회로 바꾸려고 획책한다. 따라서 우리가

강조해야 할 것은 이런 대립이 결코 유화되어서는 안 될 뿐만 아니라, 이런 대립으로 인해 노동자계급의 조직(조합평의회 — 옮긴이 주)이 노동자계급에게 피해를 주고 있다는 점이다.[3]

새로운 직무평가 프로그램

이렇게 격렬한 공격이 계속되는 정치 상황에서 울라르코의 지도자들은 협동조합의 가장 민감한 영역인 급여체계 개혁에 착수했다. 임금률을 확정하기 위한 직무평가제가 확립된 것은 1965년이었지만, 통일된 체계는 아직 없었다. 그러나 생산직 노동자에 대한 체계와 사무직 노동자 및 관리직을 위한 체계는 따로 있었다. 또한 생산직 체계에서는 각 직무에 고정임금률이 적용되는 반면, 사무직과 관리직 체계에서는 직무 수행에 대한 상사의 평가에 근거해서 직무 비율 이상의 보수를 받을 수도 있었다. 한편 울라르코 협동조합 그룹 내의 개별 협동조합들 간에 적용되는 직무평가 기준도 서로 달랐다. 새로 생겨난 직무를 평가하는 데는 상당한 시간이 걸렸다.

그룹 경영이 갖는 주요 이점 중 하나는 필요에 따라 조합원이 한 협동조합에서 다른 협동조합으로 이동할 수 있다는 점이다. 그러나 협동조합 사이에 직무평가의 정책과 실제가 다르기 때문에, 한 협동조합에서 다른 협동조합으로 옮겨간 노동자들은 적응이 힘들 수밖에 없다. 게다가 이들에 대해 서로 다른 기준을 적용해야 하는 인사 담당 부서 직원들의 작업도 매우 복잡할 수밖에 없었다.

현행 직무평가에 대한 불만에 더해 개별 협동조합들 간의 정책과 실제의 차이로 인한 불만이 점점 높아지자, 울라르코의 경영진은 직무평가 프로그램

개혁에 착수했다. 이 작업은 협동조합 복합체의 고유한 가치관과 정책을 고려해야 했기 때문에 매우 복잡했다. 사기업체에서는 각 공장 또는 회사가 그들 고유의 직무 해석 및 평가 프로그램을 갖고 있으며, 생산직·사무직·관리직 종사자의 체계로 분류하는 것이 일반적이다. 그런데 이처럼 세 범주로 분류하는 것은 조합원들의 평등주의 가치와 조화될 수 없기 때문에, 울라르코의 계획 입안자들은 모든 직무에 똑같은 범주를 적용하기로 했다. 그들은 5개의 자회사에 있는 총 2,883개 직무에 적용될 표준체계를 만들기로 했다.

울라르코의 인사 담당 부서는 유럽 여러 나라 사기업의 실제와 정책을 연구한 끝에 '2년의 경과 규정'으로 조정을 시도했다. 울라르코는 중앙직무평가위원회(CJEC)를 만들고, 5개의 구성 협동조합들은 각각 직무평가위원회(JEC)를 만들었다. 각 JEC는 협동조합의 인사부장과 조합평의회에서 선출된 사람들, 그리고 울라르코 중앙서비스의 인사부서에서 선출된 이들로 구성되었으며, 여기에서 의장을 선출했다. CJEC는 각 협동조합의 인사부장과 울라르코의 인사부장, 각 JEC의 의장, 그리고 울라르코 중앙서비스에서 파견된 직무평가 전문가 몇 명으로 구성되었다.

평가 과정은 연구와 토론을 거쳐 두 가지 기준에 따라 이루어졌는데, 하나는 직무에 관한 것, 다른 하나는 직무를 담당하는 사람에 관한 것이었다. 직무의 경우는 직무에 요구되는 이론적 지식, 경험, 노력뿐만 아니라 결정을 내리고 다른 사람의 일을 지도하는 데 따르는 책임과 그 직무 고유의 육체적 고통에 근거하여 평가되었다. 직무를 담당하는 사람에 관해서는 생산의 양, 질, 조직 능력, 독창력, 책임감, 다른 노동자와의 협동 등을 포괄하는 직무 수행의 모든 측면이 평가되었다. 기본적인 직무사정은 특정 직무를 평가해서 만들어졌지만, 상관은 직무자에 대한 자신의 평가를 통해 15%까지 공로급여를 더할 수도 있었다. 그리고 개인의 공로급여제가 생산직 노동자에게도 처

⟨표 9-1⟩ 1974년의 직무평가에 따른 울라르코의 직무 분류 변화(단위: %)

	상승	불변	하강
코프레시	40	42	18
에델란	66	20	14
파고르 전기회사	54	40	6
파고르 산업	92	6	2
울고	56	22	22

출처: 울라르코 중앙서비스. Gutiérrez-Johnnson(1982; 1983)에서 재인용.

음으로 적용되었다.

다른 곳과 마찬가지로 평가 과정은 직무 특성에 대한 해석으로부터 시작된다. 해당 직무의 노동자 한 사람이 JEC의 한 사람과 면담하고, 다시 그 노동자의 직속상관과 면담한 결과가 첨부된다. 이때 간부진은 직무평가 기준을 이용해서 시안을 만들고, 회사의 JEC는 그 시안을 검토·승인(혹인 수정)한다. 마지막으로 CJEC를 통과한 뒤 그 시안은 실행된다.

직속상관은 평가 결과를 각 노동자에게 고지한다. 평가가 낮게 나왔을 경우, 상관은 그들에게 같은 직종에 근무하는 한에서 2년 동안 보수가 변하지 않는다는 점과 다른 노동자가 그 직무를 맡을 경우에는 더 낮아진다는 점을 고지한다.

위원회는 직무평가 과정의 일환으로 상세한 이의신청 제도를 만들었다. 이의는 상관을 통해 공장의 인사 담당 부서에 보고된다. 공장의 JEC는 재평가를 하고 그 결과를 CJEC에 보내며, CJEC는 공장 JEC의 판단을 재고한 뒤 그 결과를 공장 JEC에 돌려보낸다.

이 모든 정보에 기초해서 공장 JEC는 노동자 개인과 직무에 대해 토론하며, 내려진 결정을 노동자에게 직접 알리고 울라르코의 이사회와 경영평의회에 보고한다. 노동자가 여전히 이의를 갖고 있다면 마지막으로 울라르코의 이사회에 이의신청을 할 수 있다.

기록에 따르면, 결정된 직무평가는 낮게 평가된 것보다 높게 평가된 것이 훨씬 많았다. 그러나 〈표 9-1〉에서 알 수 있는 바와 같이 5개의 협동조합 중에서 울고는 직무를 낮게 평가한 것이 22%나 되어, 이로 인해 큰 분쟁이 일어났다.

직무평가에 대한 불만

1,022건의 직무 재평가에 대한 요구가 제기되었는데, 이는 평가된 전체 직무의 36%에 달했다. 동일한 직종에 종사하는 사람이 다른 공장에도 많았기 때문에 전체 노동자의 36%가 평가 결과에 불만을 표시했다고 추정할 수는 없다. 분명히 같은 일에 종사하는 다른 노동자들은 이의를 제기하지 않았는데도, 한 노동자가 자신의 직무평가에 불만을 나타낸 경우도 있을 것이다. 하지만 그 점을 고려한다 하더라도 36%라는 수치는 꽤 많은 불만이 있었다는 것을 뜻한다. 이 가운데 212개의 평가 결과(20% 이상)가 재평가 과정에서 수정되었다. 이것은 직무평가위원회가 구성원들과 함께 문제를 풀어나가는 데 중요한 책임을 진다는 것을 의미한다. 위원회 위원들은 노동자들이 대부분 불만을 즉시 토로하지는 않았다고 보고했다. 많은 노동자가 처음에는 평가 결과를 받아들이려 했지만, 자신보다 더 높은 평가를 받은 동료 노동자와 비교하면서 재평가를 요구했다는 것이다. 각 노동자는 자기 일에 대해서는 잘 알고 있지만 다른 사람의 일에 대해서는 단지 피상적으로만 알고 있기 때문에, 종종 누군가

높은 평가를 받으면 그 이유에 대해 의문을 제기한다고 인사 담당 부서 사람들은 설명했다. 같이 일하는 사람들 사이에 보수의 불평등이 느껴지는 것은 가장 미묘한 인사 문제 중 하나였다. 왜냐하면 바스크 사람들은 보수와 공헌도를 추상적으로 연결시키기보다는 상대적 공정성(동료의 보수와 비교된 자신의 보수)을 원하는 경향이 있기 때문이다. 바스크 문화에서 이런 문제들은 더욱 어려워 보였다.[4]

직무가 낮게 평가된 이들은 당연히 재평가를 요구했다. 그들은 임금이 평가 이전과 같아지리라는 보장을 받았음에도 만족하지 않았다. 더욱이 그들은 직무를 자신의 가치를 측정하는 기준으로 인식하고 있었다. 그 때문에 가치는 낮은데도 회사가 베푼 자비의 혜택을 받아 그 가치보다 더 많은 보수를 받는다는 것을 참을 수 없는 모욕으로 여겼다. 그들은 또한 '직능에 대한 평가(능력평가)'에도 불만이 많았다. 개인 급여지수가 1에서 3까지로 한정되어 있고 공로평가는 겨우 0.15만을 더할 수 있었기 때문에, 평가 결과는 개인 수입에 미세한 영향을 줄 뿐이었다. 그럼에도 능력평가 제도는 상관들이 이전에 갖지 못했던 권력을 갖는 결과를 낳았다. 많은 노동자가 개인적으로 이 변화에 불만을 표시했고, 이런 정책이 조합원 사이의 평등을 강조하는 몬드라곤의 기본 원칙에 위배된다고 여겼다.

1974년의 파업

1974년 불만이 확산되면서 결국 공장 안에서 파업을 주장하는 집단이 생겨나기 시작했다. 저항의 움직임은 울고를 중심으로 일어났다. 우리는 1985년 여름 한 달간 세미나를 하는 동안, 코넬대학의 데이비드 그린우드 교수를 중심으로 한 울라르코 연구 그룹을 통해 당시의 사정을 전해 듣고 사건의 전말을 알 수 있었다.

파업을 사전에 막기 위해 울고의 이사장은 6월 19일 조합평의회 특별 회의를 소집했다. 회의 목적은 대의원들에게 사건의 추이를 알려서 무슨 일이 일어났고, 또 무슨 일이 일어날 것인지 모르는 사람이 없도록 하는 것이었다. 이사장은 파업이 일어날 경우 경영진이 취할 행동을 미리 밝혀두었다. 그는 먼저 내부 문제로 인한 파업은 협동조합의 규칙에 대한 심각한 위반이며, 따라서 파업 가담자는 해고 처분을 받겠지만 그에 대해 총회에 호소할 권리가 있다는 점을 고지했다. 또한 그는 파업을 조직하고 있는 사람이 누구인지 잘 알고 있다고 말하면서, 그들에게 자신의 행동이 낳을 결과에 대해 잘 알리도록 조합평의회 의원들에게 호소했다. 그리고 파업을 조직하는 것은 울고의 조합평의회에 자신들의 문제를 호소할 수 있는 공식 절차를 무시하는 것이며 협동조합의 규칙과 절차를 위반하는 것이라는 점을 강조했다. 그는 이 파업을 협동조합의 조직적인 기초를 허물어뜨리는 것으로 여겼다. 자신은 누구도 위협하고 싶지 않지만, 파업 지도자들이 좀 더 앞을 내다봐서 파업의 결과가 그들 개개인에게 어떤 영향을 미치게 될지 충분히 알아야 한다는 말로 마무리했다.

1974년 6월 20일, 울고의 냉장고 생산 공장에서 비공식적으로 조직된 위원회(이들은 파업을 주도한 세력이었다 — 옮긴이 주)가 이사들과의 면담을 요구했다. 그들은, 첫째 같은 직무에서 보수에 차이가 나는 것에 반대하고 평등한 급여 체계가 유지되어야 하며, 둘째 생산에 직접 종사하는 노동자들에게 능력평가 제도를 적용하는 것에 반대하며, 셋째 조합원 전체에게 제안된 임금 수준의 목록을 즉각 발표할 것을 요구했다. 그들은 이사들에게 이 요구를 당일 정오까지 받아들이라고 주장했다.

양쪽 지도자들은 강경하게 대립했다. 이사회는 비공식 위원회가 울고의 노동자들을 대표한다는 점을 인정하지 않았으며, 공식적인 통로로 경영진에 요구할 것을 주장했다. 이사회는 조합원들에 의해 승인된 정책에 따라 직무평가 결정에 대한 불만은 먼저 조합평의회에 제기해야 한다고 주장했다. 조합평의회는 이 문제들을 처리하기 위해 자주, 그리고 오랫동안 회의를 열 것이라고 했다. 조합평의회의 첫 회의는 휴일 다음 날인 6월 27일로 계획되어 있었다.

6월 27일 오후, 조합평의회가 파업 주동자의 요구사항들을 검토하는 동안 비공식 위원회 지도자들은 파업을 선동했다. 약 400명의 울고 노동자들이 파고르 전기회사의 몇몇 노동자들과 함께 작업장을 이탈해 파업에 동참했다.

파고르 전기회사의 한 파업 가담자(그는 1983년 그 공장의 직공장이었다)에 따르면, 파업은 울고 사람들에 의해 조직되고 지도되었지만 아라사테와 파고르 전기회사에서 지지를 얻는 데 초점을 맞췄다고 한다. 파업 지도자들은 더 많은 지지를 얻기 위해 아라사테로 행진해서 건물 앞을 지나가려 했지만, 아라사테에서 울고로 가는 옆문을 통해 거리를 가로질러 파고르 전기회사에 들어가 몇 명의 지지자만 확보할 수 있었다.

파업 지도자들이 지지를 넓히기 위해 여러 공장으로 나간 사이, 울고의 다른 파업 지지자들은 작업장에 남아 연좌농성을 조직하려고 했다. 그 과정에서 이들은 파업에 적극적으로 반대하는 사람들과 충돌하기도 했다. 긴장된 시간이 흐른 뒤 파업 가담자들은 구내를 떠나도록 설득당했다.

이사회는 파업 선동자 17명을 즉시 해고하고, 공장 밖으로 그들을 쫓아나간 397명에게는 액수를 달리해서 벌금을 부과했다.

짧은 파업이었지만, 파업이 진행되는 동안 파업 지도자들은 울고의 조합평의회 대의원들을 통해 울고와 울라르코의 경영진에게 분쟁을 해결하기 위한 요구조건을 제시했다. 그들은 초기에 내건 요구조건을 반복하면서 거기에 파업자의 신변 보장을 덧붙였고, 요구가 관철될 때까지 파업을 계속하겠다고 주장했다. 이사회는 단호하게 이 요구를 거부했고, 파업 지도자들의 해고와 벌금 부과 결정을 재확인했다. 며칠 뒤 17명의 파업 책임자를 제외한 모든 노동자들이 작업에 복귀했다. 파업은 무산되었지만 그 후유증은 이후로도 오랫동안 남아 있었다.

1974년 파업 이후의 논쟁

1974년의 파업은 몬드라곤 주변에서 협동조합에 대한 매우 날카로운 비판을 불러일으켰다. ETA의 한 분파는 다음과 같은 내용이 포함된 성명서를 냈다.

> 자본주의를 타파하기 위해 우리는 스스로 이상의 땅이 아닌 (계급투쟁이라는) 현실의 땅에 서야 한다. 그러지 못하는 이유는 한 가지 근본적인 태도, 즉 노동자계급이 자본주의와 부르주아 지배를 타파하는 동력이라는 사실을 부정하기 때문이다. 이는 노동자계급이 대항해 싸워야만 하는 법률(자본주의 법률)에 협동조합이 묶여 있음을 의미한다. 우리는 자본주의의 관리인이자 추진력인 국가의 역할을 잊어서는 안 됨과 동시에, 그 국가를 파괴할 수 있는 유일한 동력으로서 노동자계급의 역할 또한 잊어서는 안 된다.[5]

가장 신랄한 비판은 교회가 제기했다. 교회는 비토리아 교구의 사회비서국을 통해 '협동조합운동에서의 분쟁'이라는 제목의 성명서를 발표했다. 이 성명서는 모든 교회의 설교단에서 낭독되었다. 성명서는 구체적인 이름을 들어 몬드라곤 협동조합을 비난하지는 않았지만 협동조합운동 일반에 대해 비판했다. 호세 아수르멘디는 성명서가 "노동자생산협동조합주의에 대한 교회의 전면공격을 드러냈고, 놀랍게도 교회가 신좌파의 가장 급진적인 부분과 제휴하고 있음을 드러냈다"라고 말했다.[6]

사회비서국은 "노동자들은 언제나 협동조합 지도자들의 엘리트적 행동으로 인해 고통을 당하고 있다"며, "협동조합 지도자들의 악의와 오만함은 그들이 경멸하는 자본가 기업을 능가할 정도"라고 썼다.[7] 이런 비난은 특히 파업권을 제한했다는 사실에 집중적으로 쏟아졌다. 왜냐하면 파업권은 모든 민주국가에서 기본 권리로 인정되고 있음은 물론이요, 스페인에서도 노동자들뿐만 아니라 경영진도 익히 인정하는 바였기 때문이다.

성명서는 울고에 대해 다음과 같이 주장했다.

> 1971년 내부 규약으로 파업을 금지했다. (…) 이 규약은 스페인 노동 입법 중 파업을 반대하는 조항을 강화시키고, 노동관계에 관한 한 다른 형태의 회사들보다 훨씬 심한 제약을 가했다.[8]

울라르코의 총괄전무이사인 하비에르 몽헤로스와 울고의 전무이사 헤수스 라라냐가는 이에 대해 반박하는 글을 썼다. 그들은 기본적으로 협동조합이 매우 민주적인 구조로 만들어졌고 분쟁을 해결할 수 있는 개방된 통로를 갖고 있으며, 파업은 협동조합의 기본 성격을 부정하는 것이라고 주장했다. 돈 호세 마리아는 파업 기간 동안 아무런 역할도 하지 않았으며, ETA와 교회를 반격하지도 않았다. 대신 이 파업을 통해 조합원들이 관료주의에 경각심을 갖기를 희망했다.

어떤 체제도 그것이 일정한 규모에 달하면 내부에 전형적인 관료주의와 기능주의 사고가 만연하게 되는데, 그것은 어떤 성격의 업적이든 그 의미를 훼손하는 심각한 폐단을 낳을 수 있다. 왜냐하면 그것은 상황의 변화에 효율적으로 대처하려는 창의성을 봉쇄해버리기 때문이다.[9]

파업 가담자들을 구제하기 위한 운동

해고자들과 그 동료들은 이후 수개월간 해고 결정 재고를 위한 임시 조합원 총회의 개최를 요구하고자 1/3 정족수를 넘는 조합원에게 서명을 받았다.
1974년 11월 23일 임시 총회에서는 뜨거운 논쟁이 벌어졌다. 해고자들은 파업이 직무평가체계에 대한 반대 의견을 표현할 유일한 방법이었으며 그 문제를 해결하기 위해 고안된 기구(조합평의회)는 비효율적이었다고 주장했다. 반면 이사들은 당시의 파업이 협동조합 내부 분쟁을 해결하기 위해 설치된 공식적인 기구에 대한 공공연하고도 고의적인 도전이었다는 점을 들어 기존의 주장을 고수했다. 파업은 전 조합원에 의해 민주적으로 승인된 규칙에 명백히 위반되는 것이었다. 회의는 표결로 끝났다. 1,755명(62%)이 이사회를 지지했고, 1,077명이 해고자들을 지지했다.
1977년 3월 26일 연례 총회에는 해고자를 구제하는 청원이 안건으로 상정되었다. 이사회도 조합평의회도 이런 움직임에 지지하거나 반대하는 입장을 표명하지 않았다. 그럼에도 투표 결과는 청원에 대한 반대였다. 1,505명(61%)이 구제에 반대했고, 939명이 찬성했다. 무효표는 20이었다.
다음 해 1978년 4월 1일에 열린 연례 총회에서 이사회는 조합평의회의 요구에 따라 해고자의 복직 문제를 의제에 포함시켰다. 이사회는 복직을 지지했다. 회사 내의 긴장과 좋지 않은 감정들이 다른 식으로는 해결될 수 없다는 점, 또한 복직시키지 않는 데서 오는 커다란 불만이 협동조합 내의 분열을 계속 조장할 수 있다는 점, 그리고 중요하게는 해고가 지역사회에서 이해되거나 받아들여지지 않는다는 점이 복직을 지지하는 논거였다. 이사회는 청원자들이 재심을 요구해온 방식(공식적이고 합법적인 절차에 따른 방식 — 옮긴이 주)을 높이 평가했다. 이번 투표 결과는 해고자의 복직에 대해 찬성 1,587(67%)표, 반대 712표(30%), 무효 50표였다.

이 투표 결과에 따라 울고에서 해고되었던 사람들 대부분이 마침내 복직되었다. 파고르 전기회사 역시 같은 결정을 내렸다.

파업 경험에 대한 반성

파업에 따른 분쟁이 해결될 때까지 무려 4년이 걸렸다. 그것은 울라르코와 울고가 가진 심각한 제도적 결함을 드러냈기 때문에 협동조합 안팎으로 중요한 의미를 남겼다. 분쟁이 마무리되자 협동조합들은 이 쓰라린 경험으로부터 교훈을 얻어야 한다는 인식을 갖게 되었다.

1985년 울라르코의 연구 그룹은 파업 가담자와 동조자들이 협동조합 경영에 대해 제기했던 문제점을 연구했다. 연구 그룹은 다음과 같은 결론에 도달했다.

- 협동조합이 시장 측면에서는 자본주의적 요소를 갖고 있는 게 사실이다.
- 경영과 참여 간의 갈등이 우리가 갈등 해소를 위해 노력하는 동안에도 적절한 통치력과 조합원의 참여기구를 통해 충분히 해결되지 못했다는 것은

매우 위험한 상황이다.
- 계급 갈등이라는 비난은 현실적인 기초가 없는 것이지만, 자신을 '상층'과 '하층'으로 분류하는 분열의 분위기는 여전히 존재하고 있다.
- 상대방의 입장을 고려하면서 서로 좀 더 개방적인 태도를 취할 수도 있었는데, 양쪽은 적대적인 대결의 자세로 일관했다.
- 협동조합은 노동운동의 발전과 노동자 해방이라는 측면에서도 구체적인 진보를 이루어야 한다.

울라르코 연구 그룹은 협동조합이 토대하고 있는 가치를 다시 확인하면서 연구보고서를 마쳤다. 그러나 연구의 결론은 경영진이 분쟁을 처리했던 방식에 의문을 제기했다. 1974년 지역사회의 정치적 분위기는 분명히 분쟁에 불을 지핀 요인이었지만, 연구 그룹은 단순히 외부 선동가들을 공격함으로써 협동조합을 옹호하지는 않았다. 그들은 파업 가담자들이 현실적으로 존재하는 문제를 제기했으며 당시의 노동자 참여기구가 효과적으로 기능하지 못했음을 인정했다.

경영진은 파업을 피할 수 있었는가? 물론 이 문제에 답하는 것은 불가능한 일이지만, 파업 참가자들을 처벌한 것은 분쟁을 격화시켰다. 경영진은 파업 참가자들에게 조합평의회라는 통로를 통해 문제를 해결하도록 요구했지만, 파업 참가자들은 조합평의회가 노동자를 진정으로 대변하지 못한다고 반박했다. 당시 경영진은 파업 지도자들이 느끼고 있는 조합평의회의 결함에 대해 대화하려 하지 않았다.

10
노동자 참여체계에 대한 재고再考

1974년의 파업은 협동조합 복합체에 충격을 주었다. 그 결과 내부 정책과 운영 문제를 중심으로 무엇이 잘못되었는가를 밝히고, 이후 파업을 피할 수 있는 방법을 마련하기 위해 토론이 진행되었다. 울고는 가장 오래되고 큰 협동조합으로서, 그리고 분쟁이 가장 심하게 일어났던 곳으로서 자연히 이 과정에서 지도적인 역할을 맡았다.

울고에서는 조합평의회에 초점을 두고 재조사와 계획 입안 등이 이루어졌다. 1975년 2월 수많은 토론과 연구를 거친 뒤에 조합평의회는 자체의 결점을 분석하고 수정안을 제안하는 보고서를 준비했다.[1]

보고서는 평이한 문장으로 시작된다.

"조합평의회가 자신의 역할을 다하지 못했으며, 심지어 회사 내에서 자신의 진정한 기능을 인식조차 못했다는 것은 사실이다." 이어 조합평의회가 노동자 조합원들의 요구와 이익을 경영진이 내린 결정사항과 조화시키지 못했다고 썼다.

이는 조합평의회가 그 속성상 공격적일 수밖에 없는 경영 정책에 대해 수동적으로 대응했기 때문이다. 조합평의회는,

(1) 자신의 역할을 위에서 아래로, 혹은 아래에서 위로 정보를 전달하는 데 한정시켰으며,

(2) 이미 내려진 결정에 대해 확고한 집행력을 가지지 못했고,

(3) '원인'을 파악하지 못한 채 '결과'만을 논의하는 데 머물렀다.

보고서는 조합평의회가 "회사 내에서의 참된 역할"을 깨닫지 못했다는 것을 인정했지만, 조합평의회의 역할을 명확히 밝히지는 못했다. 대신 직원 배치, 훈련, 구조, 협의 과정 등에 초점을 맞춰 설명했다.

조합평의회 대의원들은 울고의 규모가 방대해지고 빠른 속도로 성장함에 따라 내부 조화와 의사소통의 문제가 크게 대두되고 있음을 감지했다. 전문 인력이 갖춰지지도 않았고 이런 문제를 연구할 시간과 자본도 없는 하나의 평의회로는 충분한 수의 인력과 자본에 의해 뒷받침되는 상근 경영자들만큼 경제적 기술적 문제들에 대해 효과적인 결정을 내릴 수 없었다.

파업 이전에도 조직의 성장에 따른 의사소통의 문제를 해결하기 위해 여러 가지의 시도가 있었다. 부문별 조합평의회가 울고의 두 공장, 그리고 이 두 공장과 공동작업을 하고 있는 중앙서비스 부서에 각각 생겨났다. 이 모든 단위 조합평의회의 대표에 의해 중앙조합평의회(당시 '전체회의'라고 불렸음)가 구성되었고, 중앙조합평의회는 집행위원회 격인 중앙상임위원회를 선출했다. 그러나 중앙상임위원회에는 조합평의회의 업무를 전담하거나 혹은 부분적으로라도 담당하는 사람이 없었다. 그래서 보고서는 경영진이 중앙상임위원회 위원들을 증원해야 할 뿐만 아니라 그 일에 전념할 수 있도록 해줘야 한다고 주장했다.

보고서는 평조합원들로부터 경영진으로, 그리고 경영진으로부터 평조합원으로 의사소통이 용이하도록 여러 부서에 '소평의회'를 만들 것을 주장했다. 보고서는 또한 각 공장과 회사에서 선출된 조합평의회 대의원들이 자신의 역할을 더욱 잘 수행할 수 있도록 협의 및 업무 처리상의 기술에 중점을 둔 훈련 프로그램을 만들어야 한다고 주장했다. 결국 보고서는 중앙조합평의회의 지도부를 대폭 교체해야 한다고 건의했다. 중앙조합평의회는 발족 당시부터 이사회 또는 최상층 경영진이 의장을 맡았다. 보고서는 중앙조합평의회가 의장을 직접 선출하여 그 의장이 이사회에 당연직 이사로 참여할 수 있도록 할 것을 권고했다.

경영진은 보고서의 내용 일부에 긍정적인 반응을 보였다. 그들은 조합평의회의 상임위원들이 평의회의 일에 더욱 많은 시간을 할애할 수 있도록 배려했지만, 전일 또는 반나절의 시간을 할애하는 것은 승인하지 않았다. 경영진은 또한 소평의회를 만들고 조합평의회 대의원들이 자신의 역할을 더 잘 할 수 있도록 여러 종류의 훈련 계획을 만들어 시행했다. 한편 중앙조합평의회 의장을 평의회 대의원 중에서 직접 선출하도록 하자는 제안에 대해서는, 이사회와 중앙조합평의회의 의장이 같은 사람이어야 두 기구 사이에 조화를 이룰 수 있다며 거부했다. 즉 경영진은 중앙조합평의회의 완전한 독립성보다는 조화를 더 원했던 것이다.

1975년에 이루어진 토론과 보고서에는 조합평의회 문제가 적극 반영되었으나 기본 문제들은 해결되지 않았다. 중앙상임위원회는 1981년과 1982년 대부분의 기간 동안 평의회의 기능과 권한에 대해 거듭 토론한 끝에, 1982년 9월 「조합평의회의 재편」이라는 보고서를 발표하여 조합평의회의 역할 수행을 방해했던 문제들을 폭넓게 분석했다. 이 분석을 통해 도달한 가장 중요한 결론은 다음과 같았다.

(1) 기능과 책임 사이의 정합성 결여
(2) 조합조직과 전문가의 분리(불충분한 내부 관계)
(3) 조합평의회의 비대화

보고서는 조합원의 적극적인 참여를 촉진해온 사회적 문화적 변화를 고찰한 뒤, 다음과 같은 두 가지 '모순'을 극복해야 할 필요성에 주목했다.

(1) 노동자들이 이해하기 어려울 정도로 고도화되는 기술 및 경영상의 진전과 협동조합 조합원으로서 책임감을 갖는 데 필요한 심리적 상태
(2) 기술적 특수성으로 인해 의사결정권이 상부조직으로 집중되는 현상과 새로운 사회적 문화적 가치에서 표현되고 있는 공동체의식을 이끌어낼 필요성

또한 보고서는 "최근 울고의 조합원 총회에서 '무관심과 적의의 분출'이 드러났다"고 지적하면서, 이는 "사람과 제도 사이에 대화가 부족하기 때문"이라고 썼다.

협동조합에 애착을 갖는 중요한 이유는 이익의 공유에 있다. 이들은 처음에는 회사의 목표, 경영, 지도 방식, 결정 과정 등에 큰 관심을 갖고 있었다. 그러나 서로 대화가 충분히 진행될 수 없는 구조로 인해 이런 문제들에 점점 흥미를 잃어갔으며, 자신들이 해내야 하는 이중의 역할(노동과 회사 경영— 옮긴이 주)은 계발되지 못하고 있었다. 보고서는 "일반적으로 경영진은 자신들의 지도적 역할에는 시간과 관심을 거의 쏟지 않으면서도 경영 실무가 급하다는 평계로 이를 정당화한다"라고 썼다.

이 연구가 진행되고 있는 동안에도 경영진은 보고서를 회람했지만, 거기에

서 제안된 내용의 일부에 대해서만 긍정적인 반응을 보였다. 경영진은 공장별로 나뉜 조합평의회를 강화하기 위해 각각의 개별 조합평의회에 좀 더 분명한 책임을 요구했다. 단위 조합평의회는 대표를 뽑아 각각의 부문별 조합평의회로 보냈고, 이렇게 조직된 부문별 조합평의회 대의원들은 중앙조합평의회에 대표로 참석했다. 경영진은 중앙조합평의회가 여러 문제를 심사숙고하여 처리하는 기구로서 더욱더 효과적으로 기능할 수 있도록 의원 수를 110명에서 50명으로 줄이고 각 단위 조합의 조합원 수에 따라 부문별 대표자 수를 정했다. 경영진은 부문별 조합평의회가 각자 내부에서 직접 의장을 뽑도록 하자는 제안을 거부했다. 1975년 보고서와 같은 논리로 공장 또는 서비스조직의 경영진이 의장을 맡도록 했다.

경영진은 조합평의회 대의원들이 경영진에 의해 개발된 사업 방법 — 예를 들면 목표 경영, 전략적 계획, 제로베이스 예산 — 을 훈련받아야 한다는 건의를 부분적으로 수용했다. 그러나 조합평의회의 주요 대의원들에게 문제 연구와 입법 논의를 위한 회의에 참석할 수 있도록 노동시간의 더 많은 부분이 할애되어야 한다는 제안에 대해서는 확실한 대답을 하지 않았다. 당시 토마사 사파레타는 울고의 조합평의회와 울라르코의 중앙조합평의회 관리 책임자로 근무하고 있었는데, 두 가지 일에 그의 시간을 반반씩 할애하고 있었다. 그러나 이 시간은 보고서가 주장했던 것보다 훨씬 적은 시간이었다. 더욱이 관리 책임자의 역할은 조직의 지도자라기보다 의사소통을 원활하게 해주는 것에 한정되어 있었다.

경영진은 울고의 조합평의회 상근 직원의 숫자를 늘리기 위해 두 단계 조치를 취했다. 첫 번째는 평의회가 울라르코로부터 전문적 지원을 받을 수 있는 권한을 가질 것, 두 번째는 울고의 이사회는 인사 담당자들과 조합평의회의 관계를 명확히 해서 관계를 강화하는 조치를 취할 것이었다. 어떤 조치를 취해야 하는지 결정하기 위해 이사회는 인사부와 조합평의회의 합동위원회를 만들었다. 합동위원회는 "실제로 인사부의 기능과 조합평의회의 기능은 연결이 약하고, 공식적인 의사소통 통로가 부족하다"고 보고했다.

합동위원회는 인사부가 두 가지로 기능하고 있음을 알았다.

① 정책 또는 일반적 지도 노선의 확정
② 이 정책과 노선의 집행

조합평의회는 첫 번째 기능을 수행할 능력은 있지만, 두 번째에 대해서는 거의 영향력을 발휘할 수 없다. 따라서 그들의 제안이 실행되는지 감시할 수 없게 된다.

합동위원회는 노동조건, 조직 개편, 노동관계에 대해 경영진과 토론하는 자리에서, 인사부가 위의 두 기능을 성공적으로 수행하기 위해서는 조합평의회의 '집행부대'가 되어야 한다고 제안했다.

마침내 1982년에 울라르코에서 조합평의회의 법적 지위가 변화되었다. 울고의 내규 53항에 따르면, 조합평의회는 원래 경영진과 사회에 대한 조언 및 자문기관으로 설립되었다. 그 임무는 작업에서의 사고 예방, 노동의 안전과 건강, 사회보장, 보수체계, 복지사업, 개인 원조 등에 관계된 모든 것을 지도하는 것이었다.

이는 전통적인 인사부의 기능으로 인해 일정한 제한을 받게 됨을 의미했다. 1982년 개정 때 위에 인용된 내용이 삭제되고 조합평의회의 책임영역이 넓어져 조합평의회가 "조합원의 사회적 열망과 이해관계의 대변인"으로 기능하도록 되었다. 더 나아가 조합평의회가 "노동공동체에 영향을 미치면서 사회노동의 성격을 띠는 모든 문제에 대해 지도"하도록 했다. 이렇듯 한층 일반화된 문구는 조합평의회가 조직구조, 작업조직, 경영 지도의 본체로서 좀 더 폭넓은 문제들에 대해 경영진에 조언하는 것을 합법화했다. 그러나 이러한 책임을 수행할 때 조합평의회가 맡을 임무에 대해서는 여전히 분명하게 밝혀지지 않았다.

노동조합 및 정당과의 관계

프랑코 통치가 종식되고 1974년 파업을 겪은 이후에 몬드라곤의 지도자들과 조합원들은 정당이나 노동조합과 같은 외부조직과의 관계에 더욱 관심을 갖게 되었다. 일부 사람들은 독재 기간 동안에도 정당의 비밀 당원이면서 동시에 노동조합의 비밀 조합원이었지만 아무도 공개적으로 자신이 소속된 불법조직을 내세우지 않았으므로, 협동조합은 그들을 상대할 정책이나 과정이 필요 없었다.

그러나 프랑코 사후 최초의 민주정부하에서 조합과 정당들이 합법화되자, 협동조합은 이 문제에 직면했다. 조합원들은 내전 이전의 스페인과 다른 나라에서 협동조합이 노동조합이나 정당과의 연계 속에서 성장하고 또 그것들과 결합했다는 것을 알고 있었다. 따라서 이 결합의 문제는 당연히 토론의 주제로 떠올랐다.

몬드라곤의 수많은 조합원이 독재자 사후에 정당에 가입했다. 몬드라곤 협동조합 복합체의 가치체계에 비춰볼 때, 그들이 노동운동을 지지하는 것은 당연했다. 몬드라곤의 역사에서 처음으로 조합원들은 공개적으로 정당과 노동조합에 참여할 수 있게 되었다. 문제는, '조직적 견해를 가진 그룹'이 요구사항을 내걸 때 몬드라곤이 그것을 공식적으로 승인해야 하는가였다. 이 문제는 울라르코 그룹에 속해 있는 모든 회사의 정책과 관련되었고, 다른 협동조합에도 잠재적인 영향을 미칠 수 있기 때문에 울라르코에서 먼저 활발한 토론과 논쟁이 벌어졌다.

협동조합과 정치조직, 노동조합의 관계 문제는 초기에 조합평의회 회의에서 제기되었다. 그러나 1979년 울라르코의 중앙상임위원회 회의 때까지 이에 대한 공식적인 결정은 한 번도 내려지지 않았다. 1980년 11월 결정이 내려질 때까지 토론이 계속되었다. 중앙상임위원회는 먼저 조합평의회의 조언을 들었다. 위원회의 5월 보고서에는 '협동조합의 조합평의회와 노동조합, 정치조직과의 가능한 관계'에 대해 문제가 제기되었다고 기록되어 있다. 보고서는 이 문제 제기를 지지하고 주요한 변화 가능성을 시사하는 4개항을 정리했다.

(1) 노동계, 특히 우리 지역 노동계와 관련된 노동자로서 우리의 지위
(2) 노동조합과 정치조직들이 제도적 차원에서 해야 할 역할을 분명히 할 필요성
(3) 협동조합 조직에 대한 노동조합 및 정치조직의 개입과 활동 형태, 협동조합과 사회적 대표기구의 관계
(4) (육체적 유사성에 근거한) 노동자 그룹의 대표기구로부터 좀 더 이데올로기적인 개념을 반영하고 협동조합의 기본 규칙 내에서 더욱 분명한 반대 의견의 표명을 추동할 수 있는 노동조합, 당, 비당파 그룹으로의 변화 가능성

5월 보고서는 결론을 내기 위해 7단계 조치에 대한 윤곽을 잡았다. 그 첫 단계는 중앙상임위원회가 변화를 위한 제안을 해야 하는지 여부를 결정하기 위해 울라르코 그룹의 모든 조합평의회가 토론하여 의견을 제출하는 것이었

다. 만약 각 조합평의회가 이를 받아들인다면, 중앙상임위원회는 문제를 더 연구하여 시안을 제출한다. 그 시안을 조합과 당의 대표들에게 제출하여 조언을 얻고, 또 각 조합평의회에 제출하여 토론과 권고를 구한다. 재고된 안은 규정에 따라 협동조합의 이사회와 울라르코의 상임경영진에게 제출된다. 최종 결정은 울라르코의 이사회에서 내려진다.

첫 단계를 실행하기 위해 중앙상임위원회는 다음과 같은 두 가지 문제에 대해 조사 활동을 진행했다. 조합평의회 대의원들은 이 문제를 토론하여 잠정적인 결정을 내리기를 원하는가? 그렇다면 중앙상임위원회가 제안한 7단계 과정에 찬성하는가? 조사 결과, 첫 번째 질문에 대해서 날카로운 의견 차이가 드러났다. 울라르코 중앙서비스 부서와 파고르 전기회사의 조합평의회 대의원들은 토론의 진행에 만장일치로 찬성했고, 코프레시에서는 오직 한 사람이 반대표를 던졌다. 울고는 분열되었기 때문에 각 공장과 부서의 소평의회에서 토론이 진행되었다. 울고의 마지막 투표 결과는 찬성 30, 반대 25였다. 아라사테에서는 반대가 강했고(찬성 7, 반대 23), 에델란에서는 반대가 더욱 심했다(찬성 3, 반대 24). 당시 파고르 산업과 레니스는 토론과 투표를 끝내지 못한 것으로 집계되었다.

울라르코 중앙상임위원회의 보고서는 양쪽의 주장을 요약했다. 찬성하는 이들의 일반적인 주장은 세 가지였다.

① 현재 협동조합 내에는 조합과 정당들이 실제로 존재하고 비공식적으로 활동하고 있기 때문에 그것들을 무시하는 것은 좋지 않다.
② 그 문제에 대한 공개 토론은 각각의 입장을 분명히 밝힐 수 있고 서로에게 도움을 준다.
③ 그 문제는 우리가 노동자층의 일부이기 때문에 관심 사항이 된다.

반대편 역시 세 가지 주장을 폈다.

① 조합원들은 그런 변화를 원하지 않는다.
② 그런 변화는 협동조합의 사회경제적 활동을 편향되게 할 수 있다.
③ 이는 해결하기 까다로운 대립을 초래할 수 있다.

중앙상임위원회는 개별 협동조합 조합원들의 투표에 근거가 된 정보들이 확실한 것이었는지 알아보기 위해 각 조합평의회에 의견을 물었다. 이에 대해 아라사테를 제외한 모든 조합평의회는 중앙상임위원회가 계속 연구·검토할 것을 지지했다.

울라르코 중앙상임위원회는 소속 협동조합 조합평의회의 조언에 따라 일련의 결론을 내리고, 1980년 12월 31일자 보고서에서 그것을 설명했다. '조직적 견해를 가진 그룹'을 인정하는 것에 대한 찬성과 반대 주장을 요약한 뒤, 보고서는 새 규칙의 논거를 다음과 같이 기술했다.

> 본 규칙은 상이한 의견에 직면하여 그 쟁점을 분명히 함으로써 현재 존재하는 의견을 공식적인 규칙으로 승인하는 것이 정당하다고 본다. (…) 노동조합과 정당이 현재와 같은 비공식적인 상태에 계속 놓이면, 최선의 경우에는 부자연스러운 상태가, 최악의 경우에는 무책임한 상태가 야기될 것이다.

보고서는 실용주의적인 주장을 펴면서 몬드라곤 협동조합 복합체의 가치관에 입각하여 새로운 정책을 제시했다.

한편으로 협동조합 공동체는 그 정의에 따라 누가 제안한 것이든 경제적 사회적 관리를 개선하기 위한 창조적이고 효과적인 모든 제안에 대해 개방되어야 한다. 그러므로 우리는 이 조직들이 협동조합 내에서 기여할 기회를 방해해서는 안 된다. 만약 기존의 문화로 인해, 또는 그들 그룹의 이익을 앞세움으로 인해 그들이 이러한 목적에 기여할 수 없다면 이 규칙을 고치고 삭제할 때가 올 것이다.

새 규칙은 노동조합원과 당원에 대한 대표권을 공식화했다. 그들은 다른 개별 조합원과 마찬가지로 경영진, 이사회, 울라르코 협동조합의 조합평의회들로부터 정보를 얻을 권리를 갖는다. 그러나 그 이상의 권리는 없다. 노동조합 또는 정당의 구성원이 관리기구의 일원으로 선출될 경우, 그는 자신의 조직을 대변할 수 있는 권리를 갖는다. 그룹이 관리기구에 대표를 갖고 있을 경우, 그 그룹은 기구에 설명을 요구할 수 있다. 그룹을 대표하는 개인은 회의에서 발언권을 갖지만 투표할 권리는 없다. 조합평의회는 울라르코의 중앙조합평의회에 설명을 원하는 그룹의 대표를 회의에 초청하도록 건의할 권한을 갖는다. 이 그룹들은 또한 울라르코의 중앙상임위원회와 소속 협동조합의 상임위원회에 직접 제안할 권리를 갖는다. 그들은 공공 게시판에 알릴 권리를 가지며, 이를 위해 각 협동조합에게 공간을 제공하도록 요구할 수 있다. 즉 협동조합 경영진에 연락하여 작업 시간 중에 회의를 할 수 있도록 공간을 제공받을 권리가 있다.

이 규칙을 시행하기 위해 중앙상임위원회는 대변인과 대리인을 지명하여 공식적인 대표성을 갖고자 하는 노동조합과 정당 대표들을 초청했다. 1981년 1월 1일 이후 울라르코 내에서 승인받기를 원하는 모든 그룹은 쉽게 승인받을 수 있게 되었다.

새 규칙이 발표되자, 쟁점이 된 토론 주제에 대한 관심은 가라앉았다. 실제로 대변인을 뽑느라 어려움을 겪은 그룹은 거의 없었다. 누구라도 각 협동조합과 울라르코 대표자나 당국으로부터 정보를 얻을 권리를 가졌고, 통치구조가 매우 민주적이었기 때문에 그들이 대표자로 공식 선출되지 못했을 때도 견해를 표현할 기회가 주어졌으며, '조직적 견해를 가진 그룹'들은 공식적인 승인을 받더라도 별로 이익이 되지 않는다고 결론을 내렸을지도 모르기 때문이다. 사실 개개인이 협동조합의 상임위원회나 조합평의회에서 그런 조직된 그룹을 대변하는 데 방해되는 것은 아무것도 없었다.

그렇다면, 토론과 결정을 위한 긴 과정은 시간과 노력의 낭비였는가? 그리고 조합원들이 그동안 작업을 하지 않았는데도 보수가 그대로 지급되었다는 사실은 돈을 낭비한 것인가? 만약 울라르코의 중앙상임위원회와 소속 협동조합의 조합평의회가 노동조합과 정당에 대한 승인을 단호히 거부했더라면, 불만을 품은 소수는 차별감을 느끼고 상당한 마찰을 일으켰을 것이다.

중앙상임위원회(PCC)는 변화를 — 조합평의회의 대표성을 조합원들로부터 조직적 정치적 이데올로기를 가진 그룹들로 옮기는 격렬한 것이었지만 — 준비하고 있었다. 토론의 과정을 거치면서 그런 변화에 대한 지지가 거의 없다는 것이 분명히 확인되었는데도 그렇게 했다.

마지막으로 노동조합과 정당들이 공식적으로는 거의 활용하지 않았지만, 새 정책은 그 그룹들이 의사결정 과정에 참여할 권리를 합법화했다. 우리가 다음에 검토하는 바와 마찬가지로, 새 정책은 세계적인 경기후퇴로 인해 발생한 문제를 해결하기 위해 필요한 변화가 무엇인지 토론하고 논쟁하는 데도 매우 중요한 역할을 했다.

그 과정은 길고 어려웠다. 그 이유는, 부분적으로는 조합원들이 몬드라곤이나 혹은 그들이 잘 알고 있는 다른 어떤 협동조합 조직의 역사에서도 전례가 없던 문제에 직면했기 때문이다. 원칙적으로 볼 때 협동조합은 완전히 민주적이고 자치적인 조직이므로 노동조합과 정당은 협동조합 내에 위치할 수 없다. 그러나 울라르코는 이런 원칙의 교조적인 재확인 대신, 원칙에 기초한 실용주의적 해결책을 고안해냈다.

 새 규칙을 마련하면서 재검토하고 결정을 내리는 과정은 아주 다른 결과를 낳았다. 한편에서는 노동조합과 정당이 울라르코 협동조합의 운영 과정에 참여하는 문제가 일단 해결되었다. 이 글을 쓸 때까지 그 문제는 다시는 심각한 토론 의제로 오르지 않았다. 다른 한편 울라르코에서 조합평의회의 역할에 관한 문제는 해결되지 않았다. 즉 조합평의회가 경영진에게 조언하고 경영진과 노동자의 의사소통을 촉진하는 역할에 머물 것인가, 또는 경영진에 도전하여 노동조합처럼 결정 과정에서 협상할 수 있는 힘을 가질 것인가? 이 딜레마에 대해서는 1980년대 후반에 나타난 협동조합 그룹의 여러 경향과 문제들을 평가하면서 다시 생각해보기로 하자.

11
노동개혁 프로그램

　1970년대 초반까지 협동조합 복합체에서 노동자 참여는 운영 부문에 국한되어 있었다. 즉 개별 협동조합 총회나 이사 및 조합평의회 대의원을 선출할 경우에만 노동자 참여가 보장되었던 것이다. 노동자 참여는 아직 노동을 조직하고 관리하는 분야로까지 확대되지 못하였다.

　1974년부터 1979년까지 울라르코의 인사부장을 지낸 호세 루이스 올라솔로는 울라르코의 조직체계에 노동자들이 직접 참여하는 새로운 형태의 프로그램을 도입했다. 울라르코는 1965년 설립 당시부터 1969년까지 개별 협동조합의 경영자가 경영권을 갖는 연대 경영의 방식으로 운영되고 있었다. 그러다가 1970년 파고르 전기회사의 전무이사 하비에르 몽헤로스가 울라르코 협동조합의 전무이사로 취임하면서 통일적인 경영 방식이 도입되기 시작했다.

　몽헤로스가 울라르코의 전무이사로 임명된 지 얼마 안 되어 인사부장이 외부 직장을 구해 몬드라곤 협동조합을 떠났다. 몇 개월간 몽헤로스는 인사부장직을 겸해야 했다. 몽헤로스는 물리학을 전공했으며, 인사행정에 대해서는 공식적인 교육을 받은 적이 없었다. 하지만 그는 인사부장직을 맡은 뒤 인사 및 인간관계 분야의 서적을 탐독했다. 이런 독서와 협동조합 경영의 경험, 그리고 동료들과의 토론을 통해 몽헤로스는 다음의 세 가지 결론에 도달했다.

(1) 협동조합에서 인사부는 조합의 경제적 기술적 목적과 조합원들의 사회에 대한 관심을 접맥시키기 위해 주도적인 역할을 담당해야 한다.
(2) 작업장에서 점점 고조되는 긴장된 분위기는 민주주의적인 협동조합 관리 체계와 프레드릭 W. 테일러의 과학적 경영 원리에 입각한 경직되고 권위주의적인 노동조직체계 간의 내재적 모순이 반영된 것이다.
(3) 경영자는 협동조합운동이 기반하고 있는 사회적 가치체계와 잘 조화되면서도 경제적으로 더 효율성을 기할 수 있는 새로운 형태의 노동조직을 개발해야 한다. 인사부는 현장 경영진과 함께 이런 프로그램 개발에 공동책임을 져야 한다.

이 기간 동안 다른 경영자들이나 조합원들 역시 노동자들이 자신의 직무에 대해 느끼는 불만과 노동관계 자체에 더욱 높은 관심을 갖고 작업장을 협동조합 원칙에 더 충실한 곳이 되도록 조직하는 문제를 고민했다.

몽헤로스는 울라르코 협동조합 내에서 새로운 작업 형태를 모색하는 토론회를 지속적으로 개최했다. 그리하여 각 협동조합들이 새로운 작업 형태 도입을 위한 연구와 기획을 전담하는 위원회를 구성하도록 지도했다. 1971년 3월 1일 코프레시 협동조합에서 최초로 이런 위원회가 구성되었으며, 1973년 5월에는 처음으로 실제적인 변화가 시도되었다.

몽헤로스는 새로운 노동 형태의 도입을 '참가적 목표 경영(participative management by objectives)'의 확대·강화라고 파악했다.* 이 점에 대해 몽헤로스는 다음과 같이 말했다.

> 우리는 6~7년 동안 참가적 목표 경영의 원칙을 수립하기 위해 노력했다. 이 원칙이 적용되는 노동 형태에 대한 고민 또한 깊어졌다.

1974년 올라솔로는 울라르코의 인사부장이 되었다. 그는 이미 런던의 타비스톡 인간관계연구소의 출판물부터 스칸디나비아의 작업민주주의운동(work democracy movement)에 대한 책까지 노동 형태의 혁신에 관련된 책들을 읽고 연구를 진행했다. 같은 해, 그는 나중에 코프레시의 생산부장이 된 헤수스 카타니아와 함께 스칸디나비아로 현장학습을 떠났다. 그들은 기존의 전통적인 자동차 제조기술은 아예 버리고 새로운 노동 형태에 대한 국제협약을 준수하고 있는 볼보사의 칼마르 기업소를 방문하기도 했다. 이 여행 중에 그들은 노르웨이에서 작업민주주의운동의 지도자 에이나르 도슈르를 만났다. 도슈르는 이후 몬드라곤을 몇 차례 방문하면서 몬드라곤 협동조합 복합체에 매료되었다. 몽헤로스는 그를 "새로운 노동 형태의 기초를 가르쳐준 우리의 지도자"라고 말했다. 몬드라곤의 지도자들은 에이나르 도슈르의 저작을 읽고 그와 개인적으로 접촉하면서 새로운 노동 형태에 대해 상당한 지식을 갖추게 되었다.

그런데 울라르코에서 노동개혁 프로젝트가 실제로 시행되기 시작한 것은

● 미국에서는 '목표에 의한 경영(management by objective)'과 '참가적 경영(participative management)'을 서로 다른 개념으로 보지만, 몬드라곤의 정책에서는 이 둘이 서로 결합되어 있다.

올라솔로와 카타니아가 스칸디나비아로 현장학습을 떠난 것이나 또는 이후에 도슈르와 면담한 것보다 오히려 몇 년 전이었다. 1970년대의 노동쟁의로 위기감이 고조된 것은 사실이지만, 노동을 한층 사회적인 시각으로 재평가하려는 움직임은 1974년 울고의 파업이나 심지어 1971년 울고에서 일시적인 조업 중단이 일어나기 전부터 시작되었다. 다시 말해, 노동개혁의 주요한 동기는 몬드라곤의 지도자들이 아직 전면에 드러나 있지 않은 문제에 대해 지혜롭게 예측하면서, 동시에 테일러식 노동조직과 협동조합의 사회적 원리 사이에 내재하는 모순 관계를 날카롭게 인식한 것에서 비롯되었다고 할 수 있다.

코프레시에서 시도된 최초의 실험

노동개혁은 왜 코프레시에서 시작되었을까? 몽헤로스는 울고가 가장 심각한 노동문제에 시달리기는 했지만, 그렇다고 노동개혁을 시작하기에 적당한 장소는 아니라고 말했다. 울고는 매우 긴 작업라인으로 이루어져 있고, 작업장 천장에는 거대한 난로와 냉장고가 일정한 속도로 움직이는 체인에 쇠갈고리로 매달려 돌아가고 있다. 울고가 기존 작업라인을 해체하고 새로운 작업시스템을 설치하기 위해 막대한 자금을 조성할 준비가 되어 있기 전에는 노동조직의 중요한 개혁을 시도한다는 것이 불가능했다.

반면, 코프레시는 새로운 노동 형태를 실험할 수 있는 최적의 조건을 갖추고 있었다. 생산라인(가스와 전기제품의 부품, 기계를 생산)과 기술적 측면에서 물리적으로나 경제적으로 장애가 될 만한 것이 거의 없었으며, 경영진은 — 특히 생산부장 헤수스 카타니아와 인사부장 호세 루이스 곤잘레스 — 새로운 사고를 받아들여 실험해보려는 열망이 높았다.

코프레시 | 코프레시는 1963년에 설립되었다. 처음에는 밸브, 온도계, 가정용·상업용 주방제품 전량을 울고에 판매하다가 나중에는 울고의 가스레인지와 석유난로 부품도 생산했다. 몬드라곤 최초의 노동 형태 혁신은 코프레시에서 시도되었다. 위의 사진은 1960년대 코프레시 작업장 모습이고, 아래는 2011 칸톤페어(Canton Fair: 중국 광저우에서 열리는 수출박람회)에 참가한 코프레시가 자사 생산품을 전시해놓은 것이다.

어느 부서에서부터 개혁을 시도할 것인지 결정하기 위해 인사부는 직무 만족도 조사를 실시했다. 그 결과 두 곳의 생산 부서에서 불만이 가장 높다는 것이 드러났다. 그중 한 부서가 개혁을 시도하기에 가장 적당한 곳으로 판단되었다. 이 부서는 코프레시 협동조합의 생산라인에서 가장 단순한 물품인 온도조절 장치를 생산하고 있었다. 이곳 노동자들은 컨베이어 벨트의 양편에 앉아서 작업을 했다. 컨베이어 벨트는 정해진 속도로 부품을 각각의 노동자가 일하는 작업 지점까지 운반해주고 있었다. 이곳에서는 연결 생산라인을 작업용 탁자로 대체해도 별 무리가 없을 것처럼 보였다.

코프레시에서 노동 시스템 개혁 작업이 공식적으로 시작된 것은 1972년 3월 7일 생산부장, 인사부장, 생산 관리자, 개혁이 예정된 부서의 현장주임과 그 부서의 노동자 대표 6인으로 구성된 경영위원회에 의해서였다. 작업이 진행되면서 엔지니어링과 품질 관리 부서 대표들이 이 위원회에 추가로 참여했다.

본격적인 작업 개시에 앞서, 경영위원회는 개혁이 이루어졌을 때의 생산성과 품질 문제, 그리고 생산량과 노동자들 내부의 관계 및 노동자와 경영진의 관계에 대해 연구하고 토론했다. 작업이 진행되면서 경영위원회는 진행 과정을 평가하기 위해 자주 회합을 가졌다. 작업이 시작되고 처음 2년 동안 경영위원회는 정규 노동시간 외의 시간에 열렸으며, 이에 대한 별도의 보수는 없었다. 그러나 이후 이런 프로그램이 다른 부서까지 확대되고 경영위원회 인원이 늘어나자, 모임은 정규 노동시간에 구애받지 않고 개최되었으며 정규 노동시간에 해당하는 임금을 (초과 시간에 대한 수당 없이) 받았다.

개혁이 도입되기 전, 노동자들은 이런 개혁에 대한 입장과 태도를 분명히 하고 첫 번째 실험 집단이 될 자원자를 결정하기 위해(참여가 강요되지는 않는다) 활발한 토론을 벌였다. 위원회는 이 프로젝트에 대한 이해 정도와 임무 수행

능력에 대한 판단에 기초하여 8명의 최초 실험 집단을 선발했다.

실험은 7.5m 길이의 컨베이어 벨트를 2.8m 길이의 작업용 탁자로 대체하는 것으로 시작되었다. 이후 노동자들은 탁자 주위에 둘러앉아 작업하면서 스스로 리듬을 조절하고 자유롭게 정보와 생각들을 교환했다. 작업용 탁자는 노동자의 숫자보다 더 많은 작업 지점을 제공했으므로, 노동자들은 일을 하면서 일감이 밀린 곳의 작업을 돕기 위해 이곳저곳 옮겨 다니며 작업을 늦추지 않아야 했다. 모든 노동자가 전체 작업과 연관된 작업 전부를 빠짐없이 할 줄 알아야 했으며, 자신의 결정에 따라 작업 내용을 바꿀 수도 있었다. 이런 방식에 점점 익숙해지고 확신이 서자, 노동자들은 작업 도구와 재료의 청구, 생산 물량의 기록 등에서 감독자 또는 참모의 기능을 수행하기 시작했다.

최초의 '작업용 탁자' 실험은 1973년 5월에 시작되었는데, 경영위원회의 토론과 연구가 진행된 지 1년이 조금 지난 때였다. 경영위원회는 첫 번째 실험의 성공이 단지 실험에 자원한 노동자들을 선발했기 때문일지도 모른다는 의혹을 떨쳐버리려고 1973년 9월에는 무작위로 노동자들을 선발하여 두 번째 실험 집단을 구성했다. 다시 컨베이어 벨트 하나가 작업용 탁자로 대체되었다. 그리고 또 다른 컨베이어 벨트 하나는 몇 달 동안 그대로 두었는데, 이는 기존의 낡은 방식과 새로운 노동조직 사이의 비교 기준으로 활용되었다.

9개월 뒤 이 프로그램에 따라 한층 더 복잡한 생산을 위한 노동자 그룹이 구성되었다. 이번에는 이 집단의 구성원들에게 불량품 생산의 원인과 그 개선을 분석하는 책임이 추가로 부과되었다. 이때 비로소 부서 전체에서 컨베이어 벨트에 의한 생산라인이 사라지고, 모든 노동자는 작업용 탁자에서 스스로 자신의 노동을 조직하고 평가할 수 있게 되었다.

1985년 울라르코 인사부의 연구보고서(11장에는 이 보고서의 많은 부분이 인용되고 있다)는 코프레시의 경험이 주는 교훈을 다음과 같이 언급했다.

- 이런 개혁을 도입하기 전에 세세한 계획까지 세울 필요는 없다. 대강의 일반적인 계획과 명확한 문제의식이면 충분하며, 직접적인 적용 과정에서 얼마든지 수정될 수 있다고 생각하는 것으로 충분하다.
- 단순 생산을 위주로 선택해 개혁을 시도해보는 것이 노동자에게 더 복잡한 상황에도 적절하게 대응해나갈 수 있는 자신감을 불어넣어줄 수 있다.
- 작업 흐름의 경직성, 그리고 프로그램과 작업 집단의 불안정성은 작업 집단 스스로의 자치 능력을 더욱 높여나가는 데 장애가 된다.
- 작업용 탁자들은 작업 과정의 내적 연계를 개선시켜 불량 재고품의 양을 줄인다.
- 빈둥거리는 시간을 줄임으로써 시간 및 사람당 생산성을 증가시키는 것이 가능하다.
- 작업에 관련된 정보가 풍부해지므로 서로 연관된 기구들의 복합적인 관계 속에서 생산성 향상이 달성된다. 피드백은 이 집단에서 자주관리의 표본이다.
- 개혁은 느리게 진행된다. 과도한 기대는 금물이다.

여기에 더해 연구보고서는 노동조직의 변화를 위해서는 직무 분류와 임금의 변화가 필요하다고 지적했다. 한 집단의 구성원들은 모두 같은 업무에 종사하기 때문에 똑같은 임금이 지급될 수밖에 없다. 또한 몇몇 다른 전문적인 일을 처리하는 노동자들에게는 상대적으로 고임금을 지불해야 한다.

그러나 연구보고서는 일선 감독들이 이런 변화에 적응하기란 매우 힘들 거라고 보았다. 감독은 한편으로 각 집단의 자치권을 침해할 수 있는 이런저런 간섭을 배제해야 하지만, 다른 한편 각각의 집단이 회사의 다른 부서와 효율적인 관계를 맺도록 도와야 할 임무가 있다. 작업 집단이 점차 자체적으로 업무를 수행할 수 있게 되면서, 감독자들의 지도·책임도 변화했다.

1975년 코프레시를 방문했을 때, 우리는 작업용 탁자들이 놓여 있는 것을 볼 수 있었다. 인사부장 호세 루이스 곤잘레스는 예전에는 여러 명이 함께 처리하던 일감을 한 명의 노동자가 위아래로 쌓아놓고 처리하고 있는 한 작업 지점을 가리켰다. 그는 우리에게 그 여성 노동자가 혼자서 일을 처리하는 것이 더 좋다고 주장했다는 말을 해주었다. 그녀는 자기가 스스로 돌아가는 속도를 조절해둔 커다란 실린더 위에 놓인 부품들을 조립하고 있었다. 곤잘레스는 코프레시에서 다음 단계의 실험은 기초 생산조직에서 이루어질 것이라고 말했다. 어떤 작업 부서에서는 생산과 조립 작업을 서로 교체함으로써 노동자들에게 자신의 작업이 갖는 중요성을 일깨우고 두 작업 사이의 연관성을 높이고 있었다.

울라르코 중앙서비스의 인사부는 1987년 코프레시 발전 보고서에서 1975년에 계획한 작업 시스템 개혁이 완전히 달성되었다고 보고하였다. 코프레시는 노동조직을 기능별 체계*에서 생산별 체계로 전환했는데, 생산별 체계에서는 비슷한 물품의 생산과 조립이 같은 감독자의 지도를 받는 하나의 부서로 편제된다. 이러한 재편은 코프레시에서 만들어지는 거의 대부분의 생산품에 적용되었으며, 노동 생활의 질적인 면과 기술적인 효율성이라는 양 측면에서 다음과 같은 긍정적인 효과를 거둔 것으로 보인다.

(1) 노동자들이 전체 생산에 대한 자신의 공헌 정도를 더 잘 알 수 있게 되었다.
(2) 생산 노동자들과 조립 노동자들 사이의 관계가 크게 개선되었다.

• 기능별 체계: 비슷한 기계나 작업 공정이 같은 부서에 편재되는 체계

(3) 노동자와 경영자가 모두 전체적인 생산에 더 주의를 기울임에 따라 소비자의 요구에 상당한 유연성을 가지고 대처할 수 있게 되었고, 기획 과정을 개선할 수 있었다.
(4) 생산과 조립 작업의 내적 연관성이 긴밀해짐에 따라 작업 과정에서 생길 수 있는 불량 재고품이 줄어들었다.
(5) 연구와 개발 과정이 강화되어 전체 작업 부서에서 자동화 공정의 도입이 촉진되었다.

유일한 단점이라면, 조립 노동자들이 시끄러운 생산기계와 더 가까이에서 일을 해야 한다는 점이었다.

코프레시의 최고 경영진이 1973년과 1975년의 석유 가격 인상에 대한 대응책에 골몰해 있을 동안, 이러한 새로운 프로그램을 기획하던 경영위원회는 다소 한가해졌다.

그러나 노동 시스템의 개혁은 계속되었다. 사실 1986년 코넬대학의 프레드 프로인드리히가 많은 경영자와 현장 노동자들을 인터뷰했을 때, 그들은 한결같이 새로운 노동 방식을 너무나도 훌륭한 것이라고 생각하고 있었다. 이들은 자신이 조립 노동의 '지독한 단순 작업'으로부터 해방되었다고 말했다. 이 같은 '작업 집단' 활동을 통해서 노동자들의 자존심과 책임감도 높아졌다. 노동자들은 기꺼이 새로운 기술을 배우려 했으며, 감독자와의 관계를 개선하는 데도 적극적이었다. 노동자들과 경영자들은 모두 작업 현장에서 서로의 관계가 상당히 개선되었다는 데 인식을 같이했다. 경영자와 노동자(이제는 자신의 작업 공정을 스스로 관리하는 노동자)는 모두 이 프로그램이 생산성과 품질 향상에 도움이 되었으며 작업 과정에서 생기는 불량 재고품을 줄였다고 확신했다.

코프레시의 경영진은 1984년 이 같은 노동 재조직 프로그램을 새로운 부서로 확대하고, 더 새로운 작업 집단 활동을 도입함으로써 노동 재조직 프로그램을 발전시켰다.

다른 협동조합들로 확대되는 개혁

코프레시가 노동개혁 프로그램을 착실하게 밀고 나가자 울라르코의 다른 회사들도 그 과정에 동참했다. 울라르코의 1985년 보고서는 1973년부터 83년까지 632명의 조합원으로 구성된 83개의 작업 집단이 이 일에 적극적으로 나섰다고 쓰고 있다. 노동개혁이 가장 활발했던 해는 1976, 1977, 1978년이었는데, 이는 노동개혁 프로그램이 이 시기 이후 별다른 계기를 잡지 못했음을 의미한다. 다른 회사들에서도 이런 프로그램이 진행되기는 했지만 코프레시만큼 확실하게 진행된 곳은 없었다.

1973년 철과 알루미늄 주조 공장인 에델란 협동조합은 연마 부서에서 야심적인 노동개혁 프로그램을 시작했다. 먼저 작업반장직을 없애고, 노동자들이 생산 계획과 통제, 품질 검사, 그리고 정비에 대한 책임을 지게 했다. 그러나 이런 변화는 경영자와 노동자들의 훈련 과정이 밑받침되지 못하여 호응도가 낮았으며, 결과적으로 노동구조에 큰 변화만 일으켜 오히려 경영에 장애가 되었다. 그에 따라 노동자들이 맡았던 새로운 역할은 유명무실해지고 작업반장을 대신하는 제2의 감독관이 그 역할을 맡게 되었다.

반도체와 전자제어 장치를 만드는 파고르 전기회사는 대규모의 노동자 그룹을 작은 규모로 나눌 필요가 있다는 연구 결과에 따라 1974년 텔레비전 부품 생산 부서부터 작업 부서를 나누기 시작했다. 이 변화에 맞춰 노동자들은 업무 순환을 파악하고 스스로의 작업을 조직하며, 품질 검사를 수행하고 재료와 도구들을 필요에 따라 배치하는 등, 자신들의 일에 대한 책임까지 맡게 되었다. 초기 결과는 노동자들의 만족도가 높고 품질과 생산성이 향상되었음을 보여주었다. 울라르코 보고서는 이 회사의 기술과 생산 특성 때문에 그런 효율적인 노동 형태가 가능했다고 기록하고 있다.

앞에서 언급한 바와 같이 울고 협동조합은 기술적인 한계를 갖고 있었다. 1975년 말에는 모든 조합에서 세미나를 시작하면서 최종 조립라인의 작업 형태를 개혁하려 노력했는데, 그 가운데 아주 좁은 공간을 갖고 있는 소규모 작업장에서만 이 개혁을 시도해볼 수 있었다. 특정 작업에서 컨베이어 벨트를 없애는 것은 어느 정도 효율적인 업무 순환을 가능하게 했고, 노동자들로 하여금 품질 검사를 할 수 있도록 만들었지만, 다른 한편으로는 작업 사이클을 연장시키는 결과도 가져왔다. 어쨌든 이러한 노동 형태는 확대될 수도, 지속될 수도 없었다. 감독관과 간부진은 긴 조립라인 경영 방식에 너무 익숙해져 있었으므로 소규모 작업장을 중심으로 한 이 같은 혁신적인 노력에 관심을 기울이거나 도움을 줄 수 없었다. 더욱이 작업 공간도 충분치 않았으며 자율적인 소규모 작업장과 주된 조립라인 사이를 조화시키는 것도 매우 어려웠다.

1976년 공작기계를 만드는 아라사테 협동조합은 조립 부서를 중심으로 야심적인 개혁 프로그램을 기획했다. 노동자 대표와 경영자, 그리고 인사 담당자가 격주로 만나 정보를 교환함으로써 노동자의 참여를 증진시키는 것이었다. 노동자들은 그룹별로 업무 할당, 품질 검사, 공구 공급의 조절 등에 대한 책임을 졌다. 따라서 전문적인 품질 관리직이 없어졌으며, 노동자들의 대표로 뽑힌 사람이 작업반장직을 맡았다.

이 프로그램이 진행되는 동안 아라사테 협동조합 경영자들은 생산조직을 기능체계(유사한 기계들이 같은 작업 부서에 있다)에서 생산체계(특정 물품을 만드는 기계들이 하나의 작업 부서에 배치된다)로 바꾸기 위한 논의를 거듭했다. 이 변화는 확실한 기술 연구를 기반으로 진행되었다.

여기에서 기술에 의해 주도되는 생산조직의 변화와 인사 담당자들에 의해 기획·지도되는 인간조직의 변화를 어떻게 내적으로 연계시킬 것인가가 주요 문제로 등장했다. 몇 개월씩 노동자 참여 프로그램이 정체를 거듭하는 동안 경영자들은 기계들을 옮기고 생산체계의 조직이 가능하도록 노력했다. 경영자 측은 1980년대의 노동자 참여 프로그램을 복구하기 위해 새로운 계획을 세웠지만, 아라사테 협동조합은 공작기계 산업에 특히 혹심하게 불어닥친 불황에서 지금까지도 헤어나지 못하고 있다. 1985년 가을 코넬대학 팀이 아라사테 협동조합의 작업반장들과 경영자들을 인터뷰했을 때, 아무도 노동개혁에 대해 이야기하지 않았다. 그들은 협동조합의 생존을 위한 싸움에만 온 정신을 집중하고 있었다.

주방가구와 주방용품을 만드는 레니스 협동조합 또한 노동조직 개혁 프로그램을 적극적으로 실행에 옮겼다. 1977년 14개의 작업장이 61명의 노동자와 각각 1명씩의 기술자가 포함된 3개의 생산 단위로 편재되면서 각 부서의 작업반장직이 폐지되었다. 그러나 이 프로그램은 완전히 실패했으며, 몇 달 뒤 작업반장 중심의 조직이 복구되었다. 1977년 당시 울라르코의 인사 담당이사였던 호세 루이스 그라소로는 이 실패에 대해 1986년 다음과 같이 우리에게 말했다.

> 레니스의 경우에는 두 가지 문제가 있었다. 설비와 기계들을 독일에서 들여왔기 때문에 기술자들은 생산과정에 대해 충분하게 이해하지 못하고 있었다. 또한 레니스 공장은 이후에 세워진 공장들에 비해 매우 희귀한 방식으로 설계

되어 있었다. (…)

　작업체계에 대한 충분한 기술 지식을 갖고 있지 못할 경우, 노동자 수를 줄이면서 그 기계를 조작한다는 것은 불가능하거나 매우 힘든 일이다(1985년의 울라르코 보고서는 이 인용문 전체를 실었다).

　전자제품(오븐, 식기세척기, 세탁기)을 만드는 파고르 전기회사에서는 노동자 참여 프로그램의 시행이 지체되고 있었으나, 품질 관리 모임이나 품질 관리 프로그램과 같은 차세대 혁신 방식으로의 변화는 시도되었다. 이러한 방식은 1970년대 후반과 1980년대 초반 미국에서도 일반화된 것이었다. 파고르의 품질관리부장은 자문 역할을 하는 한 사람과 함께 경영자 세미나에 참석했다. 그 자리에서 자문역은 파고르 산업의 경영자가 품질 관리 부서 사람들과 함께 세미나를 열어 현대적인 품질 관리에 관한 방식을 논의해야 한다고 주장했다. 이 품질 관리 세미나에는 노동인민금고와 울라르코 협동조합 그룹 내 다른 회사 경영진이 파고르 산업의 경영자들과 함께 참석했다.

　이후 파고르 협동조합은 품질 관리 모임을 발전시키기 위해 품질 관리 프로그램에서 자문단의 의견을 받아들였다. 그리고 품질을 관리하는 책임자는 조정자가 되어 그 내용을 조합원 총회에 보고할 책임을 졌다. 이어서 품질 관리 모임의 지도급 인사인 경영자들과 작업반장을 훈련시키는 프로그램이 마련되었다.

　이러한 프로그램의 진행 초기에 기계 부서와 조립 부서에서 모두 6~8명으로 이루어진 두 개의 모임이 구성되었다. 두 모임 모두에서 작업반장은 중재자의 역할을 담당했으며, 구성원은 자원한 노동자들로 이루어졌다. 이 모임은 일주일에 한 번씩 작업 시간 중에 열렸다.

신설 공장의 새로운 노동조직

울고 협동조합이 가정용 자동 식기세척기의 생산을 결정하자, 새로운 노동 시스템과 공장 시스템을 접맥시켜볼 수 있는 최초의 기회가 주어졌다. 새 공장은 몬드라곤에서 16km 정도 떨어진 베르가라에 세워졌다. 몽헤로스의 설명대로, 새로운 주력 상품의 생산을 위한 공장 건설은 전략적 차원의 계획에 속하는 것이기 때문에 울라르코 중앙서비스의 기술자들과 울고의 기술자들 모두가 이 사업의 계획과 시행에 투입되었다.

1983년 우리가 이 공장을 견학했을 때, 베르가라의 노동조직은 울고의 냉장고 공장이나 난로 공장에서 보았던 일반적인 기술 및 작업 형태와는 명백히 구별됨을 알 수 있었다. 이곳에는 조립라인이 없었다. 조립 공정의 첫 지점에서 노동자들은 식기세척기의 틀을 선반 위에 올려놓았는데, 그 틀은 공장 지하의 케이블에 부착되어 있었다. 케이블은 일정한 속도로 하나의 작업 지점에서 다음 지점으로 이동했지만, 각 지점에서 작업 속도는 작업 그룹에 의해 결정되었다. 노동자들은 6~10명 단위로 한 집단에 배속되어 일했다. 케이블을 통해 틀이 옮겨지면 그들은 자신들이 정한 대로 업무를 할당받고 업무를 순환시켰다. 각 작업 집단은 노동의 질에 대해 책임을 졌고, 따라서 이들의 업무에는 품질 검사를 통해 품질 만족도에 대한 자기 집단의 판단을 기록하는 것이 포함되어 있었다. 작업이 끝나면 선반과 틀을 케이블에 연결하여 다음 작업 지점으로 보냈다.

베르가라 공장에도 역시 작업반장이 없었다. 노동자들과 경영자 사이의 유일한 간부는 '집단 경영자(gestor)'라 불리는 사람이었다. 집단 경영자는 7개의 작업 집단을 관장했다. 그는 개별 노동자에게 세세한 지시를 내리지는 않지만, 작업 집단을 구성하고 일하는 공정을 관찰하며 문제가 발생할 때 개입하고 노동자들이 재료와 공구를 제대로 갖추고 있는지 보살필 책임이 있다.

이 새로운 공장은 과연 성공을 거두었는가? 몽헤로스는 "지금 베르가라의 프로그램은 제대로 시행되고 있다. 조사한 바로는 노동자들이 이런 방식을 좋아한다. 또 공장을 옮겨야 하는 노동자들은 언제나 베르가라로 가고 싶어 한다"라고 말했다.

1986년까지 베르가라 공장의 경상수지는 적자였으나, 재정상의 문제가 새로운 노동 형태에서 비롯된 것은 결코 아니었다. 올라솔로가 지적한 대로, 이 공장은 경제불황 이전에 매년 10만 대의 식기세척기를 만들 계획으로 설립되었다. 혹독한 불황기에도 생산은 지속되었지만, 그 당시 시장 수요는 겨우 3만대 가량에 불과했다.

조합평의회의 모호한 역할

우리는 새로운 노동 형태의 계획과 실행에 조합평의회가 깊이 관여했을 것으로 예상했지만 실제로는 극히 주변적인 역할에 머물렀음을 알고 놀라지 않을 수 없었다. 1983년 울고의 기술진은 냉장고 공장의 노동 시스템 개혁을 위한 예비 계획안을 울고의 조합평의회에 제출했다. 조합평의회 대의원들은 이 계획안에 따르면 새로운 기계를 도입해야 하는 데다 오히려 더 긴 조립라인이 필요해질 것이라고 지적하면서, 좀 더 사회적인 지지를 받을 수 있는 대안을 고안해보라고 기술자들을 설득했다. 이는 조합평의회가 이 계획을 발전시키는 구체적인 작업에 참여하지 않았을 뿐 아니라 기술자들에 의해 계획이 구체화된 뒤에도 그것을 비판하는 보수적인 위치에 있었음을 말해준다. 호세 루이스 곤잘레스에 따르면, 조합평의회 대의원 중 두 사람이 기술자들과 잦은 회합을 갖는 한 위원회에 참여하면서부터 조합평의회가 소극적이나마 노동개혁 과정에 참여하게 되었다고 한다. 그러나 이 정도의 개인적 참여만으로 조합평의회를 노동개혁에 적극적으로 참여시키기에는 역부족이었다.

우리는 몽헤로스에게 왜 조합평의회가 노동개혁 과정에 소극적으로 참여했는지 물어보았다. 그는 조합평의회 대의원들이 경영전략 문제에 노동자들을 참여시키는 것에만 전적으로 관심을 기울였다면서, 구체적인 노동개혁의 문제로 들어가 각 계층 노동자들을 효과적으로 참여시키는 것은 매우 어려운 일이라고 말했다. 그리고 이렇게 덧붙였다.

> 지난주에 나와 ○○는 한 모임에 같이 참여했습니다. 나는 그에게 "울라르코 총회에서 당신은 끊임없이 참여의 문제를 얘기하면서 우리가 충분한 참여의 기회를 주지 않았다고 주장했습니다"라고 말했습니다. 그리고 조금 흥분된 어조로 물었죠. "지난 10년 동안 조합평의회가 조합원들의 실질적인 참여, 즉 그들의 노동에 대한 참여를 지지하지 않았던 이유는 도대체 무엇입니까?"

몽헤로스는 프랑코 정권 말기의 정치 환경의 변화를 지적하고 자유로운 노동조합의 등장을 지적함으로써 그 물음에 대한 대답을 대신했다. 그는 이 시기가 격렬한 노동조합 활동과 정치 활동의 시대였음을 지적했다. 아마 조합평의회 의원들은 노동개혁에 참여하는 것을 전투적인 노조원들이 경영자에 의한 노동자 기만·술책으로 파악할까 두려워했던 것 같다.

우리는 이런 해석에 대해 예전에 몽헤로스와 이야기를 나눈 적이 있는 사람을 만나 확인해보았다. 그는 이 해석이 옳다고 답했다. 확실히 조합평의회 내에는 조합평의회가 노동개혁 과정에서 주도적인 역할을 해야 할 것인지 말아야 할 것인지에 대한 명료한 인식이 없었던 것이다.

노동인민금고가 최근 발행한 문건에는 조합평의회의 합법적인 역할에 대한 다음과 같은 설명이 실려 있다. "새로운 작업 형태에 대한 실험을 연구·분석하여 테일러주의와 그에 관련된 피동적인 작업 관계를 극복하는 것, 그리고 자치적인 노동 관리팀을 통해 전 성원의 참여를 도모하는 것"이 조합평의회의 역할이라는 것이다.[1] 이 글의 필자가 조합평의회의 역사와 역할에 대한 해설에서 이런저런 상반되는 주장을 언급하고 있지 않기 때문에, 독자들은 아마 그의 설명이 일반적인 견해와 조합평의회의 역할을 대변하고 있다고 추론할지도 모른다. 그러나 사실 가장 역사가 오래되고 규모가 큰 울고 협동조합 내에서조차 조합평의회의 역할에 대한 명확한 인식이 정립되어 있지 못하다.

돈 호세 마리아의 초연함

돈 호세 마리아가 몬드라곤의 발전에 기여한 주도적 역할을 생각해보면서 우리는 노동개혁 과정에서도 그의 영향력에 대한 이야기를 듣기를 기대했다. 그러나 우리가 몽헤로스와 올라솔로에게서 들은 내용과 다른 사람들을 통해 확인해본 바에 따르면, 돈 호세 마리아는 이 일에 전혀 관여하지 않았다.

그는 에이나르 도슈르를 만나 어떤 일이 진행되고 있는지 확실히 들어 알고 있었다. 그는 때때로 노동개혁의 계획에 관한 설명을 듣기도 했다. 하지만 이를 비판하거나 어떠한 제안도 내놓지 않았다. 또 반대를 표명하지도 않았다. 그가 당시 관심을 두고 주의를 기울이고 있던 문제는 전반적인 경영구조 문제와 지원기관의 조직망을 구축하는 것이었다.

돈 호세 마리아의 저술을 가장 폭넓게 연구한 호세 아수르멘디는 그의 저서 어디에서도 노동개혁 과정에 대해 언급한 것을 찾아볼 수 없었다고 한다.

이렇게 그가 노동개혁 과정에 관심을 보이지 않은 것은, 한편으로는 그의 시각의 한계를 드러내고 있는 것이라고 볼 수 있지만, 다른 한편 그가 주도적으로 계획해놓은 조직의 지도적 지위에 있는 사람들의 창조성과 능력을 보여준 사례라고 볼 수도 있다.

노동개혁 프로그램의 성과

1975년 처음으로 몬드라곤을 방문했을 때, 우리는 새로운 작업 형태가 코프레시에서 크게 성공적으로 시행되는 것을 보고 깊은 감명을 받았다. 1983년 두 번째 방문에서는 베르가라의 식기세척기 생산 공장을 제외하고는 울라르코의 노동개혁 프로그램이 활력을 잃고 있다는 인상을 받았다. 아마도 경영자 측이 변화를 거부하고 있거나, 최소한 그 프로그램에 대한 관심을 잃어버린 것 같았다.

그 뒤 우리가 자체적으로 실시한 현지 답사와 1985년 울라르코의 보고서를 통해 1983년 방문 당시 받았던 인상이 그릇된 것임을 알 수 있었다. 우리는 노동 시스템의 조정을 유도하는 사회적인 가치와 이념을 공장 운영에 영향을 주는 시장 원리와 구별할 필요가 있었다. 울라르코 보고서는 1973년과 1975년의 갑작스런 석유 가격 폭등으로 코프레시가 행할 수밖에 없었던 경제 재조정 작업이 — 비록 그 회사가 노동개혁 프로젝트를 가장 성공적으로 수행했다 할지라도 — 결과적으로 그 프로그램을 추진하는 활력을 잃게 했다고 적고 있다. 1979년 스페인에서 시작된 심각한 경기침체로 인해 경영진은 당연히 노동 현장의 작업 형태 조정보다 더욱 중요한 구조적인 경제정책 변화라는 긴박한 문제로 눈을 돌리게 되었던 것이다. 그 변화에 대해서는 이

책의 4부에서 논의할 예정이다.

협동조합 그룹의 경영진이 새로운 형태의 노동을 개발하는 데 매우 헌신적이었다는 것은 명백하다. 더욱이 일반 노동자들의 반응과 관련해서 모은 개별적인 자료들에 따르면, 노동자들이 비록 일부 개혁에는 매우 비판적이었지만 이런 개혁의 저변에 깔린 사회적 가치를 강력하게 지지하고 있음을 보여준다. 마지막으로 경영진은 스칸디나비아와 일본, 그 밖의 다른 나라에서 기획되었던 노동개혁에 대해서도 충분히 알고 있었다. 사실상 다른 나라에서 개발된 모든 새로운 노동개혁 프로그램도 울라르코 그룹의 일부 협동조합에서 실험된 것 같았다.

만약 노동개혁 프로그램이 지도자들의 기대만큼 신속하게 진척되지 못했다고 한다면, 그것은 경영진이 새로운 작업 방식에 대한 정보를 입수하지 못했다거나 그 가치를 인식하지 못해서도 아니고, 또한 내실 있는 정책을 갖고 있지 못해서도 아니었다. 오히려 이 새로운 이념을 기존의 조직구조와 경제적 압력이라는 틀 내에서 어떻게 실현할 것인가가 문제였다.

그러나 몬드라곤이 받고 있는 시장 압력이 새로운 작업 방식을 실현하는 것을 필연적으로 방해했다고 추론해서는 안 된다. 여러 경영진이 우리에게 말해준 것처럼, 1980년의 시장에서는 고품질 제품의 수요가 커지고 소비자 요구에 좀 더 신속히 대처할 것이 요구되고 있었다. 초기의 대량생산에서 전형적으로 나타났던 길고 엄격하게 통제되는 조립라인으로는 이런 요구에 부응할 수 없었다. 이 요구에 부응하기 위해서는 생산 노동자와 조립 노동자에 의한 직접적인 고품질 유지와 더욱 유연한 제조체계가 필요했으며, 품질 관리의 세부적인 측면도 고위 경영진이 아니라 노동자 스스로 맡을 필요가 있었다.

새로운 작업 방식을 도입하는 것은 사회적 기술적 문제였다. 노동개혁을 고안한 이들과 그 새로운 작업 틀에서 일하는 사람들은 그 일의 인간적이고 조직적인 측면을 이해해야 할 뿐 아니라, 작업의 흐름이나 기계와 기술상의 필요조건도 이해해야 했다. 조직행동을 전공한 연구자들은 새로운 기술을 도입한 사람들이 작업의 인간적이면서도 조직적인 측면을 이해하지 못해서 기대만큼의 성과를 거두지 못했던 여러 사례를 알고 있다. 레니스의 경우도 경영자와 노동자들이 전문 기술적인 필요 사항을 충분히 이해하지 못했기 때문에 새로운 작업방식을 만족스러워 하지 못했음을 보여주고 있다.

베르가라의 공장에서처럼 새로운 공장을 설계하여 새로운 사회적 기술적 노동개혁을 이룩하거나, 혹은 기술·노동의 흐름, 실질적인 공간 이용 등에 커다란 변화를 초래하는 총체적인 방향에서 노동개혁이 이루어져야 바람직하다. 베르가라 공장을 제외하고 울고에서의 획기적인 노동개혁은 1983년부터 1987년에 걸쳐 행해졌던 난로와 냉장고 공장의 대규모 기술 재조정 작업이 시행되기 전까지로 연기되었다. 이 두 공장의 새로운 노동 시스템 도입에 대해 평가를 내리기는 아직 시기상조다.

새로운 기술에 대한 획기적인 투자 없이 기존의 공장에 새로운 노동 시스템을 도입하여 성공할 가능성은, 기존 기술을 어느 정도 변화시켜야 현실성이 있는 것인지의 문제와 부분적으로 관련이 있다. 역사가 오래된 울고의 경우, 거대한 조립라인은 노동자들에게 재조정영역을 거의 남겨두지 않았다. 그러나 코프레시(그리고 파고르 전기회사)와 같은 소규모 회사의 생산·조립라인은 변화를 도입할 수 있는 매우 실질적이고 유리한 경제 조건을 갖추고 있었다.

노동개혁 프로그램을 시작할 때 미리 모든 단계의 발전경로를 그려보는 것은 불필요할뿐더러 바람직하지도 않다. 그렇지만 단계적인 측면을 놓고 볼 때, 가능한 한 단순한 작업부터 시작하는 것은 중요하다. 코프레시의 성공 사례는 좀 더 복잡한 프로젝트에도 이 프로그램을 실행할 수 있도록 용기를 주었다. 레니스와 아라사테는 동시다발적으로 너무 복잡한 변화를 추구했던 것 같다. 아라사테의 경우, 기능 중심에서 생산 중심의 조직으로 전환하는, 이른바 기술 위주의 변화에 새로운 노동 시스템을 꿰어 맞추려 했던 데서 문제가 악화되었다.

노동 현장에서 새로운 노동 시스템은 밑에서부터 위에 이르기까지 회사 전체의 사회적 체계 변화와 통일적으로 이루어져야 한다. 만일 지금까지 감독관이나 참모진이 맡았던 책임을 노동자 그룹이 떠맡는다면 회사는 이전에 비해 적은 수의 감독관과 참모진을 필요로 할 것이다. 물론 이는 단순히 인원 삭감 문제로 끝나지 않는다. 남아 있는 감독관과 참모진은 이전과는 매우 다른 역할을 해야 할 필요가 있다. 세부적인 운영에 치중하고 명령을 내리고 훈련을 강제하기보다는 자주적으로 관리하는 노동자 그룹을 만들도록 노동자를 지도할 필요가 있다. 또 작업을 조정하고 충고를 해주긴 하지만, 도움을 필요로 하는 경우를 제외하고는 작업에 간여하지 말아야 한다. 이런 역할의 특성을 일반적으로 설명하는 건 쉽지만, 효과적으로 실행하기는 어렵다. 더욱이 옛날식 역할에 익숙해져 있는 감독관들이 새로운 역할을 습득하기는 힘들다. 또한 새로운 작업 형태와 감독 과정의 인간적인 요소에 대해서 아무런 교육도 받지 못한, 공학 교육을 마친 뒤 막 일선에 나선 감독관들에게도 이것은 어려운 숙제다.

일부 감독관과 고위 경영진이 변화에 저항하는 것처럼 보이는 것은, 그들의 관료주의적인 태도에서 비롯되었다기보다는 효과적인 재교육과정이 없었던 데서 기인한다. 일을 통해서 많은 것을 배울 수 있다. 그러나 노동구조가 변화되면 사람들은 즉각적인 경험이 가르쳐주는 것보다 더 많은 도움을 필요로 한다.

인사부는 노동개혁을 실행하는 데 중요한 역할을 했지만, 인사 담당자가 고위 경영진이 강력히 후원하는 관리·계획 및 실행위원회에 소속되어 있어야 이러한 프로그램이 지속적으로 개선될 것이다. 경영진이 다른 프로그램에 경도되어 있다면 노동개혁을 위한 노력은 활력을 잃을 것이다.

마지막으로 조합평의회의 불명료한 역할을 언급해보자. 조합평의회는 노동개혁에 관한 한 대체로 비판적인 입장을 견지해왔다. 만약 그들이 노동개혁을 지지하는 입장을 갖고 있었다면 좀 더 효과적으로 이 과정에 기여할 수 있었을까? 우리는 18장에서 이에 대한 대답을 찾아볼 것이다.

| 4부 |

80년대 경제침체기의 몬드라곤의 대응

12 모두가 살기 위해 나누는 희생
13 실업에 대한 보상과 지원
14 울라르코에서 파고르로
15 서비스업과 농업 관련 협동조합의 규모 확장
16 노동인민금고의 역할 변화

12
모두가 살기 위해 나누는 희생

몬드라곤 협동조합 복합체는 스페인 경제가 빠르게 성장하던 1950~1970년대는 좋은 조건에서 발전할 수 있었다. 객관적인 상황이 유리한 측면도 있었지만, 몬드라곤의 발전 속도는 그보다 훨씬 빨랐다. 그래서 몬드라곤 협동조합의 재정사를 연구한 경제학자들은 이 기간에 몬드라곤 협동조합이 스페인의 다른 어떤 사기업체들보다 좋은 실적을 올렸다고 기록하고 있다. 헹크 토마스와 크리스 로건에 따르면 1972년에 와서야 몬드라곤 협동조합과 스페인 공업 전체를 비교할 수 있게 되었는데, 그해에 협동조합의 생산성은 대기업체 평균보다 7.5% 높았고 중소기업체 평균보다 40%가 높았다고 한다.[1]

1970년대 중반에 들어서면서 스페인 경제는 계속되는 경기침체와 인플레이션으로 몸살을 앓기 시작했다. 1980년대 세계적인 경기침체기에는 다른 나라들보다 심각한 타격을 입었다. 인플레이션, 경기침체, 급속한 실업 증대 등으로 스페인은 다른 OECD 국가들에 비해 경제성장이 느렸다. 1975~1983년 동안 생산량은 연평균 1.6%밖에 늘어나지 않은 반면, 인플레이션은 평균

16.8%로 유럽에서 가장 높았다.² 1980년대 중반에 다른 나라들은 경제가 되살아나고 있는데도, 스페인 경제는 좀처럼 회생의 기미가 보이지 않았다. 1986년까지도 실업률은 20%를 오르내렸고, 바스크 지방 실업률은 27%를 기록했다. 특히 어느 정도 성장한 중견 기업들이 더욱 심한 고통을 겪었다.

1970년대부터 몬드라곤 협동조합은 꾸준히 수출을 늘려갔다. 1976년에는 생산량의 약 10%를 수출했고, 1980년에는 수출 비중이 20% 이상으로 늘어났으며, 1985년에는 30%에 다다랐다. 수출 비중이 늘어났다고는 하지만, 침체된 스페인 경제 속에서 나머지 70%를 국내에 판매하는 것은 여전히 어려운 일이었다.

1980년 이전까지만 해도 경제학자들은 몬드라곤 협동조합 복합체가 어떻게 그처럼 빠른 속도로 성장하고, 어떻게 거의 모든 협동조합이 경쟁에서 살아남을 수 있었는가를 연구과제로 삼았다. 그러다 1980년대에 이르러 경제학자들의 관심은 협동조합이 살아남기 위해 필요한 희생을 감내하면서도 어떻게 소득을 그대로 유지할 수 있었는가에 쏠렸다. 이 문제에 관해 우리는 울라르코(1986년에 '파고르'로 이름이 바뀜) 그룹에 초점을 맞춰 얘기할 것이다. 1986년 당시 몬드라곤 협동조합 전체 조합원의 1/3에 이르는 6,000여 명의 노동자들이 울라르코의 조합원이었다. 울라르코에는 초기 몬드라곤의 공업협동조합들 중 가장 큰 조합이 속해 있었으므로 다른 협동조합 그룹의 모델이 되었다. 다른 협동조합들이 재정 문제를 풀어나가는 데 울라르코의 사례를 반드시 따를 필요는 없었지만, 그들은 울라르코의 작은 움직임까지 면밀히 주시하고 있었다.

어느 조직이든 울라르코 정도의 규모에 이르면 의사소통이 복잡해지기 마련이다. 가령 회사 운영상 조합원들에게 희생을 요구해야 할 경우, 경영진이 제시하는 제안을 조합원들이 거부할 수도 있기 때문에 그들의 양보를 받아내는 일은 결코 쉽지 않았다. 더욱이 협동조합의 운영 규칙 중 조합원의 임금과 출자금에 대한 규정을 개정하기 위해서는 조합원 2/3 이상의 찬성이 필요하다.

1956년 몬드라곤에서 최초의 협동조합이 설립되었을 때 급여 수준을 바스크 지방의 급여 수준과 같게 정하고 소비자물가지수(CPI)를 반영토록 한 것에는 중요한 의미가 있었다. 이 두 가지 지표는 동반 상승하는 경향이 있기 때문에, 협동조합 지도자들은 협동조합이 스페인 전체의 급여 지급 방식을 따른다 해도 다른 사기업체와의 경쟁에서 살아남을 수 있을 것이라고 생각했다. 초기에는 수출 물량이 얼마 되지 않았고 스페인의 다른 모든 기업체와 마찬가지로 공업 수입품에 매겨지는 고율 관세를 통해 보호받을 수 있었다. 그러나 1980년까지 꾸준히 수출 비중이 늘어나고 스페인의 오랜 숙원이던 유럽경제공동체 가입(1986년부터 단계적으로 실시)이 이루어지면서, 국내시장 중심의 전략은 더 이상 유지될 수 없었다. 또한 몬드라곤이 바스크 지역에서 가장 중요한 공업단지로 커가면서 기존 방식을 계속 답습할 수 없게 되었다. 협동조합 지도자들은 국내뿐 아니라 국제경쟁에서 살아남기 위해서도 새로운 정책을 고안해내야 했다.

이러한 정책 변화를 설명하는 것은, 그 변화가 울라르코의 생존에 필수적이라는 의미에서뿐만 아니라 가장 규모가 크고 복잡한 협동조합 그룹의 의사결정 과정에 존재하는 여러 문제점을 명백히 드러낸다는 점에서 중요하다.

1980년대 초 이사장 알폰소 고로뇨고이티아와 총전무이사 하비에르 몽헤로스는 울라르코에서 지도적인 역할을 맡고 있었다. 울고의 설립자 중 한 사람이며 이사장인 고로뇨고이티아는 오랫동안 지도력을 발휘해왔고 널리 존경받고 있었다. 몽헤로스 또한 전문적인 기업가적 능력과 통찰력으로 크게 존경받고 있었다. 그러나 이 두 사람이 자신들이 갖고 있는 개인적 명망성 덕분에 울라르코에서 자신들의 생각을 마음대로 추진할 수 있었을 것이라고

—그들이 비록 그렇게 하고 싶었다 할지라도 — 추측해서는 안 된다.

몽헤로스는 혼자 미래를 구상하지 않았다. 그는 경영평의회와의 협력하에 울라르코의 중앙서비스부에서 온 참모진의 지원을 받고 고로뇨고이티아와 상의하며 일을 추진해나갔다. 몽헤로스가 맡은 일은, 울라르코 이사회의 지지를 얻어 울라르코와 각 협동조합의 운영 및 참가기구들 내의 정보 전달, 심의, 토의 과정을 통해 조합원들이 원안이든 수정안이든 받아들일 수 있는 안건을 준비하는 것이었다.

알렉스 고이리첼라야가 쓴 개인적인 기록을 살펴보자.

> 각 협동조합은 법적으로 독립된 실체이며, 각 협동조합의 이사회만이 총회에서 영향력을 발휘하고 각 조합의 입장을 옹호한다. 그런 의미에서 볼 때, 각 조합이 맡게 될 임무와 책임을 결정하는 복잡한 정책 결정 과정에서 특정 개인이나 울라르코의 중앙조직이 실제로 발휘하는 영향력을 지나치게 높이 평가해서는 안 된다.
>
> 협동조합 그룹의 차원뿐만 아니라 각 협동조합 차원에도 다양한 운영기구와 참여기구가 존재하고 있으며, 울라르코를 지나치게 단순화하여 특정 개인이 전 분야의 의사결정 과정에 직접적인 영향력을 미칠 수 있다고 생각해서는 안 된다. 울라르코는 모회사라기보다 하나의 조각체(puzzle)이다.

이상의 이야기는 다음 내용을 의미한다. 즉 공식적인 운영기구 및 참여기구 안에서 진행되는 절차가 정책 결정 관련자들에게는 명확했다 하더라도, 올바른 결정에 필요한 세부 실천사항은 결코 처음부터 명확했던 것이 아니라는 점이다. 물론 울라르코처럼 복잡하고 커다란 조직 전체가 어떤 일치된 결정에 이르리라고 생각하는 것은 비현실적이다. 의사결정 과정을 주도하는 사람들의 과제는 기업이 경제적 기술적으로 필요로 하는 것과, 적어도 조합원 1/3 이상이 받아들일 만한 것을 어떻게 조화시킬 것인가였다.

울라르코에서 의사결정 과정을 맡아 처리하는 것은 고로뇨고이티아의 책임이었다. 물론 그는 울라르코의 이사회, 전무이사, 경영평의회의 지원을 받았다. 그리고 협동조합 내에서 충분한 심의와 토의를 거친 다음, 안건을 총회에 제안하고 이를 설명하는 것도 고로뇨고이티아의 일이었다.

울라르코의 중앙상임위원회(혹은 중앙조합평의회)와 개별 협동조합의 조합평의회는 울라르코 전체의 연구와 토의, 그리고 논의 과정을 체계화하는 데 도움을 준다. 다음 사례는 이런 참여기구의 활동에 초점을 맞추고 있는데, 당시 논의되고 있던 쟁점이 어떠한 성격의 것인가, 그리고 그것이 어떤 의사결정 과정을 거치는가를 보여준다. 비록 중앙조합평의회가 직접 결정을 내리지는 않는다 해도 상당한 영향력을 행사할 수는 있다. 알렉스 고이리첼라야는 "조합평의회는 운영기구들과 합의를 보지 못할 때 그 안건을 총회에 회부할 수 있는 권한을 갖고 있으며, 실제로 총회에서 그런 안건에 대해 승인을 얻는 경우도, 그렇지 못한 경우도 있다"고 말한 바 있다.

임금정책의 변경

1978년 11월 20일, 울라르코의 이사회가 각 협동조합의 조합평의회에 제출한 「급여 제도 변경의 필요성에 관한 보고서」에 따르면 1969년부터 1977년까지 울라르코의 노동 비용은 31%가 늘어난 데 반해, 생산성 증가(부가가치로 측정)는 20%에 불과했다. 이사회는 또한 몬드라곤 협동조합 복합체 전체가 대출 비용의 증가로 부담을 안고 있음을 지적했다. 이 비용은 1975년 판매액 가운데 5.93%를 차지했고, 1979년에는 8.90%로 늘어났다. 이는 수출 의존도가 큰 협동조합에게는 특히 부담이 되었다. 구매자에게 상품이 인도되기 전에는 대출금이 변제되지 않기 때문이다.

그뿐만 아니라 몬드라곤은 재고 관리의 비용 증가로 재정적 어려움을 겪고 있었다. 몬드라곤 협동조합은 계절상의 수급 차로 발생하는 판매 변동에도 불구하고 고용 인구를 꾸준히 유지해야 했다. 미국의 사기업체는 비수기에 노동자들을 일시적으로 해고함으로써 이런 문제를 해결한다. 하지만 그런 선택권이 없는 몬드라곤 협동조합은 비수기에는 생산품을 재고로 쌓아놓고, 성수기에는 초과노동수당을 지불했다. 이런 정책은 회사에게 재고 비용의 확대와 초과수당 지급이라는 이중 부담이 뒤따랐다.

울라르코의 지도자들은 급여 문제를 먼저 해결하기로 결정했다. 정책 변경을 제안할 때 통상 그랬던 것처럼, 지도자들은 문제점을 분석해서 직접 해결책을 제시하는 방법을 택하지 않았다. 대신, 급여 제도에 관한 기본 원칙을 확인·검토하여 이를 확실하게 정의하고자 했다. 그들은 다음 세 가지 원칙을 제안했다.

(1) **경제적 합리성** 급여 제도는 회사의 경제 실적에 따라 결정되어야 한다.
(2) **자주성** 몬드라곤은 일반적인 급여 기준과는 달리 독자적인 급여 제도를 채택해야 한다. 물론 국내 노동법에 저촉되지 않는 제도여야 한다.
(3) **유연성** 새로운 급여 규정은 단지 한 번의 개정으로 끝나는 것이 아니라, 앞으로도 경제 상황이 바뀔 때 그에 맞게 대처할 수 있도록 유연성이 있어야 한다.

새로운 급여 규정은 스페인의 일반적 급여 수준과 소비자물가지수의 연동

⟨표 12-1⟩ 울라르코에 가입된 협동조합의 현금 유동성(1977)

	100만 페세타	%
판매고	14,600	100.00
노동 비용	-4,090	-28.00
자재, 서비스	-8,650	-59.20
현금 유동성	1,860	12.80

을 부인하는 것이 아니라, 그것과 회사의 재정적인 요구를 조화시킨 것이었다. 이사회는 새로운 급여 규정에 협동조합 재정의 건실도를 반영하면서 이를 일반 조합원들이 납득할 수 있도록 단순화하기 위해 현금 유동성을 연계시키기로 결정했다. 이사회는 한 해의 총판매금액을 계산한 다음, 여기서 노동 비용, 자재, 서비스 비용을 뺐다. 그러고서 남은 금액이 바로 현금 유동성이 된다. 판매액을 현금 유동성으로 나누면 판매액에 대한 현금 유동 비율이 얻어진다.

이사회는 현금 유동 비율을 계산할 때 조합원들이 만족할 만한 기준치를 만들고자 1977년의 실제 수치를 기준으로 삼았다.(⟨표 12-1⟩ 참조) 말하자면 앞으로 현금 유동성이 1977년 이하로 떨어진다면, 급여 지급 수준은 소비자물가지수 상승분밖에 오르지 않지만, 반대로 현금 유동 비율이 1977년 수준 이상으로 올라간다면 소비자물가지수 상승분 이상으로 높아지는 것이다.

이는 정책 그 자체의 문제와 함께 산정 방식이라는 이중의 문제를 갖고 있었다. 조합원들은 현금 유동 비율을 급여 산정에 반영하는 정책에는 동의하더라도 산정 방식에는 동의하지 않을 수도 있었다. 이 새로운 정책은 복잡할 뿐 아니라, 1년 동안의 결과를 바탕으로 연말에 단 한 번 급여 수준을 조정할 것인가, 아니면 특별히 물가지수가 급격히 오를 경우에는 연중에도 급여 조정을 해야 하는가 하는 논란의 여지도 있었다.

급여를 1년에 두 번 상향 조정하고, 현금 유동성의 기준을 낮게 정하는 것이 노동자들의 솔직한 바람이었다. 반면 울라르코의 경영진은 빡빡한 재정 정책을 세워 1년에 한 번 급여 조정을 하고 급여를 낮추기 위해 기준 수치를 높이기를 원했다.

이사회는 새로운 급여 규정을 제안하면서, 급여 변동을 현금 유동성에 맞추되 소비자물가 상승률의 25% 내외로 한정시키는 방침을 세웠다. 즉 전년도 물가 상승률이 8%라면, 조합원 급여의 최고 상승률은 대략 10%이고 최저 상승률은 6%가 되는 것이다. 달리 말하면, 이사회의 입장은 소비자물가 지수가 급여 수준에 무한정 영향을 미치지 않도록 하겠다는 것이었다. 현금 유동성이 충분하지 않을 때는 급여가 전년도 물가 상승률의 25%를 밑돌 수도 있다. 특히 물가가 급속히 올라갈 경우에는 급여 수준이 물가 상승률에 미치지 못할 것이다.

현금 유동성과 소비자물가지수를 연계시키는 데는 급여 증가율과 물가지수 증가율이 같아지는 현금 유동성의 기준선을 설정하는 것이 필요했다. 이 점을 설명하기 위해 울라르코 협동조합의 재정사를 조사한 결과, 경영진은 재정 안정도를 유지하기 위해서는 최소 12%의 현금 유동 비율이 필요하다는 결론을 내렸다. 물가지수의 전년도 증가율보다 1% 높게 임금 증가율을 책정하는 것이 관행이므로, 이사회는 임금 증가율을 결정하는 기준으로 13%의 현금 유동 비율을 건의했다.

울라르코 이사회로부터 이런 보고서를 받은 중앙상임위원회는 그 보고서와 안건을 조합평의회에 제출해서 더 깊이 토의하고 분석하도록 했다.

5주 뒤인 1979년 1월 중앙상임위원회는 그 보고서에 대한 비판서를 울라르코의 이사회와 울라르코의 회원 협동조합들의 각 조합평의회에 제출했다. 그 비판은 본질적인 문제보다 절차에 더 중점을 둔 것으로, 중앙상임위원회는 조합평의회들도 문제점을 분석하고 해결책을 마련하는 과정에 참여했어야 한다고 주장했다.

이사회와 자문기구로서 조합평의회가 져야 할 각각 책임의 몫을 어떻게 나눌 것인가에 관심이 모아졌다. 중앙상임위원회는, 이사회가 마치 급여 정책에 별다른 변화가 없는 것처럼 안건을 정리해서 제출했지만 실제로 이는 커다란 변화를 요구하는 것이므로, 이를 연구하고 토론할 시간이 더 많이 필요하다고 주장했다. 일부 조합원들은 경영진이 새로운 급여 규정을 제안하는 동기에 회의적인 태도를 보이기도 했다. 중앙상임위원회는 안건으로 제기된 급여 규정이 과학적인지 의문을 제기하면서 다른 대안을 고려해야 한다고 주장했다.

경영진의 정책 결정 과정에 조합원들의 참여가 없었다는 비판은 여러 조합원들의 생각이 반영된 근거 있는 것이었다. 마침내 울라르코의 중앙상임위원회와 이사회는, 경영진의 어떤 제안이든 다음 사항을 포함하는 경우에는 모든 단계의 의사결정 과정에 조합평의회의 참여가 있어야 한다는 점에 합의했다. 그것은 바로 노동조건과 노동 상태에 영향을 미치는 사항, 새 규정의 신설 또는 대폭 개정에 관한 사항, 그리고 순전히 기술·경영상의 결정에 관한 사항 등이다.[3]

이사회는 자신들이 안건을 제출한 동기를 자세히 설명하지 않을 수 없었다. "이사회가 안건을 제기한 것은 경제적 합리성을 추구하려는 것 외에 다른 어떤 목적도 없었다"라고 밝히고 다른 해결책도 고려해야 한다는 데 동의했다.

한편 새로운 급여 규정의 '과학적 타당성'에 대한 문제 제기에 이사회는 다음과 같이 회답했다.

> 우리는 13%라는 수치의 과학적인 근거를 제시하라는 요청을 받았다. 물론 우리는 이를 정당화할 만한 전문적인 연구를 할 수 있지만, 그렇게 하면 오히려 우리의 정직성을 의심받게 될 것이다. 우리가 이를 선택한 것은 과거의 경험과 미래에 대한 예측에 바탕을 둔 것이기 때문이다.

어떤 문제에 대해서는 중앙상임위원회와 이사회가 뜨거운 공방전을 벌이기도 했다. 이사회는 비판적인 문제 제기 중 일부에 대해 충분히 심사숙고된 것이 아니라고 비난했다. 그러면서도 이사회는 혼신의 노력을 기울여 제기된 문제에 대답하고자 했다. 이렇게 공방전을 벌이는 동안 중앙상임위원회 위원들은 급여 규정이 합리적으로 전환되어야 한다는 믿음을 갖게 되었고, 그 세부 규정에 대해 더 논의할 필요가 있음을 알게 되었다. 논의가 진행되는 동안 중앙상임위원회는 울라르코의 각 조합평의회의 의견을 검토하면서 조합원들이 최대한 이 과정에 참여할 수 있도록 노력하기로 했다. 이를 위해 조합원들에게 현재의 급여 정책이 경제 실적을 더 직접적으로 반영하는 방향으로 변경되어야 한다고 생각하는지 묻는 질의서를 만들었다. 전 조합원의 60%가 질의서에 응답했고, 응답자 중 90% 이상이 그런 변화의 필요성을 원칙적으로 인정했다. 이 투표를 통해 중앙상임위원회는 안건으로 제기된 새로운 급여 규정을 좀 더 상세히 검토할 수 있는 권한을 위임받게 되었다.

울라르코의 중앙상임위원회는 위원들에게 각 협동조합의 조합평의회와 규모가 큰 조합의 경우에는 부문별 소평의회로 돌아가서 교육과 토론을 진행하도록 지시했다. 이 문제는 전문성이 요구되었으며 노동자들이 감내해야 할 희생이 클 수도 있기 때문에, 시간이 걸리더라도 심도 깊은 논의를 할 필요가 있었다. 중앙상임위원회의 역할은 단순히 조합원들을 교육시키고 그들로 하여금 경영진의 제안을 받아들이도록 하는 것만은 아니었다. 오히려 그 안건에 도전하면서 대안을 제시할 수 있도록 조합원들에게 기회를 주는 역할을 맡고 있었다.

이어서 전개된 치열한 토론에는 공인된 심의기구뿐만 아니라 여러 단체가 참여했다. 이때만 해도 울라르코는 '조직적 견해를 가진 그룹'의 역할을 정책적으로 규정해놓지 않았지만, 두 단체가 이 논의에 적극적으로 참여했다. 하나는 바스크 지역에서 가장 큰 노동조합인 바스크연대노동조합(ELA)이고, 또 하나는 소규모의 바스크 정치 단체와 노동조합연맹이었다.

1974년의 위기를 경험했기 때문에 중앙상임위원회는 급여 규정의 변화가 가져올 결과에 사전 검토를 강조했다. 또 각 조합평의회에서 토의 조정자나 지도자로 일할 조합원들을 훈련시켜 전문적이고 복잡한 자료를 충분히 이해하고 분석하고 평가할 수 있도록 했다.

논의를 거치는 동안 이사회가 제안한 안건에 대한 네 가지 대안이 나왔다. ELA와 연맹이 제안한 것은 서로 비슷했다. 그들은 실적이 급여 기준에 반영되어야 한다는 데 의견을 같이하면서도, 조합원들의 급여 증가분이 생계비 이하로 떨어지지 않도록 현금 유동성 기준을 더 낮게 정해야 한다고 주장했다. 다시 말해 그들은 좀 더 현실적으로 조합원들의 소득을 보장해줄 수 있는 재정 정책을 원했다. 또 다른 단체는 급여 정책을 어떤 식으로든 바꾸는 것 자체를 반대하면서 이사회의 안건을 부결시켜야 한다고 주장했다. 코프레시 조합평의회는 이사회의 제안을 약간 수정한 안을 제출했다.

이 대안들에 대한 토의를 거친 뒤 울라르코의 중앙상임위원회는 각 조합평의회와 소평의회에서 총투표를 실시해 이를 참고하기로 했다. 울고가 울라르코 총조합원의 절반 이상을 차지하고 있었기 때문에 울고에 대해서는 별도로 조사했고, 다른 5개 조합의 투표 결과는 합산했다. 울고에서는 연맹 안이 51%, 이사회 안은 20%, 코프레시 안은 19%의 지지를 얻었다. 다른 5개 조합에서는 이사회 안이 상당히 높은 지지를 얻었지만 35%를 얻은 연맹 안을 누르지는 못했다. 그리고 ELA의 안은 15%, 코프레시 안은 11%의 지지를 얻었다.

투표 결과를 검토한 중앙상임위원회는 이사회 안과 비슷한 코프레시 안에 대한 지지율 합계가 50%에도 못 미친다는 사실에 주목했다. 급여 제도를 변경하는 데는 2/3 이상의 찬성이 필요하기 때문에, 이사회가 자신들의 첫 번째 안을 고치지 않고서는 조합원 총회에서 통과될 수 없으리라는 것이 확실해졌다. 이사회는 조합원들의 이런 생각을 받아들여 현금 유동성 기준을 낮춰 급여 증가율과 소비자물가지수 증가율이 정확히 일치하는 기준점을 10%로 잡았다. 이사회의 양보와 노동자들의 이해관계를 조화시키기 위해 이사회는 소비자물가지수보다 1% 높게 임금 증가율을 책정하는 원칙이 11, 12, 13%의 지수에도 적용되어야 한다고 건의했다. 11, 12, 13%라는 수치는 당시 '필요 범위'라는 이름으로 불렸는데, 이는 이사회가 그 정도의 실적을 수용할 수는 있지만 높은 임금 인상을 정당화할 만큼 좋은 실적은 못 된다고 판단하고 있음을 보여주는 것이었다. 이사회는 이러한 급여 지급의 새로운 방식을 발표했다(〈표 12-2〉 참조).

만약 이 개정안이 울고에서 2/3 이상의 찬성을 얻지 못한다면 울라르코 전체의 과반수 지지를 얻는다는 것은 거의 불가능하기 때문에, 중앙상임위원회는 울고 조합원들을 대상으로 사전에 비공식 투표를 실시했다. 조합원들의 요구를 받아들여 기준치를 낮추되, 급여 상승률이 물가 상승률에 약간 못 미치게 하는 타협안을 만들었다. 그리하여 중앙상임위원회는 울고 조합원들에게 단지 두 개의 선택안만을 제시했다. 즉 이사회의 안을 받아들일 것이냐, 아니

〈표 12-2〉 임금 결정 방식

전년도 판매고에 대한 현금 유동성 비율 (%)	당해 연도의 임금 변경 비율 (%)
6	CPI − 4%
7	CPI − 3%
8	CPI − 2%
9	CPI − 1%
10	CPI
필요 범위 { 11	CPI + 1%
12	CPI + 1%
13	CPI + 1%
14	CPI + 2%
15	CPI + 3%
16	CPI + 4%

출처: Gutiérrez-Johnnson, 1982, 387쪽.

면 급여 제도를 전혀 바꾸지 않을 것이냐 하는 것이다. 결과는 1,368 : 608로, 총투표자의 65%가 이사회 안을 지지했으므로 이사회는 크게 안도했다.

   최종 결정은 울라르코의 조합원 총회에서 이루어졌다. 이번에는 이사회 안만이 공식적으로 상정되었다. 그러나 조합원들은 여기에 세 가지 수정을 제안했다. 그중 두 가지는 투표로 기각되었다. 나머지 하나는 인플레이션 비율이 지나치게 높은 해에는 급여 조정 기간을 변경하는 것이었다. 즉 소비자물가지수가 어느 해든 상반기 6개월 동안 8% 이상 오를 경우에는, 하반기 6개월 동안의 조합원 임금을 상반기 6개월간의 소비자물가지수 상승률과 똑같은 비율로 올리도록 하는 것이다. 이 수정안은 2/3 이상의 찬성으로 통과되었다. 이사회가 중앙상임위원회에 제출한 안이 최종 결정될 때까지 무려 15

주가 걸렸다.

이런 과정을 겪으면서 조합원과 운영 및 심의기구는 처음으로 매우 힘든 경험을 했다. 이에 울고의 조합평의회는 이 문제가 조합원들이 이해할 수 없을 정도로 복잡한 문제라는 점을 지적하고, 의사결정 과정에서 울라르코의 중앙상임위원회가 차지하는 역할에 대해 좀 더 연구할 필요가 있다는 결론을 내렸다. 덧붙여, 이 과정에 여성들의 참여가 낮았던 점에 우려를 나타내고, 앞으로 이와 같이 중요한 개정안이 올려질 때는 교육·토의·의사결정 과정에 더 많은 시간을 할애하고 더 많은 사람들이 참여하는 가운데 진행시켜야 한다는 데 의견을 모았다.

조합원들의 출자금 증액

1985년 1월 25일, 울라르코의 경영진이 울라르코 조합평의회에 보고서를 제출하면서 재정 계획에 큰 변화가 시작되었다. 그 보고서는 1978~1980년 동안 울라르코 각 기업들의 취약한 재정 자립도를 분석하고 있었다. 경영진은 특히 신용대출 비중이 늘어나고 있음을 지적하면서, 규제 권한을 갖고 있는 스페인 중앙은행이 노동인민금고에 신용 정책을 좀 더 긴축적으로 운영하라는 압력을 가하고 있다고 밝혔다.

보고서는 총 18억 페세타(약 1,200만 달러)의 증자가 필요하며, 이 추가 자본을 3년에 걸쳐 조합원들이 마련하자고 제안했다. 이 돈을 모으기 위해 여러 방안이 나왔다. 필요한 액수를 계산해보면 조합원의 소득이 약 11% 줄어드는 것으로, 거의 생계비에까지 영향을 미치게 될 액수였다.

또 이 보고서는 추가 자본 마련에 따른 여러 가지 영향에 대해서도 설명했다. 임금지수가 1.0인 사람들은 추가 출자금으로 56,800페세타(378.66달러)를 출자해야 한다. 그러나 울라르코의 조합원들 중에서 임금지수가 1.04에 못 미치는 월급을 받고 있는 사람은 전혀 없었기 때문에 이는 계산상의 금액일 뿐이었다. 보고서를 만들 당시만 해도 울라르코의 평조합원들은 지수 1.625의 급여를 받고 있었다. 이 지수의 급여를 받는 사람이라면 추가로 92,000페세타(615.32달러)를 출자해야 한다. 임금지수가 3.0인 사람들은 170,400페세타(1,136달러)를 출자해야 한다.

이외에도 경영진은 다른 두 개의 정책 수정안을 제안했다. 하나는 의무적 퇴직연령제를 실시하는 것이었는데, 그 이유는 근속 기간이 길수록 대체로 높은 임금이 지급되므로 이 제도를 도입하면 급여가 어느 정도 줄어들 것이라고 생각했기 때문이었다. 그러나 사실상 대부분의 조합원들은 65세가 되면 은퇴하기 때문에 그에 따른 자금 절감은 그리 크지 않을 것이었다. 두 번째 수정안은 협동조합에 참여하는 자녀들에게 부모의 자본구좌가 승계되도록 해주는 특권을 없애는 것이었다. 그동안 이 제도 때문에 일부 신규 조합원들은 추가 자본을 내지 않거나, 내더라도 소액만으로 협동조합에 가입할 수 있었다. 이 수정안은 장기적으로 볼 때는 더 많은 자금을 끌어들일 것이지만, 신규 조합원을 채용하기는 고사하고 현 고용 수준을 유지하기도 어려운 당시 상황에서는 바로 효과를 보기 어려웠다. 이 두 안건은 조합원 총회에서 투표에 부쳐질 예정이었다.

다음 절차는 중앙상임위원회가 맡았다. 3월 10일, 중앙상임위원회는 울라르코의 경영진과 각 조합 경영진, 그리고 조합평의회에 보고서를 제출했다. 중앙상임위원회는 경영진이 자본 부족의 원인을 잘못 설명하고 있다고 비판하면서, 자본이 부족하다는 데는 동의하지만 그 부족 액수는 경영진이 추산한 액수의 60%에도 못 미친다고 주장했다. 또 약 10억 5,000만 페세타(약

700만 달러) 정도의 자본이 부족하다고 추산하면서, 조합원들의 출자금은 경영진이 제안한 400만 달러가 아니라 연간 233만 달러면 충분하다고 주장했다.

중앙상임위원회는 자신들이 마련한 대안을 경영진에 제출하기에 앞서 각 회원 조합의 조합평의회와 상담을 거쳐 그들의 지지를 얻었다. 그러나 울라르코의 총전무이사 하비에르 몽헤로스와 이사장 알폰소 고로뇨고이티아는 그 제안을 거부하고, 출자금을 첫 해에는 5억 5,000만 페세타, 그 다음 해에는 6억 페세타, 3차연도에는 6억 5,000만 페세타로 하여 원안을 약간 수정하는 선에서 그쳤다.

울라르코 이사회의 일부 이사들은 자신들의 제안이 매우 중요하기 때문에 반드시 통과되어야 한다고 생각했다. 그들은 조합원들이 투표로 이를 기각한다면 사임까지 불사하겠다고 말했다. 다시 말해 이 안건에 대한 투표는 이사회에 대한 신임을 묻는 성격을 띠고 있었다. 비록 사임하겠다는 협박이 공식적으로 표명된 것은 아니었지만, 이는 조합원들에게 이사회 안을 승인하도록 압력을 넣기 위한 것으로 해석되었다. 그러나 중앙상임위원회 위원들은 이 쟁점에 대한 투표가 이사회에 대한 신임을 묻는 투표로 간주되어서는 안 되며, 조합원들이 고위 경영진을 믿고 있지만 자본을 늘리기 위해 어느 정도의 돈이 필요한가와 같은 실무적인 문제에 대해 의견이 다른 것은 당연하다고 주장했다.

이사회가 기존의 입장에서 물러서지 않자 중앙상임위원들은 1980년 2월 28일 모임을 갖고 이사회 안에 계속 반대할 것인지, 아니면 자신들의 입장을 포기할 것인지 결정을 내려야 했다. 후자를 선택할 경우 단순히 자신들의 입장을 포기하는 것으로 끝나지 않고, 이 문제를 각 회원 협동조합의 조합평의회에 넘겨 대의원들로 하여금 그들 각자의 수정안을 울라르코 총회에 제출하도록 함으로써 최종적으로 이사회 안의 찬반 여부를 결정해야 한다는 단서가 있었다.

중앙상임위원회의 입장을 옹호하는 사람들은 여전히 그 안에 대해 확신을 갖고 있었으며, 그 안이 모든 조합평의회의 투표에서 지지를 받을 것이라고 주장했다. 더 나아가 만약 이사회의 안이 기각될 경우, 자신들의 안이 조합원들과 경영진의 타협안으로 받아들여질 수 있도록 하기 위해 이 입장을 고수하는 것이 필요하다고 제안했다.

중앙상임위원회의 안을 철회하기를 원하는 이들은 중앙상임위원회가 계속 그 안을 고집할 경우 노동자들의 요구만 대변하는 노조의 역할을 맡고 있는 것처럼 보일 것이라고 우려했다. 게다가 각 조합평의회 의원들이 그들의 독자적인 의견을 제기하는 데 방해가 될 것이라고 주장했다. 중앙상임위원회의 안은 2월 28일 모임에서 철회되었고, 쟁점은 각 조합평의회로 넘겨졌다.

총회가 소집되기 전에 조합평의회 토론 과정에서 각 조합원들은 조합원과 조합평의회의 입장을 대변하는 수정안을 제출할 수 있었다. 이 과정에는 노동조합이나 정치 단체가 참여할 수 있는 길이 열려 있었다. 바스크연대노조 소속의 한 조합원은 이사회의 추가 출자안과는 사뭇 다른 보고서와 수정안을 제출했다. 그 보고서는 바스크연대노조원들의 연구를 바탕으로 하여, 자본이 부족하다고 바로 조치를 취할 필요는 없으며 울라르코의 각 기업들은 최근 상당한 규모의 투자를 했고 투자 효과가 발생하기까지는 시간이 필요하므로 기다려봐야 한다고 주장했다. 그들은 투자 효과가 나타나기 시작하면 자본 부족 현상은 줄어들거나 사라질 것이라고 했다.

이는 바스크연대노조가 경영진의 입장에 정면으로 도전하고 있는 것처럼 보이지만, 보고서에 나타난 표현은 매우 정중했다. 그들은 단지 미래 자본의 필요성에 대한 판단에서 이사회와 의견을 달리하고 있을 뿐이라고 주장했다. 또한 보고서는 경영진의 입장을 존중하고 그 좋은 의도와 진지한 노력을 칭찬했다.

울라르코의 투표 방식은 크고 작은 조합들의 이해관계를 조정할 수 있도록 복잡한 절차로 이루어져 있다. 먼저 전체 조합원의 반을 차지하는 울고의 과반수는 이를 반대하는 다른 모든 조합의 과반수를 압도할 수 있다. 그런 결과는 울라르코가 울고의 지배를 받고 있다는 인상을 줄 뿐만 아니라, 울라르코 그룹 내의 여타 조합들과 울고 사이에 긴장을 야기할 수 있다. 그와 반대로 각 협동조합이 단 하나의 투표권만 가진다면, 울고의 다수 의사가 3~4개 조합들의 소수 의사에 의해 뒤집힐 수도 있다. 이런 결과는 울고의 조합원들에게 민주주의 원칙이 제대로 작동되지 않고 있다는 인상을 줄 것이다. 그래서 울라르코의 지도자들은 투표 결과를 두 가지 방법으로 계산하는 새로운 방식을 고안해냈다. 하나는 모든 회사의 전 조합원들에게 똑같이 투표권을 부여하는 방식이며, 또 하나는 작은 회사의 투표권에 가중치를 주는 방식이었다. 최종 투표 결과는 이 두 가지 방식으로 나온 총계를 합산한 다음, 둘로 나누도록 했다.[4]

1980년 4월 총회에서 조합원의 61.9%가 이사회 안을 지지했지만, 2/3 이상이 되지 못했기 때문에 기각되었다. 다른 안들은 중요도가 낮아 2/3 이상의 찬성이 필요하지 않았기 때문에 과반수 찬성으로 가결되었다. 정년을 65세로 했고, 협동조합에 가입하는 가족에게 자본 승계를 할 수 없도록 결정했다. 또 초과근무수당을 줄이자는 제안도 66.4%로 통과되었다. 이는 2/3에는 조금 못 미치지만 과반수는 넘었으므로 통과되었다. 주간 초과근무수당은 약간 줄어들어 10%가 되었고, 야간 초과근무수당은 45%에서 30%로 줄었다.

경영진은 1981년 총회에 새로운 안을 제출하기 위해 울라르코의 자본 부족 문제를 계속 연구하기로 했다. 또 경영진은 중앙상임위원회가 울라르코의 경영본부와 이사회에 원활하게 조언할 수 있도록 중앙상임위원회를 울라르코 내부기구로 제도화하여 그 지위를 강화하기로 결정했다.

1981년 경영진은 비록 재정 분석에 관한 내용을 보충하여 다소 보완하기는 했지만 본질적으로는 기존의 안과 동일한 안을 중앙상임위원회에 제출했다. 중앙상임위원회는 자체 분석을 한 뒤, 이번에는 그 안을 지지했다. 중앙상임위원회가 입장을 바꾼 이유는 무엇일까? 이것은 두 가지 상황과 관련이 있다고 생각된다. 첫째는 일 년이 지났는데도 스페인은 여전히 심각한 경기 침체를 겪고 있었으므로 울라르코의 재정 위기를 경기가 회복된다고 해서 자연히 해결될 수 있는 일시적 문제로 보기 어려워졌다는 점이다. 두 번째 이유는 이사회와 상임위원회가 전보다 더 많은 의견을 교환했기 때문에 상임위원들은 이사회의 재정 분석을 좀 더 깊이 이해하게 된 것이다.

중앙상임위원회의 동의를 얻은 이사회 안은 소속 조합들의 조합평의회로 넘겨졌다. 거기서도 전보다 더 많은 지지를 얻었다. 그럼에도 조합평의회 대의원들은 그 안을 검토하여 1981년 4월 총회에 제출할 수정안을 마련했다.

조합평의회의 수정안 중에서 이사회 안과 크게 달라진 것은 한 가지밖에 없었고, 이것은 투표로 기각되었다. 이사회는 수정안에서 세 개를 받아들이고 네 번째 안의 네 번째 조항 중 두 가지만 받아들였다. 여기서 눈여겨볼 만한 것은 수정안이 근본적으로 이사회 안과 다르다기보다는 단지 조합원들이 좀 더 쉽게 이해할 수 있도록 표현을 쉽고 확실하게 하도록 요구하는 수준에 그쳤다는 점이다.

이사회 안과 수정안은 조합원의 69.6% 찬성으로 통과되었다. 울고에서 찬성률(64.8%)은 2/3에 조금 밑돌았지만, 다른 조합의 경우 에델란(67.8%)에서 코프레시(81.3%)에 이르기까지 찬성이 모두 2/3 이상이었다. 울라르코의 조합원 중 거의 70%가 이 투표에 참가했다.

새로운 규정은 6월과 12월에 각 조합원들의 자본구좌에 적립되는 이자와 이후 3년 동안의 급여에서 자본 출자금이 마련되어야 한다고 정해놓았다. 스페인의 관습에 따라 협동조합에서는 1년 동안 매달 급여를 지불하고 6월과 12월에 두 번 추가로 급여를 지불하고 있었다. 새 규정은 해당 자본 출자금의 반액을 두 번의 추가 급여에서 공제하도록 했다.

최근에 참여한 조합원과 같이 이자 적립금이 자신들이 내야 할 금액의 반에도 못 미치는 경우에는, 필요한 총액을 두 번의 추가 급여에서 공제해 마련하도록 했다. 또 경영진은 자금의 어려움을 겪고 있는 조합원들에게 별도의 방법을 이용할 수 있도록 했다. 즉 형편이 어려운 조합원들은 자신이 속한 협동조합 이사회에 그들이 내야 하는 출자금의 전부나 일부의 납부 시점을 연기해달라고 요구할 수 있었다.

조합원들의 출자금을 늘리기로 한 결정이 미친 영향을 제대로 파악하기 위해서는 현금 이동과 서류상의 결제를 구별하는 것이 중요하다. 새로운 정책하에서 협동조합은 조합원들로부터 현금을 받지 않는 대신 3년 동안 조합원의 자본구좌에 넣어주던 현금을 줄였다. 이 기간에 울라르코는 두 번의 추가 급여에서 공제한 금액을 조합원들의 자본계정에 외상으로 기재했다. 말하자면 조합원들의 최초 출자금처럼 자신들의 추가 급여에서 공제된 금액은 조합원들이 협동조합에 대출해준 셈이 된다. 앞에서도 지적한 바 있지만, 이런 정책으로 울라르코 조합원들의 현금 수입(급여+이자)은 11% 정도 줄어들었다.

울라르코는 또한 노동시간도 변경했다. 보통 노동시간은 하루에 8시간 25분이었다. 지금까지 조합원들은 1년에 1,820시간의 노동시간을 보장받고 있었다. 새로운 정책은 하루 노동시간을 계절상의 수급에 맞게 조정해서 가능한 한 초과노동을 없앴다. 노동시간을 몇 주 동안 계속 하루 10시간으로 늘리기도 했고, 하루 6시간으로 줄이기도 했다.

울고의 조합평의회는 새로운 정책에 대해 대체로 의견을 같이했지만, 그 정책이 처음 실시될 때는 방법상의 문제에 특별히 관심을 갖고 지켜보았다. 그들은 일부 경영진이 기계의 단추를 누르듯이 노동시간을 편한 대로 바꾸는 것은 조합원들에게 심각한 문제라고 생각했다. 그들은 계절적 수급이란 대개 예측할 수 있는 것이므로 노동시간을 변경하려면 45일 전에 조합원들에게 알려줘야 한다고 주장했다. 경영진은 45일 전에 알리는 것은 너무 이르다고 반대했지만, 15일 전에 알리는 것에는 동의했다.

지금까지 급여와 고용 정책의 변화를 자세히 살펴보면서 중요한 정책 변경에 따르는 문제를 설명했다. 정책을 변경하려면 먼저 각 협동조합 내, 협동조합 간, 그룹 경영진 간에 복잡하고 폭넓은 의견 교환이 선행되어야 한다. 중요한 정책 변화가 쉽게 이루어질 수는 없지만, 최종 결정이 조직의 재정적인 요구에 부합하고 조합원들에게도 만족할 만한 것이라면 정책 결정 과정에 들어간 시간과 돈은 정당성을 얻게 된다. 또한 새로 변경된 정책이 장기적인 안목으로 만들어진 것인가, 아니면 곧 번복될 것인가 하는 것도 중요한 판단 기준이 된다.

협동조합에서는 서로 다른 판단 기준을 조정하지 않으면 안 된다. 정책 변경이 조직의 재정적인 요구를 해결해주지 못하고 조합원들로부터 최소한의 지지마저 받지 못한다면, 조합원들과 지도자들은 다시 토의하고 검토하고 투표를 해서라도 철저하게 정책을 재평가해야 한다.

이 장에서 다룬 두 가지 중요한 정책 결정은 시간이라는 시험대를 일단 통과한 것으로 생각된다. 1979년에 결정된 급여 규정은 이후 7년 동안 크게 문제된 적이 없었다. 1981년부터 1986년까지는 조합원들로부터 더 이상 출자금을 모을 필요가 없어졌으며, 1986년에 이르러 경제가 회복되면서 울라르코의 재정적 기반도 건실해지고 조합원들의 경제적 희생을 요구하는 단계를 넘어서게 되었다.

이상 두 가지 정책 변경의 사례는 중요한 측면에서 차이가 있었다. 급여 문제의 경우, 논의 과정 막바지에 조합원들이 급여 기준을 회사 실적에 맞추기로 합의함으로써 경영진과 이사회의 안을 약간 수정하여 받아들였다. 이에 비해 자본 출자의 경우, 첫 번째 투표에서 조합원 2/3의 지지를 얻지 못했기 때문에 최종적으로 승인을 받기까지 1년이 더 걸렸다.

자본 출자 문제가 해결되기 힘들었던 이유는 무엇일까? 급여 문제는 조합원들에게 당장의 경제적인 희생을 요구하지는 않았다. 물론 그들은 앞으로 몇 년간 자신들의 급여가 이전에 비해 줄어들 것임을 인식하고 있었다. 그렇다고 해도 여전히 울라르코의 실적이 오르고 경제가 소생하고 인플레이션이 오래가지 않는다면 희생을 피해갈 가능성은 남아 있었다. 자본 출자의 경우 사정이 크게 달랐다. 추가 출자금에 대한 수정안을 받아들인다면 3년간 연소득이 대략 11% 정도 줄어들기 때문이다.

이렇게 가장 어렵고 복잡한 의사결정에서도 울라르코의 지도자들은 그들답게 당면한 문제에 대한 단순한 해결책만을 제시하는 데 만족하지 않았다. 그보다는 어떤 결정을 내리기에 앞서 기본적인 지침을 세우고 그에 대한 합의를 이끌어냈다. 이것은 그들이 무엇을 더 중요하게 여기는지 명백히 보여준다. 울라르코의 지도자들은 조합원들이 새로운 규정을 받아들이기에 앞서 그들이 이해할 만한 기본 원칙과 합리적 근거를 제시해야 한다고 생각했던 것이다.

또한 결정을 내리는 것도 중요하지만 토론과 교육, 그리고 의사결정 과정에 많은 시간을 들여서라도 많은 조합원들이 적극적으로 참여할 수 있도록 이끄는 것이 더 중요했다. 만약 이사회 안이 조합원들의 토론을 거치지 않고 총회에서 직접 투표에 부쳐졌다면 기각되었을 것이다. 조합원들은 의사결정 과정에 좀 더 많이 참여함으로써 마침내 현재의 규정을 새로운 급여 규정으로 바꿔야 한다는 데 동의할 수 있었다. 물론 이사회 안이 조합원들에게 수정 없이 받아들여진 것은 아니었다. 경영진은 본래의 원칙과 목적이 유지되는 선에서 조합원들의 요구사항을 받아들여 자신들의 안을 수정해야 했다.

이 사례는 대규모 노동자생산협동조합과 조합 그룹에는 둘 이상의 대표기구가 필요하다는 점을 단적으로 보여준다. 몬드라곤에서 이사회는 공동소유자로서의 조합원들의 이해를 대변하고, 조합평의회는 노동자로서 조합원들의 입장을 대변한다. 울라르코 소속 조합들이 재정 안정을 위해 조합원들의 경제적 희생을 얻어내는 힘겨운 과정에서, 조합평의회는 조합원들을 교육시키고 함께 토의하고 의견을 모아내고 이끌어가는 중요한 역할을 해냈다.

조합원들은 복잡한 의사결정 과정에 참여하면서 무엇을 느꼈을까? 우리는 평조합원들의 생각은 알 수 없다. 그러나 우리와 대화를 나눈 경영진의 한 사람이 "우리에게 그것은 힘든 과정이었지만 조합원들이 조합의 재정적인 문제를 이해하게 될 정도로 성숙되는 계기였다"고 말한 것은 의미심장하다. 경영진도 고도의 전문적인 문제들을 풀어나가는 과정에서 조합원들의 참여를 이끌어내는 방법과 그들의 의견을 효과적으로 이용할 수 있는 방법을 배웠다.

알폰소 고로뇨고이티아가 내린 평가는 눈여겨볼 만하다. 그는 울고의 개척자 중 한 사람이자 울라르코와 노동인민금고의 이사장이었으며, 명성 또한 자자했다. 처음에 그는 1980년의 이사회 안이 거부되자 크게 실망했다. 그는 경영진이 두 가지 어려운 난관에 봉착했다고 지적했다. 하나는 조합원들이 몇 년 동안 해마다 늘어나는 소득에 익숙해져 있어서 그들을 설득해 경제적인 희생을 감내하도록 하기가 힘들다는 것이었다. 다른 하나는 중요한 정책 변경을 할 때는 조합원 2/3 이상의 찬성이 필요한데, 단지 1/3이 약간 넘는 소수의 조합원들에 의해 필요한 정책이 부결되는 것은 불합리하다는 것이었다.

경영진이 의사결정 과정에서 잘못을 저질렀는가? 고로뇨고이티아는 의사결정 과정에서 경영진이 큰 잘못을 저지르지는 않았지만, 두 달 남짓한 기간 동안 그렇게 중요한 문제를 해결하려 했던 것은 문제가 된다고 지적했다. 더욱이 결정사항에 관련된 자료가 매우 전문적이어서 조합원 대부분이 그 수치를 제대로 이해할 수 없었다고 덧붙였다. 아무리 성실하고 지적 수준이 높은 사람이라 해도, 똑같은 수치를 가지고 서로 다른 결론에 이를 수 있다는 것을 그는 인식하고 있었다. 그는 초기의 안을 반대한 사람들은 자신들의 입장을 설명해야 할 뿐만 아니라 그 입장을 뒷받침할 수 있는 전문적인 분석을 제시해야 한다고 지적했다. 그는 비록 그 안건이 기각되었다는 것에 처음에는 기분이 나빴지만 조합원들이 보여준 관심과 사업 운영에 필요한 사항들을 조합원들이 이해해가고 있다는 사실에 크게 위로받았다고 말했다.

의사결정 과정을 통해 조합평의회의 역할을 흥미롭게 지켜볼 수 있었다. 만약 사기업에서 노조의 의견을 대표하는 중앙상임위원회가 경영자의 입장과 대립한다면 노조는 경영자 쪽의 입장을 받아들이거나, 아니면 파업을 하게 될 것이다. 그러나 울라르코에는 다른 대안이 있다. 조합원들이 모든 결정을 내릴 수 있는 권리와 권한을 갖기 때문에 중앙상임위원회는 조합평의회에서 그 쟁점 사항을 투표에 부칠 수 있다. 이처럼 주요한 정책을 결정할 때 궁극적인 힘은 전체 조합원들이 갖고 있는 것이다.

만약 '권한'이 결정을 내리고 이를 다른 사람에게 강제하는 것을 의미한다면, 중앙상임위원회와 조합평의회는 권한이 없는 셈이다. 그러나 중앙상임위원회와 조합평의회는 경영진이 제기한 안의 전문적인 측면을 분석하고, 경영진으로 하여금 노동자들의 입장을 이해하고 이에 관심을 갖도록 하는 교육과정을 만들기도 하고, 반대로 노동자들로 하여금 경영진의 안이 왜 나오게 되었는지 이해할 수 있도록 도움을 주는 자문기구로서 꼭 필요한 중재자의 역할을 한다.

　이 장에서는 울라르코에 대해서만 집중적으로 살펴보았다. 울라르코의 경험이 하나의 모범 사례로서 여타 협동조합 지도자들에게 관심을 받아온 것은 사실이지만, 울라르코로서는 자신의 조건에 맞게 경기침체에 대처해야 했다. 다음 장에서는 어떤 협동조합 그룹도 완벽하게 해결할 수 없었던 문제로서 체계적인 해결책이 요구되는 문제를 다뤄보기로 한다.

13
실업에 대한 보상과 지원

몬드라곤의 실업 문제는 사업 규모가 확장되는 동안에는 별로 심각하지 않았다. 일자리를 잃은 노동자들은 규모가 확장되고 있는 협동조합으로 자리를 옮겨갔고, 당장 자리가 없다 해도 몇 주 이상 기다리는 일은 거의 없었다. 그러나 경기침체로 인해 몬드라곤 협동조합 복합체의 지도자들은 실업 노동자에 대한 지원 정책을 크게 바꿔야 했다. 이는 여러 단계를 거쳐 이루어졌지만, 그 복잡한 과정을 쉽게 이해하기 위해 1985년 당시의 정책을 살펴보기로 하자. 앞으로 설명할 정책과 절차는 조합의 지도자들과 조합원들이 어떻게 협동조합 복합체 안에서 '연대책임' 원칙을 지켜갔는지 보여줄 것이다.

1980년대에 들어서면서 약 2/3의 공업협동조합과 농업협동조합이 협동조합 그룹으로 묶였다. 노동인민금고는 처음 3년 동안은 경영진의 월급 절반을 지불해줄 테니 조합을 그룹으로 조직하라고 제안했다. 울라르코처럼 강하게 통합된 조직은 없었지만, 경기후퇴에 대처하기 위해 그룹이 경영본부를 만들고 그 책임을 맡아야 한다는 주장이 제기되었다. 이러한 주장은 노동인민금고와 라군-아로(사회보장협동조합), 그리고 그룹에 소속된 협동조합들에서도 제기되었다.

이 장에서는 라군-아로가 협동조합 그룹들과 더불어, 그리고 협동조합 그룹을 통해 일을 처리해가는 방법을 집중적으로 검토할 것이다.

권리와 의무의 균형

협동조합 그룹은 회원 조합의 잉여 조합원들에게 일자리를 찾아주는 일차적인 책임을 진다. 경기침체기에 흔히 그렇듯, 협동조합 그룹이 잉여 조합원들을 받아들이지 못하면 라군-아로가 대부분의 책임을 지게 된다. 그렇다고 해서 협동조합 그룹이 아무런 책임도 지지 않는다는 뜻은 아니다. 앞으로 소개할 정책을 통해서도 알 수 있겠지만, 각 협동조합과 조합 그룹은 실업 노동자의 재배치와 실업자 지원 사업에 드는 경비를 나누어 부담한다.

12명으로 구성된 라군-아로의 이사회에는 의료 사업을 책임지고 있는 로만 발란사테기 이사장만이 유일한 상근이사로 일하고 있다. 그 외의 이사로 노동인민금고의 대표 한 사람이 있고, 나머지 이사들은 각 협동조합 그룹을 대표한다. 따라서 이사회는 라군-아로와, 라군-아로가 지원하는 협동조합 및 조합 그룹 양쪽 모두를 대표한다. 이사회의 구성만 본다면 지원을 받는 조합 측이 다수를 차지하고 있다. 그러나 이 사실이 곧 라군-아로로부터 최대한의 금융 혜택을 얻어내는 것이 협동조합과 조합 그룹의 관심사라는 뜻은 아니다. 라군-아로의 재정은 주로 관계 협동조합원들의 부담금으로 운영된다. 이 부담금은 라군-아로의 이사회가 논의하고 결정한다. 이런 결정은 토의 당사자 간의 교섭 능력에 따라 이루어지는 것이 아니라 일시해고 상태인 동료 노동자를 어떻게 지원할 것인가, 그리고 지원조직의 재정을 어떻게 마련할 것인가 하는 두 가지 과제를 고려하여 결정된다.

1980년 라군-아로는 실업과 재배치 비용을 지원하기 위해 0.5%의 부담금을 설정했다. 1985년까지 부담금은 2.35%로 늘어났다. 그러나 이 부담금으로 실업과 재배치 비용 전부를 충당하는 것은 아니며, 대부분의 비용은 오히려 다음에 설명하는 정책에서 알 수 있듯이 협동조합들과 라군-아로가 분담한다.

사업 수행을 위한 정책과 집행 과정

라군-아로는 실업의 성격을 두 가지로 나누고 있다. 하나는 시장의 계절적인 수급 변동 때문에 생기는 것이고, 다른 하나는 이전의 고용 수준을 유지할 수 없는 데서 오는 구조적인 실업이다. 후자의 경우에 해당하는 협동조합은 '구조적 실업' 사태에 빠졌다는 보고서를 라군-아로에 제출한다.

라군-아로에는 이러한 문제를 전담하는 위원회가 둘 있다. 그중 하나인 지원위원회는 보고서를 검토한 뒤 그것이 사실로 인정되면 해당 협동조합과 함께 지원 방법과 규모를 결정한다. 또 다른 위원회인 재배치위원회는 신규 조합원을 구하고 있는 협동조합으로 잉여 노동자를 이동시키기 위해 협동조합 및 협동조합이 속한 협동조합 그룹, 그리고 필요하다면 그 외의 협동조합 그룹과 협력한다. 양 위원회의 위원들은 라군-아로의 이사회에서 선출된다.

노동자 재배치

일자리를 잃은 조합원에게 해당 협동조합 그룹이 일자리를 마련해주지 못할 경우, 라군—아로는 다른 몬드라곤 협동조합에서 일자리를 찾아주는 책임을 진다. 만약 이전의 직장이나 자기 집에서 50km 이내에 있는 조합에 일자리가 생기면 조합원은 이를 받아들여야 하며, 거부할 경우 실업수당을 포기해야 한다. 동시에 해당 협동조합도 라군—아로의 허가 없이 신규 조합원을 고용하지 않기로 동의해야 한다.

조합원을 재배치할 필요가 생길 경우에는 라군—아로가 그 비용을 부담한다. 일시적인 재배치와 영구적인 재배치는 구별된다. 전자의 경우, 조합원은 앞서 다니던 직장에 돌아갈 것이라는 가정하에 그곳의 조합원으로 그대로 남아 있게 된다. 라군—아로는 조합원의 교통비 및 전에 있던 직장에서 받던 급여와 지금 받는 급여의 차액을 부담한다. 그러나 조합원이 영구적으로 재배치되는 경우에는 '특별비용'만 지불하며, 그 비용의 성격과 규모는 라군—아로의 이사회가 재배치위원회와 의논해서 결정한다.

실업

실업 기간에 조합원들은 실수령 기본급의 80%와 고용되어 있을 경우에 받는 사회보장기금의 100%를 받는다. 이 금액을 연 2회 특별 보수가 지급되는 스페인의 관례에 따라 1년 동안 14번으로 나눠 받는다.

실업 조합원은 2년에 걸쳐 최대 12개월분의 실업수당을 받을 수 있다. 이 기간은, 만약 어느 협동조합 조합원의 25% 이상이 일자리를 잃는 경우 라군—아로 이사회의 결정에 따라 연장될 수도 있다. 또한 협동조합이 문을 닫을 경우에는 2년분의 실업수당을 받을 수 있다. 그러나 조합원이 자기 사업을 하거나 협동조합 복합체가 아닌 다른 곳에서 일자리를 갖게 될 경우에는 라군—아로가 계속 실업수당을 지불하는 것을 승인하지 않는 한 실업수당은 끊긴다.•

조기 퇴직

어떤 협동조합이 '구조적 실업' 상태가 되었을 경우와 조합원의 나이가 58세 이상(물론 65세 이하)이 되어 재배치가 어렵고 이미 12개월분의 실업수당을 받았을 경우에, 그 조합원은 조기 퇴직을 할 자격이 있다. 퇴직 후 65세까지는 일반적으로 실수령금의 60%와 사회보장수당 전부를 받을 수 있다. 다만 1년에 12차례(14차례가 아니라) 받는다. 65세가 되면 이러한 후원금은 없어지고 정기적으로 연금을 받는다. 조합원이 자기 사업을 갖거나 다른 직장에 다니게 되면 라군-아로가 승인하지 않는 한 조기 퇴직에 대한 후원금은 끊긴다.

보상금

조합이 구조적 실업 상태가 되고 조합원의 나이도 58세 미만이며, 라군-아로에 적어도 2년 동안 부담금을 냈고 재배치위원회가 이직을 주선하기 어려울 때에 한해서 보상금을 일시불로 받을 수 있다.

일시불은 라군-아로에 부담금을 낸 햇수에 따라 달라진다. 사회보장제에 2년에서 5년까지 가입했던 조합원은 1년치의 월급에 해당하는 돈을 받는다. 가입 기간 1년마다 일시불의 금액은 한 달치 월급만큼 늘어난다. 이 보상금을 받으면 조합원은 라군-아로로부터 더 이상 금전적인 도움을 받지 못한다. 그러나 1년 이내에 협동조합 복합체 내에서 일자리를 구하면 받은 후원금을 모두 갚아야 한다. 보상금을 받고 만 1년 뒤에 직장을 얻으면 75%를 갚아야 하고, 만 2년 뒤에 일자리를 구하면 50%, 만 3년 뒤에는 25%를 갚아야 하고, 4년 뒤에 일자리를 구했으면 갚지 않아도 된다. 협동조합은 실직한 노동

● 예외 규정을 두는 것은 자기 사업을 갖게 된 사람이 전에 다니던 조합에서 일할 때보다 수입이 훨씬 낮을 수 있는 형편을 고려한 것이다.

자가 라군—아로로부터 받는 금액을 일부 보조한다.

재훈련

협동조합은 한 조합에서 다른 조합으로 자리를 옮긴 조합원들을 교육시켜야 할 의무가 있다. 라군—아로의 지원을 받으려면 협동조합은 먼저 정부에 최대한의 원조를 신청해야 한다. 라군—아로도 국가의 원조를 받을 수 있도록 도와준다.

자격 요건

협동조합이 발족한 때부터 18개월이 경과하지 않은 경우, 조합원들은 라군—아로의 지원을 받을 자격이 없다. 그러나 기존 협동조합에서 파생된 조합의 경우에는 이런 대기 기간이 없다.

협동조합이 그 조합의 실업 노동자로 하여금 라군—아로의 지원을 받을 수 있게 하려면 재정 및 기타 요건을 갖추지 않으면 안 된다. 또한 라군—아로에 대한 재정적 의무도 철저히 이행해야 한다. 라군—아로의 특별한 허락이 없는 한 조합원에게 시간 외 근무수당을 지급해서도 안 되고, 어떤 노동자도 신규 고용을 해서는 안 되며, 조합원들의 임금을 인상해서도 안 된다.

비용의 분담

협동조합도 실업수당을 분담할 의무가 있다. 1985년 봄부터 발효된 규정에 따르면 협동조합이 실업 지원금의 상당 부분을 맡아야 한다. 해당 조합이 급여율을 얼마나 줄여 실업 지원금을 조성했느냐에 따라 해당 조합원과 라군

〈표 13-1〉 실업비용 분담 방식

임금 수준(%)	임금 인하의 최대 한도(%)	고용 조합원의 부담 비율(%)	라군-아로의 부담 비율(%)
100	16	70	30
99	15	50	50
98	14	47	53
97	13	44	56
96	12	41	59
95	11	38	62
94	10	35	65
93	9	32	68
92	8	29	71
91	7	26	74
90	6	23	77
89	5	20	80
88	4	16	84

-아로가 맡을 지원금의 비율이 결정된다.

해당 조합이 분담하는 액수는 조합의 현재 급여 비율과 복합체 내 다른 조합들의 가중치 평균 급여 비율을 비교해 계산한다. 해당 조합의 급여 수준이 높을수록 조합의 실업 지원금은 늘어난다. 조합원들이 높은 급여 공제액을 별 말 없이 기꺼이 받아들인다면 라군-아로가 맡는 비중도 커진다. 〈표 13-1〉에서도 알 수 있듯이, 경기침체 때문에 조합원들의 급여 수준이 낮아지기 전까지만 해도 협동조합 그룹에서는 100% 수준의 급여가 일반적이었다.

몬드라곤 협동조합은 실직한 조합원들에게 스페인의 다른 사기업들보다 훨씬 더 많은 고용 기회를 주고 재정 원조를 해왔다. 그러나 이것은 실업률이 다른 사기업보다 훨씬 낮기 때문에 가능했을 것이다. 1985년 6월의 조사 내용에 따르면,[1] 협동조합에서 1,197명의 조합원(전체 조합원의 6.9%)이 실직된 상태였다. 이는 바스크 지역의 평균 실업률에 비하면 1/3 수준에 불과하다. 그러나 몬드라곤에서 '실업' 상태를 어떻게 규정하는지 알게 되면 이 수치는 한층 더 인상적으로 다가온다. 전체 1,197명 실직자 중에서 792명은 몬드라곤의 다른 협동조합에 일시적으로 이직한 상태였고(이는 '불완전고용'으로 분류됨), 301명은 그들의 노동력이 필요하지 않은 상황에서도 소속 협동조합으로부터 월급을 받고 있었다(이들은 '잠재실업'으로 분류됨). 단지 0.6%인 104명만이 라군-아로에서 지원금을 받고 있었는데, 말하자면 이 정도가 일반적으로 미국에서 정의될 수 있는 실업인 것이다.

14
울라르코에서 파고르로

울라르코가 어떻게 경제적 어려움을 극복하고 새로운 발전 전략을 수립하여 파고르로 발전했는지 알려면 울라르코 협동조합 그룹의 초창기를 살펴볼 필요가 있다.

느슨한 연합 체제에서 통합 경영 체제로 : 1964~1975

울라르코 설립 이후 처음 5년간(1965~1970년) 그룹의 경영본부는 일부 보조 인원을 포함해 소속 조합의 경영진으로 구성되어 있었다. 이런 구성은 서비스나 정보 교환을 활발하게 해주었지만, 울라르코 전체의 입장에서 볼 때는 전략적인 계획을 밀고 나가는 데 지도력의 문제가 있었다.

1970년에 신설된 울라르코 총전무이사 자리에 하비에르 몽헤로스가 임명된 것은 그룹 차원의 전략적 계획화의 길을 개척한다는 점에서 큰 의미가 있었다. 또한 그것은 경영자 승계에도 중요한 전기를 마련했다. 이전까지만 해도 노동인민금고와 울고의 주요한 지도적 직책은 울고의 설립자들이 맡고 있었다. 그런데 몽헤로스는 울고의 설립자도 아니고 몬드라곤에서 성장한 사람도 아니었다. 그는 전공 분야가 공학이 아닌 물리학이라는 점에서도 설립자들과 달랐다.

1986년 우리는 몽헤로스가 새 직책을 맡아 직면한 과제 외에도 일반적인 경영전략과 철학에 대해 오랜 시간 대화를 나눈 적이 있다. 몽헤로스는 단위 협동조합인 파고르 전기회사에서 총전무이사로 자리를 옮긴 뒤 처음 몇 달 동안은 각 조합의 재정 상태를 연구했다. 그리고 울라르코의 인사부장이 사직했을 때 인사 분야에 대한 연구에 골몰했다. 그의 회고를 들어보자.

> 나는 참고문헌들을 가져다 읽기 시작했습니다. 전문 서적을 읽으면서, 우리는 인사 담당자들이 경영진으로서 역할을 제대로 못하고 있음을 깨달았습니다. 그들은 개별 노동자를 받드는 일종의 고해신부였죠. 모든 것은 개개인의 문제에 바탕을 두고 있었습니다. 어떤 조합원은 자신의 개인 문제를 말하고자 찾아오기도 합니다. 이런 방식으로는 몇몇의 사소한 개인적 문제를 해결할지는 몰라도 커다란 구조적 문제를 해결할 수는 없었습니다.

인사부는 몽헤로스의 지원을 받아 참여적 목표 경영을 위한 지도자 훈련에서 상당한 역할을 수행하기 시작했다. 인사부원들은 조직의 문제점을 분석하고, 기구상의 개혁을 시도하고, 경영 담당자를 지명할 때도 경영진과 긴밀히 협의하기 시작했다. 또 앞서 살펴본 바와 같이 인사부원들은 노동 형태의 개혁에서도 주도적인 역할을 했다.

개입과 재편 : 1976~1983

1970년대에 들어서면서 그룹의 경영본부는 심각한 재정난을 겪고 있던 파고르 전기회사를 재편하기 위해 긴급 개입의 제1단계에 착수했다.

파고르 전기회사

울라르코에 가맹된 전기업의 공동손익계정에 따르면, 파고르 전기회사(전기부품 및 전자제품 제조업체)의 재정위기는 1970년대 말 훨씬 이전부터 심각한 상태였다. 1974년 공동손익계정에서 파고르는 출자액보다 더 많은 1,750만 페세타를 인출해갔다. 1975년 한 해 동안 공동자금에서 인출한 액수는 6,000만 페세타에 이르렀고, 1년 뒤에 적자는 8,540만 페세타로 늘어났다. 이렇듯 전체 조합의 공동출자금을 많이 빼가고 있었기 때문에, 조합의 규모를 크게 줄일 것이냐, 아니면 아예 포기할 것이냐에 관심이 모아졌다. 조합을 구할 수 있는 방법을 찾지 못한 파고르의 경영진은 의기소침해 있었고, 솔직히 다른 경쟁회사의 제품보다 더 낫다고 주장할 처지가 못 되었던 판매 책임자는 자리를 내놓겠다고 했다. 이에 전체 경영진은 조합을 재편하기 위해 울라르코에 구제를 신청했다.

파고르 전기회사의 재편은 1976년에 시작되어 5~6년이 걸렸는데, 해결해야 할 문제가 무척 많았다. 그런 점을 감안하면 몽헤로스가 대부분의 시간을 여기에 바쳤을 것 같지만, 그는 "파고르 전기회사에서는 한 달에 서너 번 정도 아침 시간을 보냈을 뿐"이라고 한다. 물론 그가 보낸 시간은 얼마 되지 않더라도 그 조합을 일으키는 데 커다란 역할을 했음은 분명했다. 몽헤로스는 파고르의 조합원들뿐만 아니라 울라르코의 조직평가 부문에서 책임자로 일하던 호세 루이스 곤잘레스를 데려와 이들에게 여러 가지 지원을 아끼지

울고와 파고르에서 만든 초기 주방 기구 | 위 사진은 1950년대에 울고에서 생산된 석유풍로이고, 아래 사진은 1970년대 파고르에서 생산된 가스레인지이다.

않았다.

몽헤로스와 곤잘레스는 파고르 전기회사의 여러 위원회와 함께 다음과 같은 개혁을 실시했다.

(1) 비용은 많이 들어가면서 수익을 별로 올리지 못하는 제품의 생산을 중단하여 생산 품목을 줄였다. 대신, 수출 시장에 더 많은 노력을 기울여 이를 보충했다.
(2) 신제품을 개발하고 도입했다.
(3) 직접적 노동자 및 간접적 노동자, 고위 경영진과 엔지니어에 이르기까지 전체 인원을 500명에서 약 425명선으로 감축했다. 이는 울라르코 역사상 최대의 인원 감축이었는데, 감축된 사람들은 다른 협동조합으로 이직시켰다.
(4) 전무이사를 새로 임명했다.
(5) 파고르 전기회사의 한 전자 부서와 코프레시의 한 부서를 아우르키 협동조합에 통합시키고, 아우르키 협동조합은 자동조립 공정에 필요한 기계 생산협동조합으로 급속히 확장시켰다.
(6) 수출 실적이 좋고 전망이 있는 회사를 지원하는 정부의 계획을 이용해서 저리 대출을 확보했다(뒤에 상공부 장관이 의회의 한 위원회에 제출한 보고서에서, 파고르 전기회사는 정부 지원을 가장 효과적으로 수용한 모델로 제시되었다).

울고

울고에 대한 개입은 울라르코로서는 매우 어려운 문제였다. 울고는 협동조합 복합체 중에서 가장 먼저 설립되었고, 규모가 가장 클 뿐만 아니라 몇 년 동안 가장 높은 수익을 올리고 있었다. 구티에레스-존슨의 보고에 따르면,[1]

1964~1974년까지 울라르코의 6개 업체 중 두 업체만이 공동손익계정에서 출자금으로 받은 것보다 더 많은 액수를 납입했다. 공구 제조업체인 아라사테는 총 450만 페세타를 납입한 반면, 울고는 6,750만 페세타를 납입했다. 1975년 울고는 유일하게 공동손익계정에 돈을 낸 조합이었는데 1억 3,360만 페세타를 납입했다. 1976년에는 1억 3,310만 페세타를 납입해서 아라사테(1,150만 페세타)와 파고르 전기회사(610만 페세타)의 기부금을 상대적으로 아주 적어 보이게 만들었다.

그러나 1979년 울고의 수지는 손익분기점까지 급속히 떨어졌고, 1981년과 1982년에는 처음으로 심각할 정도의 적자를 냈다. 그 적자는 울라르코 전체에 충격을 주었고, 여러 지원조직 특히 노동인민금고에 심각한 문제로 다가왔다. 울라르코 내의 다른 조합들은 현상 유지에 급급했기 때문에 울고의 적자를 보충해줄 수 없었다. 따라서 울고의 적자는 전체 협동조합 그룹의 자본 부족으로 이어질 위험이 있었다.

울라르코가 울고의 문제 해결에 나서면서, 몽헤로스는 울고 이사회와 함께 울고가 안고 있는 문제점과 경영 실적을 조사했다. 조사 결과, 울고는 성공의 희생자라는 결론이 도출되었다. 급속한 시장 확대로 울고는 장기적인 전략을 세우지 못한 채 성장했던 것이다. 그 과정에서 융통성 없이 같은 사람이 여전히 같은 부서나 공장에서 계속 일하면서 자신들의 특정 분야에 지나치게 집착하곤 했다. 또 급속한 성장과 함께 내부 승진 역시 급속히 이루어졌다. 그 때문에 미래에 대한 전망과 통찰력도 없이 승진하는 사람이 많았다. 결국 울고는 무책임한 성장 정책에 희생된 셈이었다.

울고의 재편성 계획의 일환으로 최고 간부 4명 중 3명과 공장장 전원의 교체가 제기되었다. 또한 재정비 첫 해 동안 총조합원 수를 120명 정도 줄이고, 다음 해에는 100여 명을 더 줄일 것이 요구되었다. 이 때문에 실업자가

된 이들은 없었지만, 일부 조합원들은 울고에서 그룹 내의 타 조합으로 또는 사무직에서 생산직으로 자리를 옮겨야 했다.

전체 노동자 가운데 누가 남고, 누가 옮길 것인가는 우선 경영진에 의해 결정되었지만, 중앙조합평의회가 이 결정을 재검토하여 이의를 제기할 경우 중앙조합평의회 산하의 사무직 노동자위원회가 다시 한 번 검토했다. 일자리를 옮기게 된 조합원들은 울고 이사회에 재심을 요청할 수 있었다. 인원 감축이 행해지는 동안, 경영진은 협동조합에 꼭 필요한 능력을 가진 사람이 아니면 누구도 고용하는 것을 삼갔다. 이 재편 과정은 큰 구조적 변화를 가져왔다. 전에는 제품의 품질, 제조 공정(산업공학), 그리고 생산에 대한 책임이 분리되어 있었다. 그러나 이제는 공장장이 600여 명의 노동자에 대한 종합적인 책임을 맡았다. 전보다 책임 범위가 더 넓어진 것이다. 또한 공장장들은 동시에 울고의 경영평의회 대의원이 되었다.

당시 스페인 정부는 수출 실적이 좋고 전망이 밝은 회사에 대한 지원 정책을 수립하고 있었다. 정부는 '백색상품(주방용 및 가정용 비품)' 분야에서 어느 기업을 지원해야 할 것인지 조언을 듣기 위해 미국 맥킨지사의 스페인 지사장과 만났다. 맥킨지는 잠재력과 미래의 전망을 감안할 때 울고가 지원받을 만하다고 보고했다. 울고는 재정상 문제가 있기는 해도 대부분의 경쟁 회사들보다 상태가 좋은 편이었다. 그 예로, 냉장고 공장의 신임 공장장인 페르난도 고메스 아세도는 1983년 울고의 국내시장 점유율이 22%를 차지하고 있었음에도 냉장고 제조업 전체의 총적자액 중에서 울고의 적자 비율은 4%에 불과했다고 말했다.

스페인 정부는 맥킨지의 가능성 조사 및 울고와 울라르코 내에서 실시된 재편성 계획의 성과를 믿고 울고에 1,200만 달러를 대출해주었다. 재편성 계획이 협동조합 조직을 강화하기 위한 계획임을 정부가 인정해준 셈이다.

울고의 이사회는 몽헤로스와 상의하여 헤수스 카타니아를 울고의 전무이사로 임명했다. 헤수스 카타니아는, 울고 다음으로 큰 규모로 800여 명의 조합원을 지닌 전자기계부품 제조업체 코프레시의 전무이사였다. 10년 전 카타니아는 공장장으로서 코프레시의 직무 재편성 계획에서 중요한 역할을 했다. 그는 인적자원 관리에 뛰어날 뿐 아니라 창조적이면서 상상력이 풍부한 사람으로 인정받고 있었다. 그가 이켈란의 이사장을 동시에 맡고 있었다는 사실은, 기술 개발 분야에서 그의 명성과 헌신을 보여주는 것이었다.

처음에 카타니아는 울고의 새로운 직책을 사양했다. 코프레시의 직책에 만족하고 있어서 자리를 옮기고 싶지 않았기 때문이었다. 몇 주 뒤 몽헤로스는 카타니아에게 '울고의 운영은 울라르코 전체에 중대한 일이고 당신만이 울고의 성공을 보장할 수 있는 유일한 인물'이라며 마음을 바꿔달라고 부탁했다. 카타니아는 몬드라곤운동에 대한 의무와 자신의 개인적인 취향을 여러 각도로 검토한 뒤 그 제안을 받아들이기로 했다. 1983년 10월 우리와 만났을 때 그는 울고를 재조직하고 있었는데, 자신이 해결할 문제들을 줄여나가고 있는 것처럼 보였다. 1985년에 이르러 울고는 어느 정도 수익을 올렸고, 1986년 말에는 울고의 생산품에 대한 수요가 엄청나게 늘어나면서 생산이 주문을 쫓아가기 어려울 정도가 되었다.

협동조합 그룹의 재편 : 1985~1986

1970년대와 80년대에 울라르코의 경영진은 개별 협동조합, 특히 파고르 전기회사와 울고를 다시 살려내기 위해 많은 노력을 기울였다. 경영진은 자원을 들여가면서까지 이 일에 계속 헌신했다. 1984년부터 1986년까지 우리의 방문 기간에는 아라사테의 재정을 건전하게 되돌리기 위해 진지한 노력을 기울이고 있었다. 이 공작기계협동조합은 미국 회사들에도 영향을 미친 세계 시장의 급격한 침체로 고통을 겪고 있었다.

파고르 전기회사와 울고의 심각한 위기를 해결한 다음, 울라르코의 경영진은 향후 10개년 기본 전략 개발에 집중했다. 울라르코 소속의 협동조합들로부터 1986년 6월에 승인된 이 새로운 전략에는 협동조합 그룹의 재편이 포함되어 있었다. 이 안건은 경영진에 의해 울라르코의 이사회에 처음 제출되어 이사회와 중앙조합평의회, 그리고 여러 회원 조합의 이사회와 조합평의회에서 철저히 논의된 내용을 기초로 했다. 이 논의 과정에서 본래의 안은 약간 수정되었다. 중심적인 협동조합 그룹을 재편하는 것은 매우 중요한 일이었기에 『노동과 단결』에 3회 연속으로 그에 대한 해설과 논의가 실렸다.

총전무이사인 몽헤로스와 울라르코의 이사장 알폰소 고로뇨고이티아는 경영자 측의 제안에 대한 논리적 근거를 충분히 설명했다. 이 두 사람은 또한 조합 그룹을 재편성하는 추진력으로 시장 전략의 중요성을 강조했다. 몽헤로스는 1986년 스페인의 소비재 상품 시장이 1979년의 70%에 불과하다는 점을 지적하고, 협동조합이 전략을 바르게 수정하고 수출 지향 정책을 세우는 것이 그 어느 때보다 중요하다고 주장했다. 1986년 스페인이 유럽경제공동체에 가입한 이후 스페인 시장에서 외국 상품의 도전이 매우 심각해졌다. 이 전까지만 해도 유럽 지역으로 수출되던 스페인의 공산품에 대한 관세장벽은 유럽공동시장에서 들어오는 수입 공업제품에 부과되는 관세에 비해 낮은 편이었다. 스페인의 유럽공동시장 가입과 동시에 유럽 국가들의 공업제품이 스페인에 물밀듯이 밀려들어온 반면, 스페인 수출품에 대한 관세 인하는 스페인 산업에 거의 도움을 주지 못하고 있었다.

소비재를 생산하는 협동조합들을 살려내기 위해 협동조합 그룹은 기술 근대화에 막대한 투자를 계속해야 했다. 그래야만 노동 인력이 꾸준히 감소하는 가운데도 1인당 생산량은 계속 증가할 것이기 때문이다. 전체 고용을 늘리거나 현상 유지를 하기 위해 협동조합 그룹은 기술 수준이 높은 업체를 지원하고 새로운 협동조합을 설립하는 데 특별한 중요성을 부여하지 않으면 안 되었다.

몽헤로스는 조합 그룹이 1981년부터 1983년까지 3년 동안 총 30억 페세타를 기계 개발 비용으로 투자했고, 1984년과 1985년에 그 비용은 75억 페세타로 증가했으며, 1986년 한 해 동안에는 60억 페세타가 투자되었다고 말했다. 이 투자 계획은 투자 자금이 전략적인 계획하에 그룹 내의 여러 업체들의 기술 발달에 골고루 돌아갈 수 있도록 하기 위해 이켈란과 합동으로 짠 것이었다.

재편성 전략의 성패는 그룹의 경영 방침을 재구성하는 것과 그룹 제품의 시장경쟁력을 강화시키는 데 달려 있었다. 그리고 이는 과거 어느 때보다도 목표의 일체화를 중시하는 것이었다.

이 기간에 그룹의 상표명에도 큰 변화가 있었다. 울고는 '파고르'라는 상표명으로 제품을 생산·판매해왔으며, 그룹 내의 모든 업체가 그랬던 것은 아니지만 다른 일부 업체들도 같은 상표명을 사용하고 있었다. 경영진은 파고르라는 상표명이 국제적으로 가장 널리 알려져 있으므로, 그룹 내의 모든 업체들이 앞으로 파고르라는 상표명을 사용해야 한다고 제안했다. 그러나 상표명 변경의 타당성을 인정하면서도 그로 인해 개별 조합의 독립성이 침해될 것이라고 생각하는 사람들의 비판이 제기되어, 이를 두고 열띤 논쟁이 벌어졌다. 결국 경영진의 제안이 채택되었지만, 울고의 경쟁사에 일부 제품을 판매해오던 코프레시는 당분간 자신의 고유 상표를 계속 사용해도 좋다는 허가를 받았다.

<그림 14-1> 울라르코(파고르) 협동조합의 진전

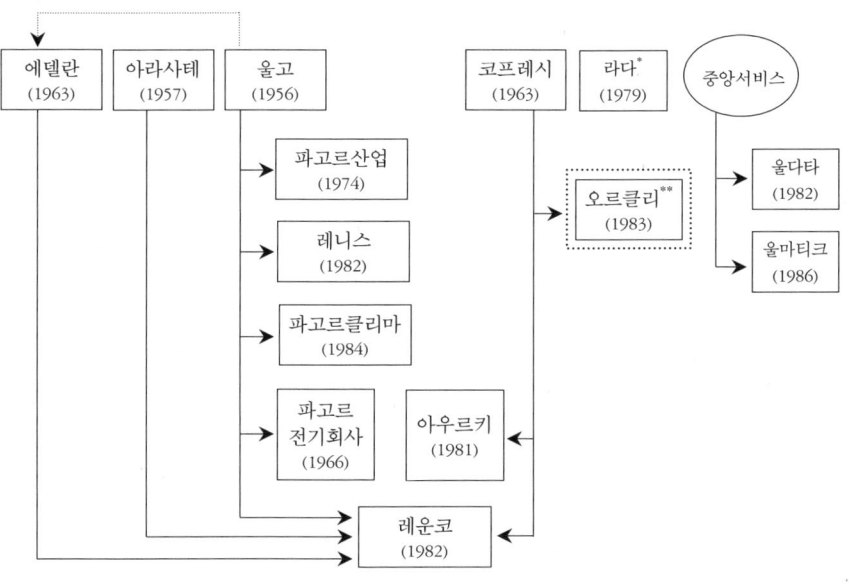

* 사기업에서 전환
** 1983년 고일란 그룹으로 전입

상품명 변경이라는 상징적인 변화와 함께 부문별 조직화로의 전환이 뒤따랐다. 전에는 개별 조합과 조합 그룹의 경영진 사이에 상하 관계가 없었다. 1986년 조직 재편이 승인된 뒤 현재 파고르라 불리는 조합 그룹은 세 개의 단위 구조로 재조직되었다. 소비재, 공업용 부품, 공학 및 자본재의 세 부문이었다. 〈표 14-2〉에는 이 세 부문 각각의 소속 업체 목록이 실려 있다.

울고는 1974~1980년 사이에 규모가 축소되면서 조합원 수가 약 3,500명에서 2,189명으로 줄어들었지만, 수익 규모는 울고를 제외한 모든 조합의 총 수익액과 거의 맞먹는 수준이다. 울고에 대한 이런 막대한 재정 의존도는 점차 줄어들 것으로 예상되지만, 전체 협동조합 그룹의 성패는 여전히 상당 부분 몬드라곤의 최초 협동조합인 울고에 달려 있다.

협동조합 그룹은 1976년부터 1986년까지 수출로 막대한 이득을 얻었다. 1976년에 수출 총액은 총판매량의 10%를 약간 상회하는 정도였다. 그러나 1986년에는 수출 비율이 35%에 이르렀다. 각 부문별 수출 비율은 공업용 부품협동조합이 56%로 선두를 지키고, 다음으로 공학 및 자본재(37%)와 소비재(25%) 순이었다.

〈표 14-2〉는 각 협동조합에서 생산되는 제품을 나타내고 있으며, 〈그림 14-1〉은 협동조합 그룹의 전개 과정을 보여주고 있다. 이 전개과정에서 울고의 주도적인 역할을 주목할 필요가 있다. 파고르의 13개 협동조합 가운데 4개의 조합이 울고에서 분리되어 나온 것이다. 울고는 사기업체와 자신의 주물 공장을 합쳐 에델란 협동조합으로 체제를 변화시키는 데도 중요한 역할을 했다. 또 울고는 에델란, 아라사테, 코프레시와 협력해 '레운코'를 설립했다.

이 새로운 조직 재편 계획으로 세 부문의 책임자가 선임되었다. 그중 한 사람이 여성이었다는 사실은 최고 경영직에 여성의 진출이 시작되었음을 보여준다. 1970년대 상급직 여성들은 대체로 보좌역을 맡고 있었다. 1980년대

⟨표 14-2⟩ 울라르코(파고르)의 생산품 및 사업 내용(1986~1987)

소비재	공업용 부품	공학 및 자본재
울고 냉장고, 가스·전기 스토브 자동세탁기, 식기세척기 레니스 부엌가구 및 부품 라다 식기(스테인리스 및 알루미늄) 파고르 클리마 가스·전기 온수기 파고르 산업 세탁업계 및 식품업계 비품	코프레시 가정용 응용전기 부품 에델란 주철 중간생산품 및 최종생산품 파고르 전기회사 트랜지스터, 전화, TV 부품 레운코 경기계 및 조립부품, 지수제어기	아라사테 공작기계 아우르키 수치제어 및 디지털 저울 장치 울다타 경영 및 생산용 소형 컴퓨터 소프트웨어 울마티크 생산조직 및 경영에 관한 기술 관리, 생산에 관한 여러 가지 문제의 진단, 실행 가능성 조사

출처: 파고르 중앙서비스

에 이르러 여러 명의 여성이 파고르의 공장장으로 승진했다. 새 조직 개편안은 단위 협동조합의 각 부서 책임자 총 20명을 위원으로 구성되었던 경영평의회를 개편했다. 구조 개편의 결과, 경영평의회에는 각 부문 책임자 세 명과 5개의 중앙부서 부사장, 그리고 각 부문에 속하는 협동조합의 전무이사들로 3개의 부문별 경영평의회가 구성되어 부문 책임자가 의장을 맡았다.

파고르의 이사회는 이사회 구성에서도 단위 협동조합 이사장과 전무이사가 대등한 대표권을 갖도록 하자고 제안했다. 그러나 중앙조합평의회는 그런 재편이 관리 기능과 운영 기능에 혼란을 줄 것이라고 생각했다. 결국 경영진은 계획을 바꾸어 파고르의 총회에서 직접선거로 이사들을 뽑기로 했다. 파고르 그룹의 총회는 대의제로서, 대의원은 협동조합 그룹의 6,000여 명 조합원들에 의해 선출되었다. 그 방식은 각 단위 협동조합의 조합원 수에 비례하면서도 소규모 협동조합도 대표성을 가질 수 있도록 보완된 비례대표제 선거 방식이었다.

새로운 계획은 중앙조합평의회의 역할이 크게 두 가지 점에서 변화한 것을 반영했다. 가장 중요하고도 큰 변화라면, 중앙조합평의회가 자신들의 의장을 직접 뽑아 영향력을 강화시킨 점이다. 이런 구조 변화를 보완해주는 또 다른 개정 내용은, 조합원들의 이해와 관련된 문제에 대해 중앙조합평의회가 경영진이나 이사회와 협상할 수 있는 권리를 갖게 된 것이었다. 사실 1980년대의 조직 개편에서도 이 문제가 논의되었지만, 이제야 비로소 합법적인 권리를 인정받게 된 것이다.

1965년에서 1975년까지 울라르코는 협동조합의 느슨한 연합체에서 협동조합 그룹으로 발전했다. 그러면서도 개별 조합들의 독립성과 업무 및 조직 면에서 통일적인 발전 전략을 조화시키려고 노력했다. 이 시기에 중앙서비스 부서가 성장하면서 점차 중요한 부서로 커갔으며, 인사 담당 부서가 경제·기술 조건의 변화에 따라 새로운 노동 시스템을 도입해 한 조합에서 다른 조합으로 조합원들의 일자리를 옮겨주는 중요한 책임을 맡게 된 시기이기도 했다.

경영진이 파고르 전기회사, 울고, 아라사테 순으로 주요 조직 개편을 조정해달라는 요청을 받았을 때는 다행스럽게도 협동조합 그룹의 통합 작업이 어느 정도 이루어진 상태였다. 이런 경험을 통해 경영진은 시장에서 입지를 강화하기 위해서는 반드시 조직 개편이 필요하다고 믿게 되었다. 경영진은 '파고르'를 새로운 그룹의 이름으로 정하고 구조 개혁을 지원했다. 이 변화의 의미에 대해서는 17장에서 자세히 살펴볼 것이다.

15
서비스업과 농업 관련 협동조합의 규모 확장

몬드라곤 협동조합운동의 창시자들은 처음에 노동자생산협동조합의 발전과 성장의 기초가 되는 공업 노동자들의 협동조합 건설에 관심을 집중했다. 몬드라곤의 지도자들은 초기 몇 년간 서비스업과 농업 관련 협동조합의 설립을 도와달라는 요청에 그다지 큰 관심을 갖지 않았다. 그러나 1980년대에 이르러 이전과는 달리 그런 요청에도 적극적으로 대처했다. 이처럼 방침이 달라진 까닭은, 첫째 공업 생산과 고용에 심각한 영향을 준 경기후퇴 때문이었고, 둘째 바스크 자치정부의 농업과 농업 관련 산업에 대한 관심 때문이었다. 1980년 이래 몬드라곤 협동조합 복합체 내에서 고용 증가가 이루어진 부분은 서비스업과 농업 관련 산업뿐이었으며, 앞으로도 이 분야가 공업 생산보다 더 빨리 성장할 것으로 기대된다.

스페인은 오랫동안 소상인과 소상점들이 다수를 차지하는 나라였다. 한 점포당 판매량에서 스페인은 프랑스와 미국에 훨씬 못 미쳤고, 인구에 비해서는 프랑스나 미국보다 훨씬 많은 상점들이 있었다. 소비자협동조합인 에로스키가 개점했을 때, 서비스업 분야와 관련해서는 슈퍼마켓이 급속히 확대되는 추세였다.

농업 발전에서 문제는 젊은 바스크인들이 전업 농업 경영보다 병업 농업 경영을 선호하는 경향이 있다는 것이다.[1] 바스크 정부는 이런 경향을 바꾸기 위해 현재 많은 노력을 기울이고 있다. 그러나 지금까지 바스크 지역의 교육 제도는 그런 노력에 대해 실제로 아무런 지원도 해주지 못했다. 이 글을 쓰는 지금도 바스크 지역 내에 농학부 교육과정이 설치되어 있는 대학은 한 곳도 없으며 다만 나바레 지방에 농업기술고등학교가 하나 있을 뿐인데, 이 지방은 일부만 바스크 지역에 속하기 때문에 바스크 지방정부는 그에 대한 관할권이 없다. 이런 농업 교육의 취약성은 농업 관련 산업의 성장에 매우 불리한 조건으로 작용했다.

에로스키 슈퍼마켓의 성장

최초의 노동자생산협동조합(울고 — 옮긴이 주) 설립자들은 소비자협동조합에 관심이 없었다. 그러나 1980년대 후반 에로스키는 성장하는 반면 공업협동조합의 성장은 둔화됨에 따라, 몬드라곤운동의 발전 전략에서 에로스키는 좀 더 비중 있는 역할을 차지하게 되었다. 1979~1984년에 에로스키는 상점과 슈퍼마켓의 숫자를 76개에서 225개로 늘렸고 사업량도 3배 이상 확장되었다. 1984년까지 에로스키는 130,702명의 소비자 조합원을 상대했고 1,220명의 노동자 조합원에게 일자리를 제공했다. 이때 이미 에로스키는 스페인 유통 부문에서 여덟 번째로 큰 기업이 되었고 식료품 판매에서는 여섯 번째로 큰 회사가 되었다.

소비자협동조합 에로스키 | 위 사진은 1970년대의 에로스키 모습이고, 아래 사진은 2000년대 에로스키 슈퍼마켓 매장이다. 에로스키는 설립 이후 꾸준히 성장하여 1980년대 중반에 이미 스페인 유통 부문에서 여덟 번째로 큰 기업이 되었다.

에로스키가 급속하게 성장하고 있는 최근 몇 년간, 그 지도자들은 에로스키 상표로 판매되고 에로스키의 규격에 따라 생산되는 품목들을 공급받기 위해 생산자들과 계약을 맺어왔다. 에로스키의 성장은 농업과 관련된 다른 사업 부문 협동조합에 자극제가 되고 있다.

농업 관련 사업 부문의 발전

5장에서 설명했듯이 몬드라곤의 첫 번째 농업협동조합인 라나는 1960년에 만들어졌다. 다른 곳의 농업협동조합들은 일반적으로 조합원 자격을 농민에 한정하고 있지만, 돈 호세 마리아는 농민들을 설득하여 농산물을 가공하고 판매하는 일에 종사하는 노동자들도 동등한 회원으로 받아들이도록 했다. 우리는 이해관계가 다른 사람들을 포함시키는 것이 서로 간에 알력을 불러일으키지 않을까 궁금했다. 노동인민금고 기업국의 농업 관련 사업 분과장 트조만 오타멘디(10년 동안 라나를 경영한 사람)에 따르면, 가끔씩 문제가 발생하기는 했지만 심각하지는 않았다고 한다. 그는 우유(나중에는 임산물)를 생산하는 농민들도 대부분 전업 농민이 아니며, 가공과 판매직에 있는 이들도 대부분 겸업 농민이기 때문에 농민들과 노동자들 간의 문화적 경제적 관심의 차이가 크지 않다고 설명했다. 라나는 처음부터 시장 원리에 따른 소득 분배 정책을 세웠다. 즉 농민 조합원들은 시장에서 그들이 우유와 목재의 대가로 얻는 만큼 돈을 지급받았고, 가공과 판매 일을 하는 노동자들은 최종생산물에 그들의 작업이 가치를 부가한 만큼 보수를 받았다. 그 후 라나는 노동자들에게 얼마만큼 지불해야 하는지 그 한계와 지침을 규정하는 연합협정을 노동인민금고와 맺었다. 그 결과 노동자와 농민들은 소득 분배에 대해 협상할 필요가 없어졌다.

처음부터 라나는 느리지만 착실하게 규모를 확장시켜왔다. 다른 협동조합을 만들 때도 라나는 비록 규모는 작지만 울고와 같은 창조적인 역할을 수행했다.

라나는 우유를 생산하는 것에서 시작했으나, 곧 농민 조합원들이 필요로 하는 자재 보관과 판매를 위한 창고업을 추가했다. 1964년 라나는 대부분의 우유 생산자들이 임업용지도 소유하고 있다는 점을 이용하여 임산물의 판매를 시작했고, 1965년에는 제재 공장을 인수했다.

생산품의 확장 및 다양화와 더불어 라나는 조합원들(경우에 따라서는 비조합원들)을 위한 서비스를 개발했다. 1963년에는 수의 서비스가 정착되었다. 또한 라나는 라군-아로와 협정을 맺어 노동자생산협동조합의 조합원들에게 제공하는 것과 같은 의료보험을 라나의 회원들에게도 제공했다. 1970년대에 이르러 목재 가공의 부가가치를 더 높이기 위해 목공용 기계에도 투자를 시작했고, 1976년에는 가축 부문으로 사업영역을 확장했다.

미바는 라나 상점의 자회사로 1963년에 독립 협동조합이 되었다. 1980년대에 이르러 미바는 단순히 농산품을 판매하는 단계를 넘어 화학비료 생산으로까지 활동을 확대했다.

1960년대부터 1980년까지는 그 외의 새로운 농업 관련 협동조합은 생기지 않았다. 1980년 무렵 노동인민금고 기업국은 이런 협동조합들을 개발하는 데 좀 더 주의를 기울이기 시작했다. 그 결과 1980년에 바레네트제라는 협동조합이 설립되어 과일과 채소의 유통 및 판매에 관련된 30명의 노동자가 그곳에서 일하게 되었다. 1982년에는 포도주 생산과 판매 일을 하기 위해 7명의 농민과 1명의 노동자로 구성된 작은 협동조합인 코세케로스 알라베세스가 만들어졌다.

1983년에 라나의 가축 부문이 베히-알데라는 독립 협동조합으로 만들어졌고, 27명의 노동자 회원들과 2명의 관련 농민들이 405ha(4.05km^2)의 목초지에서 1,500마리가 넘는 암소를 키웠다. 그에 따라 라나는 계속 우유를 생산하는 데 주력했고, 베히-알데는 우유와 고기를 생산했다.

　1984년 협동조합 제재소인 에토르기와 양돈협동조합 아르트사가 영업을 시작했다. 몇 달 동안 사전 준비 작업을 했기 때문에, 이들의 개발은 농업 관련 산업 부문의 성장에서 새로운 단계가 시작되었음을 의미했다. 이는 두 가지 조직적 혁신을 기반으로 했는데, 하나는 노동인민금고 기업국에 농업 관련 사업 부문이 설치되었다는 것이고, 다른 하나는 에로스키가 농업 관련 사업에 참여했다는 사실이다. 농업 관련 사업 부문의 최초 책임자이며 아르트사를 만드는 데 지도적인 역할을 했던 트조만 오타멘디의 설명을 근거로 이러한 발전에 대해 검토해보기로 하자. 농업 관련 사업의 개발에 대한 노동인민금고의 관심이 우연한 접근에서 좀 더 체계적인 것으로 바뀌고 주력 사업의 하나로 생각되기까지의 과정을 설명하기 위해서는 오타멘디의 경력을 간단히 살펴볼 필요가 있다.

　오타멘디는 산세바스티안 근처의 농장에서 태어나고 성장했다. 그는 맏아들이기 때문에 나중에 농장을 이어받아 경영해야 했다. 14세 때 그는 농장에서 일하기 위해 2년 동안 학교를 떠나야만 했는데, 그 시간 동안에도 항상 학교로 돌아가기를 원했다. 조부모는 손자가 가업을 저버리는 것을 한사코 반대했지만, 아버지가 결국 그의 결심을 지지해주었다. 그는 공부를 계속하여 '공학사'에 이어서 '기술사' 학위까지 취득했다. 이 학위는 상당한 정도의 물리학 및 수학의 기초가 요구되는 것이었다. 그는 몬드라곤에 온 뒤에도 경영학 석사학위를 받기 위해 3년 동안 더 공부했다.

　오타멘디가 노동인민금고에서 1년쯤 일했을 때, 전무이사인 호세 마리아 오르마에케아가 그를 불러서 이렇게 말했다. "자네는 농촌 출신이니 그런 일에 대해 어느 정도 알고 있을 것이 분명해. 자네가 라나의 경영을 맡아주었으면 좋겠네." 그 후 오타멘디는 10년 동안 라나의 책임자로 일했고, 그 사이 조합원 수는 40명에서 379명으로 늘어났다. 이런 성과로 인해 그는 농업 관련 사업 분과의 초대 과장으로 임명되었다.

이 분과의 임무는 기존의 농업 관련 협동조합들을 확장하고 새로운 협동조합의 개발을 촉진하는 것이었다. 노동인민금고는 그 개발을 촉진하기 위한 수단의 하나로 신규 고용 1건당 허가 투자액을 늘려주기로 결정했다. 공업 부문의 고용 창출 비용은 늘어났는데, 타당성 조사 결과, 신규 고용 1건당 500만 페세타(33,000달러 정도) 이상의 비용이 드는 공업 기획에는 노동인민금고에서 재정 지원을 하지 않고 있었다. 1983년 노동인민금고는 농업 관련 사업 기획에 대해서는 제한을 두지 않기로 결정했다. 고용 1건당 소요 비용이 더 많이 들기는 하지만, 그런 기획을 하는 데는 종종 여러 종류의 조직들이 필요하며 합작투자로 부담을 덜 수도 있기 때문이었다. 더구나 당시 바스크 정부는 농업 관련 사업에 특별한 관심을 나타내면서 대출 정책을 자유화하고 있었다.

양돈협동조합 아르트사의 설립은 새로운 전략의 실례를 보여준다. 이것은 농업 관련 사업 분과의 격려와 지도를 받아 수행된 첫 사업이었다. 지휘를 맡은 오타멘디는 에로스키와 미바의 대표자들로 기획 모임을 만들었다. 에로스키는 아르트사에서 사육된 돼지를 구입하기로 했고, 미바는 동물사료와 비료를 생산·판매하고 살충제와 농기구를 판매하며 협동조합 조합원들에게 수의 서비스를 제공했다. 주요 재정 공급원이 될 노동인민금고 재정국의 직원 한 명도 이 기획 과정에 참여했다. 이 모임은 아노가(북부 축산농민조합)의 대표를 회원에 포함시키기 위해 협동조합 외부에 설립되었다. 아노가에는 200명의 회원이 소속되어 있었고, 그중 80명은 돼지를 키우고 있었다.

오타멘디에 따르면 양돈업에 종사하는 8명은 전체 필요 자본인 1억 2,000만 페세타 중 3% 정도를 제공했다. 아노가의 회원들이 10%를 투자했고, 25%는 바스크 정부로부터 저리 융자를 받았다. 나머지는 에로스키와 미바, 그리고 노동인민금고에서 똑같이 나누어 냈다.

기획 모임은 아르트사의 경영 방안도 만들었다. 의결권은 부가가치에 비례하여 참가 단체인 에로스키, 미바, 아노가, 그리고 아르트사 노동자들에게 할당되었다.

아르트사는 1984년 6월에 운영을 시작했다. 이 협동조합은 처음에 개량종 암돼지 40마리를 구입했다. 6개월 이내에 돼지 수를 130마리 정도까지 늘릴 계획이었다. 아르트사는 새끼들을 아노가의 양돈 농민에게 팔고, 양돈 농민은 그 돼지를 키워서 낳은 새끼들을 다시 아르트사에 판다. 아르트사는 에로스키에 팔기 위해 그것들을 키운다. 미바는 아르트사와 아노가의 양돈 농민들에게 가축사료와 다른 생산품들을 판다. 생산·개발 계획을 지원하기 위해 아르트사는 아노가의 양돈 농민들이 생산성을 높일 수 있도록 상담 서비스를 확대시키기도 했다.

1986년에 아르트사는 연간 6,000마리의 돼지를 생산하고 있었다. 그 가운데 5,400마리는 아르트사가 직접 판매하고, 나머지는 아노가 회원들을 위해 시장에 내놓았다.[2]

아르트사의 양돈 경영 지표상으로는 120마리의 암돼지가 1년에 1마리당 16마리의 새끼를 낳았다. 수돼지는 결국 도살되며, 반면 우량 암돼지는 양돈업을 확장하거나 아노가의 축산업자들에게 팔기 위해 남겨둔다. 판매량은 1년에 100만 달러를 족히 넘을 것이다.

1985년 아르트사는 돼지 배설물을 재처리하는 생물가스 공장 건설을 위해 바스크 정부에 재정 지원을 요청했다. 생물가스 공장이 만들어지면 배설물의 발효 과정이 끝난 뒤 남는 유기물질을 화학비료를 만들어 미바에 팔 수 있고, 양돈에 필요한 광열을 공급할 수도 있으며, 그 광열의 일부는 이웃의 축산협동조합 베히-알데에도 공급할 수 있을 것이다.

1986년 기업국의 농업 관련 사업 분과를 책임지고 있던 마리오 수비아에 따르면, 당시 아르트사는 에로스키에 돼지를 팔았고 에로스키는 사기업들과 돼지 도살에 관한 협정을 맺고 있었는데, 아르트사는 자체의 협동조합 도살장을 세우기 위한 계획을 추진 중이었다. 도살장이 마련된다면 신선한 돼지고기를 시장에 내놓을 수 있을 것이다. 그 다음 단계는 명백하다. 햄, 베이컨, 소시지를 가공·생산하기 위한 계획을 수립하는 것이다. 그러나 시장조건과 그에 필요한 기술적 재정적 사항을 확정하기 위해서는 체계적인 타당성 조사를 해야 한다. 나아가 지도자들은 그 새로운 사업을 아르트사가 맡아야 할지, 아니면 하나 또는 그 이상의 단체가 독립 협동조합으로 분리되어야 할지 결정해야 한다.

1986년 기업국의 농업 관련 사업 분과는 농업과 농업 관련 사업을 위한 협동조합 그룹인 에레인을 설립함으로써 한 걸음 더 내딛었다. 에레인은 다른 협동조합 그룹들과 두 가지 점에서 매우 중요한 차이점을 가지고 있다. 최소한 에레인이 설립되고 발전하던 초기에는 에레인의 총책임자인 마리오 수비아가 기업국의 농업 관련 사업 분과 책임자로도 계속해서 일했다. 이는 에레인의 협동조합들과 공업협동조합들 사이의 주요한 차이점 중 하나인 조합 간 거리의 차이에서 비롯된 것이다. 즉 다른 공업협동조합들은 모두 지리적으로 인접해 있기 때문에 서로 의견 교환이 쉽지만, 에레인의 7개 협동조합은 바스크 지역 전역에 산재해 있으므로 그것이 힘들다. 조직구조에도 차이가 있다. 공업협동조합 그룹의 이사회는 회원 협동조합의 이사장들로 구성되는 반면, 에레인의 경우 그룹 이사회가 회원 협동조합의 전무이사로 구성된다.

1985년 당시 에레인은 탄탄하게 조직된 2개의 협동조합과 아직도 개발 초기 단계에 있는 5개의 작은 조합들로 구성되어 있었다. 전체 조합원 가운데 반 이상이 라나에 고용되어 있었고, 농민 조합원의 90% 이상이 미바나라나와 관련을 맺고 있었다. 몬드라곤 복합체 내에서 농업 관련 산업에 대한 지원을 강화하고 바스크 정부도 이를 강력히 지원해준다면, 새로운 협동조합들이 설립되고 기존의 협동조합들이 경쟁력을 강화하여 노동자 회원들과 관련 농민들의 수를 크게 늘림으로써 10년 이내에 상황은 크게 달라질 것이다.

에레인의 전무이사 마리오 수비아는 다음과 같은 영역에서 성장 잠재력을 강조하고 있다. 에레인은 현재 가장 진보적인 농업 생산기술의 개발과 응용에 많은 노력을 기울이고 있다. 수비아는 1990년까지는 협동조합들이 화훼 재배와 양 사육을 전문화하기 시작할 것이고, 수산물 및 곡물에 대한 새로운 사업도 개발될 것이라고 기대한다. 그는 이렇게 크게 늘어난 개발 계획 속에서 에로스키의 중요성을 특별히 강조한다. 에로스키가 원료 개발과 시장에 내놓은 생산품의 가공을 적극적으로 지원한다는 점에서, 에레인과 에로스키의 관계는 구매자와 판매자의 관계를 넘어선다는 것을 알고 있기 때문이다.

새로운 농업 관련 협동조합을 개발하기 위해 노동인민금고 기업국과 재정국은 에로스키와 기존의 농업협동조합 및 농민 단체들과 긴밀하게 협력하고 있다. 오타멘디는 아르트사 설립 과정을 설명하면서 협력 단체들이 매월 정기적으로 모임을 갖고 비공식적인 대화도 자주 나눴다고 말했다.

농업 관련 사업 부문의 성장은 회원 협동조합들이 서로를 도울 수 있는 협동조합 그룹의 진가를 입증했다. 우리는 라나가 노동인민금고의 도움을 받고 성장해서 새 협동조합으로 독립했던 초창기의 과정을 이미 설명했다. 1980

년대에 들어서 새로운 농업 관련 협동조합들이 만들어짐에 따라 서로 지원할 수 있는 조직망도 더욱 넓어지고 발전했다. 아르트사가 설립되고 아노가의 양돈 농민들이 작업하는 범위가 확대되면서 미바의 사료 판매량도 상당히 늘어났다. 에로스키가 직접 개입함으로써 타당성 조사 문제는 간단히 해결되었고, 에로스키가 아르트사의 모든 생산물을 구입하기 때문에 중개상인이 불필요하게 되었다.

그러나 농업 관련 사업 부문에는 여전히 심각한 문제점이 있다. 바스크의 농업이 쇠퇴하고 있는 시기에 시작되었다는 점과, 바스크 지역에서 수준 높은 농업 교육이 이루어지지 않는다는 점이다. 물론 최근 들어 바스크 지방정부의 정책이 바뀌고 그 지원이 늘어남에 따라, 이 분야에서 몬드라곤의 노력은 한층 강화될 것이다. 마리오 수비아가 1986년에 우리에게 말해준 바에 따르면, 초기에 정부는 원조를 받는 농민의 수를 늘리는 데 초점을 맞추었다. 이런 정책은 정치적으로 명백한 이점이 있지만, 효율적이고 현대적인 농업 관련 사업을 하는 데 충분한 자본을 공급하기가 어려웠다. 나중에 정부는 이 정책을 바꿔 더 많은 액수의 대출금과 보조금을 지원할 수 있는 길을 열었다. 새로 바뀐 정책은 개별 농가보다는 협동조합 기업에 더 많은 지원을 제공했다. 이렇게 정책이 변한 것은 몬드라곤 사람들의 적극적인 관심 표명에도 어느 정도 영향을 받았기 때문일 것이다. 이 변화는 정치·경제 모든 면에서 정당한 것이었다. 만약 대출이나 보조금을 개별 농민에게 준다면 그 한 가족만 혜택을 받는다. 반면 그 대출금이나 보조금을 협동조합에게 준다면 많은 노동자와 관련 농민들, 그리고 그 가족들까지 지원할 수 있다.

에로스키와 농업 관련 협동조합들의 번영은 몬드라곤운동 지도자들의 풍부한 역량과 유연성을 입증해주었다. 또한 사회의 요구에 대한 그들의 민감성도 입증했다. 처음에 그들은 소매업이나 농업 관련 사업에 별다른 관심이 없었고 특별한 지식도 없었다. 에로스키는 쓰러져가는 소비자협동조합을 도와야 한다는 요구에 부응해서 만들어졌다. 또 라나는 지원을 요청하는 농민들의 청원에 부응해서 생겼다. 농업협동조합의 관습적인 구조가 농민들이 노동자들을 지배하도록 되어 있기 때문에, 라나를 조직한 이들은 두 부류의 성원들에게 동등한 권리를 보장하는 구조와 농민들이 노동자를 착취하지 못하도록(그 역도 마찬가지다) 하기 위한 수입 분배의 방식을 고안해냈다. 노동인민금고와 함께 확립한 급여 기준은 노동자들이 농민들을 착취하거나 농민들에게 착취당하지 않도록 보장하고 있다.

   1980년대 중반 이래로 에로스키와 노동인민금고는 가장 지속적으로 수익을 올리고 규모를 확장해온 협동조합이다. 그들은 어느 때보다 더 긴밀하게 서로 협력하고 있기 때문에 앞으로도 농업 관련 사업의 발전을 촉진하기 위한 강력한 지원과 지도를 수행할 것이 분명하다.

16
노동인민금고의 역할 변화

1980년대의 경기후퇴는 노동인민금고에게 두 가지 사항을 강요했다. 먼저, 기업국은 중점 사업을 새로운 협동조합 설립에서 심각한 재정난을 겪고 있는 협동조합을 활성화하고 재편성하도록 도와주는 긴급 개입으로 바꾸어야 했다. 또한 재정국은 기울어가는 협동조합들의 재정을 다시 일으키기 위한 새로운 프로그램과 정책을 개발해야 했다. 재정의 취약함으로 인해 많은 협동조합들이 점점 더 노동인민금고에 의존하게 된 것이다.

그러나 이는 양쪽 모두에게 바람직하지 않은 변화였다. 이에 대응하여 노동인민금고 지도자들은 내부 구조를 변화시키고 두 개의 새로운 조직, 즉 몬드라곤 협동조합 의회와 협동조합 그룹평의회의 설립을 제안했다. 우리는 이런 변화의 과정을 방어와 구제로부터 전략적인 조직 재편으로의 발전으로 이해하고 있다.

위기 대응으로서 방어와 구제 프로그램

우리가 1975년 몬드라곤을 방문했을 때 노동인민금고 기업국은 새로운 기업을 설립하는 문제와 그 절차에 주력하고 있었다. 그러나 1983년에 방문했을 때는 위기에 처한 협동조합들을 도와주기 위해 개입하는 것으로 중점 사업이 바뀌어 있었다. 기업국 사업촉진과는 신규 고용에 소요되는 투자비용의 상승과 시장 상황 악화에 직면했다. 1982년에는 두 개의 협동조합만 새로 만들어졌고, 1983년에는 단 한 개만이 새로 생겼다.[1] 노동인민금고 이사장 알폰소 고로뇨고이티아는 1977~1982년에 생긴 협동조합 중 단지 20%만이 2년 안에 적자를 면했으며, 몇몇은 5년이 지났는데도 여전히 적자를 내고 있다고 말했다.

1982년까지는 개입할 필요가 있으면 사업촉진과 직원들이 상담과의 도움을 받아 처리했다. 개입의 필요성이 커지자 기업국은 7명의 전문가들로 구성된 '개입과'를 독립 개설했다. 이 계획에 따르면 전문가 1인당 동시에 3~4개의 사안을 담당하되, 긴급하고 근무시간 내내 주의를 기울여야 하는 사안은 1개 이상 맡지 않도록 하고 있었다. 1983년 한 해 동안 100개의 노동자생산협동조합 중 34개가 개입과에 도움을 요청했다.

개입과에 배정된 노동인민금고 직원들이 사전 경험 없이 이 일을 시작한 것은 아니다. 그들 중에는 개입하고 있는 협동조합의 설립에 참여한 사람도 있었으며, 협동조합 경영과 관련된 구조·정책·사회 과정 등에 완전히 통달해 있었다. 또한 그들은 기업국의 컴퓨터화된 정보은행을 이용할 수 있는데, 거기에는 은행이 만든 표준양식에 입각하여 각 협동조합의 경영과 재정 상황을 정리한 월별 대차대조표가 저장되어 있다. 그들은 가장 최근의 수치뿐만 아니라 전체적인 경향을 드러내는 자료까지 자유롭게 이용해서 해당 회사의 재정과 경영의 윤곽을 단 몇 분 만에 조합할 수 있다. 정보은행은 개입 담당자가 협동조합에 어떤 문제가 발생했는지 발견하는 데도 도움이 된다. 때에 따라서는 경영진이 상황의 심각성을 알아차리기 전에 이들이 먼저 발견하는 경우도 있다. 경험이나 지식이 전혀 없는 기업이나 산업으로부터 개입 요청을 받을 경우, 담당자는 언제든지 정보은행에서 경험과 지식을 갖고 있고 필요한 자료를 제공해줄 수 있는 사람을 찾아낼 수 있다.

이처럼 기업국 내의 정보와 인력자원을 이용할 수 있기 때문에 개입 담당자는 완전히 새로운 사안을 맞닥뜨릴 때도 곧바로 일을 시작할 수 있다. 경영에 관여하는 사람들을 만나거나 공장과 사무실을 둘러보기 전에, 그는 이미 그 회사가 설립될 때부터 현재까지의 경영과 재정에 대한 체계적인 기록을 확보할 수 있다. 기업국에는 해당 산업과 그 생산품의 국내 및 국제시장에 대한 정보가 있기 때문에 이 기록을 전체적인 문맥 속에서 검토하는 것이 가능하다. 그리하여 일단 현장에 들어가면 관찰과 면담 등을 통해 인력자원, 조직구조, 분과들 사이의 조정, 경영 지도력 등 정보은행에 반영되지 않은 측면에 주의를 집중할 수 있는 것이다.

개입과는 각 사안에 대한 개입 조치의 강도를 결정하는 위험도를 세 단계로 구분했다.[2] 이 구분은 해당 기업의 최근 재정 상태와 경영 실적을 반영하는 지수에 근거해 만들어졌다.

(1) **고위험도** 협동조합의 존립이 위협받는 상태. 개입 담당자는 회사 운영의 모든 면을 검토하고 재편 계획이 승인되거나 협동조합이 폐쇄될 때까지 사실상 전일제로 경영을 떠맡는다.

(2) **중위험도** 파산이 임박하지는 않았지만 가까운 미래에 일어날 수도 있는 상태. 이 경우 개입 담당자는 최소한 매주 하루를 협동조합에서 보낸다.

그러나 회사의 경영을 떠맡지는 않는다.
  (3) 경고 혹은 주의 수준　실패의 위험이 임박하지는 않았지만 협동조합의 능력을 넘어서는 처방책이 필요할 정도로 전체적인 경향이 부정적인 상태.

노동인민금고는 개입 조치를 받는 협동조합에게 개입 조치의 각 단계에 따라 대출금에 대한 이자율을 다르게 적용한다. 첫 번째, 고위험도에 있는 협동조합은 재편 계획이 시행될 때까지 미변제 대출금에 대한 이자 지불 전액을 연기해준다. 재편을 통해 해당 협동조합이 3년째에는 8%, 5년째까지 14~15%의 이자를 지불할 수 있을 것으로 예상한다. 두 번째, 중위험도에 있는 협동조합에 대해서는 일시적으로 이자율을 8%로 낮출 수 있다. 그러나 재편 성과에 따라 14~15%를 지불해야 한다. 세 번째 단계에 있는 협동조합에는 기본적으로 14~15%의 이자율이 적용되는데, 이는 개입 조치에 의해 그 이상의 부담을 감당할 수 있을 정도로 회사가 개선되리라고 예상하기 때문이다.*

협동조합이 대출금에 대한 이자를 지불하지 못할 정도로 위급한 상황이 아닌 한, 노동인민금고는 해당 협동조합이 개입 담당자의 도움을 받아 자체적으로 수립한 5개년 계획과 재편 계획을 승인하기 전까지는 미변제 대출금에 대한 이자율을 양보하지 않는다. 추가 대출이 필요할 때는 통례에 따라 재편 계획과 사업 계획에 근거하여 노동인민금고가 대출 규모를 결정한다.

개입 조치의 제1단계에서 개입 담당자는 경영진 및 이사회와의 협의를 통

* 노동인민금고의 최고 이자율은 항상 국내시장보다 3~4%만큼 낮았다는 것에 유의해야 한다. 더구나 미국과 마찬가지로 스페인에서도 재정이 열악한 사기업은 재정이 견실한 기업에 비해 더 높은 이자를 지불해야 한다.

해 시장 가능성을 조사한다. 이는 해당 협동조합이 구제되어 회생할 가능성이 있는지 여부를 결정하기 위한 조사이다. 대부분의 경우, 성공 가능성이 있기는 하지만 노동인민금고가 명시한 조건하에서만 가능하다는 결론이 내려진다. 신규 사업 계획은 제품과 제조 방법, 그리고 마케팅 전략의 변화를 요구할 수도 있다. 조합원들의 임금을 삭감하고, 조합원들에게 추가 출자를 요구할 수도 있다. 회사의 조직구조와 경영진 교체를 가져올 수도 있다. 인사 개혁 없이 협동조합이 성공할 수 있는지를 가장 먼저 결정하는 조사인 것이다. 그러나 그 결과가 부정적일 때만 인사 개혁이 요구된다. 1983년 34건의 개입 조치를 통해 단지 2명의 전무이사와 6명의 부서 책임자, 그리고 3명의 이사장이 교체되었다.[3]

재편 계획에서 노동력을 감축해야만 협동조합이 살아날 수 있다는 진단이 내려질 때도 있다. 이 경우 경영진은 조합평의회와 함께 누가 현직에 남고, 누가 다른 직책을 배당받으며, 누가 떠나야 할지 결정할 책임이 있다. 기업의 경영진은 희생을 최소한으로 줄이면서 개혁을 수행하기 위해 당사자들의 협력을 얻어야 한다.

협동조합이 개입 담당자를 교체할 수 없도록 하기 위해, 개입과는 협동조합 경영진으로 하여금 재편 계획과 사업 계획을 개입 담당자의 협조를 얻어서 시행할 것, 그리고 노동인민금고에 추가 대출을 신청할 때도 그 사유를 개입 담당자를 통해 설명할 것을 요구하고 있다. 더구나 추가 대출의 신청은 경영진이 개입과가 아니라 재정국에 건의하도록 하고 있는데, 이러한 정책은 개입 담당자와 재정 담당자가 아무런 관련이 없다는 의미라기보다는 오히려 재정적 결정의 독립성이 보장될 필요가 있다고 생각하기 때문이다.

1983년 말까지 개입 부서에서는 두 협동조합에 대한 구제 노력을 포기하고 부채를 정리하는 중이었다. 둘 다 매우 작고 최근에 만들어진 협동조합으로, 시장 확보가 불가능하다고 판단했기 때문이다.

1956년부터 1983년에 걸친 몬드라곤의 기록 — 103개의 설립 협동조합 중 사업을 중지한 조합은 불과 3개뿐이라는 — 은 사상 유례가 없는 것이다. 더구나 세 경우 모두 관련 조합원들의 수는 극히 적었다. 현재까지 그보다 더 큰 회사에 대한 개입 조치는 모두 성공했다.

개입 조치는 비용이 매우 많이 드는 편이지만, 노동인민금고와 도움을 받는 기업이 이를 나누어 부담한다. 전체 재편 과정의 일부로서, 도움을 받는 협동조합은 인사 및 개입 부서로부터 받는 서비스의 직접 비용을 부담해야 하지만, 개입과를 유지하는 데 드는 간접비용은 부담하지 않는다. 개입 부서 총운영비용의 40% 정도에 달하는 간접비는 노동인민금고가 직접 부담한다. 이 프로그램은 은행에게 상당한 부담이 되지만 재정적 이점이 없는 것은 아니다. 협동조합 복합체의 기업들은 모든 은행 관련 업무를 노동인민금고로만 제한한다. 노동인민금고는 일반적인 은행 업무와 개입 조치가 취해지고 있는 회사에 대한 신용대출을 통해 계속해서 이익을 얻는데, 이런 견지에서 본다면 개입 조치 프로그램은 노동인민금고의 사업을 보호하고 확장시키는 수단이라고도 할 수 있다.

수비올라의 구제

제1차 재편

수비올라 협동조합의 사례는 몬드라곤 복합체에서 이루어진 구제 작업 중 가장 어려웠던 것을 자세하게 검토할 기회를 제공했다. 수비올라에 대한 구제 작업은 단순한 과정이 아니었다. 수비올라는 1983년 재편 기간 동안 피나는 노력을 경주했으나 실패했다. 1983년의 실패 이후 1985년에 더욱 철저한 재편 과정에 들어갔다. 이 사례는 복합체의 조합원과 지도자들이 쓰러져 가는 협동조합을 구제하고 자신의 일터를 지키기 위해 얼마나 많은 노력을 기울였는가를 예증한다.

우리는 제1차 재편이 끝난 직후인 1983년 10월 수비올라를 방문했다. 그때 우리는 수비올라 이사장이며 이사회의 관리 책임자인 마리아 앙헬레스 아메나바르와 오랫동안 토의했다. 수비올라가 속해 있는 협동조합 그룹 우르키데의 몇몇 조합원들과도 이야기를 나누었다. 1985년 10월에 아메나바르는 우리에게 제2차 재편에 대한 이야기를 해주면서, 그녀가 수비올라와 우르키데 경영진을 위해 작성한「수비올라-제2차 전환」이라는 보고서의 복사본을 주었다. 그 보고서에는 주요 사건에 대한 자세한 설명과 제2차 구제 노력에 관한 결정뿐만 아니라 근본적인 문제들에 대한 분석도 제시되어 있었다.

수비올라는 몬드라곤에서 동쪽으로 차를 타고 한 시간 정도 걸리는 작은 공업 도시인 아스페치아에 있다. 이 도시는 예수회 교단의 설립자인 성 이그나티우스 로욜라가 태어난 곳으로 잘 알려져 있다. 1983년에 방문했을 때 수비올라는 우르키데를 구성하는 6개의 협동조합 중 하나였는데, 우리가 방문하기 직전에 만들어진 우르키데에는 수비올라 외에 가구를 생산하는 4개의 협동조합이 속해 있었다. 나머지 하나는 아스페치아에서 20km 정도 떨어진 해안 도시 수마야에 있는 에구르코 협동조합으로, 이곳에서는 목공기계를 생산했다. 우리가 방문했을 때 수비올라에서는 목공기계와 공구가 생산되고 있었다.

수비올라는 원래 사기업이었다가 1966년에 협동조합이 되었다. 당시 기업 소유자는 독학으로 기술을 익힌 장인이었으며 15명의 노동자와 함께 일하고 있었다. 그는 몬드라곤 협동조합운동을 알게 되었고, 회사를 협동조합으로 전환시키는 문제에 대해 노동자들과 이야기하기 시작했다.

그는 회사 건물을 소유하고 있지는 않았다. 그러므로 인수 가격은 일차적으로 기계 가격을 기준으로 결정되었다. 15명의 노동자들은 1인당 5만 페세타(당시 약 1,000달러)를 지불하고 회사를 인수함으로써 소유자가 되었다. 15명 중 한 사람이 기술부장이 되었다. 새 협동조합의 조합원들은 노동인민금고에 재정적 기술적 도움을 청하지 않았다.

1970년 1월 수비올라는 라군-아로에 가입했고, 조합원들은 사회보장 혜택과 실업보험을 받을 수 있었다. 그해 2월 수비올라는 노동인민금고와 연합협정을 체결하여 기업 확장에 필요한 계획을 세웠고, 자금 조달에 관한 도움을 받을 수 있는 길이 열렸다. 수비올라는 매우 빠른 속도로 성장해서 1977년과 1983년 사이에 두 번이나 새 건물로 이사해야 했다. 설비와 조업의 확장뿐 아니라 조합원 수도 144명으로 급속히 늘어났다.

한창 때 수비올라는 조합원 평균 연령이 27세밖에 안 되는 젊은 회사였으나, 이후 1983년까지의 불가피했던 축소 과정에서 36세로 높아졌다.

1978년까지 수비올라는 매우 높은 수익을 올렸지만, 1979년부터 수익이 급격하게 감소했고 1980년에는 수입이 지출과 균형을 이루었다. 한창 호황을 누리던 때는 스페인의 동종 기계 시장의 70%, 그리고 공구 시장의 10%까지 점유했다.

1979년 매상이 떨어지고 스페인 경제 상황이 악화되자 수비올라 역시 수출품에 대한 대금 회수에서 심각한 문제를 안을 수밖에 없었다. 수비올라는 3년간 계속해서 생산품의 20% 이상을 수출하고 있었지만 불황으로 수출이 감소했으며 수출품의 대금 회수는 점점 더 어려워졌다. 생산한 기계가 고가 제품이었기 때문에 수비올라에서는 기계를 할부로 판매하고 완불될 때까지 기계에 대한 명의를 가지고 있었다. 이는 호경기 때도 회사가 고객 채권을 안고 있다는 것을 의미한다. 수비올라는 1978년까지 해마다 1,500만 페세타의 미회수 부채를 안고 있었다. 1980년까지 고객 부채는 6,000만 페세타로 늘어났고, 1981년에는 1억, 1982년에는 결국 1억 5,000만 페세타(약 100만 달러)가 되었다. 이 수치는 1983년 경영진이 강경한 신용 정책을 추진함으로써 1억 2,500만 페세타로 감소했다.

수비올라는 연체 고객들로부터 기계를 다시 회수할 권리가 있었지만, 이는 비용이 매우 많이 드는 일이었다. 외국 고객의 경우 더욱 그러했다. 때로는 지불 능력 부족 때문이 아니라(특히 개발도상국에 판매할 경우), 그 나라 정부의 외환 동결 정책에 의해서도 문제가 발생했다.

그때까지 수비올라는 스페인 정부로부터 약간의 도움을 받고 있었다. 정부는 국내에서 동종 제품을 생산하는 기업들 중 최소한 10%를 수출하는 업체에 한해 생산량의 15% 이상을 수출하는 기업으로 육성하기 위한 특별 프로그램을 운영하고 있었다. 정부는 저리 융자를 제공했고, 회사 간부들의 국제 박람회 여행 경비를 대주었다.

수비올라에서 일하는 이들은 자신들의 경험을 되돌아보고 늦어도 1980년 초반에는 재편에 착수했어야 했음을 깨달았다. 그러나 당시만 해도 그들은 사업 침체를 주기적인 현상으로 보고 창고가 가득 찰 때까지 종전의 생산 수준을 유지했다. 그 때문에 현금이 재고에 묶여 있을 수밖에 없었다. 큰 기계들을 창고에 보관하는 것도 보통 일이 아니었다. 게다가 수비올라는 수금이 늦어지는 것을 메우기 위해 점점 더 많은 돈을 빌려야 했다.

1981년 초 수비올라는 노동인민금고에 '긴급 실태 분석'을 의뢰하여, 문제가 기본적으로 생산품의 품질에 있는지, 아니면 판매망의 효율성에 있는지, 혹은 일반적인 시장조건 때문인지 알아보려 했다. 개입 담당자의 조사 결과 수비올라의 생산품은 시장에서 매우 좋은 평을 얻고 있었다. 그러나 제품의 내구성이 좋기 때문에 이전의 구매자에게 새 모델을 판매하는 방식으로는 시장을 활성화시킬 수 없었다. 시장평가 결과 판매조직에 개선할 부분이 발견되었다. 그러나 그 문제는 판매 능력이 부족해서 생긴 것이 아니었다. 이로써 수비올라의 문제는 하나의 원인, 즉 과잉 생산으로 좁혀졌다.

수비올라의 경영진과 함께 세운 5개년 계획(1983~1988)에서는 시장 규모를 고려할 때 76명의 조합원이 적정 규모라는 점이 지적되었다. 이는 126명 조합원 가운데 50명이 불필요하다는 의미였다. 재편이 1983년까지 지연될 수는 없었다. 1982년 수비올라는 재고량을 수용 가능한 수준까지 낮추기 위해 초과 노동자 수를 50명이 아니라 때때로 80명으로 잡기도 했다.

수비올라는 1982년 6개월에 걸쳐 이 고통스러운 노동력 감축을 실시했다. 당시 일시적으로 일자리를 잃은 노동자들에 대해서는 그들의 협동조합이 책임을 지고 있었다. 즉 실업 노동자가 다시 일자리로 돌아오거나 다른 곳에 배치될 때까지 협동조합에서 정규 임금의 80%를 부담한 것이다. 그러나 수비올라와 같이 조합원의 10% 이상이 일자리를 잃으면 라군-아로에서 18개월간 실업수당을 지급한다. 동시에 해당 협동조합도 가능한 한 많은 수의 실업 노동자들을 일시적 또는 영구적으로 이직시킬 책임을 맡는다. 따라서 수비올라는 역설적인 상황에 놓이게 되었다. 즉 높은 비율의 노동자들을 다른 협동조합에 배치하면 수비올라는 라군-아로의 도움을 더는 받지 못하게 되는 것이다. 수비올라뿐만 아니라 다른 협동조합도 부딪히게 되는 이런 문제에 대처하기 위해, 라군-아로는 1983년 4월 정책을 바꿔 노동력의 10% 이하가 일자리를 잃었을 때도 실업 조합원들을 책임지게 되었다. 동시에 늘어가는 비용을 충당하기 위해 라군-아로는 회원 협동조합으로부터 받는 돈의 액수를 늘렸다. 이 새로운 정책은 개별 협동조합 및 협동조합 그룹의 경영진과 라군-아로 경영진 사이에서 결정되었고, 회원 협동조합의 대표들이 참석한 라군-아로 총회에서 승인되었다.

우리가 1983년에 방문했을 때까지만 해도 수비올라는 50명의 실업 조합원들 중 23명을 다른 협동조합의 영구직에 배치하는 데 성공했다. 나머지 27명도 배치되었으나, 이들은 수비올라로 돌아오기를 기대하고 있었다. 노동력 감축으로 수비올라가 성원들에 대한 재정적 의무에서 벗어난 것은 아니었다. 노동자들이 다른 영구직에서 받는 보수가 수비올라에서보다 적을 경우, 수비올라가 그 차액을 지불해야 했다. 이는 수비올라의 자금을 계속 유출시켰다. 수비올라의 노동자들은 대개 상대적으로 높은 보수를 받는 숙련공들이었는데, 다른 협동조합이 그들에게 제공한 일은 대체로 보수가 낮았기 때문이다.

1983년의 정책 변화로 수비올라에서보다 적은 보수를 받는 직위에 일시적으로 재배치된 노동자들은 종전 수준의 보수를 계속 받게 된다. 그러나 이 경우, 차액은 수비올라가 아닌 라군-아로에서 지급한다. 수비올라의 조합평의회는 어떤 노동자들이 남고 어떤 노동자들이 떠나야 하는지 결정하는 데 참여할 권리를 가졌지만, 최초 결정은 경영평의회에 위임하기로 했다. 조합평의회와 이사회는 합동위원회를 만들었다. 이사장은 다른 협동조합에 영구적 혹은 일시적으로 배치된 노동자들의 문제를 함께 해결할 책임이 있었다.

이 결정을 위한 기준을 정할 때 경영평의회는 생산성에 방점을 두었다. 젊고 더 숙련된 기술을 가진 사람들을 일반적으로 선호했다. 수차례 토론 후 수비올라 이사회는 이 기준의 폭을 넓히기로 결정했다. 생산성뿐 아니라 연공(오래 근무한 사람들이 남을 권리)과 나이, 건강도 기준이 되었다. 건강한 사람들이 남는 것이 분명 수비올라에게는 이익이지만, 건강이 좋지 않은 사람들에게 직장을 옮기는 부담을 주는 것은 몰인정한 일이었다. 그래서 건강은 이 평가에서 생산성과 연공 기준 다음으로 적용되었고 나이 또한 마찬가지였다. 더 젊고 건장한 사람들(그들 중 많은 이들이 교육 수준도 높다)을 남겨두는 것이 회사에 더 이익이 될 테지만, 그들은 가족 부양의 책임이 상대적으로 적었고 이직 가능성도 높았다.

경영진이 '연공'과 같은 어떤 단일한 기준을 일방적으로 우위에 두려 하지 않았다는 점이 중요하다. 그런 기준은 객관적인 것이기 때문에 개인 사정을 기계적으로 결정할 우려가 있기 때문이다. 이사회는 그런 방식을 취하지 않고 이른바 '균형' — 몬드라곤 사람들이 자신들의 결정을 설명할 때 자주 사용하는 용어 — 을 잃지 않기 위해 몇 가지 기준을 고려하여 결정을 내렸다. 조합원들의 이익과 회사의 이익이 균형을 이루도록 결정해야 한다는 것이 그들의 생각이었다.

사업 계획을 제시해 설명하고 총회의 토론을 거친 뒤 수비올라의 이사회는 협동조합을 떠날 자원자를 모집하는 것을 시작으로 재배치 과정에 착수했다. 자신들의 협동조합을 설립하겠다고 생각한 조합원 6명이 이때 모집에 자원했다.

수년간 입은 심한 손실로 인해 수비올라는 준비 적립금을 다 소진했고, 회생을 위한 추가 출자금을 걷는 과정에서 근무 연수가 얼마 되지 않는 노동자들은 자본구좌에 적자가 나고 말았다. 이사회의 결정에 따라 이익을 남긴 상태에서 회사를 떠나는 사람들은 빚을 탕감하고 떠날 수 있었기 때문에 수비올라에 남은 이들이 반드시 재정적으로 이익을 본 것은 아니었다.

제1차 재편이 이루어질 때, 5개년 계획에 따라서 남아 있는 조합원은 1인당 48만 페세타(약 3,200달러)를 추가로 출자해야 했다. 노동인민금고는 각각의 성원들에게 이 돈을 대출해주었다. 그들은 5년 안에 그 돈을 갚아야 했다. 이 기간에 조합원들의 보수는 원래 받던 액수의 80%로 줄어들었다. 10%는 노동인민금고의 대출금 상환을 위해 사용되었다. 일시적으로 회사를 떠난 조합원들이 수비올라에 돌아온다면 그 전에 48만 페세타를 추가로 출자할 의무는 없으나 자본금은 여전히 수비올라에 남겨두어야 한다.

이사장은 일시적 혹은 영구적으로 다른 일자리로 옮겨간 성원들의 문제를 책임진다. 조합원 개인과 회사 양쪽 모두에게 받아들여질 수 있는 결정들을 실행하는 데는 수많은 어려움이 따랐다. 우리는 자신들의 이익뿐 아니라 동료들의 이익까지 고려하는 노동자들의 자발적인 마음에 감동했다.

마지막으로 거취를 결정하지 못한 조합원이 6~7명 남은 상황에서 수비올라에는 일자리가 3개만 남아 있었다. 이 시점에서 젊은 노동자들은 나이 든 조합원들이 남아 있는 것이 좀 더 공정하다고 말하며, 자신들이 내건 요구를 자진해서 철회했다. 그에 따라 나이 든 사람 둘이 일자리에 배치되었다. 그러나 남은 한 자리를 놓고 두 사람이 경쟁하게 되었다. 그들은 누가 그 일자리를 가질 것인지 스스로 결정하겠다고 이사장에게 말했다. 그리고 이튿날 그들은 결정 사실을 이사장에게 알리러 왔다. 그 결정은 동전을 던져서 나온 결과였다.

조직 재편 과정에서 수비올라 경영진과 이사회는 협동조합 그룹인 우르키데 및 노동인민금고 기업국과 긴밀하게 작업을 진행했다. 노동인민금고의 전무이사 호세 마리아 오르마에케아는 재편 작업에 분투하는 사람들과 전체 조합원들을 만나기 위해 세 번에 걸쳐 아스페치아를 방문했다. 그는 한 번 방문할 때마다 최소한 반나절은 그곳에 머물러야 했다. 미국에서는 주요 은행의 경영자가 작은 사기업에 그렇게 관심을 기울이는 일은 거의 상상할 수조차 없다.

수비올라의 제2차 재편

개입 조치를 통해 매우 고통스런 과정을 밟았음에도, 불행하게도 수비올라가 안고 있는 문제들은 1983년의 제1차 재편으로 해결되지 않았다. 재정적인 곤란은 더욱 심각해졌다.

1983년 4월 노동인민금고가 재편 계획을 승인한 직후 이 계획을 수행해야 할 핵심 경영진이 사기업에 취직하기 위해 수비올라를 떠났다. 이로 인해 지도력의 위기가 발생했다. 수비올라 이사회의 요청으로 우르키테 그룹의 전무이사가 임시로 수비올라의 전무이사직을 맡았다.

수비올라 이사회는 이사의 충원과 선출 과정에서 노동인민금고의 도움을 받아 몬드라곤 내 다른 협동조합 영업부장직에 있는 공업기술 전문가를 전무이사로 영입했다. 이로 인해 경영진과 조합원들 양쪽 모두에게 어려움이 생겼다. 신임 전무이사는 목공기계에 익숙하지 않았고 생산 관리 경험도 없었다. 이런 점들이 수비올라의 위급한 상황과 뒤섞였다.

우르키테 그룹은 수비올라의 문제 해결을 돕기 위해 상당한 노력을 기울였지만, 우르키테의 주요 희망사항 중 하나가 노동인민금고에 의해 거부되었다. 우르키테는 의자 제조기계 생산에 대한 타당성 조사 결과를 노동인민금고에 제출했다. 이 신규 사업은 우르키테 안의 다른 협동조합에 상당한 도움이 될 뿐 아니라 수비올라에서 일자리를 잃은 많은 사람들을 고용할 수 있는 것이었다. 그러나 노동인민금고는 재정 지원을 거절했다. 우르키테가 제안한 생산품이 다른 몬드라곤 협동조합의 제품과 직접적인 경쟁 관계에 있었기 때문이다. 1983년 가을에 우리는 우르키테가 이 계획을 거절당하고 나서 다른 생산품에 대한 조사와 개발을 추진하고 있는 것을 보았다.

1983년 첫 3개월 동안의 수치들, 이를테면 수비올라가 여전히 적자를 내고 있고 회복할 기미가 없다는 것을 보여주는 자료들에 대한 검토를 근거로, 우르키테 경영진 한 사람이 수비올라와 에구르코의 모든 목공용구 생산을 한군데로 모아야 한다는 보고서를 이사회에 제출했다. 우르키테와 노동인민금고의 경영진은 에구르코가 위태로운 상황에 처해 있음을 알고 있었기 때문에, 이 통합이 두 협동조합 모두의 상황을 개선시킬 수 있을 것이라고 기대했다.

이 구상은 사실 새로운 것은 아니었다. 이미 10년 전에 노동인민금고 기업국이 두 협동조합에 기계 생산 부서를 합칠 것을 제안한 적이 있었던 것이다. 이 구상의 기술적 문제와 이해관계라는 두 가지 측면을 놓고 두 회사에서 집중적인 토론이 이루어졌지만, 당시에는 수비올라 총회에서 부결되었다.

이후 몇 년에 걸쳐 수비올라와 에구르코는 경영진과 조합평의회 쌍방에서 모두 꽤 심한 알력을 빚었다. 에구르코의 기계 생산부가 수비올라 생산량의 2배를 생산했기 때문에 판매량에 따라 비용을 분담한다면 수비올라의 비용이 줄어들 수 있었지만, 두 협동조합은 마케팅 비용을 50:50으로 분담하고 있었다. 더구나 에구르코의 기계 생산부가 수비올라 기계 생산부보다 2배 정도 크기 때문에, 합병이 이루어진다면 수비올라를 수마야에 있는 에구르코로 옮기지 않을 수 없었는데, 수마야는 수비올라가 있는 아스페치아와 문화적으로 다르고 거리도 20km 정도 떨어진 도시였다.

1984년 6월 28일 수비올라의 이사회는 이 두 협동조합의 기계 생산부 합병의 가능성을 연구하기 위해 이사장과 2명의 이사로 구성된 위원회를 만들었다. 동시에 이사회의 경영 능력에 의문을 제기하고 있던 조합평의회가 다양한 대안들을 마련하기 시작했다. 이 대안의 초점은 합병안에 의문을 제기하는 것이었다. 그러나 수비올라의 경영진과 조합원 대다수는 다른 대안이 거의 없다는 것을 인식하기 시작했다. 그리고 노동인민금고 기업국은 기계 생산부를 통합해야만 에구르코와 수비올라가 살아남을 가능성이 있다고 확신했다.

그 뒤로, 수비올라 위원회의 여러 제안 및 이사회의 수정안과 대체안을 놓고 길고 열띤 토론이 계속되었다. 마침내 1985년 1월 3일 두 협동조합의 이

사회는 에구르코에 생산을 집중시킴으로써 두 협동조합의 기계 생산부를 합병하자는 내용의 제안서를 각각의 총회에 제출했다. 에구르코의 조합원들은 이 제안을 승인했지만, 수비올라의 조합원들은 부결시켰다.

이렇게 조합원들의 반대에 부딪히면서 수비올라의 이사들이 사임했다. 새 이사들은 부결된 제안에 가장 비판적이었던 이들 가운데서 선출되었다. 그러나 그들도 수비올라의 기계 생산부를 에구르코로 옮긴다는 기본 결정을 대신할 만한 다른 대안을 찾지 못한 채, 단지 그 경우 수비올라가 좀 더 유리한 조건을 가질 수 있도록 하는 데 집중할 뿐이었다.

조합원들의 권리와 이익을 보호하기 위해 수비올라는 1985년에 25명을, 그리고 그 다음 4년 동안에 나머지 11명을 합병시켜, 총 36명이 5년에 걸쳐 에구르코에 편입되는 안을 제안했다. 또한 1985년부터 1986년에 걸쳐서 18개월 동안 조합원들이 각자의 상황과 조건에 따라 에구르코로 옮기거나 다른 곳으로 가는 선택을 할 수 있도록 하는 안을 제안했다. 또한 에구르코로 옮겨가는 데 드는 비용을 에구르코에서 부담할 것도 요구했다. 수비올라는 조합원들이 에구르코로 옮길 때 내는 가입 출자금을 수비올라의 자본구좌에서 지불하는 데 동의했다. 그리고 나서도 자본구좌에 잔액이 있을 경우, 이는 조합원이 인출할 수 있었다. 만약 자본구좌가 마이너스라면 어떠한 자본 이전도 하지 않는다. 수비올라는 조합원에게 더 이상의 의무를 지지 않으며, 그 조합원도 수비올라에 대해 아무런 의무를 지지 않아도 되었다. 에구르코는 이런 조합원에게는 출자금을 받지 않고 협동조합에 가입시켜야 한다. 조합원들이 에구르코가 아닌 다른 협동조합의 성원이 되기를 선택했다면, 에구르코는 그 조합원들이 그 협동조합에 납입하는 의무 출자금의 50%를 지불해야 한다.

수비올라의 기계를 에구르코로 이전하는 작업은 에구르코에서 그것을 가

동시킬 설비를 해야 하기 때문에 18개월 이내에는 완료되기 어려울 것이다. 마지막으로 우르키데의 이사회는 두 협동조합 사이에 맺어진 이 협정에 대한 일체의 해석상의 이견을 해결할 책임을 질 뿐 아니라 계획이 충실하게 수행되는지도 감독해야 했다. 이 제안은 두 협동조합 조합원들의 2/3 이상의 찬성을 얻어 가결되었다.

1984년 이 계획이 진행되는 과정에서 수비올라의 전무이사가 우르키데의 이사회와 노동인민금고 기업국 양쪽으로부터 신임을 얻지 못하고 있음이 밝혀졌다. 1985년 1월 3일 전무이사가 수비올라 이사장을 역임했던 사람으로 교체되었다. 우르키데가 그를 임명할 것을 제안했고, 수비올라의 이사회와 조합평의회도 이를 받아들였다.

이상과 같은 변화들이 진행됨에 따라 수비올라의 5개년 계획(1983~1988)이 의미가 없어졌기 때문에, 기업국은 수비올라를 방문하여 목공용구의 생산과 판매에만 초점을 맞춘 1985~1989년 동안의 신5개년 계획을 제시했다. 이 계획은 수비올라 경영진에 의해 구체화되어 이사회의 승인을 받았다. 노동인민금고 기업국과 재정국도 이를 승인했다. 그리고 노동인민금고는 가능성 있는 신제품의 연구를 수비올라 경영진에 위임하면서 수비올라의 부채 일부를 탕감해주었을 뿐만 아니라 신규 대출을 통해 지원도 해주었다.

1985년 초 수비올라에는 86명의 조합원이 있었지만 그들 중 목공용구 생산 부문에 남을 사람은 30명에 불과했다. 수비올라를 떠난 성원들은 1985년 말까지 다른 곳에 재배치되었다. 20명은 임시직원으로 12개의 협동조합에 배치되었고, 30명은 5년 내에 에구르코에서 영구직에 배치된다는 약속을 받았으며, 실제로 25명이 첫 해에 영구직에 배치되었다. 1986년에는 일자리가 없던 수비올라 조합원 몇 명이 우르키데의 응용기술 연구 계획(8장 참조)에 의해 만들어진 가구협동조합 레로아의 조합원이 되었다. 그해 말까지 레로아의 전체 조합원은 24명으로 늘어났다.

에구르코의 고용 보장에도 불구하고 이직에 결격 사유가 없는 11명의 수비올라 조합원들이 에구르코로 옮기기를 거부했다. 그리고 18개월의 유예기간이 지나 선택권이 소멸되었을 때 그들이 이에 응할지의 여부가 미정인 채로 남아 있었다. 그들이 에구르코로 옮기기를 꺼린 이유는 주로 조합원들의 권리와 의무에 대한 상충되는 해석 때문이었다. 이 문제에 대해 수비올라의 경영진과 이사회 사이에는 해석상의 차이가 있었다. 이사회는 조합원들을 다른 협동조합에 영구직으로 재배치할 경우 조합원들의 자발적인 의사에 따라야 한다는 원칙을 고수했고, 반면 전무이사는 일반적인 상황에서는 이 원칙에 동의하지만 성원들이 다른 협동조합의 영구직을 의무적으로 갖지 않아도 된다면 수비올라가 그들의 비용을 감당해야 하는데 그럴 경우 부담이 너무 커진다고 주장했다. 이사회는 영구적인 재배치는 어떠한 경우든 자발적이어야 함을 강조하는 것으로 최종 결정을 내렸다.

기계 이전에 관한 협정서의 여러 문항에 대해서도 두 협동조합 사이에는 한동안 심한 해석상의 충돌이 존재했다. 이 차이를 해소하기 위한 두 경영진의 노력이 실패하고 우르키데의 개입도 비슷한 이유로 실패함에 따라, 두 당사자는 1985년 9월 노동인민금고에 중재를 요청했다. 1986년 5월 스페인을 떠날 당시 우리는 빌바오 공항에서 수비올라의 전무이사를 만났다. 그도 이탈리아의 밀라노로 출장을 가는 길이었다. 그는 수비올라가 매우 어려운 시기를 헤쳐왔지만 최악의 시기는 지나갔고 미래는 낙관적이라고 말했다.

이미 밝힌 대로 수비올라에서의 개입 과정은 관련 당사자 모두에게 고통스러운 것이었다. 그러나 수많은 충돌이 있었지만 경영진과 조합원들은 경제적 이익과 사회적 가치 사이에 균형을 이룰 수 있는 해결점을 찾기 위해 노력하는 과정에서 의견 대립을 뚫고 나아갈 수 있었다.

수비올라 경영의 구제

1990년 4월 우리가 몬드라곤에 다시 왔을 때, 마리아 앙헬레스 아메나바르는 수비올라가 또 한 번의 위기 — 이것은 전혀 다른 형태의 위기였다 — 를 겪었다고 일러주었다. 제2차 재편 이후 수비올라는 2년간 상대적인 호황을 구가했으며 거의 재건된 것처럼 보였다. 그러나 그때 갑자기 전무이사가 사망하고 새로운 전무이사와 그의 경영팀이 들어왔다. 몇 달 동안 수비올라는 별 문제없이 잘 운영되는 듯이 보였다. 그럼에도 당시의 이사장이었던 아메나바르와 몇몇 이사들은 새 전무이사가 전략적인 계획 수립에 크게 신경을 쓰지 않는 것처럼 보이는 점을 문제 삼았다. 어느 정도 지난 뒤 이사들은 자신들의 문제의식이 옳았다는 것을 깨달았다. 이들은 새 전무이사가 수비올라와 자신의 경영팀을 활용하여 수비올라와 경쟁할 개인기업을 세우려 하는 것을 알아차렸던 것이다. 그는 1989년 4월 해고되었으며, 그의 경영팀 4명은 해고되기 전에 미리 사표를 냈다.

우르키데 그룹의 이사회는 아메나바르에게 수비올라의 전무이사직을 맡아 달라고 요청했다. 그녀는 자신이 실무 책임자의 직책보다는 기획과 경제 분석에 더 적합한 능력과 관심이 있다고 믿었기 때문에 처음에는 이 제안을 거절했다. 그러나 결국 이 중요한 책임을 맡아야 한다고 설득당했다. 생산과 마케팅, 기술 담당 이사에는 남자가, 행정 담당 이사에는 여자가 임명되었다.

수비올라에서 여성들이 고위직을 맡고 있다는 사실은 잠재적인 구매자들을 놀라게 했다. 아메나바르는 어떤 사람으로부터 수비올라는 그가 접해본 기계 공구 회사 중 여자들이 경영하는 유일한 회사라는 이야기를 들었다고 전해주었다. 그녀는 또한 수비올라의 경영진이 '아마존의 여인들'이라고 불린다고 말해주었다. 우리는 이런 이야기가 최고 경영자 중 두 명이 여자라는 의미일 뿐 아니라 그녀들의 '강한 개성'에서 연유한다는 사실을 알게 되었다. 우리의 자료에 따르면 수비올라는 현재 최고 경영진의 구성도 훌륭하고 경영도 순조롭게 이루어지고 있다.

1990년 4월 현재, 수비올라는 45명의 노동자 조합원들과 기술 현대화를 담당하는 15명의 고용 노동자들을 보유하고 있다. 바스크 주정부와 노동인민금고는 이 현대화 사업에 재정 지원을 하고 있다. 아메나바르는 이켈란의 기술 지원을 받으며 진행해온 수비올라의 현대화 프로젝트에 대해 매우 낙관적인 견해를 갖고 있다.

수비올라의 부활은 특별한 화제거리다. 두 번에 걸친 심각한 재정위기와 최고 경영진의 배반 행위를 겪어내면서도 살아남을 수 있었다는 것은 사기업이라면 상상하기도 힘든 일이다.

위기에서 노동인민금고의 역할

노동인민금고가 만들어진 이후 거의 전 기간에 걸쳐 총전무이사를 맡고 있는 호세 마리아 오르마이케아에 따르면, 노동인민금고의 방어와 구제가 없었다면 아마도 몬드라곤 협동조합의 절반 정도는 살아남기 어려웠을 것이라고 한다. 그는 노동인민금고가 1973년부터 1986년 사이에 협동조합들에게 제공한 보조금이 최소한 16억 페세타(현재 환율로 약 1억 달러)에 이른다고 말했다. 여러 해 동안 노동인민금고의 이사장을 역임한 알폰소 고로뇨고이티아는 총액으로 따지면 이보다 더 많을 것이라고 했다. 이전까지의 부채를 탕감해주는 형태는 물론, 회생 기간의 초기 몇 년간 무이자로 돈을 빌려주기도 하고, 회생 기간의 후반에는 시중 금리보다 낮은 이자율로 돈을 빌려주는 등 다양한 형태로 보조금을 지급해왔던 것이다.

   이러한 자금 소모에도 불구하고 노동인민금고는 바스크 주에서 가장 성공한 저축은행이면서 동시에 몬드라곤의 협동조합들 가운데 가장 번창한 협동조합이다.

| 5부 |

90년대와 그 이후를 대비한 조직 재편

17 전략적인 조직 재편
18 강화된 경쟁에 따른 조건 변화와 대응

17
전략적인 조직 재편

1970년대 말부터 1990년대 초까지는 중요한 조직 재편의 첫 단계로서 실질적인 희생이 요구되는 기간이었다. 이 기간은 그 이전 10년에 비해 변화의 속도가 빠르지는 않았지만, 인적·물적 투자를 확대하고 조직을 발전시켜나가지 않을 수 없는 기간이었다. 조직 재편은 노동인민금고 지도부의 두 가지 관심사에 따라 진행되었다. 하나는 16장에서 살펴본 '방어와 구제' 정책을 강화하는 것이고, 또 다른 하나는 스페인이 유럽공동시장(EC)에 가입함에 따라 심각한 국제경쟁에 대비하는 것이었다. 방어와 구제 프로그램이 한창 진행 중이던 1982년에 구조 개혁을 시작했기 때문에 이 문제들은 서로 중복되었다.

이번 17장에서 우리는 조직 재편 과정을 살펴보고 이런 변화가 협동조합의 미래 진로에 어떤 의미를 주는지 살펴보기로 한다. 이어 18장에서는 이 변화들에 대한 '사회적 도전'을 살펴보겠다.

우리의 연구는 몬드라곤 시와 그 주변, 특히 파고르 그룹에 집중되었다. 따라서 우리의 해석이 협동조합 복합체의 다른 부분에 대해서도 타당한가의 여부는 조심스럽게 검토되어야 한다. 그러나 앞으로 살펴볼 것처럼, 파고르는 조직 재편 과정에서 주도적인 역할을 수행했다. 이뿐만 아니라 가장 오래되고 가장 규모가 큰 파고르 그룹의 경험은 복합체 전체에 적용되고 있다.

몬드라곤 지역에서 고용되어 보수를 받는 사람들의 절반 이상이 협동조합에서 일한다. 그렇기 때문에 협동조합이 조직, 운영, 발전하는 방식은 사회경제적으로 전체 지역사회에 커다란 영향을 미치고 있다. 물론 모든 협동조합과 지역사회의 관계가 몬드라곤의 경우처럼 밀접한 것은 아니다. 협동조합의 수가 적은 곳은 특히 그렇다. 또한 우리는 파고르 그룹의 조합원들이 다른 협동조합 그룹의 조합원들보다 단결력이 훨씬 높다고 들었다. 이는 단순히 파고르 조합원들의 타고난 자부심을 반영하는 말은 아니다. 이들의 단결력은 파고르 그룹이 각 회원 협동조합의 이익과 손해를 100% 공동부담하는 유일한 그룹이라는 점에서도 증명된다. 1988년에는 고일란 그룹(조합원 981명), 레아르코 그룹(547명), 데바코 그룹(926명), 그리고 우르코아 그룹(503명) 등 4개 협동조합 그룹의 공동부담률이 70% 수준이었다. 당시에도 5개의 그룹은 전혀 공동부담제를 도입하지 않았다. 그러나 공동부담제를 도입하지 않았다고 하여 이들 협동조합 그룹의 역할이 별로 중요하지 않다는 뜻은 아니다. 우르키데 그룹은 이 5개 그룹의 하나이지만, 우리가 살펴본 바와 같이 구제에서 중요한 역할을 담당했다.

지역 및 중앙 정치·경제에 끼친 몬드라곤의 영향

몬드라곤의 변화는 몬드라곤 협동조합과 지역 및 중앙 정치·경제 관계의 변화라는 맥락 속에서도 살펴볼 수 있다.

초기에 몬드라곤 협동조합은 전국적 범위뿐 아니라 지역에서도 작은 규모였다. 바스크 지방 밖에서는 거의 눈에 띄지도 않았다. 그러나 현재의 몬드라곤 복합체는 지역 산업 발전과 고용 창출에서 중요한 비중을 차지하고 있으며, 중앙정부로부터도 많은 주목과 관심을 받고 있다.

협동조합 그룹의 현재 및 과거의 조합원들은 바스크 정부의 정책과 프로그램 개발에서 중요한 역할을 해왔다. 그들 중 몇 명은 몬드라곤 협동조합과 바스크 주정부 사이를 왔다 갔다 했고, 몇 명은 정부에 남기도 했다. 노동인민금고에서 매년 발간하는 연보는 바스크 경제에 관한 바스크 정부의 기본적인 경제 계획 문서가 되었다. 그리고 몬드라곤 협동조합의 지원으로 설립된 지역 진료소는 라군-아로에서 운영하다가 최근 지방정부에 이양되었다. 더욱이 정부는 그 진료소를 지역 전체의 소도시들에 있는 진료소의 발전 모델로 채택했다.

몬드라곤 협동조합이 지역적·전국적으로 중요해짐에 따라, 지도자들이 몬드라곤의 직접적인 이익과 관련된 부분뿐만 아니라 개발 정책 전체의 문제에 대해 정부 관리들과 상담하고 협상하는 일이 늘어났다. 몬드라곤과 정부 측은 양쪽 모두 정부 정책이 복합체에 이익이 되도록 계획된다는 인상을 주지 않기를 원했지만, 경제와 사회 개발에서 거둔 몬드라곤의 성공은 몬드라곤의 제안들이 정부의 경제 계획에 큰 영향을 미치고 있다는 확신을 심어주었다.

경제위기에 직면

노동인민금고가 계속 성장하고 재정 능력을 강화해가는 동안에도 많은 협동조합들이 살아남기 위해 몸부림치고 있었다. 문제가 심각해지기 몇 년 전

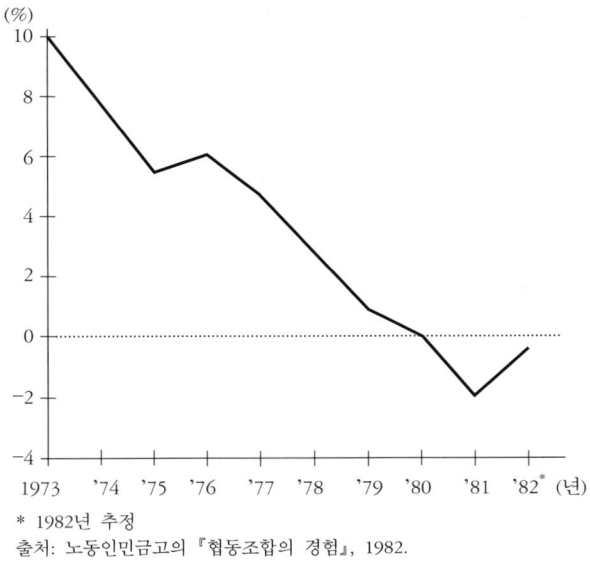

〈그림 17-1〉 판매고에 대한 순이익 비율

* 1982년 추정
출처: 노동인민금고의 『협동조합의 경험』, 1982.

부터 노동인민금고의 경영진 내부에서는 이 불건전한 상황을 우려하는 목소리가 높아졌다. 〈그림 17-1〉은 1973년부터 1982년까지 10년 동안 판매고에 대한 순이익 비율의 경향을 나타낸다. 판매량에 대한 순이익률을 도표로 만들면, 협동조합은 처음에 10%라는 높은 순이익을 냈다가, 1976년에 약간 올라간 것을 제외하고는 이익이 점차 감소했다. 그리고 1980년에는 적자를 냈고 1981년에는 적자폭이 커졌음을 알 수 있다. 1982년에는 협동조합 그룹이 손익분기점을 회복한 것 같았다. 그러나 노동인민금고의 지도자들은 위기가 지나갔다고 여기지 않았다.

노동인민금고의 경영진은 아마도 개별 협동조합 지도자들보다 먼저 획기적인 변화의 필요성을 인식했을 것이다. 1981년 2월 그들은 개혁을 위해 여러 문제점과 대책을 집중적으로 연구하기로 결정했다. 그해 4월에 모든 협동조합 그룹의 전무이사들에게 보고서 초안을 회람시켰다. 그해 말까지, 그리고 1982년 상반기에 노동인민금고 경영진은 협동조합 그룹의 지도자들과 수차례 모임을 가졌다. 그리고 제안된 개혁 내용에 대한 토론이 협동조합 내에서 광범위하게 이루어졌다. 파고르의 지도자들은 개혁안을 적극적으로 지지했다.

1982년 8월 노동인민금고의 경영진은, 몬드라곤 복합체의 문제들을 분석하고 15개월 동안의 토론을 거쳐 잠정적으로 합의된 개혁 방식의 윤곽을 잡은 「'협동조합의 경험'과 관련된 개혁에 대한 고찰」이라는 112쪽짜리 보고서를 협동조합 그룹들과 지원조직들에게 회람시켰다. 이 보고서는 최근 몇 년 동안 그룹에서 나온 중요한 문건 중의 하나다.

이 보고서는 고용 창출과 유지를 지원하는 노동인민금고의 부담이 계속 커지고 있는데도 이 은행이 바스크 지역에 있는 다른 어떤 은행보다 빨리 성장, 번창하고 있음을 보여주었다. 그런데 이런 성장과 재정 능력은 노동인민금고 자금을 사용하는 일과 관련하여 심각한 문제를 제기했다. 노동인민금고는 원래 몬드라곤 협동조합의 신설과 확장을 재정적으로 지원하는 것을 주요 임무로 하여 만들어졌지만, 수익성 있는 프로젝트를 발견하기가 점점 더 어려워졌던 것이다. 이런 견해는 경험적으로 입증된다. 노동인민금고의 전무이사가 1986년에 보고한 바에 따르면[1] 고용 창출에서 문제가 되는 것은 자본부족이 아니었다. "노동인민금고의 총재원은 약 2,200억 페세타에 이를 것이다(1986년 말까지). 그러나 그중 총재원의 22.5%인 450억 페세타만이 협동조합의 재정 지원금으로 활용되고 있다."

1982년도 노동인민금고의 보고서는 협동조합을 강화하기 위해 중요한 조직 재편이 필요하다고 제안했다. 이 재편에는 100여 개의 협동조합과 지원

조직들을 '협동조합 의회'와 '협동조합 그룹평의회'를 통해 더 긴밀하게 연계시키는 구조의 창출이 포함되었다. 이 보고서는 또한 노동인민금고 기업국이 노동인민금고에서 분리되어 독립 협동조합이 되어야 한다고 주장했다.

기업국을 노동인민금고에서 분리시켜야 하는가의 여부는 노동인민금고 경영진 내에서 뜨거운 논쟁을 불러일으켰다. 1990년 오르마에케아는 우리와 가진 인터뷰에서 자신이 이러한 구상에 매우 강력하게 반대했으며, 기업국 책임자인 하비에르 레테기도 같이 반대했다고 얘기해주었다. 오르마에케아는 기업국과 노동인민금고의 분리가 재정난에 빠진 협동조합의 구제나 새로운 협동조합 건설에 대한 기업국의 관여도를 약화시킬 것을 우려했다. 그러나 그는 최고 경영자이기는 했지만 협동조합 그룹에서 선출된 8명의 이사와 노동인민금고 내부에서 선출된 4명의 이사로 구성된 이사회의 통제를 받고 있었다.

노동인민금고 이사회에 제출된 한 보고서(1984. 10. 31)에는 분리에 찬성하는 근거가 요약되어 있다. 이 보고서는 특히 하나의 조직이 재정과 기업 관리 기능을 동시에 가지고 있는 것은 좋지 않다고 썼다. "재원의 정확한 할당은 신용대출 기능의 기본 원칙으로 어떠한 경우에도 관철되어야 한다." 이 보고서는 또한 기업국이 25년의 역사를 통해 "높은 수준의 독립성"을 확보해왔기 때문에 노동인민금고에서 분리가 가능하고, 오래 전 라군-아로가 그랬던 것처럼 독립적인 조직이 될 수 있다고 썼다. 노동인민금고로부터의 분리는 이 독립조직, 란키데 수스타케타(LKS)가 개별 협동조합들보다는 협동조합 그룹에 서비스를 제공하고 개발 계획을 위해 정부의 지원을 받는 데 더 유리하다.

결국 LKS는 당시 '몬드라곤 협동조합 의회'와 '협동조합 그룹평의회'의 결성을 통해 형성되어가던 '몬드라곤 협동조합 그룹(GCM)'에 '중앙서비스'를 제공하는 책임을 맡을 수 있었다. GCM과의 공동작업을 통해 LKS는 협동조합 그룹평의회의 이사회 및 경영진을 보좌하고 그룹 경영진과 작업할 수 있게 되었다.

LKS는 1986년 말에 새 건물(노동인민금고 근처)로 옮겨갔지만 공식적으로 독립한 것은 1991년이 되어서였다. 노동인민금고 안에 있을 때 기업국은 1년 비용의 60% 정도만을 각 협동조합의 회비와 계약금으로 충당하고 나머지는 노동인민금고로부터 지원받았다. 알폰소 고로뇨고이티아에 따르면, 나머지 40%를 메우기 위해 지금까지 기업국이 담당해왔던 기능들은 세 '영역'으로 분할되어 세 개의 조직에 배분되었다.

> 기업국의 기능을 이루던 다양한 영역의 배치는 다음과 같이 결정되었다.
> - 경제 연구의 영역은 노동인민금고에 할당된다.
> - 개입·정보·산업 개발과 농업에 관련된 사업 개발의 영역들은 (GCM의) 이사회 참모진에게 할당된다.
> - 자문과 개선의 영역은 기획되고 있는 독립 협동조합(LKS)의 핵심 사업이 된다.

고로뇨고이티아에 따르면 LKS는 보조금이 필요 없다. 왜냐하면 LKS에 할당된 영역들은 "전통적으로 수익성이 있기 때문이다. GCM 참모진에 할당된 영역들은 보조금이 필요한데, 노동인민금고가 80%, 나머지 20%는 관련 협동조합들이 내게 된다."

예비 계획에 따르면, GCM에 속해 있는 협동조합에게는 조합당 70,000페세타가 부과된다. 이렇게 모은 금액은 신설될 협동조합 상호연대기금(FISO)에 기부되며, 이 기금의 관리는 GCM 경영진이 맡을 것이다. 이 계획은 LKS의 설립이 구조 및 정책상의 중요한 개혁과 관련되어 있음을 명확히 하고 있다. 그러나 이러한 개혁이 어떠한 결과를 낳을 것인지 이야기하기에는 아직 너무 이르다.

구조 개혁의 계획과 수행

구조 개혁은 네 단계로 진행되었다. 그리고 모든 개혁은 1993년 초까지 전 산업의 관세장벽을 철폐할 유럽공동시장에서 효과적으로 살아남기 위해 협동조합 복합체가 한층 긴밀히 결합되어야 한다는 확신에 기반하고 있었다. 지금까지는 각 협동조합이나 협동조합 그룹들이 노동인민금고와 유대를 통해 서로 연계를 맺고 있었지만, 앞으로는 몬드라곤 협동조합 그룹(GCM)을 통해 전체적으로 연계하는 방식이 될 것이다.

최초의 계획은 '예비 회원' 회의를 소집하는 것이었다. 이 회의는 1984년에 개최되어 협동조합 그룹의 대의원들이 노동인민금고에서 수정한 계획들을 재검토했다. 이 모임에서 결정된 사항들은 '몬드라곤 협동조합 의회' 설립을 위한 기초가 되었다. 이 기구의 이사회는 각 협동조합 그룹의 대표로 구성되었으며, 개별 협동조합은 최소한 1명 이상의 대표를 파견했다. 규모가 큰 협동조합은 좀 더 많은 대표를 보내지만 인원에 직접 비례하지는 않는다.

의회의 의장은 이사회에 참여하지만 투표권은 없고 발언권만 가진다. 이사회는 다양한 생산협동조합 그룹의 대표들과 각 지원조직들, 예를 들면 노동인민금고, LKS, 라군-아로, 그리고 이켈란 등의 대표로 구성된다.

의장 선출과 기타 안건의 투표는 다음과 같은 공식의 투표권 배분을 토대로 이루어진다. 즉 1,000명 이하의 조합원을 둔 그룹의 총전무이사는 1표,

1,000명 이상 3,000명 이하인 경우는 2표, 그리고 3,000명 이상의 경우는 3표의 투표권을 갖는다. 따라서 파고르가 유일하게 3표를 갖고 있으며, 다른 생산협동조합 그룹은 2표를 갖고 있는 한 개의 그룹을 제외하고는 모두 1표씩 투표권을 가지고 있다. 에로스키, 노동인민금고, 라군-아로는 2표의 투표권을 가지고 있다.

회의의 결정 사항들은 "일반적으로 회의에 참여한 협동조합들에 대한 '권고'의 성격을 가질 것이다." 하나의 결정이 내려지려면 "이사회가 제안하고 상임위원회에서 제청하여 총회에서 압도적 다수의 찬성을 얻어야 한다." 상임위원회는 의장, 부의장, 회의비서, 그리고 각 협동조합 그룹과 지원조직의 대표자 1인씩으로 구성된다.[2]

1차 몬드라곤 협동조합 의회는 1987년 10월 2일과 3일에 개최되었다. 회의에서는 1984년 계획을 위한 예비 모임 기간에 틀이 잡힌 구조들과 전체 계획들이 토의되고 통과되었는데, 이것은 협동조합 복합체의 최고의 실천과 믿음이 성문화된 것이었다.

1987년 1차 회의에서는 임금 비율을 4.5 : 1.0에서 6.0 : 1.0으로 바꾼다는 결정이 내려졌다. 과거와 마찬가지로 직무지수 1.0은 미숙련 노동자에게 할당되었다. 회의는 또 1984년 모임에서 제안된 협동조합 상호연대기금(FISO) 설립 권고안을 통과시켰다. 제2차 회의는 1989년 12월 1일과 2일에 열렸다. 대의원들은 '교육과 협동조합 상호개발기금(FEPI)' 설립안을 통과시켰다. 이 기금은 규모가 작은 협동조합들이 장기적이고 규모가 큰 프로젝트에 참여할 수 있는 길을 열어주기 위한 것이다. 기금의 관리는 의회의 이사회가 맡는다.

회의는 짧은 기간(1987년과 1989년에는 이틀간) 개최되지만, 이사회와 경영진은 모든 시간을 여기 할애한다. 회의 기간 중 이사회는 연구 작업을 하고 권고안을 만들며, 광범한 토론과 심지어 중요 활동을 제안하는 보고서도 제출한다. 1987년과 1989년 보고서에 제시된 계획 항목들을 재검토해볼 때, 이사회가 두 회의 사이에 중요한 구조 개혁을 수행하고 있었음을 알 수 있었다.

1984~1987년까지 협동조합은 느슨한 연합을 형성했다. 1990~1991년 동안에는 협동조합 '기업 집단'이 등장했다. 이 변화는 「협동조합 그룹에 대한 사회학적 고찰로부터」라는 GCM 이사회의 1989년 보고서에 요약되어 있다.

보고서의 주제는 몬드라곤 협동조합 그룹들이 부분영역들의 기초 위에서 생겨났으며, 그로 인해 직접적인 상호작용이 용이해졌다는 것이다. 그러나 GCM이 심화된 국제경쟁에서 살아남고 성장하기 위해서는, 단일한 시장이나 유사한 기술에 기반한 협동조합들이 함께 작업하여 '규모의 경제'를 이용하는 부문조직(sectoral orgnaization)으로 나아가야 한다는 것이 보고서의 주장이었다. 즉 보고서는 부분적인 영역을 담당하는 그룹들을 해체하자는 것은 아니지만, 두 종류의 그룹들을 하나의 기반 구조 안에 함께 담아내야 한다고 주장했다. 보고서는 심지어 협동조합들을 구조화된 그룹들로 '헤쳐 모여' 시키자고까지 주장했다.

이런 새로운 제안에 발맞춰 『노동과 단결』은 개혁의 중요성을 논의하는 기사를 게재했다. 이 잡지의 발행 부수는 7,000부 — 이는 몬드라곤 전체 조합원의 약 1/3에 해당하는 수 — 이지만, 정책 토론에 관심을 갖고 참여하는 조합원들 대다수가 보기에 충분한 부수이다.

1990년 4월 알폰소 고로뇨고이티아를 인터뷰했을 때, 그는 새로운 구조가 1991년의 회의와 협동조합 그룹평의회에서 통과되어야만 공식적으로 정착될 수 있다고 말했다. 그러나 부문조직으로 중심을 이동시키는 것은 권력을 부분영역 그룹들의 경영진으로부터 다른 곳으로 이동시키는 것처럼 들릴 수도 있으며, 또 이들 그룹의 최고 경영진이 이사회의 다수를 차지하고 있으므로 이사회가 여기에 찬성할지는 아직 미지수라고 말했다.

현재의 협동조합 그룹조직과 그들의 투표권 분포를 살펴볼 때 찬성의 가능성이 높다. 지원조직들은 이러한 구조 개혁에 찬성표를 던질 것으로 추측되었다. 파고르의 경우 이미 부문조직별로 조직을 재편했고, 그룹 경영진이 GCM의 계획 과정에서 중요한 역할을 담당하고 있기 때문에, 역시 세 대표 모두 이러한 모델에 찬성할 것이다. 데바코 그룹과 우르키데 그룹도 이미 부분적으로는 부문조직별로 이루어져 있으므로 이들 경영진 또한 여기에 찬성할 것이다. 이 정도 표라면 나머지 모든 협동조합 대표들이 반대하더라도 부문구조 안에 찬성하는 수가 압도적일 것이다.

사태는 우리가 예상했던 것보다 훨씬 빠르게 전개되어, 1990년 6월 부문구조 안에 유리한 인선이 있었다. 몽헤로스가 파고르 그룹의 전무이사직에 잠정적으로 유임된다는 전제하에 GCM 의장으로 선정된 것이다. 부의장은 다음의 부서들, 즉 재정·자본재·자동차 부품·전기-가전비품·건축·가정용품·식품 공급과 서비스 부서, 그리고 '다양한 활동' 부서 등에서 선정되었다. 마지막 범주는 어떤 범주에도 속하지 않는 협동조합을 포괄한다. 또한 '인력자원' 담당 이사와 '국제관계' 담당 이사도 임명되었다.

최고 집행부의 경력을 보면 GCM에 대한 파고르의 영향력과 이보다는 조금 약하지만 노동인민금고의 영향력을 알 수 있다. 몽헤로스는 파고르에 그의 협동조합 인생의 대부분을 바쳤다. 4명의 부의장들도 마찬가지다. 이들 중 2명은 노동인민금고에 깊숙이 개입했다. 3명의 부의장들도 다른 협동조합 그룹의 최고 경영자가 되기 전까지 모두 파고르에서 대부분의 경력을 쌓았다. 인력자원 담당 이사 또한 마찬가지였다. 국제관계 담당 이사인 헤수스 라라냐가는 울고의 설립자 5명 중 한 사람인데, 파고르에서 대부분의 경력을 쌓았으며 노동인민금고에서도 중요한 역할을 담당했다.

경제적 도전에 대한 대응

몬드라곤의 지도자들은 1980년대 중반까지 스페인이나 바스크 지방의 사기업과 비교하여 협동조합이 얼마나 훌륭하게 성장해왔는가에 대해 대단한 자부심을 갖고 있었다. 오르마에케아에 따르면,[3] 1976년 돈 호세 마리아가 죽기 전 10년 동안 국민총생산이 매년 6~7% 성장하고 있을 때 협동조합의 고용률은 매년 15%씩 성장했다. 그러나 1977~1986년까지 다음 10년 동안에는 고용률 성장이 3.3%에 머물렀으며, 그것도 주로 처음 5년간에만 성장했다. 그럼에도 바스크 지방의 전체 상태와 비교해볼 때 몬드라곤 협동조합의 성장은 매우 두드러진 것이라고 할 수 있다.

> 1976년부터 1986년까지 우리는 4,200개의 일자리를 새로 만들어냈다. 같은 기간 에우스카디(바스크 지방)에서는 15만 개의 일자리가 없어졌다. 이는 단지 훌륭한 결과가 아니라 면밀하게 계산된 조정 과정의 결과이며, 단결의 정신을 반영하는 것이다. 그리고 어떤 조합원도 일자리를 잃지 않도록 한 것은 한마디로 '대담성' 때문이라고 할 수 있다.[4]

경제학자 캐이스 브래들리와 알랜 갤브[5]는 스페인의 공업 생산이 1976~1983년 동안 매년 1.5% 비율로 성장해온 반면, 몬드라곤은 같은 기간에 평균 6%씩 성장해왔음을 지적했다.(그림 〈17-2〉 참조)

브래들리와 갤브가 지적한 대로[6] 1978년과 1979년에 몬드라곤 복합체의 평균 임금은 스페인 산업체의 평균 임금보다 높았으나, 1980년에는 파고르의 조합원들이 재정적 손실을 감수했기 때문에 전국 평균치보다 약간 떨어졌다. 다음 해부터 차이는 좁혀졌다. 그러나 그들은 라군-아로가 "국립기관에

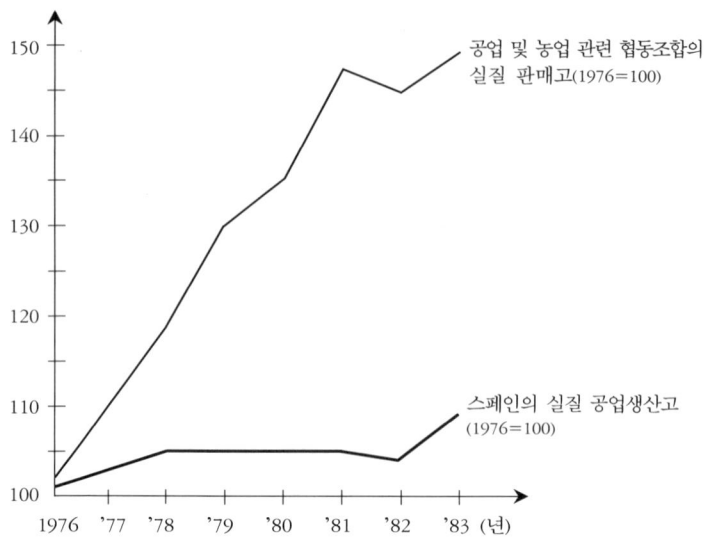

〈그림 17-2〉 몬드라곤 및 스페인 전체의 공업 생산고와 판매고(1976~1983)

출처: Bradley, Keith, and Alan Gelb, "Cooperative Labour Relations: Mondragón's Response to Recession." *British Journal of Industrial Relations*, 1987.

서 비슷한 수준의 혜택을 받으려면 1.75배 정도의 돈이 더 들 만큼 좋은 서비스를 제공"[7]하기 때문에 몬드라곤의 조합원이 사기업 노동자들보다 상당히 좋은 조건에서 사회보장제도의 혜택을 받았음을 지적했다.

몬드라곤은 또한 미래의 성장과 현대화를 위한 투자에서도 같은 지역의 사기업들을 훨씬 능가해왔다. "협동조합 복합체의 역동성의 지표는, 제조업 분야에서 협동조합의 취업 인구가 바스크 전체 제조업 인구의 3% 정도를 차지하고 있지만 1981년도 바스크 지역 전체 공업 투자의 77%가량이 협동조합의 투자였다는 점이다."[8]

1989년 GCM 의회의 보고서는 1964년부터 1988년까지 25년간의 경제적인 경향성을 보여주는 귀중한 내용을 제공한다. 매년 협동조합들의 신규 투자는 그 전해보다 높았으며, 1983~1988 사이에 이 경향은 매우 급격한 상승을 보여준다. 1988년 투자액은 153억 5,200만 페세타에 달했으며, 이는 1983년의 거의 3배에 이르는 것이었다.

몬드라곤이 처음으로 수출 시장에 뛰어든 것은 1966년이다. 1969~1974년 동안 수출은 매출액의 12.4%에 이르렀다. 1979~1984년까지 그 비율은 27.2%로 높아졌다. 경기가 좋은 해이건 나쁜 해이건, 몬드라곤의 총매출액이 매년 증가해온 것처럼 수출물량 또한 같은 경향을 보였다. 1984~1988년 동안에는 그 비율이 26.4%로 약간 떨어졌다. 그것은 스페인 국민총생산의 급격한 변동 때문이었는데, 이로 인해 스페인은 당시 유럽에서 가장 큰 흑자를 경험했다.

몬드라곤 협동조합은 1964년 3,482명을 고용했다. 그 숫자는 1988년 말에 21,064명으로 늘어났다. 전체 고용은 두 해를 제외하면 매년 증가했다. 1979년부터 80년까지 562개의 일자리가 줄어들었으며, 1982년부터 83년까지 44개의 일자리가 줄어들었다. 그러나 두 경우 모두 다음 해에는 줄어든 것보다 훨씬 큰 폭의 고용 증가가 이루어졌다. 1989년의 경우 1,050개의 일자리가 늘어났으며 전체적으로 22,000여 명 이상이 고용되었다.

1982년의 노동인민금고 보고서가 지적했듯이, 매출액에 대한 수익률은 다른 경향을 보인다. 몬드라곤 초창기에는 수익이 매우 높았다가 1979~1984년 동안 수익률이 -0.71%로 떨어졌고, 1984~1988년에는 1.52%로 회복되었지만, 여전히 초기의 수익률을 밑돌고 있다.

1989년의 GCM 보고서는 새로운 협동조합의 건설이라는 면에서 몬드라곤의 경험을 요약했으며 당시 99개 협동조합 중 45개가 노동인민금고의 재정 지원과 기술 원조를 받아 신설되었다는 사실을 지적했다. 그 나머지는 개별 협동조합이나 협동조합 그룹에서 분리되어 나간 자회사들이다(이런 방식에 의한 건설이 점점 더 보편화되었다). 1985~1988년에는 새로운 협동조합이 하나도 만들어지지 않았으며, 1974~1988년에는 5개의 협동조합이 실패했다. 그러나 실패한 5개 중에는 협동조합 복합체 안의 중요 협동조합은 없었다.

1986~1988년의 호황기에도 고용 안정 비용은 계속 상승했다. 1988년 라군―아로의 고용 안정 비용에 충당하기 위해 급료 분담액이 2.5%에서 3.0%로 인상되었다. 『노동과 단결』이 보도한 바와 같이[9] 1986년부터 1988년까지 협동조합 복합체는 34개 협동조합에 1,349명이 '초과 고용'되어 있었다. 총 1,174건은 해결이 되었지만 175건은 아직도 미해결 상태에 있다. 해결된 사례는 다음과 같다. 385건은 다른 협동조합으로의 영구 이직, 273건은 보상금을 지불한 자진 퇴직, 254건은 해당 협동조합의 상태가 개선됨에 따라 초과 고용으로 분류할 수 없게 되었고, 217건은 조기 퇴직, 19건은 퇴직, 15건은 자진 퇴직, 9건은 병으로 인한 휴직, 2건은 사망 등이다. 이런 수치는 몬드라곤이 고용을 유지하기 위해 얼마나 끈질기게 노력했는지, 그리고 필요한 조정 작업을 얼마나 다양하고 폭넓게 벌였는지 보여준다.

전체 경제 상황을 정확히 파악하지 않고서는 갈수록 치열해지는 경쟁에 대처할 수 없다는 점에서도, 몬드라곤은 여전히 생존과 성장을 위해 심혈을 기울이지 않을 수 없다. 몬드라곤의 지도자들은 몬드라곤 복합체가 기존 협동조합들로부터 분리시키는 방식이 아니면 새로운 협동조합을 만들어낼 수 없을 것이라는 점에 주의를 기울이고 있다. 몬드라곤은 제조업에 집중적인 노력을 기울여왔지만, 이 분야는 이미 기존 대기업들이 지배하고 있으며 국제경쟁이 더욱 심화되고 있다. 파고르처럼 훌륭하게 자리 잡고 수익성도 높은 그룹들은 내부 기금을 조성해 새로 분리·독립된 협동조합을 만들기 위해 큰 자본을 댈 수도 있다. 그러나 전혀 관련성이 없는 새로운 제조업 회사를 만들어 재정 문제를 해결하려면 노동인민금고와 새로운 협동조합의 조합원들이 댈 수 있는 자본보다 훨씬 규모가 큰 자본이 필요할 것이다.

GCM이 말하는 이른바 "이러한 창조적 비활동성의 순환" 고리를 끊기 위한 노력의 일환으로, 1989년 보고서는 "낮은 자본 집약도"를 가지고 있는 "다양한 그룹들의 협동을 증진시키는 데 기여한다면" 기존에 해당 그룹이 선택한 활동 부문에 집중할 것을 요구한다(168~169쪽). 선택할 수 있는 영역에는 협동조합을 위한 토지와 주택이 포함되며, "심지어 사기업들까지도 포함"된다. 보고서는 1,021동의 협동조합 주택이 지어졌음을 알리고, 매년 250동을 새로 짓는 것을 목표로 제안했다. 이는 서비스협동조합(상업, 금융, 경영자문, 보험, 기술 연구, 교육, 그리고 기술체계 관련 협동조합들)의 개발을 촉진시킨다. 또한 보고서는 호텔과 레저 분야 개발에도 주의를 기울여야 한다고 주장한다.•

이상의 개발 우선순위에서 누락된 대단히 중요한 분야가 있다. 그것은 바로 농업 관련 사업이다. 1980년대 초반 요셉 볼라시는 이스라엘의 키부츠 연합 지도자들의 몬드라곤 방문기를 정리한 적이 있다. 그가 개인적으로 전하는 바에 따르면, 이스라엘의 방문자들은 몬드라곤의 공업협동조합에 엄청난 감동을 받았으나 농업 관련 협동조합의 개발에서는 몬드라곤이 이스라엘에 한참 뒤쳐져 있다고 생각했다. 에로스키는 스페인에서 계속 확장되어가는 슈퍼마켓 체인점이기 때문에, 스페인 지도자들 사이에서는 이것이 농업 관련 분야에서 야심적인 정책 개발의 좋은 기초가 될 것이라고 생각될 수 있다.

• 몬드라곤에는 호텔이 없다. 몬드라곤을 방문하는 사람들은 몬드라곤에서 8km 정도 떨어진 포스탈 트시리타나 노동인민금고가 소유한 카세리오의 손님 접대용 방, 또는 경영자 훈련센터에 묵어야 한다.

사기업과의 관계

몬드라곤이 성장할 수 있는 다른 방법은 사기업들과 계약협정을 맺는 것이다. 파고르 그룹은 이러한 협정을 개발해왔으며, 『노동과 단결』의 최근 기사에 따르면 다른 협동조합들도 마찬가지다. 1990년 4월호는 구리아 협동조합과 구리아에게 자사의 중장비를 스페인과 포르투갈에서 독점 판매할 수 있는 권한을 준 일본의 가와사키 간의 협정을 보도했다. 구리아는 이 장비들에 자신의 상표를 달 수도 있다. 이 협정에 따라 구리아는 중장비의 전 영역을 판매하고 가와사키의 부품들을 생산하며 이베리아 반도 전체에서 가와사키 제품의 보수와 유지 서비스를 할 수 있게 되었다.

『노동과 단결』은 1990년 5월 초, 소랄루세 협동조합과 바스크의 사기업 ITT 사이에 체결된 제트엔진용 가변전지 공급협정을 보도했다. 전지용 소프트웨어의 개발은 소랄루세와 새로 설립된 연구·개발 협동조합 이데코의 합작으로 진행되었다. 롤스로이스는 ITT 주식의 45%를 소유하고 있는데, 주로 비행기 엔진 개발을 지원하면서 스페인 내에 새로운 공장을 짓고 있다. 소랄루세와 신新 롤스로이스 공장 사이에도 협력협정이 가능할 것이다.

이러한 사례들은 협동조합과 사기업의 협력협정이 양측에 모두 이득을 가져다줄 수 있었다는 점을 말해준다. 또한 이런 협정은 노동자생산협동조합의 기본 원칙을 손상하는 것도 아니다. 그러나 최근에는 새로운 사례도 있다. 우리는 몬드라곤 협동조합이 사기업에 결코 지배되지 않으리라고 믿어왔다. 그러나 이 믿음은 이렇게 수정되어야 한다. '몬드라곤 협동조합은 조합원 다수의 의사에 배치되는 경우에만 사기업의 지배를 받을 수 없다.' 실제로 최근 소규모 협동조합 두 곳이 사기업에 매각된 사례가 있기 때문이다.

협동조합이 사기업을 매입하는 것은 더욱 심각한 도전이다. 1989년 울고는 바스크 주에 있는 사기업체 파블레락을 매입했는데, 이 회사는 규모는 작지만 울고의 경쟁사였다. 이런 결정을 내린 것은 스페인의 대형 가정용 전기용품 시장(주로 부엌이나 세탁소용 전기제품)에서 울고의 주도권을 유지하기 위해서였다. 몇 년간 울고는 다른 두 개의 다국적기업을 약간 앞선 시장 점유율을 유지했다. 그리고 이 세 회사는 대형 가정용 전기용품 시장의 95%를 차지했다. 파고르 그룹은 만일 파블레락사가 두 다국적기업에 인수된다면 스페인 시장에서 최고의 지위를 잃을 수도 있다는 점을 우려했던 것이다.

『노동과 단결』은 1990년 2월호에서 파고르 그룹이 그룹 내 에델란보다 실질적으로 노동력 규모가 큰 비토리오 루수리아가의 주식 50.19%를 매입했다고 보도했다. 이 구상은 자동차 상품 시장에서 파고르 그룹의 힘을 배가시키기 위한 것이었다. 1990년과 1991년에는 자본 증식용으로 25억 페세타, 그리고 생산설비 혁신용으로 35억 페세타, 총 60억 페세타의 투자가 이루어졌다.

문제가 하나 있다면 그것은 루수리아가사가 정부의 사회보장기금에 부채를 지고 있다는 점이었다. 정부의 특별위원회는 이 문제를 해결해야만 했다. 노동력 관련 계획에서 노조와 경영자는 노동력 감축에 동의했고 조기 퇴직으로 447명을 감축했다. 그 결과 루수리아가사는 약 1,400명 수준의 고용을 유지하게 되었다. 이 감축에 든 비용은 80억 페세타로 추계되는데, 이는 노동부(37억 페세타)와 바스크 자치정부(35억 페세타), 그리고 나바레 주정부(8억 페세타)의 돈으로 충당되었다. 이러한 종류의 협상(협동조합에 의한 사기업 매입 현상—옮긴이 주)에 장애가 되어온 문제들의 해결책이 제시된 것이다.[10] 더욱이 파고르 그룹은 국영 기업체들과 경쟁하는 위치에 있을 뿐만 아니라, 자동차와 트럭 생산 부문에서는 동종 직종의 종사자 수를 줄이고 질을 고급화하는 방향으로 나아가고 있음을 알게 되었다. 만일 파고르가 자동차 부품 영역을 좀 더 넓게 확보하고 있었다면 이 시장에서 주도적인 지위를 차지할 기회를 갖게 되었을 것이다.

루수리아가의 사례는 몬드라곤이 스페인 정부와 바스크 지방정부의 경제·사회정책에서 어느 정도의 역할을 했는지 보여준다.

몬드라곤의 생산성과 경쟁력

1990년 4월 우리가 몬드라곤을 방문했을 때, 그곳의 지도자들은 1993년 1월 1일 스페인 산업을 보호해온 마지막 관세장벽이 없어진 뒤에는 어떻게 대처할 것인가에 신경을 곤두세우고 있었다. 몬드라곤은 과연 산업이 더욱 발전된 유럽 여러 나라의 다국적기업과 경쟁할 수 있을까? 몬드라곤은 과연 엄혹한 경쟁 체제에 직면해서도 자신의 원칙과 이상을 유지할 수 있을 것인가? 후자의 물음에 대해서는 18장에서 살펴보기로 한다.

『노동과 단결』은 유럽공동시장에서 심한 경쟁을 극복할 수 있는 몬드라곤의 역량에 대해 논의하는 내용을 몇 회에 걸친 특집으로 싣기도 했다. 몇몇 협동조합들은 이미 생산량의 상당 부분을 유럽에 수출해왔기 때문에, 주요 관심은 관세장벽이 철폐되었을 때 스페인 국내시장에서의 경쟁에 집중되었다.

협동조합의 생산성과 유럽 다른 나라의 생산성을 비교하는 가장 권위 있는 보고서는 GCM의 경제 분석 담당관 프란체스코 하비에르 사가스타가 제출한 것이다. 1988년 1년간 사가스타는 인건비를 계산하고 스페인 전체, 몬드라곤 협동조합, 지도적인 유럽 국가들의 1인당 부가가치액을 계산했다.[11] 부가가치액과 인건비 둘 다 몬드라곤 협동조합을 지수 100으로 놓을 경우, 부가가치에서는 서독이 가장 높은 141이었다. 이 분석은 협동조합이 생산성에서 유럽의 상위국과 경쟁하려면 지금보다 훨씬 더 발전해야 한다는 것을 보여준다. 반면 서독의 인건비 지수는 149로 나타났다. 따라서 종합적으로 볼 때 몬드라곤이 서독보다 약간 더 유리하다. 그러나 이러한 몬드라곤의 이점은 만일 독일보다 스페인의 인플레이션 비율이 높을 경우 무의미해진다.

사가스타의 계산에 따르면, 몬드라곤과 다른 유럽공동시장 회원국의 생산성 격차는 몬드라곤과 서독 사이의 격차보다 작다. 부가가치 지수는 이탈리아 124에서부터 영국 109까지 분포되어 있다. 1인당 인건비용의 계산에서는 프랑스, 이탈리아, 영국이 높게는 133에서 낮게는 103까지 분포되어 있다. 또한 사가스타는 몬드라곤 협동조합을 100으로 두는 한편, 스페인 전체의 1인당 부가가치 지수를 120으로, 인건비 지수를 118로 계산한다. 이러한 수치상의 차이가 나타나므로 시장경쟁을 설명하기에는 너무 부족하다.

몬드라곤은 과거에 상당한 경쟁력을 가지고 있었다. 몬드라곤 협동조합은 다른 유럽 국가의 기업들과 경쟁하는 것처럼 최소한 스페인의 사기업들과 경쟁할 수 있을 것이다.

18
강화된 경쟁에 따른 조건 변화와 대응

이 장에서는 몬드라곤이 경쟁의 심화로 직면하게 된 사회적 도전의 내용을 다룬다. 물론 대부분의 사회적 변화들이 중요한 비용요인이 된다는 점에서 사회적 도전과 경제적 도전을 완벽하게 구분하는 것은 불가능하다. 그러나 이번 장에서는 이러한 비용요인을 발생시킨 사회적 요구들에 분석의 초점을 맞춘다.

1990년 몬드라곤 방문을 마치고 돌아오면서 우리가 받은 인상은, 1983년 방문해서 몬드라곤 사람들을 만났을 때보다 미래에 대해 훨씬 더 많이 걱정하고 있다는 것이었다. 우리는 이 점에 대해 파고르의 중앙조합평의회 의장 알렉스 고이리체라야에게 편지를 보내 물어보았다. 그는 다음과 같은 답변을 보내왔다.

> 나는 몬드라곤의 현재 고민이 1983년보다 크다고는 보지 않습니다. 현재 우리가 당면한 문제는 매우 다른 성격을 띠고 있습니다. 1980년대 초의 고민은

비교적 단순한 것이었습니다. 그것은 다른 기업들과 마찬가지로 우리에게 닥쳐온 경제위기를 어떻게 극복할 것인가 하는 것이었습니다. 이는 매우 심각하기는 했지만 단순한 문제였습니다. 오늘날 우리의 중대한 관심사는 협동조합이 새로운 시장조건에 어떻게 적응할 것이냐 하는 것입니다.

이는 두 가지 문제로 파악할 수 있습니다. 첫째 이러한 새로운 시장조건에 어떻게 대응할 것인가, 둘째 어떤 조직체계가 이 첫 번째 문제에 대한 새로운 해결책으로 제시될 수 있는가 하는 것입니다.

우리들 대다수는 여전히 협동조합적 모델을 유지해야 한다는 믿음을 강하게 갖고 있습니다. 그러나 이것은 동시에 어떠한 조직체계를 새롭게 만들어낼 것이냐 하는 문제로 집중됩니다.

사회적 도전에 대응하는 수단은 두 가지 서로 연관된 주제로 고찰될 수 있다. 하나는 몬드라곤의 인적자원을 강화시키기 위한 새로운 교육과 훈련 계획이며, 또 하나는 새로운 조직체계의 개발이다.

앞서 17장에서 우리는 새로운 조직체계에 대하여 간략하게 고찰해보았다. 이번 18장에서는 이러한 변화가 함축하고 있는 내용을 분석하고, 더 나아가 협동조합의 노동 및 운영에 적극적으로 참여하는 것을 포함하는, 이른바 조직 내 민주주의 구조를 유지하기 위한 몬드라곤 나름의 관점들을 추적해볼 것이다.

몬드라곤의 조직구조는 협동조합을 완벽하게 통제하기 위한 것일 뿐만 아니라, 상점 수준에서부터 높은 조직 수준에 이르기까지 모든 조직의 노동 관리를 강화하기 위한 것이다. 다음 절에서 우리는 몬드라곤의 노동 관리 방식이 어떻게 변화되어왔는지 개략적으로 고찰해보겠다.

고용 창출과 유지를 위한 필요조건의 변화

공업의 발전이 몬드라곤 복합체의 초기 성장을 가능하게 한 것은 사실이지만, 현재는 이 공업 발전으로 말미암아 재조정과 재활성화라는 심각한 문제에 직면하고 있다. 협동조합 복합체는 상당히 발전된 대량생산 방식의 공업을 기반으로 시작되었다. 그런데 세계경제의 불황과 치열한 경쟁으로 가장 심한 타격을 입은 분야가 바로 공업 분야였다. 몬드라곤은 미국의 성장 산업이 직면한 것과 똑같은 문제와 씨름하는 중이다. 경쟁에서 살아남기 위해 제조업 기업과 협동조합은 대량생산에서 탄력적인 생산으로, 규격상품 생산에서 고품질과 다양성을 원하는 소비자들의 요구에 맞추는 방향으로 생산방식을 변화시켜야 했다. 품질경쟁이 점점 더 치열해짐에 따라 소비자들은 더욱 높은 수준의 품질을 요구하게 된 것이다.

초창기의 몬드라곤에서는 생산을 담당하던 사람들이 지도적인 위치에 있었다. 경쟁이 심해지고 소비자의 요구사항이 더욱 다양하고 엄격해짐에 따라 유통 분야를 담당하는 이들의 발언권이 점점 커졌다. 코넬대학의 작은 연구집단이 울고와 코프레시에서 1985년 11월에 가진 인터뷰를 통해, 우리는 최일선 생산현장 감독에게 미친 이러한 역관계의 변화를 감지할 수 있었다.

그들의 생산 공정은 중요한 고객의 요구에 맞추기 위해 생산품과 견본을 즉시 바꾸라는 유통 부문의 요청 때문에 자주 중단되었다. 그들의 업무는 '적시 생산과 재고 통제' 정책으로 말미암아 매우 까다로워졌다. 몇 개 분과에서 이러한 일본식 생산 전략을 시행한 뒤 공장의 작업 공간에 비축할 수 있는 재료가 50% 감소했다. 전에는 감독자들이 작업 공간에 부품을 비축해 놓고 새로운 지시에 언제든지 대응할 수 있었다. 현재는 이 재료 비축량이 급격하게 감소하여, 몇몇 감독자들은 다음 작업에 쓸 부품들이 준비되어 있는지에 대해 끊임없이 걱정하고 있다고 말했다. 물론 적시 생산체계를 능숙하게 운영하면 재고품에 묶여 있는 돈을 상당히 줄일 수 있다. 그러나 이 정책은 최일선 생산현장 감독들에게는 압력을 하나 더 보태는 것일 수도 있다. 감독자들은 전에는 단지 느슨하게 조정만 하면 되었지만, 지금은 정확하게 조정된 운영을 하도록 요구받고 있다.

오늘날 세계적인 경쟁에 대비하여 기술을 현대화하는 데는 대규모의 투자가 필요하다. 몬드라곤 협동조합은 노동인민금고의 도움을 받고 때때로 중앙정부의 지원을 받기 때문에 스페인에 있는 대부분의 사기업들보다 더 견실한 위치에 있다. 그러나 자동화와 로봇화의 발전은 일자리가 더 적어진다는 것을 의미했다. 이러한 변화에 직면하고, 더욱이 정부가 해고를 제한하고 있는 조건 속에서, 스페인의 사기업 경영진은 잉여 노동자들을 어떻게 해고할 것인가 하는 문제를 안고 있었다. 몬드라곤의 지도자들은 노동력을 감축할 때 사기업들보다 더 많은 선택권을 갖고 있지만, 일자리를 잃은 성원들에게 다른 일자리를 제공하거나 상당한 액수의 지원금을 주어야 한다. 이로 인해 몬드라곤은 새 회사를 만들지 않을 수 없는 무거운 부담을 지고 있다.

사기업 지도자들은 어떤 결정을 내릴 때 주로 잠재적 이익을 고려할 뿐이고, 얼마나 많은 사람을 고용해 그들에게 수입을 보장할 것인가는 부차적인 문제이다. 하지만 몬드라곤에서 이익과 잉여는 제한조건일 뿐 일차적 추동력은 아니다. 이는 수단과 목적의 차이다. 몬드라곤의 지도자들은 이익을 사회적 경제적 발전이라는 그들의 목적을 달성하기 위한 수단 정도로 인식한다.

이미 앞 장에서 본 바와 같이 제조업체의 신설은 점점 더 어려워지고 있고, 그래서 몬드라곤은 기존 협동조합에서 새로운 기업을 독립시켜야 했다. 몬드라곤은 교육과 연구를 강화함으로써 새로운 기업을 설립할 수 있기를 바라고 있다.

교육과 연구의 강화

1962~1964년 동안 노동인민금고는 각 협동조합 및 개별 조합원들과 힘을 모아 기술전문학교와 기숙사를 건설하는 데 7,400만 페세타를 투자했다. 최근에 와서 몬드라곤은 교육 시설을 강화하는 일에 매우 큰 비중을 두고 있다. 1980년대에 노동인민금고는 기술전문학교의 개축과 신축에 2억 페세타를 들였다.[1]

기술전문학교는 미국의 4년제 대학 과정 중 3년 과정에 해당하는 교육을 실시하는데, 입학생 수가 계속 늘어나고 있다. 공학 과정은 1983~84학년도에 365명이었다가 1986~87학년도에는 720명으로 늘어났다. 그리고 5개의 하급 과정에도 2년 동안 거의 비슷한 수의 학생들이 있었다(773명과 722명). 1961년 이웃 도시 오냐테에 경영전문학교를 설립했는데, 1985~86학년도 등록 학생 수가 868명이었다.

노동인민금고와 각 협동조합은 건물 투자뿐 아니라 기술전문학교 및 이켈란과 밀접히 연계된 또 다른 교육기관을 설립하기 위해 공동보조를 취하고 있다. 기술전문학교 수준 이상의 대학 교육을 마친 학생들을 위해 사이올란이 설립되었다. 사이올란에는 2년의 교육과정이 있는데, 학생들은 정규 강의를 받거나 에스쿠엘라와 이켈란 및 다른 협동조합 직원들과 함께 일하는 것 둘 중에서 하나를 선택할 수 있다. 이런 공동활동은 새로운 생산품과 그 처리 과정을 개발하고 발전시키기 위해 계획되었으며, 참가자들로 하여금 이론 교육과 협동조합에 대한 실제적인 관심을 연결시키도록 한다. 또 다른 학교인 이라운코에서는 몬드라곤 협동조합의 지도자들과 조합원들에게 기술공학과 제조업의 새로운 발전에 대해 전문적인 집중 교육을 한다. 그뿐 아니라 몬드라곤에서는 사람들을 밀라노로 보내 유럽산업디자인센터에서 공부하도록 하고 있다. 이 교육과정을 이수한 졸업생 중의 일부가 몬드라곤에 공업디자인연구소를 설립했다. 그곳에서 학생과 조합원들은 산업디자인에 관한 전문적인 연구를 할 수 있다. 1973년 협동조합에서는 영어, 불어, 독일어와 바스크 전통 언어인 에우스케라어를 집중적으로 교육하는 아이스케-CIM을 설립했다. 1982~1983학년도에 이 학교의 등록 학생 수는 조합원 210명을 포함하여 1,289명이었다.

   몬드라곤의 지도자들은 높은 수준의 대학 교육을 위해 학생들을 스페인의 다른 지방과 해외로 보내야 할 필요성을 인식하고 기사비데아라는 재단을 설립하여 그 수입으로 장학금과 연구비를 지원하고 있다. 이 재단은 호세 마리아의 생각이 결실을 맺은 마지막 결과물이었다. 책임자에 따르면 기사비데아는 설립 자금으로 노동인민금고에서 1억 페세타를 13%의 이자율로 빌렸는데, 당시 이 자금을 18.24% 시중 이자율로 대출해줄 수 있는 시기였기 때문에 계속해서 자금이 늘어났다. 기사비데아는 1985년까지 파고르로부터 700만 페세타를 기부 받았고, 다른 협동조합들에게서 총 500만 페세타, 그리고 개인들로부터 1,900만 페세타를 받았다.

   1984년에 노동인민금고는 옛 장원 영주의 저택을 개조하여 사무실과 세미나실, 동시통역 시설, 그리고 35명이 생활할 수 있는 주거 시설 등 완벽한 시설을 갖춘 현대적 교육센터인 이카스비데를 만들었다. 이 센터는 전적으로 노동인민금고에서 계획하고 설립한 것이었다.

   몬드라곤이 교육 발전에 역점을 두고 있었음에도, 경제 상황의 변화로 말미암아 몬드라곤 복합체가 자체의 힘만으로 감당해내기 어려울 정도의 교육 수준이 요구되었다. 다섯 명의 울고 설립자들은 공학 학위 과정을 밟는 동안에 공장 일을 시작했다. 그들은 울고를 시작하면서 돈 호세 마리아 및 그의 청년 모임과 더불어 기업과 사회를 조직하는 새로운 방법을 논의하며 밀접한 관계를 유지하고 있었다. 그들이 동료들보다 교육을 더 받았다는 사실은 서로를 이해하는 데 아무런 장벽이 되지 않았다. 기술적으로 진보한 협동조합에서 대학 공학 과정의 졸업자들을 많이 채용함에 따라, 몬드라곤의 지도자들은 높은 수준의 기술과 과학 지식을 가진 사람들을 채용할 필요와, 협동조합의 가치나 운영 방식을 이해하는 사람들을 채용하고자 하는 소망 사이의 균형을 맞추는 일에 관심을 가졌다. 협동조합들은 간부 직원의 채용을 놓고 협동조합보다 훨씬 더 많은 봉급을 주는 사기업들과 경쟁하고 있다. 봉급 액수의 범위를 4.5:1까지 넓히고서도 몇몇 협동조합은 조합원이 아닌 이들을 간부 직원으로 고용할 수밖에 없었다. 조합원이 아닌 이들은 10% 이상 고용할 수 없고 그들의 계약 기간은 4년이므로, 수석 경영진을 계약으로 고용한 협동조합은 그 기간이 지나면 문제가 생기게 된다.

몬드라곤의 임금 수준은 미숙련·반숙련 노동자의 경우에는 사기업과 비슷하다. 그러나 최저 임금과 최고 임금의 격차를 제한하는 정책 때문에 몬드라곤 간부 직원의 봉급은 사기업 간부의 봉급보다 상당히 적다. 기업국이 조사한 바에 따르면,[2] 협동조합 간부들의 임금 수준은 스페인 내 비슷한 직위의 사람들보다 18~43% 낮다. 바스크 지방의 임금에 비하면 3~42% 적게 받는 셈이다.

호세 루이스 곤잘레스에 따르면, 임금 비율을 4.5:1에서 6.0:1로 바꾸었음에도 1990년 현재 경영진의 임금 격차는 여전히 존재하고 있다. 이는 1980년대에 사기업의 관리직 사원 임금이 상당히 인상된 데 기인하는 것으로 보인다. 연구에 따르면, 파고르 그룹의 전무이사가 지수 6.0의 임금을 받는다고 해도, 이는 개인기업 CEO 임금의 39% 수준에 불과하다. 알렉스 고이리첼라야에 따르면, 규모가 작은 협동조합 기업의 전무이사가 받는 임금은 사기업 CEO의 약 50~70%로서, 대기업과의 격차보다는 상대적으로 작다. 이러한 임금 격차는 전문 인력의 영입과 유지에 상당한 장애로 작용하고 있다.

1975년에 우리는 간부들의 이직률이 심각할 정도는 아니라고 들었다. 우리는 또한 협동조합을 떠나 사기업으로 일자리를 찾아가는 간부 직원들이 대부분 기술전문학교에서 교육받지 않은 이들이라는 것도 알았다. 협동조합운동에 대하여 배우고 훈련을 받은 사람들은 다른 곳의 더 높은 보수에 훨씬 덜 이끌리는 것 같았다. 몬드라곤이 빠르게 확장되던 시기에는 기술전문학교의 모든 졸업생들이 협동조합에서 일자리를 찾는 경향이 있었다. 조합원 자격은 공식적으로 모두에게 열려 있었지만, 이 학교 졸업생들에게는 학교의 협동조합적 생활을 경험했다는 이점이 있었다. 알레코프에서 반일 근무를 하면서 학비를 벌었던 이들의 경험은 노동자생산협동조합의 정식 조합원이 겪은 경험과 거의 비슷하다. 알레코프에서 성적이 우수한 학생은 경영진의 주목을 받는다. 1980년대에 그룹 내 제조업 부문의 고용 인원이 줄어들면서, 기술전문학교 졸업생들이 노동자생산협동조합으로 직접 옮겨가는 경우도 점점 줄어들었다. 대학에 진학한 전문학교 졸업생들을 제외하면, 몬드라곤으로 온 대학 졸업자들은 협동조합 경험을 가지고 있지 않았다.

1980년 이전에 협동조합의 고위직 간부 채용은 일차적으로 협동조합 내에서 이루어졌다. 사람들은 주어진 일을 수행함으로써, 그리고 틈틈이 시간을 내서 새로운 기술과 방법을 연구함으로써 승진했다. 현재 협동조합의 지도자들은 두 가지 문제에 직면해 있다. 높은 수준의 교육을 받은 초심자들을 협동조합의 사고방식과 작업 방식에 맞게 사회화시키는 문제와, 조직 내에서 계속 승진하다가 높은 수준의 학위가 없다는 이유로 승진이 막힌 노동자들의 좌절 문제가 그것이다.

간부급 인재의 채용과 유지에 대한 관심이 높아짐에 따라 노동인민금고 기업국은 1980~1985년간 대부분 협동조합의 4개 수석 간부직 이직률을 조사했다.³ 이 기간에 경영진의 이직률은 80%였고, 다른 세 직책은 112~115%였으나, 대부분 몬드라곤 그룹 내의 한 협동조합에서 다른 협동조합으로 옮긴 경우였다. 협동조합 밖의 세계와 가장 빈번하게 접촉하는 유통 담당자들이 몬드라곤 그룹을 떠나는 경우가 가장 많았다. 유통 담당자의 이직 중 39%만 그룹 내에서 이루어졌다. 협동조합 내의 이동은 생산직의 이직률이 50.5%, 사무직의 이직률이 57%, 경영자(수석 간부)들의 이직률이 60.2%로 나타났다.

조사 결과 협동조합 그룹에 따라 간부 확보 능력의 차이가 꽤 심하다는 사실도 드러났다. 예를 들어 인다르코를 떠난 사람들의 69%가 협동조합 바깥에서 직장을 구했던 반면, 파고르를 떠난 이들은 11%만이 외부에서 직장을 구했다. 50km 정도 떨어진 게르니카에 위치한 인다르코처럼 몬드라곤에서 꽤 떨어진 곳에 있고 결속력도 약한 협동조합들에 비해 파고르처럼 몬드라곤시 또는 근처에 있는 협동조합들의 문화가 얼마나 더 탄탄한가를 고려하면, 이런 결과는 놀랍지 않다.

파고르는 여타 협동조합의 간부 직책으로 옮겨가는 많은 노동자에게 훈련장의 역할을 한다는 점에서 특별한 흥미를 끈다. 파고르에는 최첨단 기술을 보유한 회사들이 포함되어 있을 뿐 아니라 규모도 크기 때문에 감독자와 중간 경영진이 풍부한 배움의 기회를 가질 수 있다. 이런 까닭에 몬드라곤의 다른 협동조합은 그들을 특히 탐냈고, 그곳에서 그들은 파고르에 있을 때 차지할 수 없었던 직책으로 승진할 수 있는 것이다.

1990년 이카스비데는 새로운 이사를 받아들여 기능을 확장하고 오타롤라로 이름을 바꾸었다. 이 이름은 경영교육센터로 사용하기 위해 개축한 옛 장원 영주 저택의 이름을 딴 것이다. 오타롤라로 조직을 재편하면서 예전보다 질 높은 교육·훈련·연구에 투자가 집중되었다. 오타롤라를 고안해낸 사람은 울고의 다섯 개척자 중 한 사람이며 오랫동안 노동인민금고를 경영해온 호세 마리아 오르마에케아였다. 그는 이 조직 건설에 재정을 투여하고 주요한 비용 문제를 해결했다. 그는 노동인민금고를 떠나 새로 GCM의 의장을 맡았다가 1990년 중반에 사퇴하고 오타롤라의 이사가 되었다.

1990년 4월 오르마에케아는 우리에게 오타롤라 계획에 대해 개략적인 설명을 해주었다. 오타롤라 계획은 그가 은퇴 수개월 전까지도 몬드라곤 협동조합운동에 헌신했음을 보여준다. 오타롤라는 한층 더 야심적인 계획을 수용할 수 있을 정도로 시설을 확충하고 있었다. 1990년 9월 『노동과 단결』은 오타롤라가 마드리드 자율대학의 '경영행정연구소'와 협의하여 협동조합의 최고 경영자 과정을 신설했다고 보도했다.

『노동과 단결』 1990년 10월호는 평생교육센터인 이라운코가 1991년 생산 경영과 산업 자동화 분야의 최고 경영자 과정을 신설할 계획이라고 보도했다. 이 과정은 기술전문학교 내에 개설될 것이다. 기술전문학교는 아직 종합대학 자격을 갖고 있지 않지만, 이미 졸업생을 대상으로 하는 교육과정을 시작하고 있다. 이 학교 내에 있는 고이에르라는 조직은 매년 50여 명의 졸업생을 대상으로 하는 과정을 재정적으로 지원하고 있다.

이켈란 역시 활동영역을 계속 넓혀나가면서 바스크 지역의 협동조합과 사기업을 강화하는 데 공헌하고 있다. 1990년 7월, 『노동과 단결』은 1989년 이켈란의 연구 용역 계약액이 3억 페세타이며, 바스크 자치정부의 공업부가 2억 6,200만 페세타의 연구비를 지원했다고 전했다. 또한 이켈란이 유럽의 다른 중요한 연구기관이나 연구회사들과 공동으로 사업을 확장해나가고 있는 것은 이켈란의 국제적 명성이 높아지고 있음을 증명하는 것이라고 보도했다.

1989년 이켈란에는 66명의 전문가와 관련 학과 및 기계 훈련 분야의 전문 인력 25명, 그리고 57명의 기술자 및 보조 인원 등 총 148명의 직원이 있었다. 그 외에 16명의 특별 연구원이 있었고, 기술전문학교 학생 4명이 반일 근무를 하고 있었다.

『노동과 단결』(1990. 6)은 스페인 공업부가 공식적으로 이데코라는 기계공구 분야의 새로운 응용연구센터를 설립했다고 보도했다. 자본금은 4억 페세타(약 400만 달러)였다. 이 연구센터는 현재 약 1,200명의 조합원을 보유하고 있는 8개의 기계공구생산협동조합의 지원을 받고 있다. 데바코 그룹이 이 계획에서 주도권을 쥐고 있다. 이데코는 이켈란과는 독립적이지만 이켈란의 연구 모델을 채용했다. 그리하여 이데코와 프로젝트를 수행한 특정 회사들에서 팀을 영입해 프로젝트를 추진하고 있다.

우리는 인적자원을 개발하는 몬드라곤의 태도에서 깊은 인상을 받았다. 그러나 다른 한편 사회체계 분야에서는 기술체계 분야만큼 개발이 이루어지지 않고 있는 원인이 무엇인지 관심을 갖지 않을 수 없었다. 하나의 조직은 순수하게 기술적인 체계나 사회적인 체계만으로 이루어질 수 없다. 그것은 사회적 기술적 체계를 갖는 것이다. 조직 성원들의 능력과 자질을 향상시키기 위해서는 단순히 기술체계(기술과 작업 공정, 재고 관리, 품질 관리 등)만을 바꾸거나 인간관계만 바꾸는 것으로는 부족하다. 가장 효율적인 조직은 그 안에 사회적 기술적 체계가 통합된 조직이다.

지금까지도 인적자원 개발을 위한 투자는 주로 기술 개발과 연구에 집중되어왔다. 다른 나라와 마찬가지로 스페인의 엔지니어링 교육도 기술체계에 집중되어 있다. 아마도 경영행정 분야 교육에서 가장 일반적인 모델은 미국의 최고 경영자 과정(MBA)일 것이다. 대부분의 경우 이런 프로그램은 기초 과정의 주제로 조직행동(OB)을 다룬다. 예일대학의 조직경영학부는 조직행동이 주요 과목으로 다루어지는 MBA 프로그램을 개설한 적이 있다. 이때 조직행동 과목은 학생들에게 가장 좋은 반응을 얻었다. 그러나 새 총장의 후원을 받는 새 학장이 기술 분야의 과목을 강화하기 위해 이 과목을 폐지했다.

어떤 교육과정에서는 사례 연구가 기초가 된다. 학생들은 특정 회사의 특정한 문제 상황을 부여받아 그 문제를 분석하여 효과적인 결론을 이끌어내도록 요구받는다. 하버드 경영대학원은 이러한 방법을 일반화하여, 여기서 다룬 사례들을 여러 외국어로 번역했다. 이것은 다른 지역의 교육과정에까지 적용되고 있다. 스페인 사기업의 경험에 관한 사례 연구들은 매우 유용할 수도 있다. 그러나 이 사례들은 노동자생산협동조합의 경영과 노동관계에서 생기는 문제들을 다루는 사례들로서는 여전히 몬드라곤의 학생들과 잘 맞아떨어지지 않을 것이다.

1980년대 중반 파고르 그룹은 코넬대학과의 협동 과정으로 조직행동 분야의 연구를 시작했다. 사회인류학자인 그린우드와 당시 파고르의 인사 담당 이사 호세 루이스 곤잘레스는 파고르의 조직문화와 인사 정책 개선에 관한 연구의 실천적 의의를 주제로 파고르의 인사 담당 직원과 파고르에 소속된 협동조합 조합원 15명으로 이루어진 팀과 공동작업을 벌였다. 이 연구 결과는 한 권의 책[4]으로 나왔는데, 경영자들과 파고르 그룹 내부의 몇몇 '참여적 행동(participatory action)' 연구진으로부터 호평을 받았다. 그리고 연구에 참가한 조직의 조합원들은 적극적으로 이를 실행에 옮겼다. 1990년 곤잘레스는 파고르를 떠나 우르키데 그룹의 총전무이사로 옮겨갔다. 이때는 파고르의 최고 경영진이 '몬드라곤 협동조합 그룹(GCM)' 설립 계획에 치중한 나머지 조직행동 연구에는 관심을 덜 기울이고 있었다.

변함없이 존경받고 있는 창설자 돈 호세 마리아가 사회학과 응용사회학 연구에 혼신의 노력을 기울였음에도 몬드라곤에서 사회 연구 분야의 발전이 저조하다는 것은 다소 역설적인 일로 생각된다. 우리는 여기에서 조직행동 분야의 교육과 연구가 기술 교육 및 연구와 똑같은 수준으로 지원되어야 한다고 주장하는 것은 아니다. 사실 이켈란 설립을 지도했던 아리스멘디는 엔

지니어링과 경영행정 분야에서 기술 경쟁력을 갖는 것이 중요하다고 끊임없이 강조했다. 아리스멘디는 협동조합의 조직 문제에 대해 일정한 균형감각을 갖고 있었다. 그러나 그 자신이나 다른 어떤 사람도 조직행동 분야의 핵심적인 연구를 주도할 만큼 지도력을 갖고 있지는 않았다. 우리는 조직행동 분야에 대한 교육과 연구에 몬드라곤이 현재 기술 교육 및 연구에 사용하고 있는 자금의 작은 부분이라도 투자해야 할 필요를 느낄지 어떨지에 대해 확실히 말할 수 없다.

조직 재편의 사회적 의미

GCM은 몬드라곤 협동조합들의 일체화를 촉진하기 위해 만들어졌다. 그러면 일체화는 중앙집중화를 뜻하는가? 여기에서는 파고르 그룹의 협동조합 역사를 이런 문제의식 속에서 살펴보기로 한다.

파고르가 만들어졌을 때 지도권은 5명의 경영진에 의해 분점되었다. 이들은 세부적인 사안에 대해서는 자율적으로 처리했다. 그러나 그룹의 총전무이사를 선출하기로 한 결정은 개별 협동조합 활동의 자율성이 어느 정도 제한된다는 것을 의미했다. 1986년 부문조직이 만들어짐에 따라 개별 협동조합 수준에서 활동의 자율성은 더욱 제한되었다. 그리고 결국 GCM은 파고르를 각 부문의 책임자를 중심으로 하는 커다란 조직의 일부분 — 매우 중요한 부분이기는 하지만 — 으로 만들었다.

하비에르 몽헤로스와의 토론에서 레아르코의 총전무이사 호세 루이스 올라솔로는 "결국 몬드라곤 협동조합은 부문을 기초로 해야 합니다"[5]라고 말했다. 그는 계속해서 "그러나 우리의 선택은 기존의 관계를 깨지 않아야 합니다. 만일 기존의 관계를 해체한다면 불필요한 반발을 초래할 것입니다. 지역을 기초로 한 그룹과 부문을 기초로 한 그룹들이 공존해야 한다고 생각합니다. 그러나 지역 그룹이 지닌 기능들을 없애지 않으면서도 부문조직의 이점을 추구해야 합니다. 즉 이는 생산과 시장의 연계입니다"라고 말했다.

계획 입안자들은 GCM의 부문별 구조가 개별 협동조합이나 협동조합 그룹이 기능하는 방식을 변화시키지 않아야 한다고 주장했다. 그렇지만 일정한 변화는 어쩔 수 없었다. 이들은 또한 결국 부문구조가 정착되리라는 데 이의를 달지 않았다. 동시에 '협동조합 의회 제2차 회의'의 보고서는 CGM에 완전히 참여하려면 지역 그룹은 최소한 25%의 손익 공동부담제를 만들어야 하며, 가능하다면 이 비율을 50% 수준으로 높여야 한다고 주장했다. 지금까지 협동조합 그룹들은 주로 행정구역이나 지역을 기반으로 만들어졌다. 이런 그룹들에게 내부의 개별 협동조합 간 긴밀한 통합을 주장함으로써 그룹의 구조를 강화시킬 수도 있다.

만일 부문조직의 원칙이 법령에 따라 실현된다면 파고르 그룹의 12개 협동조합은 6개 부문으로 나눠질 것이다. 그러나 현재로서는 이러한 부문 통합이 실현되지 않고 있음이 분명하다. 가장 오래되고 가장 성공적이며 영향력 있는 그룹을 해체해야 할 이유가 없기 때문이다. 더욱이 몬드라곤 내에서 모든 결정은 전무이사의 보고에 의해 이루어지는 게 아니라 광범한 토론과 협상을 거친 뒤 내려진다.

협동조합이 자기 자신의 부문 내에서 생산라인, 판매 전략, 개발 계획 등을 통합·조정할 수 있는 방법을 찾는 것이 더 가능성이 있을지도 모른다. 지역 그룹들의 주도하에 부문 내의 협동이 점차 강화되는 구조가 나타날 수도 있다. 결국 어떤 협동조합은 부문 그룹으로 연대하는 것이 훨씬 장래성이 있다고 판단할 수 있다. 예를 들어 데바코 그룹의 지도자들은 기계공구 부문은 다른 협동조합과 연대하면서도 비기계공구 부문은 또 다른 지역 협동조합과의 연대를 추진한다. 이때 그런 결정은 최고 경영진의 공식적인 판단보다는 각 분과별 분과장의 지도와 개별 협동조합 또는 협동조합 그룹과의 협상에 의존하게 될 것이다.

기술, 시장과 생산라인에서 공통점이 있는 부문은 협동조합 간의 연대가 용이하리라 생각된다.

현재 진행되고 있는 재편 작업에는 연대의 가능성뿐만 아니라 협동조합과 사기업 사이에 다음과 같은 세 가지 문제가 내포되어 있다. 협동조합과 사기업 간의 조정, 협동조합에 의한 사기업의 매입, 사기업에 의한 협동조합의 매입이 그것이다.

협동조합과 사기업 사이의 조정 작업에는 별로 문제가 없다. 사기업들은 협동조합의 내부 구조 및 사회적 개혁에 관여할 필요가 없으며, 많은 협동조합은 이미 이런 일에 충분한 경험을 축적해왔다.

협동조합이 사기업에 매입되는 것은 심각한 위협을 의미하는가? 우리는 알폰소 고로뇨고이티아에게 이러한 질문을 던지고 이 분야에 대해 몬드라곤이 연구해본 적이 있는지 물었다. 그는 다음과 같이 답했다.

> 우리는 제르탄 협동조합과 이안 협동조합이 사기업으로 전환하면서 조합원들에게 어떤 조건들이 제시되었는지 알 수 있는 자료가 없다. 다만 우리는 협동조합 조합원들에게 영향을 미친 일련의 사항들을 알고 있을 뿐이다. 그들은 기본적으로 협동조합의 틀 내에서 그들의 기업을 살리려고 노력했으며, 앞으로 그것을 재생시키려 노력할 것이라는 점이다. 따라서 우리는 이들 집단이 매우 피곤한 상태임을 알고 있다.
>
> 그뿐만 아니라 이런 기업들이 협동조합적 전통이 매우 약한 지역, 예를 들면

나바레 남부 같은 지역에 위치해 있다는 점도 문제가 되며, 반대로 이안 협동조합의 경우처럼 일류 농업 관련 그룹에 통합될 가능성도 분명히 영향을 미치고 있다.

만일 '협동조합적 전통'이 강한 지역에 위치해 있고, 잘 조직된 그룹에 속해 있는 대규모 협동조합에 매입 요구가 들어온 경우라면 GCM과 그 협동조합 그룹 경영진이 강하게 반발하리라는 것을 충분히 예상할 수 있다.

협동조합의 사기업 매입은 사회적 관점에서 볼 때 가장 어려운 문제들을 야기한다. 파블레락과 루수리아가는 둘 다 노동조합이 조직되어 있는 기업들이다. 몬드라곤의 지도자들은 노동조합에 반대할 만한 이념적인 이유는 없다. 왜냐하면 협동조합의 이념 자체가 경영자를 노동자와 같은 계층으로 보기 때문이다. 그러나 동시에 협동조합의 경영자들은 노동조합과 협상해본 경험도 없었다.

울고는 파블레락을 매입했을 때 파블레락 종업원들에게 3년 내에 협동조합원이 될 것인지 여부를 결정하도록 했다. 파블레락의 노동자들은 처음에는 협동조합원이 되기를 거부했다. 그러나 그들은 울고의 조합원이 파블레락의 평사원보다 높은 임금을 받는다는 사실을 알게 되었다. 이들은 경영진에게 울고 수준으로 임금을 인상해줄 것을 요구했다. 경영진은 그 요구를 받아들이지 않았다. 그들은 전부가 아니면 전무, 둘 중 하나를 택할 것을 요구했다. 만일 파블레락의 노동자들이 자본 출자를 포함해서 협동조합 조합원이 되는 조건을 수용한다면 그들의 임금은 자연히 올라갈 것이다. 그러나 이보다 더 어려운 것은 그들이 파업권을 포기하고 그 대신 조합평의회를 통해 경영진과 협상을 벌이는 일이었으며, 가장 근본적인 곤란은 그들이 다른 협동조합들의 조합원을 수적으로 압도하는 울고의 조합원 총회에서 투표권을 행사하게 된다는 것이었다.

만일 파블레락의 노동자들이 협동조합원이 되는 조건을 거부하기로 결정하고 이후 임금 문제나 다른 문제로 파업을 벌이게 되면, 그들에게는 '중재자'가 필요할 것이다. 이는 울고와 파고르 그룹에게는 불명료한 공식 관계를 만드는 일이며, 따라서 울고와 파고르 그룹 내부에서 파업에 대해 상반되는 대응을 하는 결과를 가져올 것이다.

파블레락의 매입은 또한 울고와 파블레락 경영진 사이의 임금 격차 문제를 야기했다. 울고의 경영자들은 울고와 사기업 간부들 사이에 임금 격차가 있다는 사실을 이미 잘 알고 있다. 그러나 울고의 대단히 유능한 고위 간부가 받는 임금이 파산한 파블레락사 간부의 임금보다 적을 경우에는 이런 문제가 심각해질 수도 있다.

파고르가 루수리아가를 매입할 때도 단체교섭과 임금 문제에 관해서 똑같은 문제의 소지를 가지고 있었다. 그러나 파블레락이 울고와 비교가 안 될 정도로 작았던 것과 달리, 바스크 주에 공장을 세 개나 가지고 있는 루수리아가는 가정용품 시장에서 경쟁 상대인 파고르의 에델란보다 약 두 배 정도의 노동력을 보유하고 있었다. 루수리아가의 규모가 더 컸기 때문에 루수리아가와 에델란의 통합은 매우 복잡했다. 그러나 파고르 그룹은 루수리아가 주식의 1/2 이상을 매입했기 때문에 루수리아가의 노동자들에게 협동조합의 조합원이 되라는 요구는 하지 않을 것으로 보인다.

조직 내 민주주의와 참여

협동조합이 점점 커지고 복잡해짐에 따라 민주적인 참여조직을 개발하고 유지하는 일이 점점 더 어려워졌다. 몬드라곤은 이 문제를 어떻게 해결해왔을까?

대부분의 노동자생산협동조합은 일반적으로 '두 계급'으로 나누어지는 퇴보의 경향을 보여왔다. 그런 조직 내에서라면 노동자들과 경영자들은 더 이상 협동조합의 조합원이라 할 수 없다. 몬드라곤은 이러한 퇴보적인 형태를 벗어났는가?

1989년 2월 『노동과 단결』은 전 협동조합이 고용하고 있는 계약 노동자의 수가 32개월 만에 1,312명에서 3,534명으로 세 배나 증가했다고 보도했다. 우리는 이것이 노동인민금고와 체결한 법규와 협정에 명시된 한도, 즉 비조합원 10% 원칙을 어긴 것이 아닌지 물었다. 파고르 중앙조합평의회 의장인 알렉스 고이리첼라야와 울고(현재는 '파고르 가정용 전기용품 회사'로 이름이 바뀜)의 이사장 하비에르 사라베리아는 다음과 같이 답했다.

> 법령은 10%를 넘지 못하도록 규제한다. 그러나 이 한도는 장기 고용 노동자에게 해당된다. 장기적으로는 한 번도 이 한도를 넘어선 적이 없었다.
>
> 지난 5년 사이에 협동조합은 일시적이기는 하지만 많은 수의 계약 노동자를 고용했다. 계약 노동자가 가장 많을 때는 전체 노동력의 약 15%에 이른 적도 있었다. 이는 법령을 어기는 것은 아니지만 새로운 고려와 관리의 문제를 야기하는 게 사실이다. 그러나 협동조합은 결과적으로 노동력 감축을 초래할 기술혁신을 수행하고 있고, 다른 한편 다양한 생산품들에 대한 요구를 신속하게 수용해야 할 새로운 경제 상황을 맞고 있기 때문에, 그런 유형의 노동자들에 의존해왔다. 신속한 변신을 요구하는 새로운 경쟁조건에서 새로운 조합원을 끌어들이는 일은 커다란 모험이다. 따라서 우리는 점점 한시적인 계약 노동자들이 필요해졌던 것이다.

의회의 제1차 회의에서 계약 노동자들의 수를 늘리는 정책을 포기하라는 원칙을 채택했다는 것은 잘 알고 있다. (…) 그러나 장기적인 정책으로서는 아니지만 적응 과정의 한 부분으로서 계약 노동자를 고용하는 것은 인정되고 있다. 그리고 1988년과 1989년 파고르 그룹은 400명의 계약 노동자를 협동조합원으로 전환시키기도 했다.

의사소통의 문제

몬드라곤이 직면한 의사소통의 문제는 미국 사기업의 경우와는 매우 다르다. 미국의 개인기업에서는 노조 지도자들이 종종 자세한 재정 및 경영 정보를 얻을 권리를 요구한다. 대부분의 기업은 이런 요구를 경영상의 특권에 대한 침해로 간주하여 격렬하게 저항한다. 간부 직원들은 그런 정보는 소유주가 독점해야 하며 경쟁사들뿐만 아니라 노동자들에게도 알려서는 안 된다고 생각한다. 회사의 자금 사정을 이유로 경영진이 노조의 임금 인상 요구를 거절하면, 전국노동관계위원회는 회사가 노조 지도자들에게 회계장부를 공개해야 한다는 결정을 내린다. 미국에서는 그런 정보에 접근하기 위해 오랫동안 싸워야 했고, 그러한 정보를 입수하는 것도 노조를 대표하는 노동자들의 20%만, 그것도 경영진이 지불불능을 선언할 때만 가능하다.

몬드라곤에서 의사소통 문제는 정보 입수가 아니라 이용 가능한 기술과 재정 정보가 넘쳐나는 데 있다. 문제의 정도는 부분적으로는 조직의 규모에 따라 차이가 있다. 작은 협동조합의 조합원들은 그들의 노동 및 기술, 그리고 협동조합 전체의 사업을 쉽게 파악할 수 있다. 큰 협동조합과 협동조합 그룹의 경우에는 정보가 좀 더 추상적이고 일반적인 형태로 전달될 수밖에 없기 때문에, 조합원들이 노동과 기업 전체 상황의 관계를 이해하기가 훨씬 어렵다. 울고와 파고르는 규모가 크고 복잡하기 때문에 의사소통이 매우 어렵다. 모든 조합원이 협동조합의 사업 계획과 경영진의 사업 수행에 대한 투표권을 갖고 있기 때문에 지도자들은 경제적 기술적 실정을 공개하면서도 정보를 제공하고 토론하는 과정을 간소화할 방법을 찾기 위해 고심하고 있다.

　수치와 계획들에 대한 의사소통만 해도, 그것은 경영진이 자료를 준비해서 협동조합 그룹의 연례 회의에서 전 조합원들에게 공개하기만 하면 되는 단순한 작업이 아니다. 예를 들어 파고르에서는 연례 회의에서 투표에 부쳐질 안건이 제출되어 그것이 토의되고 있는 동안 상당수의 조합원이 회사 업무를 중지해야 한다. 회원 협동조합들에서 선출된 대표로 이루어지는 파고르의 총회에서는 투표 전에 이 안건들을 조합원들과 토의한다. 중앙조합평의회 또한 매년 1회 이상 회의를 열어 사업 계획과 연간 보고들을 제출하고 그에 대해 토의한다. 최근에 있었던 파고르의 재편 과정에서처럼 주요한 구조적 개혁안이 제안될 경우, 경영진은 자료를 준비하고 협동조합 그룹의 나머지 성원들에게 그 자료를 제출하고 설명할 사람들을 훈련시키는 데 아주 많은 시간을 들여야 한다. 이 과정에 드는 비용은 자료 준비 시간, 훈련 시간, 노동자들이 보수를 받지만 일을 하지 않는 시간까지 포함하여 상당하다. 예를 들어 울고에서 1985~86년간의 사업 계획을 승인하기 위한 총회를 소집하기 전에 경영진은 그 계획을 세우고 토론 모임을 갖는 데만 약 1,400만 페세타의 비용을 들였다. 울고의 2,000명 조합원 1인당 7,000페세타(50달러 이상)가 든 셈이다. 파고르의 1986년 재편 계획을 위한 회의 비용으로는 1억 7,200만 페세타, 즉 100만 달러가 넘는 돈이 들었다.

　우리가 의사소통 과정을 직접 조사한 것은 아니다. 그러나 우리는 파고르의 조합원들이 정보 과중, 즉 대부분의 사람들이 제한된 시간에 소화할 수 있는 것보다 더 많고 더 복잡한 정보의 홍수 속에서 어려움을 겪고 있지 않을까 생각한다. 우리는 경영진과 인사부 직원들이 가능한 한 완벽한 정보를 제공하려 애쓰는 모습을 보았고, 또 앞에서 서술한 것처럼 정보 제출자의 훈련에 막대한 재정적 비용이 들어간다는 것을 알게 되었다. 이를 통해 우리는 그들이 의사소통 과정을 매우 중시하고 있다는 사실에 깊은 인상을 받았다. 1986년의 방문 기간에 우리는 파고르가 재정 및 경영 정보들의 소통 방식, 그리고 정보자료의 비디오화에 대한 일반 조합원들의 반응을 연구함으로써 정보 전달을 간소화하는 실험을 해봐야 하지 않을까 생각했다. 물론 개별 조합원들이든 조합평의회든, 그들이 원하는 정보에 대해서는 충분히 학습을 하고 있다. 사실 파고르 자체도 이러한 연구를 위해 중앙 인사 담당 참모진을 배치했다. 그러나 이들의 연구 결과에 대해서는 아직 아는 바 없다.

파고르가 GCM에 소속되면서 의사소통 문제는 더욱 복잡해졌다. GCM의 인사 참모들은 현재 다급하게 닥친 새로운 조직 건설의 문제가 어느 정도 처리되고 나면 의사소통 문제를 연구하고 싶어 할지도 모른다.

경영·운영과 노동 관리에 참여하는 노동자

몬드라곤 협동조합은 스페인의 일반적인 사기업들과 비교할 때 노동자 참여의 내용과 정도에서 어떠한 차이가 있는가? 이 문제에 관해서 전국을 대상으로 조사한 폭넓은 자료는 아직 없다. 그러나 케이스 브래들리와 알랜 갤브가 시사적인 연구 결과[6]를 내놓았다. 그들의 연구 결과에 등장하는 몬드라곤 협동조합 노동자들의 응답과, 거대한 두 사기업체(몬드라곤 소재의 카라체라와 비토리아 소재의 메이크)에서 근무하는 노동자들의 응답 사이에는 매우 커다란 차이가 있었다.

'자기 의견을 표명하는 것이 금지되지는 않았는가'라는 질문에 몬드라곤 협동조합의 1,004명 응답자 중 59%가 자신들은 의사 표명을 제약받지 않는다고 한 반면, 사기업체의 노동자들은 212명 중 45%만이 의사 표명이 자유롭다고 답변했다. 그리고 경영진과 노동자들 사이의 간격에 대해 몬드라곤 협동조합에서는 994명의 노동자 중 21%가, 사기업체에서는 265명의 노동자 중 62%가 '커다란 간격'을 느낀다고 대답했다. 또한 중요한 문제에 대한 결정에 얼마만큼 참여하고 있는가에 대해서 '직접 참여한다, 대표를 통해 간접적으로 참여한다, 별로 참여하지 못한다, 전혀 참여하지 못한다' 중 하나의 답을 고르도록 요구한 설문에서도 두드러진 차이가 나타났다. 사기업체에서는 269명의 노동자들 중 7%가, 몬드라곤 협동조합에서는 993명의 조합 노동자들 중 37%가 직접 또는 간접 참여를 한다고 응답했다. 반대로 사기업체 노동자의 80%와 몬드라곤 협동조합 노동자의 30%가 중요 사항의 결정에 전혀 참여하지 못하고 있다고 응답했다.

노동자들이 기업 경영에 참여한다는 것이 실제로 어떤 의미인지, 그리고 운영에 참여하는 것과 노동을 조직하고 관리하는 데 참여하는 것이 어떤 차이가 있는지를 살펴보는 것은 의미가 있다. 현 단계의 연구로는 포괄적인 수치자료를 제시할 수 없지만, 인터뷰나 그룹 토의, 그리고 자료 등을 토대로 서술식의 분석은 가능하리라 믿는다.

운영이라 함은 각 조직 내에 있는 노동자와 경영자의 작업을 통제하고 지도하기 위해 여러 정책과 전략들을 수립하는 것을 의미한다. 그리고 노동의 조직화와 관리란 작업이 진행되고 정보가 전달되는 구체적인 과정을 계획하고 집행하는 것을 일컫는다. 이 과정은 조직의 운영을 지휘하는 정책 수립자들에 의해 지도되는 일이 거의 없다.

확실히 운영과 경영의 차이는 미국의 사기업보다 몬드라곤의 협동조합 그룹에서 더 두드러진다. 미국의 사기업에서는 실제 일을 집행하는 부서장이 거의 예외 없이 이사회의 일원이며 종종 이사장의 역할을 하기도 한다. 그러나 개념상으로는 운영과 경영을 구분지어 생각하는 것이 필요한 듯하다. 노동자 참여의 가능성과 한계가 이 두 분야에서 서로 다르기 때문이다.

운영에의 참여라는 점에서 볼 때, 몬드라곤의 협동조합 그룹과 미국의 사기업 사이에는 두드러진 차이가 존재한다. 대부분의 미국 회사에서 피고용인들은 이사회에 자신들의 대표를 파견하지 않는다. 최근에 와서 다양한 형태로 피고용인들의 소유권이 신장됨에 따라, 특히 노동조합이 임금의 삭감에 관한 사안에 대해 경영자 측과 협의하도록 되어 있는 회사에서는 노동자들의 대표가 이사회의 의석을 차지할 수 있다. 그러나 거의 대부분의 경우 그들은 소수에 불과하고 이사회에서 별다른 영향력을 행사하지 못한다. 이에 반해 몬드라곤에서는 모든 중요한 정책 변화는 협동조합원 다수의 최종 결정에 따른다. 1980년 파고르의 고통스런 재편 사례는 노동자 조합원이 경영진과 이사회의 제안을 무비판적으로 승인하기만 하는 것이 아님을 입증한다.

몬드라곤 협동조합 그룹의 지도자들은 결정되어야 할 문제들이 점점 더 높은 수준의 전문성을 요하는 복합적 조직 속에서 민주적인 방식을 견지하는 것이 얼마나 어려운 일인지 실감하고 있다. 파고르의 전무이사 하비에르 몽헤로스는 이 점을 염두에 두고 다음과 같이 지적했다. 즉 조합평의회의 몇몇 지도자들은, 그들과 동료 노동자들이 자신들의 경험을 토대로 당연히 주도해야 할 노동의 조직화 및 관리 분야에서 선도적인 역할을 수행하지 못할지라도 운영에 관한 복잡한 문제들에 대해서는 더 많은 힘을 발휘해야 한다고 조른다는 것이다.

앞에서 살펴본 바와 같이 파고르의 노동개혁은 경영진이 계획하고 진행해왔다. 울고의 냉장고 부문을 개혁하는 데는 울고의 조합평의회 대의원 2명을 포함한 자문위원회가 있었지만, 기초적인 재편은 파고르의 중앙서비스 부서와 울고에 소속된 기술자들에 의해 진행되었다. 새로운 냉장고 공정에 관한 최초의 설계가 울고의 조합평의회에 제시되었을 때, 몇몇 조합평의회 대의원들은 기술자들이 컨베이어 벨트 작업선의 비인간적 작업 성격을 변화시키지 않은 채 더 나은 냉장고를 만들어낼 계획만 세웠다고 맹렬히 반대했다. 이런 반대로 인해 설계팀은 다시 최초 단계로 되돌아가 조합평의회에서 승인할 만한 설계도를 만드는 일에 착수했다.

사후 참여와 사전 참여를 구분하는 것은 중요한 일이지만, 사후 참여의 경우에 노동자나 그들의 대표는 경영계획을 변경시키고 새로운 제안을 덧붙일 기회를 갖는다. 사전 참여의 경우, 노동자나 그 대표들은 작업을 재조직하거나 혹은 다른 문제를 위한 계획을 세우는 모든 과정에 참여한다. 몬드라곤 협동조합의 노동자들은 대부분 미국 사기업에 근무하는 노동자나 그 대표들보다 사후 참여에 훨씬 더 많은 기회를 보장받고 있는 듯하다. 그러나 미국의 몇몇 회사들의 노동자나 그 대표들의 사전 참여도는 몬드라곤 협동조합 그룹을 능가하고 있다.[7]

조합평의회의 역할

조합평의회는 몬드라곤이 만들어낸 상당히 중요한 조직이다. 이 조합평의회는 몬드라곤에 널리 알려져 있지만, 아직도 그 성격과 기능에 상당히 불명확한 면이 남아 있다. 한편으로는 아무런 실질적 권한도 없이 경영진의 결정에 동의만 해주는 기관이라는 비난을 받는가 하면, 다른 한편 조합평의회의 일부 대의원들은 경영진의 계획에 반대하는 것이 조합평의회 설립 목적에 위배된다는 이유로 경영진에 도전하기를 꺼리고 있다.

몬드라곤 그룹의 주역들은 대체로 조합평의회의 성격과 역할에 관한 우리의 해석을 인정하지 않았다. 하지만 우리는 (이 해석 이외에) 납득할 수 있는 다른 이론적 설명을 발견하지 못했다. 우리가 보는 바로는, 이사회는 일차적으로 공동소유자로서의 이익에 관여하는 반면, 조합평의회는 노동자로서의 이익을 대표하는 일에 일차적 관심이 있다. 이러한 이중구조가 (여러 사항을 결정할 때) 보통의 노동자생산협동조합에서는 볼 수 없는 힘을 몬드라곤 복합체에 부여한다. 노동자 조합원들이 자기 회사의 미래에 대해 결정을 내려야 할 때, 그들은 당연히 양면적 입장에 처하게 된다. 한편으로 그들은 자기 회사를 강화시켜 장기간의 수익성과 회사의 존속을 확보하고 싶어 한다. 그러나 또 한편 그들은 당장 자기 수입을 늘리고 작업조건을 좀 더 인간적으로 개선시키고 싶어 한다. 이런 양면성은 결정을 내리기에는 그다지 좋은 처지가 아니다. 그러므로 우리는 몇몇 몬드라곤의 협동조합(또는 협동조합 그룹)처럼 거대하고 복합적인 조직은 두 가지 공식기구를 갖는 것이 매우 유익하다고 본다. 이렇게 함으로써 그들은 노동자로서 구성원들의 이익과 소유자로서 구성원들의 이익을 반영하는 데 균형을 유지할 수 있다.

이런 해석을 반대하는 기본적인 논거는, 이사회의 이사들이 일반 투표로 선출되고 있기 때문에 소유주로서뿐 아니라 노동자로서 구성원의 이익도 반영하고 있다는 것이다. 그뿐만 아니라 조합평의회의 구성원들도 자기 회사의 사업상 필요를 고려할 권리가 있으며, 또 그렇게 하도록 요구받고 있다는 것이다. 이론적으로는 전적으로 옳은 말이다. 그리고 어느 정도 사실이기도 하다. 우리는 이사회가 사기업의 경영진에 비해 노동자로서의 구성원들의 이익에 훨씬 깊이 관여하고 있다고 생각하며, 조합평의회도 경영진의 업무 수행을 평가하고 비판하는 일에 참여하는 경향이 점점 높아지고 있음을 주목하고 있다.

하지만 이 이중성은 실제로 두 기구에 의해 실현되고 있다. 이 이중성은 구성원들의 직무상 지위에서도 드러난다. 이사회 이사들은 대체로 선거로 선출되기 때문에 일반 노동자의 눈에 잘 띄는 높은 직위의 노동자가 유리했다. 조합평의회 대의원들의 평균 지위는 이사회 이사들의 지위보다 낮다. 이 차이는 처음부터 예정된 것이었다. 왜냐하면 울고 최초의 헌장(1959)은 직업지수가 1.6 또는 그 이하인 사람이 이사에 선출되면 자동적으로 조합평의회의 대의원이 되도록 규정해놓았기 때문이다. 헌장의 본래 취지는 분명히 일반 노동자를 대표하는 사람을 조합평의회에 보내려는 것으로 볼 수 있다.

여기서도 조합평의회에 대한 경영진과 이사회의 관계를 미국의 상황과 비교해보는 것이 도움이 될 것이다. 미국의 사기업에서는 노조와 경영진이 생산성과 노동조건을 향상시키기 위해 긴밀히 협조하고 있다. 미국의 노조는 구성원들의 불평을 전달하고 임금이나 경영 정책에 관해 경영진과 논쟁하면서도, 동시에 조직과 작업 계획의 개선에 대해서는 경영진과 능동적으로 협력하고 있다.

몬드라곤의 지도자들은 조합평의회와 미국의 노조 사이의 어떤 유사점도 부인하고 있지만, 이는 스페인과 바스크에서 겪은 최근의 경험과 노동관계의 역사 때문이라고 생각된다. 대결적이고 적대적인 노조의 전통적인 역할과 전혀 다른 역할을 노조가 어떻게 수행할 수 있는가 하는 점에 관해서는 사회 이론으로 설명할 수도 있을 것이다. 예를 들어 미국의 몇몇 노조 지도자들은, 경제 여건이 격변하던 시기에 경영진이 노동자의 참여를 보장하고 권익을 서로 공유한다는 전제하에 회사의 경쟁력을 향상시키고 그럼으로써 노동자의 직업을 보존하기 위해 노력하는 등 노동자의 이해를 대변하여 노동자로부터 신뢰를 받았다고 판단했다.

조합평의회의 역사를 고찰하면서 우리는 조합평의회 성원들이 경영진에게 어느 정도까지 반대할 수 있는가 하는 문제로 의견이 분열되었던 사례들을 발견할 수 있었다. 이 논쟁은 조합평의회가 노조처럼 행동해야 하는가에 관한 의문을 불러일으켰다. 논쟁이 '그렇게 해야 한다'는 결론을 내린 뒤에도, 조합평의회 성원들은 그 결론을 받아들이지 않는 분위기였다. 그렇다고 반드시 경영진에게 굴복하는 것은 아니었다. 왜냐하면 최종 결정은 총회에서 조합원의 투표로 이루어지기 때문이다. 또한 우리는 최근에 파고르가 조합평의회와 노조의 유사성을 강화시키는 방식으로 조합평의회 조직을 재편함으로써 조합평의회의 역할에 관한 의견 차이를 해결한 예도 볼 수 있었다. 파고르의 중앙조합평의회 의장이 처음으로 조합평의회 대의원들에 의해 선출된 것이다. 이전까지 의장은 경영진에 의해 선출되었다. 새로 제정된 정관은 광범위한 주제에 대해 조합평의회가 이사회나 경영진과 협상할 권리를 명시해 놓고 있다. 이 협상은 이전에도 이루어진 적이 있었지만 그 권리가 성문화되었다는 것은 중요한 의미를 갖는다. 이것은 조합평의회 역할의 이중성을 해결해줄 것인가, 아니면 오히려 더 복잡하게 만들 뿐인가? 과연 단순한 조언이 아니라 실제로 경영진과 협의하고 결정을 내리는 자문기관 역할을 하는 조직이 존재할 수 있는가?

브래들리와 갤브의 여론조사[8] 항목 중 하나는 비록 간접적이긴 하지만 조합평의회가 협동조합 조합원의 이해관계를 적절히 반영하고 있는지 아닌지에 관한 실마리를 제공한다. 자신의 회사에서 '대규모 직업노조의 역할'을 선호하느냐는 질문에, 몬드라곤에서는 971명의 응답자 중 오직 25%만 긍정적으로 대답했다. 이 여론조사 결과는 성원들의 1/4만이 그러한 역할을 선호한다는 점에서, 많은 조합원이 조합평의회나 다른 참여기구를 통해 그들의 대표를 파견하는 것에 만족하지 않고 있을지도 모른다는 점을 암시한다.*

미국의 지방 노조 지도자와 조합원들이 노동개혁에 적극적으로 참여하는 것에 비해 조합평의회가 이 과정에 참여하는 정도가 얼마나 미약했는지를 보고, 우리는 놀라움을 금할 수 없었다. 바스크 지역에서는 전통적으로 노동과정이 경영의 책임으로 규정되어왔던 것 같다. 이런 규정은 경영진이 수행할 책임을 나눠 갖는 것이 조합평의회의 역할이 아니라는 점을 암시한다. 좀 더 활동적인 조합평의회 대의원들은 자신이 경영진에 종속되어 노동자들을 대표하지 못하는 것처럼 보이지 않도록 노력하고 있는지도 모른다. 그러나 미국의 노동자와 노조 지도자들은 회사 경영에 참여하는 것보다 노동과정을 변화시키는 데 참여하는 것이 훨씬 용이하다는 것을 알고 있다.

조합평의회의 문제점들 중 하나는 경영진의 의사결정 근거가 되는 사실들과 도표를 해석하기가 매우 어렵다는 것이다. 이는 몬드라곤의 조합원들이 경영진이 이용하는 자료와 도표들을 조합평의회에서도 얼마든지 이용할 수 있다 해도 마찬가지다. 이런 자료와 도표들은 너무 복잡하고 전문적이어서, 조합평의회 성원들은 그것을 해석하는 데 무척 많은 시간을 소모한다. 이 문제는 오랫동안 지적되었고, 그에 따라 몇몇 개선책들이 강구되었다. 예를 들면 좀 더 많은 시간을 주거나, 혹은 인사부에 조합평의회와 협의할 책임을 부과하는 등의 조치가 그것이다. 또한 조합평의회 성원들이 전문 지식을 갖고 있지 않아도 경험을 통해 알 수 있는 사회적 조직적 문제에 관해 경영진에게 충고할 수 있도록 했다.

* 조사 항목을 개별적으로 해석할 때는 언제나 주의를 기울여야 한다. 여론조사 당시 응답자들이 경험하고 있는 상황에 따라 결과는 크게 달라진다. 브래들리와 갤브의 조사는 몬드라곤 협동조합 그룹들이 재정상 심각한 곤란을 겪고 있을 때 실시되었다.

새로운 GCM 구조하에서는 조합평의회의 상대역이 없다. 즉 노동자로서의 이해관계가 소유자로서의 이해관계보다 훨씬 덜 중요한 것으로 취급되는 것이다. 이런 간극은 새로운 기구가 고안됨으로써 해결될 것인가, 아니면 협동조합 그룹들의 중앙조합평의회가 개선됨으로써 균형추의 역할을 할 것인가?

몬드라곤의 힘

이 장에서 우리는 협동조합 그룹이 당면한 문제들 중의 몇 가지를 이야기했다. 하지만 이런 문제들을 처리할 수 있게 했던 저력을 이해하는 것 또한 중요한 일이다.

우리는 작업이나 인사를 담당하는 몬드라곤 지도자들이 보여준 협동조합의 이상에 대한 헌신에 감동을 받았다. 지도자들은 단순한 기술관료가 아니며, 자신의 책임을 완수하기 위해서는 이상사회에 대한 전망과 고도의 전문 기술 능력을 겸비해야 한다. 설립자의 이상을 따르며, 또 그 설립자 자신이 강조했던 것처럼 변화하는 조건에 이상을 적응시키면서, 몬드라곤의 지도자들은 20장에서 분석하게 될 뛰어난 조직문화를 건설했다. 이는 그 조직 구성원 모두가, 혹은 대다수가 그 문화의 핵심적인 가치에 애착을 느낀다는 것을 뜻하지는 않는다. 지도자들의 가치와 일반 노동자들의 가치를 비교하는 것은 이 논문의 한계를 넘어서는 연구를 필요로 한다. 그러나 협동조합 기업의 존속과 성장을 위해서 회사가 구성원들에게 협동조합 고유의 보상을 제공하기만 한다면, 모든 구성원이 지도자들의 핵심적인 가치관을 반드시 공유할 필요는 없다.

몬드라곤의 또 다른 강점은 자기 자신의 경험에 대한 비판적 검토에 높은 가치를 부여한다는 점이다. 바로 이 점이 사회적 이상을 추구하는 다른 조직들과 확연히 구별되는 몬드라곤의 특징이다. 사회적 이상을 추구하는 조직들이 새로운 상황에 직면했을 때, 흔히 지도자들은 최초의 원리와 신조에 지나치게 집착한 나머지 변화를 조직의 보존과 성장에 필요한 요소로 바꾸지 못했다. 물론 몬드라곤에도 카리스마적인 지도자가 설립한 혁신적인 기업에서 발견할 수 있는 영웅 숭배가 존재한다. 그러나 여기에는 두 가지 결정적인 차이가 존재한다. 그 영웅(창시자) 자신이 자기반성과 변화하는 상황에 적응할 필요성을 끊임없이 강조했다는 점, 그리고 자신의 견해를 다른 사람들에게 강요할지 모를 공식 지위를 차지한 적이 없었다는 점이다.

몬드라곤의 고용 보장도 또 다른 특별한 장점이다. 13장에서 언급한 바와 같이, 미국에서 전통적으로 인용되는 자료에 따르면 바스크 지역의 실업률이 27%였던 1985년에 협동조합에서는 성원의 0.6%만이 실직 상태였다. 고용 보장을 단순히 성원 개개인의 이익을 보장하기 위한 것으로 여겨서는 안 된다. 몬드라곤 그룹의 노동자나 경영진은 고용 위협을 느끼지 않기 때문에 자신의 일자리가 위협받고 있다고 느끼기 쉬운 사기업체의 노동자와 경영진보다 변화에 대한 저항이 훨씬 적다.

또 다른 몬드라곤 협동조합의 장점은, 미래의 성장과 혁신을 위해 투자하는 능력이다. 이 점에서 몬드라곤 협동조합은 그 지역 사기업체들보다 압도적으로 우월했다.

몬드라곤의 역동성은 협동조합의 내부 구조와 협동조합 간의 관계에서 찾아볼 수 있다. 구조 역시 몬드라곤이 지닌 저력의 중요한 원천이다. 다른 지역의 많은 협동조합에서 전무이사는 조합원들에 의해 직접 선출된다. 이 제도는 이사회를 통해 전무이사가 선출되는 간접적인 방식에 비해 더 민주적이라 할 수 있다. 그런데 몬드라곤에서는 전무이사의 임기가 보장되어 있기 때문에 조합원들에 의해 쫓겨날 염려 없이 운영과 발전에 전념할 수 있다. 물론 전무이사는 조합원에 의해 선출된 이사회의 통제를 받기는 하지만 어떤 경우에라도 보장된 4년 임기 동안은 임무를 수행할 수 있다. 한편 전무이사는 협동조합 그룹의 조합원 및 이사회와 심각하게 대립할 경우 임기 만료 전이라도 사임할 수 있다. 그리고 이사진이 전무이사가 더 이상의 임무 수행이 불가능하다고 판단해서 사임을 요구한 경우도 있었다. 요컨대 몬드라곤의 체계는 단지 경영진을 보호하기 위한 참호라기보다, 효과적인 작업 수행에 필수적인 안정성을 제공하기 위한 것이라 할 수 있다.

조합평의회는 때때로 성원들의 비판을 받기도 하지만, 중요한 제도라고 생각된다. 조합평의회의 중요성은 1979년부터 시작된 경제적 재편기에 보여준 희생과 공헌으로도 알 수 있다. 만약 조합평의회가 없었다면 그 정도의 곤란과 마찰만으로 필요한 변화를 이루어낼 수 있었을지 의심스럽다. 조합평의회는 경영진으로부터 노동자에게, 그리고 노동자로부터 경영진에 이르는 정보의 소통을 원활하게 하고 경영진과 노동자 사이를 조정하는 중요한 역할을 담당했다.

대다수의 경영자(전무이사)는 이사회에서 조합원 대표를 해본 경험을 갖고 있다. 이 경험은 경영자들이 실무행정가로서 정책을 분석하고 결정하는 데 큰 도움을 주며, 이사회와 효과적으로 협조하는 데도 도움이 된다. 어떤 경영자들은 조합평의회에서 일해본 경험도 가지고 있다. 사실상 이사회가 더 많은 특권을 가지고 있기는 하지만, 최고 경영직에 오르고자 하는 이들은 조합원의 사회적 문제를 처리하는 경험을 쌓기 위해 조합평의회 대의원이 되고 싶어 한다. 다양한 위원회에서 쌓은 경험과 더불어, 이런 기구에서의 활동 경험은 경영 개발 프로그램을 수립하는 데 매우 중요한 의미를 갖는다.

몬드라곤의 지도자들은 일관된 '소小경제 제도'를 구축하는 데 모범을 보였다. 몬드라곤의 지도자들은 훌륭한 기초조직뿐만 아니라 강력한 지원조직을 만들어냈는데, 이런 지원조직은 부문과 부문, 그리고 부문과 전체가 상호 의존하고 기여할 수 있도록 모든 부문을 연계시키는 역할을 했다.

협동조합들을 그룹으로 묶어내는 것이 얼마나 중요한가를 인상적으로 보여주는 실례는 파고르의 경우이다. 파고르는 가장 오래되고 규모가 큰 협동조합들을 연결시키고 가장 선진적인 기술을 구비한 협동조합을 포괄했다. 다른 협동조합 그룹들 — 특히 최근에 형성된 연대가 느슨한 그룹들 — 에서는 그룹 경영의 장점이 별로 드러나지 않는다. 하지만 우르키데가 1980년대의 경제 재조정이라는 난관을 극복한 방식에서 우리는 그룹 경영의 중요성을 실감할 수 있었다.

그룹 경영의 이점은 특히 인사 관리 분야에서 잘 드러난다. 극심한 경제난 속에서 노동인민금고와 라군-아로의 도움을 받아 그룹 내의 각 협동조합으로 성원들을 이직시킴으로써 직업의 안정성을 그나마 보장할 수 있었던 것이다. 울고는 이러한 그룹 내의 인사 정책을 통해 1974년 3,500명에 달했던 조합원을 1985년에는 2,000명 이하로 감소시킴으로써 파고르 내 다른 협동조합의 설립과 확장에 기여할 수 있었다.

합동 경영은 회사의 확장과 긴축, 또는 그룹 내의 회사 창설 전략을 수립하는 역량을 강화하고 집중할 수 있게 해준다. 개개의 단위 조합은 그 자체로는 위와 같은 계획을 시행할 인력이 부족하다. 울고의 가장 중요한 전략이 울고 경영진이 아닌 파고르의 경영진에 의해 수립되기도 했다. 물론 각 협동조합이 전략을 세울 수 있는 능력을 보강하는 것이 바람직하다. 그리고 그룹 경영은 개개 협동조합의 전략에 일방적인 영향을 끼칠 위험이 있다. 그럼에도 개별 협동조합의 역량과 그룹 경영의 역량을 조화시키는 문제는 그룹 경영의 이점을 저해하지 않는 방향에서 해결되어야 한다. 파고르 내의 협동조합이 노동개혁 프로그램을 개별 협동조합에게만 맡겼더라면, 이는 아마도 추진될 수 없었을 것이다. 파고르의 창의적인 경영 덕택에 이 계획은 성공리에 진행되었다.

파고르와 우르키데 두 그룹의 실례를 통해 우리는 폐업 위기에 처한 협동조합들의 재건과 구제에서 그룹 경영의 중요성을 확인할 수 있었다. 물론 그런 경우 그룹의 경영진만 활동하는 것은 아니었다. 그룹 경영진은 쓰러져가는 협동조합을 노동인민금고와 연결해서 기술 및 재정 지원을 받도록 했으며, 잉여 노동자를 다른 부분에 재배치하기 위해 라군-아로와 협력했다.

마지막으로 그룹 경영은 당장 눈에 띄지는 않지만 또 하나의 장점을 지니고 있다. 그것은 불가피할 경우 지도급 간부를 교체할 수 있다는 점이다. 어떤 독립 협동조합의 위기 극복이 오직 최고 경영자를 교체할 능력 여하에 달려 있다고 가정해보자. 독립 협동조합에서, 특히 초기 성장 단계에서 최고 간부의 탁월한 능력으로 성공을 이룬 협동조합에서, 그 핵심 인사를 이임시키고 새로운 사람을 내세운다는 것은 굉장히 어려운 일이다. 그 간부는 직업을 잃는다는 위협으로 인해, 비록 스스로 문제 해결에 자신감이 없다 해도 지위를 유지하려 할 것이다. 동시에 그를 사퇴시키고자 하는 성원들도 그보다 더 일을 잘할 사람을 찾을 수 있느냐는 문제로 고민할 것이다.

이와는 대조적으로, 파고르의 간부 직원들은 자신의 능력에 의심이 갈 때 종종 자원해서 사임할 의사를 보였다. 그룹 경영자들이 자기에게 적합한 임무를 수행할 곳으로 보내주기 위해 노력할 것임을 알고 있기 때문이다. 물론 이들도 쫓겨났다는 심리적 고통을 느끼겠지만, 그룹 차원의 조치는 관계된 모든 사람에게 만족스러운 것이었다. 실례를 들자면 이런 것이다. 우리는 어떤 단위 협동조합에서 수년 동안 경영을 맡아왔던 한 사람이 무척 담담하게 자기 경험을 이야기하는 것을 들었다. 업무 감사를 회상하면서, 그는 총전무이사가 자신의 장점과 단점을 사려 깊고 친절하게 지적하더라고 이야기했다. 그는 자신의 약점에 대한 평가에 전적으로 동의하지는 않았지만, 감사 과정은 공정했다는 것과 총전무이사에게는 자신의 업무 수행에 대한 협동조합과 협동조합 그룹 이사회의 평가에 따라 조치할 책임과 권리가 있음을 강조했다. 감사 기간이 끝나자 총전무이사는 그에게 협동조합 그룹 내의 세 가지 중요한 직책 중 하나를 선택할 수 있도록 해주었다고 한다. 얼마간 숙고한 끝에 그는 그룹의 성장에 중요한, 새로 설립된 직위를 선택했다. 그는 자기 후임자로 뛰어난 사람이 선택되었고 일을 훌륭히 해냈다고 강조하면서 말했다. 한마디 덧붙일 것은, 그 역시 새로운 직장에서 훌륭하게 일을 수행했다는 평가를 받았다. 한 조직의 최고 경영자를 교체하는 일은 결코 쉽지 않다. 그러나 협동조합 그룹의 존재는 독립적인 조직에서보다 인간적이면서도 효율적인 교체 작업을 가능케 했다.

6부
몬드라곤의 교훈

19 돈 호세 마리아의 사상
20 민족문화와 조직문화
21 몬드라곤의 경험은 우리에게 무엇을 의미하는가?

19
돈 호세 마리아의 사상

호세 마리아 아리스멘디아리에타는 자신을 우상화하거나 조합원들과 함께 이룩한 성과를 그 자신의 개인 업적으로 치부하려는 어떠한 시도에도 반대했다. 그러나 그가 죽은 이후 그를 기리는 사진과 조각들이 몬드라곤 협동조합 전역에 널리 퍼졌다. 기술전문학교가 그의 이름을 따서 불렸고, 학교에 이르는 거리, 라군-아로, 이켈란과 노동인민금고 등이 현재 그의 이름을 딴 주소로 되어 있다. 아리스멘디가 죽은 뒤 제작된 초상화와 흉상들은 협동조합 지원기관들의 로비에 자리하고 있다. 그의 책에 쓰여진 문구가 조직 내부에서 돌려보는 보고서에 자주 인용되고 있으며, 노동인민금고의 각 지점에는 그의 초상화가 전시되어 있기도 하다.

지금부터 서술하는 내용은 그와의 짧은 만남과 조합원들과의 인터뷰에 기초한 것이며, 우리가 방문했을 때 여전히 지도자로 활동하고 있었던 다섯 사람의 울고 개척자 가운데 특히 세 사람과의 인터뷰 내용을 참고한 것이다. 그 외의 정보는 아나 구티에레스-존슨으로부터 받았다. 그녀는 1975년에 가진 돈 호세 마리아와 우리의 모든 인터뷰에 참석했으며, 우리가 몬드라곤을 떠난 뒤에 또다시 돈 호세 마리아를 인터뷰했다.

설립자에 대한 소개

1975년 우리가 만난 돈 호세 마리아는 보통 키에 마르고 가냘퍼 보이는 외모였다. 머리는 약간 벗겨지고 숱이 적은 회색 머리카락이었으며, 뺨은 홀쭉하고 안색이 창백해 보였다. 당시 그는 인생의 말년기로 접어들어 심장박동기에 의존하고 있었다. 몬드라곤 초창기부터 그를 알던 이들은 지칠 줄 모르는 그의 열정을 몸이 감당해내기 힘들까봐 염려해왔는데, 과연 그의 몸은 자신의 열정을 감당할 정도로 건강해 보이지 않았다. 우리는 도착한 날 테리타 여관 거실에서 그와 이야기를 나누었다. 그는 멋진 안락의자에 앉아 있었는데, 의자 깊숙이 몸이 파묻혀 있는 듯했다. 어릴 때 한쪽 눈의 시력을 잃어버린 뒤부터 계속 쓰고 있는 짙은 색 렌즈의 안경은 그를 은퇴한 사람처럼 보이게 했다.

돈 호세 마리아는 자신을 위한 물질적 안락을 전혀 추구하지 않는 소박한 성품의 소유자였다. 주위 사람들의 권유에도 불구하고, 그는 교회기금으로 자신이 탈 자동차를 사거나, 다른 이들이 그를 위해 돈을 모으는 일을 결코 용납하지 않았다. 그는 그때까지도 여전히 자전거를 타고 돌아다녔다.

그는 온화한 음성으로 말했으며, 조합원들과 함께 이룩한 과업들을 설명하기에 적당한 단어를 찾으려는 듯 가끔 말을 중단하기도 했다. 첫 만남에서 가장 강한 인상을 받은 것은 그의 손이었다. 그의 손은 엘 그레코의 작품에 나오는 손가락처럼 길고 가늘었으며, 그의 생각을 보여주기라도 하듯이 계속해서 움직이고 있었다. 그는 자신이 하고 있는 이야기를 잘 알고 있었지만, 자신의 생각을 정확히 표현하는 데 고심하는 것 같았다.

두 번째 인터뷰는 그가 설립한 학교에서 이루어졌다. 돈 호세 마리아는 인터뷰 중에 녹음기를 사용할 수 있도록 허락해주었다. 그러나 이후에 우리가 그의 말을 지나치게 중시한다면서 녹음기를 사용하지 못하게 했다. 그는 항상 자신의 개인적 역할을 최소화하고 주로 공동의 성취에 대해 언급했다. 실제로, 과거의 사건을 표현할 때 그는 1인칭 단수형을 거의 쓰지 않았다. 대신 'Sepidio'라는 표현을 사용했는데, 문자 그대로 번역하면 '그것이 요청되었다'라는 뜻이다. 이 말은 영어로 옮기면 낯설고 오역되기 쉬우므로, 돈 호세 마리아가 요청한 일이라는 것이 다른 정보나 직접적인 내용을 볼 때 명백할 경우, 우리는 항상 '나는 요청했다'라고 번역했다.

돈 호세 마리아는 자신이 1941년 당시에 보았던 몬드라곤 시를 찍은 비참한 사진 한 장을 우리에게 주었다. 그 무렵에는 정치적인 반대파와 노동조합 지도자들이 지하로 잠적해 있었으며, 도시는 운동가들에게 위험한 장소였다. 그는 다음과 같이 말했다.

> 우리는 내전에서 패했으며 몬드라곤은 점령 지역이 되었죠. 전후에 몬드라곤 시민들은 극심한 억압을 당했습니다. 전쟁이 끝나고 돌아왔을 때, 내가 알던 사람들은 모두 죽거나 교도소에 있거나 추방당했습니다.

그는 또 운동의 발단에 대해서도 말했다.

> 모두가 공유하고 있는 주된 목표 중의 하나는 (…) 차별 없이 실제 교육의 기회를 증진시키는 것이었습니다. 그것은 바로 권력을 민주화하기 위해서는 지

식의 사회화가 필요하다는 생각에 사람들이 익숙해진다는 것을 의미합니다. 왜냐하면 사실 지식은 힘이기 때문이죠. (…)

그것은 동원을 위한, 의식의 고양을 위한, 훈련을 위한 과정이었으며, 이론과 실천, 자치와 자주관리에 대비한 과정이었습니다. 이 과정 속에서 젊은이들은 심각한 재정 문제를 극복하기 위해 제비뽑기(복권 발행을 의미함 ― 옮긴이 주)와 축제, 공개적인 일들을 조직했습니다. 이것은 재정 문제를 용이하게 해줄 뿐만 아니라 젊은이들, 특히 활동적인 젊은이들에게는 경험을 통해 실제적인 교훈을 체득할 수 있는 기회를 제공하기도 했습니다. 동시에 이런 상호작용을 통해 그들은 넓은 의미로 공동체 내에서 신뢰를 쌓을 기회를 갖게 되었죠. 나중에 협동조합을 이끌어간 주역이 바로 이 젊은이들이었습니다. 실제로 그들은 모든 일을 실천한 장본인들이었습니다. 왜냐하면 나에게는 가장 쉬운 일, 즉 생각하는 것만이 맡겨졌기 때문이죠. 내가 했던 일은 사상을 만들고 젊은이들을 고무하는 것이 전부였으며, 그 이상은 아무것도 하지 않았습니다.

우리는 여기에 "그 이하도 하지 않았다"고 덧붙여야 할 것이다.
그의 목적은 더 나은 작은 단체나 작은 회사, 약간 더 큰 회사를 만들도록 조합원들을 지도하는 것이 아니라, 사회 전체를 변화시키는 것이었다. 그는 다음과 같이 말했다.

모든 이익을 (그때그때 ― 옮긴이) 분배하는 일은 우리의 관습이 아니었습니다. 왜냐하면 우리는 협동적인 cofradia(일반 신도의 종교결사체)를 건설하려는 것이 아니라, 협동적인 회사를 세우려는 것이기 때문입니다. (…)
협동조합 기업체의 지도자들은 자신들의 역할을 인식하고 있었습니다. 그들은 경영에 대한 실제적인 감각과 많은 경험을 가진 지도자가 되려고 노력했습니다. 그들이 기업을 설립한 동기는 하나의 프로그램을 개발하기 위해 우연히 모인 사람들이 서로 돕고 연대하는 데 있었습니다. 연대한다는 것은 우리가 보통 이해하는 대로 한다면 ― 그것을 상호 간의 도움 정도로 국한시킨다면 ― 그다지 효율적이지 않지만, 이 말이 사기업의 한계를 넘어서 더 넓은 범위의 상호작용이라는 의미로 전환될 때는 효율적이 됩니다. cofradia에서는 사람들이 자신과 자신의 동료만을 위해서 협동합니다.

제자들의 눈에 비친 돈 호세 마리아

1975년 돈 호세 마리아의 친구이자 전기 작가인 헤수스 라라냐가는 조합원들과 그가 겪었던 초창기 경험들을 다음과 같이 말해주었다.

돈 호세 마리아를 처음 만났을 때, 그가 말하는 동안 우리는 졸린다는 느낌을 받았습니다. 왜냐하면 그의 사상의 개요를 이해할 수가 없었기 때문이죠. 우리가 그의 지도에 따라서 행동한 것은 그의 사상을 이해해서라기보다는 단지 어떤 일을 하고자 하는 욕망을 느꼈기 때문이며, 그가 불굴의 의지로 우리에게 자신감을 불어넣어주었기 때문이었습니다. 그것이 우리에게 동기를 주었으며 우리를 생각하게끔 만들었습니다. (…) 솔직히 말해서 그때 그의 스페인어 실력은 형편없었습니다. 그는 글을 꽤 잘 썼지만 말로 표현하는 능력은 부족했습니다. 그래서 그와 우리의 대화는 어려운 일이었죠.

그러나 그는 끈기 있는 사람이었습니다. 한번은 그가 나에게 이런 어려움은 신이 자신에게 부과한 고행의 형태라고 고백한 적이 있었습니다. 그가 가장 하고 싶은 일이 자신의 생각을 전달하는 것인데도 자기 생각을 표현하는 능력은 그에 미치지 못했기 때문입니다. 그 때문에 그는 자신의 사상의 본질을 전하는데 특히 열심이었으며, 능력 부족 덕분에 더 깊이 생각하는 습관을 기를 수 있었습니다. 그는 항상 피상적인 것이 아닌 본질적인 것을 지향하는 대단한 추진력을 지닌 사람이었으며, 현실적인 감각으로 여러 방향을 제시해주었습니다. 그의 교육 이념은, 젊은 사람 — 심지어 나이 어린 사람도 포함해서 — 은 현실적인 활동에 익숙해져야 하며, 크리스마스 때 쓸 물건을 만드는 일에서부터 다른 활동에 참여하는 것까지 솔선해서 해야 한다는 것이었습니다. 중요한 것은 계속적인 훈련을 통해 솔선과 책임, 그리고 헌신을 발전시키고 보여주는 것입니다. 그는 이런 방법으로 우리에게 열려 있는 통로들을 이용하도록 이끌어주었습니다. 정치 활동이 시작되지 않았다는 의미에서 그곳은 정치적인 휴지기였기 때문에 출구를 모색할 수 있는 유일한 기관은 교회뿐이었습니다.

울고의 창시자 가운데 한 사람이며 수년 동안 노동인민금고의 전무이사로 일하고 있는 돈 호세 마리아 오르마에케아는 돈 호세 마리아의 젊은 시절을 다음과 같이 회고했다.

돈 호세 마리아는 연설가로서 두각을 나타내지는 못했습니다. 원래 그는 개인과의 대화에 재능이 많았으며 (…) 그에게 조언을 구하러 가면, 그는 다른 사람들과 달리 우리를 다그치는 대신 애정을 갖고 대해주면서 노동운동과 경제, 그리고 사회를 변화시키기 위해 항상 헌신하라고 격려해주었습니다.

운동의 첫 단계에서 우리는 자본주의적 사고에 젖어 자본주의 체제 내에서도 가부장적 형식을 개혁함으로써 해결책이 모색될 수 있다고 생각했습니다. 그러나 돈 호세 마리아는 일시적 개혁으로는 문제가 해결되지 않는다며 구조적 개혁이 필요하다고 항상 말했습니다. 이는 곧 자본 주도의 사회를 노동 주도의 사회로 전환해야 한다는 의미였습니다.

울고 설립자 중 한 사람이며 노동인민금고와 파고르의 이사장인 알폰소 고로뇨고이티아가 1975년에 아나 구티에레스-존슨에게 한 이야기에는, 돈 호세 마리아의 철학이 잘 나타나 있다.

돈 호세 마리아는 전형적인 시골 사람이면서도 매우 합리적이었고 현실적인 판단력도 지니고 있었습니다. 그의 사상은 매우 현실적이었습니다. 말로 표현할 수 없는 생각은 좋은 생각이 아니며, 행동으로 변화되지 않는 말 또한 좋은 말이 아니라는 생각으로, 그는 가톨릭 행동단을 독창적이고 비전통적인 방법으로 이끌어나갔습니다. 당시 가톨릭 행동단은 사소한 일 — 춤추는 것을 허가할 것인가 말 것인가 같은 문제 — 로 분주했습니다. 그러나 돈 호세 마리아의 가르침에 따라 사회적 관심사와 종교적인 사고를 현실 사회와 연관시키는 교육을 받았습니다. 돈 호세 마리아는 우리에게, 인간으로 존재한다는 것은 자아를 가지고 무엇인가를 이루어내는 것이라는 생각을 심어주었습니다. 지금이야 이 말이 매우 당연하게 여겨지지만, 당시 교회는 영혼을 찾는 스콜라적이며 순수 신앙적인 분위기로 가득 차 있었습니다. 다른 지역에서는 가톨릭 행동단이 스페인식 신비주의에 매료되어 있었습니다. 돈 호세 마리아는 여느 신부들과는 달리 인간은 어려움을 가지고 있으며 자신들의 세계를 개혁하는 데 기여해야 한다고 우리들에게 말했습니다. 일찍이 노동은 벌이라고 교육받아온 내용과는 다르게, 노동은 신의 계획과 더불어 창조와 협동을 실현시키는 것이라고 배웠습니다.

기술전문학교의 설립으로 우리는 어떤 일을 완수하기 위해서는 영적인 가호와 개인적 노력뿐만 아니라 기술적인 능력도 필요하다는 것을 알았습니다.

개인적인 능력과 숙련을 쌓기 위해 질주하는 것이 사회적 종교적 가치를 축소시키지는 않는다고 고로뇨고이티아는 말했다.

> 우리가 기업가로서 가지고 있는 시적 철학적 특징들은 다른 기업가들을 무척 놀라게 합니다. 그들을 놀라게 하는 인간주의적 경향은 돈 호세 마리아의 성과입니다. 왜냐하면 그와 접촉한 이후로 우리는 철학이나 이데올로기를 기업가적인 태도와 결코 분리해서 생각하지 않았기 때문입니다. 우리는 화학이나 물리학, 반도체 등에 대해서는 완벽히 알고 있지만 그 밖의 것은 아무것도 모르는 단순한 기술자가 결코 아닙니다. 우리는 단순한 기술자였던 적이 없습니다. 우리는 이러한 성격의 기업을 발전시키는 것이 사회적 투쟁이자 의무라고 생각하고 있습니다.

돈 호세 마리아 사상의 전개

돈 호세 마리아는 자신의 사상을 체계화하여 책으로 발표한 적은 한 번도 없지만, 집필 작업은 계속했다. 몬드라곤운동의 기관지 월간 『노동과 단결』에 쓴 그의 글과 설교, 그리고 기타 논문 등이 합쳐져 총 15권의 책으로 엮어졌다. 이 책들을 다 읽지는 못했지만, 대신 우리는 1984년 노동인민금고에서 출판한 호세 아수르멘디의 『협동조합의 사람 - 돈 호세 마리아 아리스멘디아리에타의 사상』에서 큰 도움을 받았다. 아수르멘디는 돈 호세 마리아의 저작을 그 시대 정치·경제 발전의 맥락 속에서 분석했으며, 그를 잘 아는 사람들과의 인터뷰를 통해 내용을 보충했다. 설립자의 사상을 분석하는 데 도움을 주는 인용구들은 아수르멘디의 책에서 따온 것이며, 다른 설명이 없는 한 쪽수는 아수르멘디의 책 쪽수를 표시한 것이다. 설립자의 사상을 이해하기 위해 그의 문체와 사상의 변화를 약간 언급할 필요가 있다.

그의 문체는 독특한 역설로 표현된다. 한편으로 문체는 복잡하고 절이 많은 문장들로 꽉 차 있는데, 이런 문장은 이해하기도 어려우며 특히 말로 할 때는 더 그렇다. 반대로, 그는 자신의 주장에 대해 별로 언급하고 싶지 않을 때는 핵심적인 문장으로 간략하게 설명했다. 그가 창안했던 격언과 구호들은 그가 죽은 뒤에도 인쇄물이나 토론 자리에서 계속 인용되고 있다.

돈 호세 마리아의 사상을 그 시대와 개인의 발전, 그리고 변화하는 정세라는 맥락에서 정리하는 것은 중요하다. 젊은 시절 돈 호세 마리아는 피임이나 낙태 같은 문제에 대해 전통적인 가톨릭 원칙에 찬성했지만, 시간이 지남에 따라 그런 개인의 도덕 문제에는 별 주의를 기울이지 않았다. 비슷한 맥락에서 그는 젊은 시절 정통 가톨릭 교리를 추종하는 학생이었으나, 나중에는 그에 대한 관심이 점점 약해졌다. 아수르멘디는 그의 사상의 변화 과정에 대해 다음과 같이 서술하고 있다.

(A) 그의 초기 저작에서(설교, 학부모회와 가톨릭 행동단과 젊은이의 대화 내용) 시대의 위기는 근본적으로 신앙의 위기로 파악된다. 이 신앙은 넓은 의미에서 기독교적 인도주의 가치에 관한 일반적 체계로 이해되고 있다.

(B) 1945~1950년 사이에 그의 관심은 이른바 사회적 문제에 집중되었다. 그리고 보편적 위기(권위의 위기, 신앙의 위기, 이성 자체의 위기)라는 생각이 분명해졌다. 이 위기의 핵심은 더 이상 신앙의 문제가 아닌 소유에 관한 문제였다. 이후로 아리스멘디아리에타의 저술에서 종교적인 주제는 거의 사라지는 경향을 보이고 있다. 전통적인 기독교 작가의 말을 인용하거나 특히 교황의 교서를 인용하는 일이 현저하게 감소된 반면, 교회 밖

에서 활동하는 사람들, 특히 노동정치가들의 말을 인용하는 빈도가 계속 증가했다. 그는 1950년대에 이미 협동조합에 대한 독자적인 사상을 갖추고 있었기 때문이다(36쪽).

아수르멘디가 지적한 바에 따르면(86쪽), 사제 수업이 끝난 이후 그의 서재에서 더 이상 신학 서적은 찾아볼 수 없었다고 한다. 가장 특이한 예외는 전통적인 가톨릭 신학에 대립했던 것으로 유명한 한스 쿤의 책이다.

수년이 지난 뒤 — 가톨릭의 수많은 진보적 연설가와 저술가들이 제2회 바티칸공의회의 새로운 정책과 요한 13세 교황의 회람을 인용함에도 불구하고 — "아리스멘디의 저술에서 폭넓게 이용됐던 교황청 관계 문서는 1940년대 후반 이후 거의 사라져버렸다."(89쪽)

그의 사상이 이런 방향으로 전개되면서, 주된 관심이 가정에서 공장으로 이동했다. 강조점의 변화는 활동 분야의 변화를 수반했다. 그는 몬드라곤에서 처음 몇 해 동안 긴급을 요하는 주택과 건강 문제를 해결하기 위해 몹시 분주하게 활동했다. 하지만 시간이 지남에 따라 노동 현장에 더 많은 관심을 기울였다. 실제로 돈 호세 마리아에게 규칙적으로 고해를 하고 있는 몬드라곤의 한 여성이 우리에게 말하기를, 그는 때때로 노동 현장의 조건과 문제점들을 질문하는 데 너무 열중하곤 해서 그녀는 자신이 죄를 고백하기 위해 찾아온 것임을 상기시켜야 했다고 한다.

그는 세속의 저술가들 중에서 프랑스 좌파 사회철학자인 자끄 마리탱과 엠마뉴엘 무니엘의 저술을 열심히 공부했다. 아수르멘디가 프레이리의 『피억압자들의 교육학』을 아리스멘디의 서재에서 발견했을 때, 그 책에는 밑줄 친 부분이 상당히 많았다. 또한 마오쩌둥 어록 사본에도 밑줄 친 부분이 많이 있었다.

돈 호세 마리아는 자본주의에 대한 마르크스주의자들의 비판에 대체로 동조하는 편이었지만, 마르크스주의 원칙의 주요 관점에 대해서는 반대했다. 그는 마르크스주의자를 자처하는 이들보다 마르크스 문헌에 대해 더 잘 알았으며, 종종 선진적인 마르크스주의 저작을 인용하기도 했다. 그와 몬드라곤 협동조합이 좌파 극단주의자들에게 공격을 받기 전인 1965년까지, 그는 자신의 견해를 뒷받침하기 위해 마르크스주의 저작을 인용하곤 했다. 협동조합을 보호해야 한다는 취지의 1918년 레닌의 성명서라든지, 프롤레타리아트가 승리했을 때 협동조합이 사회주의의 중요한 요소라는 1923년 레닌의 글이 그런 것들이다(767쪽).

문화적 정치적 억압에 직면하여

스페인 내전이 끝난 뒤 몇 년간 바스크 지역에서는 극심한 억압이 자행되었다. 특히 사제와 지식인들과 바스크 문화에 대한 강경한 탄압이 있었다.

> 이러한 문화적 황폐는 심지어 에우스카디(바스크 지역— 지은이 주)에까지 확산되었다. 그곳에서는 바스크 언어의 사용이 금지되었으며, 바스크 언어를 사용하는 사람은 처벌되었다. 아리스멘디가 개인적인 기록물에서나마 에우스케라어를 쓸 수 있게 된 것은 여러 해가 지난 뒤였다. 에우스카디는 문화적 정치적으로 완전히 황폐화되었다. 예를 들어, 바스크 교회는 대주교인 마테오 무히카가 추방되고 성직자들이 처벌되는 것을 묵인하였다(38쪽).

아수르멘디는 16명의 바스크 사제가 총살되었고(그중에는 몬드라곤에서 돈 호세 마리아의 전임자도 포함되어 있다) 수백 명이 포로수용소에 수감되거나 추방되었으며 망명지로 탈출하기도 했다고 전했다. 비토리아 교구의 대사제 프란치스코 하비에르 라우스리카이 토랄바는 프랑코의 열렬한 추종자였다. 아수르멘디는 그의 말을 다음과 같이 인용했다. "나는 총통의 명령에 따라 바스크 민족주의를 쳐부수러 온 또 한 명의 장군일 뿐이다."(39쪽)

대부분의 바스크 시민들은 프랑코 정부에 반대했으나, 활발한 움직임을 보인 지하운동에서조차 바스크 언어와 문화, 그리고 바스크 민족주의의 가치에 관해 의견이 분열되어 있었다. 많은 사회주의자가 바스크 민족주의를 낭만적인 것으로 간주했고, 심지어 바스크 언어를 사용하지도 않았다. 이 문제에 대한 돈 호세 마리아의 태도는 시간이 지나면서 변화했다. 학창 시절의 그는 바스크 언어에 열정적인 애정을 가지고 있었으며 바스크 문화와 민족에 대해서도 상당한 지식을 가지고 있었다고 알려졌다. 그러나 1940~1950년 사이에는 언어와 문화의 중요성보다는 사회 계급에 관한 문제에 더 많은 관심을 보였다(653쪽).

1966년 6월 『노동과 단결』은 독자로부터 '바스크인'에 주목하지 못하고 있는 『노동과 단결』 같은 잡지는 더 이상 발행되어서는 안 된다는 항의를 받았다. 그 독자는 자신도 마르크스주의 서적은 충분히 가지고 있다고 부연했다. 이에 관해서 돈 호세 마리아는 지역적인 문제에 관심을 가진 활동가를 배출하는 면에서 볼 때 몬드라곤이 다른 지역보다 훨씬 적극적이었다고 설명했다.

1968년 이후 바스크 언어로 출판이 가능해졌을 때 『노동과 단결』은 돈 호세 마리아의 수많은 논문들을 에우스케라어로 출판했다. 1960년 이후 그는 계속해서 협동조합운동의 기본으로 바스크 문화의 특징을 강조했다.

프랑코 통치하에 있을 때, 아리스멘디는 정부와의 결정적인 대립을 피하는 한편, 동시에 노동자들의 조직 활동을 격려하고 지도했다. 당시는 사회적 교육적 조직을 건설하는 노선과 노동투쟁 노선 사이의 차이가 불분명했기 때문에, 그는 미묘하면서도 위험한 역할을 담당하고 있었다. 그러나 정부당국은 이 노선을 일률적으로 도식화하지는 않았다. 그래서 어떤 사람들은 그를 위험한 급진주의자로 분류하고, 또 다른 이들은 그를 건설적 사회주의자로 분류했다.

가끔씩 그는 지방당국과 마찰을 빚기도 했다. 1952년 3월에는 기푸스코아 주지사에게 편지를 보내, 구아르디아 시빌(경찰)의 요원이 가톨릭 행동단에 들어와서 게시판의 공고문을 찢어버렸다면서 정부당국에 가톨릭 행동단을 보호할 정부 관리를 요청했다.

1956년 몬드라곤 전역에서 파업이 일어났을 때, 돈 호세 마리아는 추방 위협을 당했다. "주지사에 따르면, 그는 '만장일치'로 몬드라곤의 파업을 책임져야 할 인물로 지목되었던 것이다."(648쪽) 또한 아수르멘디에 따르면, 돈 호세 마리아의 서재에는 노동문제와 협약, 그리고 사기업 개혁운동 등에 관련된 서류가 많이 있었으며, 첫 번째 생산협동조합을 성공적으로 설립한 뒤에도 그의 이러한 관심은 지속되었다고 한다. 『노동과 단결』은 당국의 검열로 인해 정기적으로 어려움을 겪었다. 한 차례 발행물이 압수되었고, 서면과 전화로 두 번의 경고를 받았으며, 출판물의 발행금지 위협을 당했다.

같은 시기에 마드리드의 정부 고위 관료 중에는 돈 호세 마리아와 친분이 있고 그를 존경하던 사람들이 있었다. 앞에서 언급했듯이 협동조합에 관한 정부기관 책임자 호세 루이스 델 아르코는 돈 호세 마리아가 몬드라곤운동이 추구하는 기본 원칙들을 침해하지 않으면서 협동조합의 정관과 여러 규칙을 국가 법규에 맞게 정하는 일에 많은 도움을 주었다. 울고 초기에 돈 호세 마리아는 국립산업은행에서 자금을 대출받는 데 중요한 역할을 했다. 당시의 은행장은 돈 호세 마리아가 모든 중대한 사실들과 숫자에 정통하고 일을 확실히 하는 사람이었다고 언급했다. "나는 그것이 적절한 대출이었다고 생각하며, 그가 매우 인상적인 사람이라고 느꼈습니다."(데이비드 그린우드와의 개인 인터뷰에서)

몬드라곤운동의 업적으로 아리스멘디에게 국가명예훈장인 노동메달이 수여되던 1965년, 그의 명성은 마드리드 지역에서 대중적으로 확인되었다. 이 명성은 복합적인 의미를 갖는다. 프랑코 정부를 반대하는 대부분의 급진파는 정부로부터 훈장을 받은 사람을 바스크 시민과 노동자계급의 적으로 간주했다.* 그러나 아리스멘디는 훈장을 받은 것에 대해 한 번도 자신을 변호하지 않았다. 오히려 그는 교회가 교회를 위해 봉사하는 사람들로부터 소외되는 결과를 가져올 때만 비판받아야 한다는 입장을 취했다. "비판의 동기가 되는 것은, 교회가 정부당국자와 관계되어 있다는 것이 아니라 사람들과 분리되어 있다는 것이다"(53쪽)라고 돈 호세 마리아는 말했다.

때때로 조합 내에서 노동분쟁이 일어난 시기에, 돈 호세 마리아와 협동조합 지도자들은 좌익으로부터 비난을 받았다. 그러나 이러한 공격은 바스크 급진파 사이에서 계속되지도 않았으며 만장일치로 결의되지도 않았다.

프랑코 정부에 대한 바스크의 정치적 반대 세력은 평화적 압력이냐 폭력의 사용이냐, 마르크스주의냐 바스크 민족주의냐 하는 신념과 가치의 차이로 인해 양분되었다. 가장 투쟁적인 세력은 정치적 암살 단체로 널리 알려진 ETA를 지지하는 경향을 보였다. ETA의 사람들 대부분이 스스로를 마르크스주의자로 여기고, 1970년대에는 마오쩌둥 노선에 이끌렸음에도, ETA 자

---

* 현 정부에 있는 사회주의자들이 지금까지도 몬드라곤운동과 프랑코 파시즘을 서로 연결 지어 생각하는 것은 아마도 아리스멘디가 이 메달을 받았기 때문일 것이다.

체는 정부에 대항하는 통일된 노선을 견지하지 못했다. 해가 지나면서 ETA는 상호 경쟁과 대립적인 파벌 싸움으로 분열되고 말았다. 따라서 돈 호세 마리아와 조합원들이 극좌파들로부터 통일된 비판을 받았다고는 말할 수 없다. 그러나 어쨌든 돈 호세 마리아와 그의 추종자들은 그 같은 진영으로부터 날카로운 공격을 받았다. 예를 들면, 1965년 아리스멘디가 명예훈장을 받자 협동조합운동은 바스크 지역과 노동계급 모두를 배반하는 운동이라는 익명의 비판이 제기되었다. 그러나 이 비판은 ETA 지도자들에 의해 공식적으로 부인되었다(615쪽).

1973년 돈 호세 마리아는 또다시 공격받았다. 이번에는 ETA의 극단적인 정치 폭력, 즉 프랑코 정권의 국무총리 카레로 블랑코의 살해를 정당화하길 거부했기 때문이었다. 돈 호세 마리아는 『노동과 단결』를 통해 그 사건에 대한 슬픔을 나타내면서, 폭력을 거부하는 동시에 '단결과 협동'에 기초한 새로운 사회를 건설해야 한다고 강조했다. 이에 대해 ETA 내의 레닌주의 분파는 『노동과 단결』이 "자본주의 체제에 대항하는 유일한 세력인 노동자계급의 진정한 단결을 방해하고 있다"(721쪽)고 비판했다.

그들은 국무총리의 죽음을 애도한다는 아리스멘디의 표현이 노동계급에 대한 반역 행위라면서 공격의 구실로 삼았다. "착취자들의 폭력은 오직 노동자계급의 계급투쟁에 의해서만 분쇄될 수 있다. (…) 투쟁에서 억압받는 자들에 의한 암살만이 노동자들을 위한 것이다."(722쪽)

9장에서 서술했듯이 1974년 울고와 파고르 전기회사에서 발생한 파업은 몬드라곤운동 지도자에 대한 ETA의 격렬한 비판을 야기했다. 돈 호세 마리아가 이 논쟁에 대해 아무 말도 하지 않았다는 사실은 주목할 만한 가치가 있다. 그는 논쟁에 대해 언급하지 않는 대신, 조직이 성장하면서 관료주의에 빠질 위험성에 대해 지적했다.

교회와의 관계

돈 호세 마리아의 친한 친구와 지지자들 중에는 성직자들도 몇 명 있었다. 그러나 가톨릭교회는 그의 작업과 몬드라곤 협동조합운동을 위해 제도적 지원을 제공하지는 않았다. 수년간 베르가라 근교의 신학교에서 활동했던 그의 가장 친한 친구 중 한 사람인 미겔 알투나는 돈 호세 마리아가 유능한 학생이었으며 동료들 사이에서도 매우 존경받았다고 말해주었다. 그러나 이후에 관구 신부들 사이에서는 그의 친구나 활동적인 지지자를 거의 찾아볼 수 없었다. 그는 사제 모임에도 거의 참석하지 않았으며, 사제 모임 역시 그의 이념에 별 반응을 보이지 않았다. 한번은 그가 보수적인 동료 사제들에게 격분하여 이야기한 적이 있다. 그 사제들 중 한 명은 모임에 남아서 고개를 저으며, "그 친구는 오직 경제학에 대한 것만 생각한다"[1]라고 말했다. 몬드라곤 내부와 주변에 있는 보수적인 모임에서 그는 '빨갱이 신부'로 알려졌다.

일반적으로 그는 종교와 교회에 대해 대단히 비판적인 시각을 가지고 있었다. 헤수스 라라냐가는 아리스멘디가 사적인 대화에서 다음과 같이 말한 것을 인용했다.

> 종교라는 미명하에 만행이 행해져왔다. 우리는 어떤 형태의 독단주의도 경계해야만 한다. (…) 종교는 지금까지 널리 전파되었지만, 그들이 과연 올바른 일을 한 적이 있었던가? 교회는 절대적이고 관념적인 방향으로만 우리를 인도해왔다. 신학자와 사회학자, 철학자들은 그들이 옳다고 생각하는 것이 아래에서 위로 진행될 때도 언제나 위에서 아래로만 내려다보고 있다.[2]

아리스멘디는 또 이러한 말로 교회를 비판했다.

교회, 특히 가톨릭교회는 완전히 권위적인 조직이 되어버렸다. 그러나 오늘날 우리는 그 안에서 벌어지는 지역사회운동에 주목하고 있으며, 또 스스로를 책임지고 자신의 대표자를 임명하자고 요구하는 사람들도 있다는 데 주목하고 있다(809쪽).

그는 노동자들의 소외에 관해서도 다음과 같이 언급했다.

외면적으로는 계속해서 신앙을 가지고 있거나 교회에 다니고 있는 거의 모든 노동자조차 교회를 신임하지 못했기 때문에, 마음속으로는 교회로부터 단절되었다(71쪽).

그는 다음과 같이 주장했다.

우리는, 오늘날 교회에 의해 기독교와 기독교주의의 적이라고 거부당했던 여러 당파와 그룹들이 가톨릭 그룹이라 자칭하는 당파나 그룹들보다 훨씬 더 가톨릭적이라는 사실을 접한다(153쪽).

1945년 초, 그는 노동자들이 교회를 지배적인 군사정치 세력과 동맹을 맺은 집단으로 보고 있다고 서술했다. "무장한 군대와 성직자와 팔랑헤당은 자본주의자의 삼박자이다."(75쪽)

돈 호세 마리아는 교회를 신랄하게 비판하고 관구 신부들 중에 친구도 없었지만, 교회가 정부의 공격으로부터 절대적인 피난처를 제공했다는 사실과 자신의 사회경제적 목적을 달성하는 데 교회가 별 장애가 되지 않았다는 사실도 인정했다. 호세 루이스 올라솔로에게서 들은 바에 따르면, 노르웨이의

사회심리학자 에이나르 도슈르는 돈 호세 마리아에게 권위주의적 조직체를 대표하는 신부가 어떻게 그렇게 민주적인 사회운동을 창안할 수 있었는지에 대해 다음과 같이 물었다고 한다. "당신 교구의 대주교나 마드리드 대주교 밑에서, 그리고 로마에 있는 교황 밑에서 일하면서도 어떻게 그렇게 괄목할 만한 결과를 성취할 수 있었습니까?"

이에 대해 돈 호세 마리아는 네 마디로 짧게 답변했다고 한다. "로마는 거리가 아주 멀지요."

정치적 이데올로기

영향력 있는 사람을 전통적인 정치 이데올로기의 문맥으로 위치 지으려는 사람들에게 아리스멘디는 이해하기 곤란한 존재였다. 그의 전기 작가는 다음과 같이 말했다. "그는 (…) 모든 '주의'에 알레르기적 반응을 보였다. '주의'는 최종적인 해답을 주지도 못하면서 우리를 감금하고 억누르고 있다."[3] 때때로 그는 사회주의자를 자처했지만, 협동주의가 사회주의를 달성하는 유일한 방법은 아니라고 주장하면서 사회주의에 대한 자신만의 정의를 가지고 있었다. 그러나 아수르멘디는 돈 호세 마리아가 사회주의에 관해 거의 언급하지 않았으며, 발표한 글도 내용 면에서 매우 제한적이었다고 논평했다(776~777쪽).

돈 호세 마리아는 조합주의에 대해 다음과 같이 서술했다.

> 그것은 개인주의적인 자본주의와 영혼이 없는 집단주의로부터 똑같이 떨어져 있는 제3의 발전의 길이다. 조합주의의 중심은 사회적 맥락에서 볼 때 인간

개개인이다(777쪽).

그것은 이기적 자본주의나 비인간적 사회주의와는 종류가 다른 제3의 방식이다. 우리는 협동조합이 새로운 사회적 가능성을 지닌 조직체이기를 바라며, 근시안적이고 편협한 이기주의의 영향을 받거나 단순한 집단적 본능을 추구하는 이들에 의해 세워지기를 바라지 않는다(779쪽).

아리스멘디는 전면적인 국유화에는 반대했지만, 특정한 상황에서 사기업을 국유화하는 데는 찬성했다.

사기업이 경영을 주도할 수 없는 분야 및 사기업이 완전하게 활동할 수 없는 분야, 또는 독점기업과 싸워야 할 때만 국유화가 적용되어야 한다(768쪽).

협동조합주의는 한마디로 특권계급의 형성을 저지하기 위해 권력의 인간화와 경제민주화와 단결을 통해서 양심과 문화의 새로운 국면을 창조하려 노력한다. 협동조합주의는 소유에 기능적인 가치만을 부여한다. 즉 소유는, 그것이 공동생활에서 책임감과 효율을 높이는 효과적 원천으로 작용하는 한에서만 가치가 있다(608쪽).

그는 자주 자본주의에 대한 부정적인 견해를 나타냈다. 그는 자본주의 체제가 "긍정적인 영향이나 이상, 그리고 도덕적인 것을 만들어내지 못한 채 단지 이기적이고 물질적인 욕망만을 부추기면서"(751쪽) 발전해왔다고 언급했다. 또 그는 다른 지면에 다음과 같이 썼다.

일부 사람이 자신의 배타적인 이익을 위해 타인의 노동을 이용하는 것을 허용하는 사회제도는 일종의 사회적 괴물이다. (…) 협동조합주의자는 다음과 같은 점에서 자본주의자와 구분된다. 즉 후자가 자신에 봉사하는 사람을 키워내기 위해 자본을 이용하는 반면, 전자는 노동환경을 개선하기 위해 자본을 이용한다(757쪽).

그는 과학적 경영에 대해서도 약간의 지식을 갖고 있었다.

테일러주의는 철학으로서는 실패했다. 왜냐하면 그것은 인간을 단순히 기계를 보조해주는 도구로 간주했기 때문이다(410쪽).

돈 호세 마리아는 종합적인 경제체제로서의 자본주의에는 반대했지만, 협동조합의 노동자들이 자본주의로부터 배울 것이 많다고 생각했다.

협동조합을 건설하는 것은, 마치 자본주의 제도에 하등의 유용한 측면도 없다는 듯이 자본주의에 적대하는 것이 아니다. 실제로 자본주의는 조직과 경제활동에서 흥미 있는 경험을 가지고 있으며, 효율성 또한 의심할 여지가 없다. 협동조합주의는 자본주의를 능가해야만 하며, 이 목표를 달성하기 위해서는 어느 정도의 제한과 인간의 존엄성과 개인의 가치를 개선시키는 보완책과 함께 자본주의적인 방식과 자본주의의 동력을 활용해야 한다(759~760쪽).

사적인 대화에서 그는 구소련을 억압적이고 야만적인 정부라고 비난했으나, 사회주의를 전면 수용했다는 의미에서는 공격하지 않았다. 왜 그럴까? 그를 알고 있는 사람은 이 질문에 대해 공개적으로 대답하지 않았다. 그러나 우리는 감히 대답할 수 있을지도 모른다. 즉 소련과 공산주의를 비난하는 일은 프랑코 정부의 회의나 토론에서 일반적인 경향이었으며, 따라서 그런 말을 하는 것은 자신을 정부에 좀 더 밀착시킬 수 있는 유일한 일이었는지도 모른다. 그는 조합주의의 가치를 납득시키기 위하여 급진적인 마르크스주의자들과도 교분을 가지려고 노력했다. 아마도 그는 구소련을 공격해서 그들의 반감을 살 필요가 없음을 인지하고 있었을 것이다.

그는 자신의 정치철학이 다원주의적인 것이라고 썼다.

> 협동조합주의자들의 마음속에는 미래 사회가 경제조직을 포함한 모든 조직체가 다원화된 사회일 것이라는 생각이 자리 잡고 있다. 물론 거기에는 공기업과 사기업 간의, 시장경제와 계획경제 간의, 그리고 가부장적 형태와 자본주의 혹은 사회주의 형태 간의 작용과 반작용이 있을 것이다. 일어날 수 있는 모든 형태의 접합, 모든 행동의 본질, 그리고 모든 공동체의 발전과 진보의 수준은 각각 특수한 형태로 다루어져야 한다. 그리고 우리가 인간과 그의 자유 및 정의와 민주주의를 믿고 사랑한다면, 그 방법이 한 가지 형태의 조직체로 제한되는 것은 아니다(787쪽).

그는 또 이렇게 덧붙였다.

> 협동조합은 선택할 수 있는 여러 가지 조직 중의 한 형태이다. 그것은 효율성과 자발적 참여로 특징 지어지는 형태인데, 동시대의 같은 경제 분야에 존재하는 다른 모든 조직 형태들로부터 어떠한 도전도 받지 않으며, 그들과 아무런 갈등 관계도 만들지 않는다(788쪽).

그는 정치와 경제 양쪽에서 민주주의가 이루어지리라고 확신했다. 1970년대 스페인이 여전히 독재 치하에 있을 때, 그는 다음과 같이 썼다.

> 우리 관점에서 볼 때 카리스마적인 존재와 그 후계자들의 몰락은 불가피하다. 왜냐하면 그들이 안주하고 있는 체제는 병들어가기 때문이다. 이런 이유로, 우리의 지도자는 정기적으로 선출하는 것이 바람직하며 새로운 권력을 발전시키려는 사람에게 그 출구가 열려 있어야 한다. 우리 노동자들은 이에 대한 명확한 생각을 가지고 있다. 우리는 자신을 논쟁의 여지가 없는 지도자로 정의하거나 이해가 걸려 있는 집단에 의해 선출된 사람을 좋아하지 않는다(677쪽).

> 성실하고 정직하게 느껴지고 실천되는 민주주의는 그 범위를 선거제도상의 정책이나 절차에 국한해서는 안 된다. 오히려 그것은 제도적 과정을 민주화함으로써 경제와 재무 분야뿐만 아니라 교육과 사회 분야에도 영향력을 미치고 반영되어야 한다(679쪽).

돈 호세 마리아는 상투적인 정치 이념에 자신의 마음을 가두지 않았다. 그는 정치에 무관심하지 않았지만 일관된 정치 이념을 갖고 있지도 않았다. 아마도 정치에 대한 그의 이런 태도 때문에 보수적이거나 급진적인 이념가들은 그를 정치적으로 공격하는 데 큰 어려움을 겪었을 것이다.

근본적인 지도 이념

교육이 그의 사고체계에서 중심이 된다는 것은 의심할 여지가 없다. 무엇보다 그는 학생인 동시에 교사이기도 했다. 기술전문학교 학생 출신이던 한 사람은 우리에게 "그는 그곳에서 종교와 사회학 강의를 했는데, 실제로는 종교학 수업의 대부분이 사회학 수업이었다"라고 말해주었다. 돈 호세 마리아는 가르치는 일을 하면서 동시에 비토리아 신학교의 사회학 분교에서 자신의 공부를 계속해나갔다. 그곳에서 "그의 관심은 경제학과 사회학에서부터 철학, 교육학으로까지 확대되었다."(173쪽)

그는, 협동조합은 교육의 기초 위에 세워지며 동시에 새로운 사회질서를 지향하는 경제적 진보를 위한 교육을 제공한다고 보았다. 그는 협동조합의 경험을 다음과 같이 정의했다.

> 그 자체로 교육 활동의 의미를 갖는 경제적 노력, 혹은 (…) 경제활동을 변혁의 수레바퀴로 이용하는 교육적 노력(729쪽).

> 협동조합은 새 질서를 요구하는 많은 사람을 훈련시키고 성숙시키는 학교이며, 시설이다(811쪽).

그는 프레이리의 『피억압자의 교육학』을 읽으면서, 교육은 "학생을 '위해서'가 아니라 학생과 '함께' 발전되어야 한다"는 문장에 밑줄을 그어놓았다(190쪽).

돈 호세 마리아는 학교에서의 정규 학습과 협동조합에서의 노동 경험이라는 두 가지 방식을 통해 교육이 행해져야 한다고 생각했다.

> 사람은 여자나 남자로 태어나는 것이지, 선반 기사나 도안가 또는 의사나 기술자로 태어나는 것이 아니다. 사람이 훌륭한 전문가나 기술자가 되기 위해서는

오랜 시간을 학습하고 훈련해야 하며, 일반적으로 교사가 필요하다. (…)

인간은 협동조합주의자로 태어나지 않았다. 왜냐하면 협동조합주의자가 되기 위해서는 사회적 성숙과 사회생활을 통한 훈련이 필요하기 때문이다. 협동이 가능한 진정한 협동조합주의자가 되기 위해서는 개인적이고 이기적인 본능을 억제하고 협동이라는 원칙에 적응하는 것을 배워야만 한다.

교육과 선행의 실천을 통해서 사람들은 협동조합주의자가 될 수 있다(231쪽).

그의 교육 개념은 교실과 도서관에만 국한되지 않았다. 그는 경험을 통해 배우는 것이 중요하다고 생각했다.

삶은 과거와 현재 간에 촘촘히 짜인 직물이며, 미래는 진공 상태에서 건설되는 것이 아니다. 자신의 경험뿐만 아니라 타인의 경험도 풍부하고 실제적인 자원이다(741쪽).

아무것도 하지 않는 것보다는 실수를 하는 것이 더 낫다. 실수를 통해 우리는 바르게 행동하는 방법을 배울 수 있다(482쪽).

우리는 이론이 필요하다는 것을 잘 인식하고 있다. 그러나 그것으로는 충분하지 않다. 우리는 나아가면서 길을 만든다(481쪽).

마지막 문구인 '우리는 나아가면서 길을 만든다'(스페인의 시인 안토니오 마카도로부터 인용한 것임)는 그의 저술에 계속 반복해서 나타나며, 몬드라곤 협동조합운동 문헌에도 자주 인용되고 있다. 몬드라곤이 직면한 많은 문제는 다른 협동조합운동에서는 전례를 찾아볼 수 없으므로, 몬드라곤 사람들에게 중요한 것은 스스로 자신의 과거를 돌아보면서 미래를 개척해야 함을 인식하는 것이었다.

아리스멘디에게 붙여진 가장 어울리는 철학적 호칭은 실용주의자이다. 그는 항상 추종자들에게 이상을 잃지 않으면서 가능한 선에서 활동 범위를 넓히라고 권유했다.

> 우리는 가설보다는 현실을 더 직시해야 하며, 단순한 이데올로기적 교시보다는 자료나 구체적 사실들을 주시하지 않으면 안 된다(673쪽).

> 우리는 공상적인 이념을 위해 일하고 있는 것이 아니다. 우리는 현실주의자이다. 우리가 할 수 있는 일과 할 수 없는 일을 잘 인식하여 (…) 변화시킬 수 없는 일보다는 변화의 희망을 가질 수 있는 일들에 집중해야 한다. (…) 우리가 변화시킬 수 있고 실제로 변화한 일들에 전념했기 때문에, 우리는 이 운동이 만들어낸 힘을 의식하고 있다(719쪽).

> 이념에 관한 문제는 작은 것처럼 보일지라도 이념을 실현하는 방법은 그렇지 않다. 그러므로 공상적 과대망상가와, 실용주의자 또는 현실주의자 사이에는 공통점이 없다(727쪽).

> 이념은 우리가 할 수 있는 선을 행하는 것이지, 꿈꾸어온 것을 행하는 것이 아니다(728쪽).

> 현실주의자나 실용주의자가 되는 것이 이상을 포기하는 것은 아니다. 이상을 공상이나 아름다운 꿈과 혼동해서는 안 되며, 오히려 성취할 수 있는 목표로

받아들여야 한다(728쪽).

돈 호세 마리아는 혁명을 믿었지만, 그가 추구하는 혁명은 점진적이고 평화적인 방법에 의한 것이었다. 그는 역사상 가장 위대한 혁명가는 예수라고 말했다(746쪽).

일상적 혁명은 새로운 구조 위에 건설된 효율적 변화에 기반을 둔다. 이는 우리의 상상 너머까지 도달할 수 있는 성장 사슬과도 같다(742쪽).

그는 폭력을 통한 혁명의 달성에 대해서는 다음과 같이 썼다.

폭력이 지배하게 되고, 한 당에서 다른 당으로 권력이 이양될 것이다. 그러나 표면이 걷히고 시신이 매장되어도 상황은 이전과 같을 것이다. 그들은 권력을 가지고 자신들의 이익을 위해 다른 사람들을 착취하는 강력한 소수파가 될 것이다. 똑같은 탐욕, 똑같은 학대, 똑같은 욕망, 똑같은 야심과 위선이 전과 같이 지배할 것이다(746쪽).

1966년에 그는 다음과 같이 썼다.

우리는 기독교 사상가인 무니에가 주장하는 혁명의 공식에 전적으로 동의한다. 즉 경제적 혁명은 도덕적이어야 한다. 그렇지 않다면 존재하지 않을 것이다. 도덕적 혁명은 경제적이어야 한다. 그렇지 않다면 일어나지 않을 것이다(748쪽).

그는 정치적 범주에만 주의를 기울이는 이들을 통렬하게 비판했다. 그의 절친한 친구 중 한 사람인 시몬 데 아로이아베는 돈 호세 마리아의 혁명 개념에 대해 다음과 같이 서술했다.

> 그에게 혁명은 정치적인 측면보다는 가장 초보적이고 기본적인 세포에서부터 가장 포괄적인 것(국가)에 이르기까지 사회의 기본 구조에 집중하는 것이다. 나는 그가 혁명을 정치권력의 문제로 좁히는 정치적 강박관념을 비판하는 것을 여러 차례 들었다. 정치적인 것을 절대적인 것으로 삼아서 그것에 의해 혁명을 달성하려는 태도는 기본적으로 위험하다고 생각했다. 자기 자신을 혁명적이라고 생각하는 사람들은 그런 태도를 극복해야 한다고 그는 말했다. 그렇지 않으면 그들의 혁명은 단순히 한 독재권력으로부터 색깔만 다른 또 다른 독재권력으로 권력을 이양하는 것이 될 뿐이라는 것이다. 그에게 혁명이란 다른 전망, 즉 '문화적' 토대에 훨씬 더 관심을 기울인 전망에 기초한 것이다. (…) 협동조합주의자들이 성취해야 하는 혁명은 기본적으로 문화혁명이다(772쪽).

그는 연대와 평등주의 — 제한된 범위 내에서의 — 를 신뢰했다. 그는 바스크 사회 내에서도 발견되는 이기적 개인주의를 협동조합운동을 펼쳐나가는 데 필수요건인 사회적 연대를 해치는 적으로 간주했다. 그러나 다른 한편으로 그는 개인주의에 대한 강제적 억압의 위험 역시 주목했다. 지난 세기에 걸쳐 나타났던 유럽의 변화들을 고찰하면서 그는 "우리는 해체되고 있는 개인주의로부터 퇴락하고 있는 집단주의로 가고 있다"(149쪽)고 썼다.

> 인간에게 그들이 가지고 있는 이기주의를 공격하지 않고 서로 함께 행동하는 방법을 가르치는 것은 바다 속을 경작하는 것과 같다. (…) 그들에게 공적인 관계와 예절을 가르치기 전에, 그들로 하여금 그들 자신을 잊어버리는 데 익숙

해지도록 해야 한다(245쪽).

그는 특히 노동자계급의 단결에 관심을 가졌으며, 협동조합을 "노동운동의 전위적 요소의 하나"(791쪽)라고 말했다. 그는 노동자계급의 단결을 위해 끊임없이 노력했다. 그는 조직된 노동자의 권리에 대해 다음과 같이 썼다.

> 다른 사회적 경제적 조직체들과 마찬가지로 노동조합은 독립적 실체로서 권리를 가지고 있다. 이는 국가의 의지로부터 독립적인 자치조직으로 존재할 권리를 말하며, 자신의 재원을 관리하고 활동 계획을 스스로 결정할 수 있는 권리를 말한다. 국가에 대한 조합의 가치는 적어도 기업의 가치만큼 중요한 것이다(122쪽).

계급 간의 불평등을 옹호해온 가톨릭 교리는 계급투쟁을 비난한다. 그러나 모든 사람에 대한 기회균등과 부의 공평한 분배에 대해서는 찬성한다(695쪽).

우리는 서로를 필요로 하고 있으며, 서로는 서로를 보충해줌으로써 완전해질 수 있다. 저명한 철학자의 말에 따르면, 혼자 설 수 있는 사람은 신이거나 짐승이라고 한다. 이 말은 사회 계급들이 서로를 필요로 하고 협력해야 한다는 것을 의미하며, 또 민중과 당국이 서로 떨어져 생활해서는 안 된다는 것을 의미한다. 또 이 말은 공동의 선이나 모든 사람의 이익 등을 진실로 추구할 때 사회제도는 도움을 제공해야 하며, 독점이나 특정 개인의 이익을 위해서는 안 되고, 심지어 자신을 공식적인 것으로 위장해봤자 자신들의 허영이나 교만, 지배욕을 감출 수 없다는 것을 의미한다. 이러한 목적을 달성하기 위해서는 지도자가 선한 일을 하는 것만으로는 충분하지 않다. 노동자들이 그 일에 참여해서 그들 사이에 진정한 화합을 이루어내지 않으면 안 된다. 만약 지도자나 사업가들이 그들의 열정과 전문적 지식과 기술, 그리고 경험 등을 바쳐서 이를 현실화하지 않는 한 노동자들의 개혁을 향한 원대한 꿈도 실현되기 어려울 것이다. 행정당국이 거창한 목표를 제시하는 것으로도 충분치 않다. 왜냐하면 그러한 목표를 달성하기 위해 그들은, 그들이 달성하는 것보다 더 많은 것을 항상 잃기 때문이다. 즉 그를 따르는 사람들의 애정과 열정을 잃게 된다. 이와 같이 자발적이고 광범한 협조와 융화가 이루어지지 않는 곳에는 진정한 사회생활이 존재하지 않으며, 풍족한 공동의 생활환경을 만드는 것 또한 어려울 것이다. 기존의 평화적 관계는 표면적이거나 허구적인 것일 뿐이다(700쪽).

돈 호세 마리아는 노동자계급에 대한 지지를 부정하지 않으면서도, 사기업과 정부로부터 협력을 확보한다는 희망을 한 번도 포기하지 않았다. 그는 협동조합운동을 지지하지 않는 사람들을 공격하지 않았다. 이 방침은 중요한 결실을 가져왔는데, 몬드라곤의 중요 사기업 세라헤라 유니온까지도 실제로 자신의 도제학교를 폐쇄하고 몬드라곤의 교육 계획에 참여하기 시작한 것이다. 앞에서 언급했듯 몬드라곤의 협동조합주의자들은 프랑코 통치 기간에 마드리드의 중앙정부로부터 많은 지원을 받았으며, 후에는 바스크 자치정부의 지원을 받았다.

사제 활동을 시작할 무렵, 그는 여성의 지위에 대한 보수적 사고에 젖어 있었다. 그러나 그의 관점은 시간이 흐르고 경험이 쌓이면서 변화했다. 1964년에는 남성우월주의를 공개적으로 비판하기까지 했다. 아우소-라군(여성협동조합 — 옮긴이 주)이 설립되고 곤란을 겪고 있던 1968년에는 "여성도 자신의 운명을 스스로 결정할 수 있도록 해야 하며 (…) 성인의 절반에게 다른 절반의 운명을 지배할 어떠한 권리도 없다"(309쪽)고 썼다.

그는 직업의 평등한 권리에 대해 다음과 같이 언급했다.

> 여성과 남성이 동등하다는 인식에 기초해서, 의학적 근거에 의해 설명되는 특별한 경우를 제외한 모든 직업이 (…) 차별 없이 배분되어야 한다. 반복하건대, 유일하고 확실한 근거는 신체적인 특징에 의한 것이며, 그 기준은 의료기관이 결정하는 것이다(708쪽).

그는 자신이 갈망하는 주요한 사회적 변화들이 점차적으로 이루어지고 있다고 믿었다.

> 멈추지 않고 항상 조금씩 앞으로 (…) 쉬지 않고 한 걸음씩(703쪽).

> 우리 협동조합주의자들이 기대하는 새로운 사회질서는 조금씩 획득될 수 있는 것이다. 어떤 순간에 우리를 기쁘게 하는 사회가 다른 이들을 기쁘지 않게 할 수도 있다. (…) 우리는 현실의 실제를 받아들여야만 하며, 우리가 힘을 가지고 있다 할지라도 현실을 변화시키는 일에 계속 헌신해야 한다. 그리고 이것을 위해서 우리는 모든 힘과 재원을 보호·육성해야 한다. (…)
> 좋은 생각이란 그것을 현실화하는 방법을 우리가 알고 있는 생각이며, 좋은 말이란 그것을 행동으로 옮기는 방법을 모든 사람이 알고 있는 말이다(732쪽).

그는 신념, 행동, 경험의 상호 관계와 그것들의 구조를 인식하고 있었다.

> 자신이 가지고 있는 생각에 따라 살 수 있음에도 자신이 생각하는 대로 살지 않는 사람은 생각을 멈췄다고 보아야 한다(726쪽).

빈약한 도구를 사용하는 선한 사람은 좀처럼 좋은 일을 이룰 수 없다. 사회를 위해 가장 슬프고 손해가 되는 일은 좋은 도구를 가진 나쁜 사람들이 해를 끼치는 것이 아니라, 오히려 빈약한 도구를 가진 착한 사람들이 형편없는 결과로 인해 비난받는 일이다. 도구란 이러한 제도를 만드는 제도와 조직 이상의 아무것도 아니다(332쪽).

돈 호세 마리아는 성공과 함께 종종 나타나는 자기만족에 대해 경고하면서, 협동조합의 경험을 끊임없이 재평가해야 한다고 강조했다.

동지들! 대화와 회의를 통해 비판과 자기비판을 함으로써 전진해야 합니다. 조직을 튼튼하게 보호하는 가장 적절한 방법은 비판과 자기비판을 적절하고 철저하게 실시하는 것입니다. 이는 어떤 경우에도 적절하게 사용할 수 있으며, 대부분의 경우에 필요합니다. (…) 다른 사람을 비판하기에 앞서 자기 자신을 더 비판할 수 있어야 합니다(574쪽).

이러한 자기비판의 정신은 특히 조합평의회의 형태로 제도화되었다.
돈 호세 마리아는 많은 저술과 연설을 통해, 끊임없이 변화하는 상황에 적응하려면 개방되고 융통성 있는 마음가짐이 필요하다고 강조했다.

문제는 마음을 닫고 사는 사람들이다(241쪽).
흐르지 않는 물은 썩기 쉽다(242쪽).
산다는 것은 자기 자신을 새롭게 하는 것이다(280쪽).

기업은 지속적으로 변화·발전하는 독특한 실체이므로 지도자들의 끊임없는 관심이 필요하다는 사실을 강조해야만 한다. 기업은 세계의 변화하는 기술과 경제의 필연적 산물이므로 항상 새로워지지 않으면 안 된다(405쪽).

몬드라곤 협동조합의 경험이 완벽한 사례는 아니다. 그것은 열려진 길이며, 노동자들의 생각과 결과와 방법들을 비교하는 곳이며, 모든 경험 양식들의 결과를 시험하기 위해 제안된 것이며, 근본적으로 인간의 의식이라는 견지에서 해석되는 것이다(561쪽).

그는 항상 제자들에게 변화하는 상황에 대처하기 위해 끊임없이 새로운 목표를 찾아 정진해야 함을 역설했다.

중단이란 없다. (…) 항상 한 걸음 더 나아가야 한다. (…) 우리는 계속 움직이고 계속 전진해야 한다. (…) 해야 할 일이 아직도 많이 있다. (…) 우리는 매일 새로운 것을 정복하기 위해 전진해야 한다. 협동조합 기업은 매일매일의 일이다. (…) 협동조합은 계속 세워지고 끊임없이 새로워져야 한다(561쪽).

오늘날 사람들이 범할지 모르는 가장 위험스러운 일은 자신이 이루었던 것에 만족하면서, 과거의 성과물로 살 수 있다고 느끼는 것이다. (…) 만족한다는 것은 참을 수 없이 사치스러운 일이다. (…) 산다는 것은 자기를 새롭게 하는 것이며 (…) 자기를 새롭게 하지 않는다면 죽을 것이다(562쪽).

돈 호세 마리아는 균형이라는 개념을 자주 사용하여 '역동적인 균형 사회', '경제 균형'이라는 말을 썼다. 또한 '운동에서의 균형' 및 '영속적으로 진전하고 있는 질서'로 향하는 경향에 대해서도 언급했다(551쪽). 그리고 '운동에서의 평등'과 '지속적으로 진화하고 있는 질서'로 향하는 평등에 관해서도 언급했다(561쪽).

균형은 그가 생각하는 민주주의에서 중요한 개념이었다.

> 인간은 그들 자신을 혹사해왔으며, 그래서 피곤에 지쳐 있다. 민주주의는 회복의 원천이다. 공동체는 모든 사람이 행동의 자극을 느끼기 때문에 움직이고 있다. 그러나 그것은 다른 사람들의 이익과 조화를 이루어야만 한다. 왜냐하면 공동으로 노력할 때 모든 것이 이루어질 수 있기 때문이다. 민주주의는 균형점을 모색하는 데 도움이 되어야만 한다(577~578쪽).

협동조합운동에 관하여

협동조합운동의 가능성과 한계에 대한 아리스멘디의 견해는 시간과 경험에 따라 변화했다. 1962년에 그는 다음과 같이 썼다.

> 우리는 협동조합주의가 경제활동의 모든 양식에 똑같이 적용될 수 있는 유일한 법칙이라고 믿지 않는다. 협동조합 방식은 자본이 압도적인 부분을 차지하고 있는 기업들보다 노동의 활동영역이 넓은 기업들에 더 적합하다. 자본이 압도적인 부분을 점하는 영역에서는 자본주의 제도나 사회주의 제도가 더 적합하다(484쪽).

1964년 초, 그는 좀 더 넓은 가능성에 대한 생각을 털어놓았다.

우리는 협동조합의 형태가 바르게 발전하는 데 적절하지 않은 경제활동 영역이 있다는 것을 인정한다. 그러나 이 점에서 꼭 과거의 경험이 협동조합 방식의 적용 가능성 여부를 분별해주는 기준이라고는 생각하지 않는다. 오늘날의 인간과 환경은 과거와 다르다. 과거에 활기 있었던 제도들도 그 구조를 철저히 변화시켜왔기 때문에 오늘날까지 살아남아 있는 예를 우리는 알고 있다. 한때 강력했던 제도가 붕괴되는가 하면, 반대로 한때는 공상적이라고 여겨지던 것이 현실적인 힘을 얻는 예도 목격할 수 있다. 현재 우리가 협동조합주의를 논의할 경우, 과거에 기초한 설명이 현재에도 유효한 것은 아니다. 협동조합주의를 주로 지탱해주는 것은 교육과 생활의 수준이며, 이것들은 매우 급속하게 발전하는 경향을 지니고 있다(484쪽).

협동조합운동의 지도자들이 조직적인 성장의 문제에 직면했을 때, 그는 다음과 같이 썼다.

협동조합의 성장을 지켜본 사람들에게 반복적으로 제기되는 한 가지 의문은 경제적 현실에 의해 강요된 대형화 경향이 협동조합의 경험과 양립할 수 있는지에 관한 문제였다. 협동조합은 항상 작은 조직으로만 살아남을 수 있다고 생각되어왔다. 협동조합이 자라나고 지속적으로 발전할 수 있는 토대는 이러한 장애요인이 극복됨으로써 가능하다는 것이 일반적인 생각이었다. (…)

의심할 바 없이, 애정과 도덕적 가치는 작은 단체에서 가장 크게 발전한다. 규모가 커짐에 따라 우리는 다양한 경제활동을 위한 생산 법칙과 조화될 수 있는 인간의 최적 조건을 급속히 잃어버리게 된다. (…)

협동조합을 경쟁력 있는 수준으로 조직하기 위해서는 경제 발전을 조건 짓는 기술적 요구를 필연적으로 고려하지 않으면 안 된다. 그 결과 협동조합적

삶에 대한 이념적 또는 현실적 요구를 충족시키기 위해 필요한, 경제적으로 생존 가능한 기업이 갖추어야 하는 대규모 집중을 회피하는 것은 자살 행위가 될 것이다(485~486쪽).

그는 성장을 필연적인 것으로 간주했으며, 성장에 의해 발생하는 불이익에 직면하리라는 점을 잘 알고 있었다.

다른 어떠한 조직체도 인간 집단의 문제를 해결하지 못하고 있는 상태에서 유독 이 문제에 대한 협동조합의 해결 방안만 비난하는 것은 받아들일 수 없다(486쪽).

돈 호세 마리아는 협동조합 제도와 경제적 기술적 현실의 조화를 위해 기구의 조정을 시도하는 데 많은 노력을 기울였다.

첫 번째 협동조합 그룹(울라르코를 말한다 — 옮긴이 주)이 만들어지기 2년 전인 1963년, 그는 협동조합 간의 연대의 중요성을 인식했다.

우리는 성장으로 인해 생기는 문제를 해결할 수 있는 유일한 원천이 조합 간의 연대라는 관점에서 생각해야 한다. 즉 우리는 환경에 적합한 생활공간을 마련해야 한다는 것을 생각해야 한다(558쪽).

우리는 회사 간의 연대가 반드시 획일적이고 규모가 큰 새로운 통합체를 만들어내는 합병의 형태라고 해석하지 않는다. 우리는 시설이나 여러 기능을 결합해 전체적으로 상승효과를 낼 수 있는 집중의 형태를 고안해야 하며, 다른 한편 원래 분리된 통일체로서 중요한 구성요소이며 상부기관을 통해 상호 보완적인 교환 관계를 맺고 있는 측면을 분산시키지 않으면 안 된다(559쪽).

돈 호세 마리아는 조직이 성장하기 위해서는 지도자가 사업 경영에 더 많은 관심을 가져야 한다는 것을 알고 있었다.

우리 지역에서는 경영비용이 낭비로 간주되거나 큰 규모의 회사에만 허용되는 사치품으로 간주되기 때문에 경영에 관한 훈련에 상대적으로 소홀했다. 대다수 사람은 실제로 노동하고 있는 이들은 공장에서 일하는 사람들이라고 생각하면서 그 외의 인원은 부담으로 간주했다. 그 결과 그 외의 인원을 최소한으로 줄여야 했다. 많은 협동조합이 이런 기준에서 만들어졌기 때문에 올바른 경영 정책의 요구에 부응하기 위해 많은 희생을 치르고 있다(515쪽).

그는 종종 투자와 대출의 중요성도 강조했다.

우리는 단지 운 좋은 소비자에 머물러서는 안 된다. 우리는 동시에 투자가가 되어야 한다. 왜냐하면 우리가 단순한 소비자로 남아 있는 한, 한 손으로는 착취자들에게서 빼앗아온 것을 다른 한 손으로는 갖다주고 있기 때문이다. 우리는 두 손을 갖고 있으며, 따라서 조화된 두 기능에 대한 책임을 져야 한다. 그것은 우리의 힘을 보강하고 노력을 보상받기 위한 소비에 대한 책임과, 미래를 전망하고 세대 간의 단결을 이끌어내는 데 절대적으로 필요한 투자에 대한 책임이다(702쪽).

대출 분야의 해결 없이 적극적이고 발전적인 협동조합운동을 생각할 수는 없다. (…) 재원이 부족한 협동조합은 나약하고 무너지기 쉬우며 장인적 수준을 벗어나기 어렵고, 가내공업이나 소규모 조직 등 협소한 분야에서나 살아남을 수 있을 뿐이다. (…) 대출은 모든 공동체 조합원들에게 활력을 불어넣어주는 피와 같은 것이다(537쪽).

협동조합주의는 자본과 기술, 그리고 조직적 유연성을 잃지 않음으로써 열등한 조건에 놓이지 않도록 스스로를 발전시켜야 한다. 재정 자립을 협동조합주의의 유일한 선택으로 간주해서는 안 된다(763쪽).

이켈란 협동조합을 추진할 당시, 그는 다음과 같이 썼다.

사람들은 성장의 기초가 되는 과학적 지식을 고도화하기 위한 방법 개발을 요구하고 있다(553쪽).

그 뒤에 그는 다음과 같이 썼다.

오늘날 산업과 경제 전쟁은 연구와 과학적 발명의 영역에서 그 승패가 결정된다. 따라서 많은 나라가 우세한 지위를 확보하기 위해 이 분야에 주력하고 있다(765쪽).

협동조합운동에서 무엇을 해야 할 것인가를 강조하는 한편, 그는 새롭고 좀 더 인간적인 사회의 토대를 세운다는 목표를 한 번도 잊은 적이 없다. 그의 제자의 말에 따르면, 그가 끊임없이 강조한 것은 특정 기업이라는 한계를 뛰어넘을 것, 공동체의 영역을 확대할 것, 그리고 새로운 사회와 새로운 경제제도의 건설에 도전할 것 등이었다.

그는 몬드라곤에 도착한 직후인 1941년 2월 28일, "몬드라곤 젊은이들의 이상은 몬드라곤을 기푸스코아 지방에서 가장 모범적인 공업 도시로 만드는 것이다"(816쪽)라고 썼다. 이 이상은 몬드라곤 부임 초기에는 널리 확산되지 않았으나, 그는 젊은이들과 함께 이 목표를 향해 계속 노력했다. 13년이 지난 뒤 그는 이렇게 말했다. "몬드라곤은 이제 새로운 도시가 되었다."(816쪽) 울고의 개척자에 대해서도 그는 다음과 같이 말했다.

그들은 개인의 발전을 위해서가 아니라 일하기 위해서 연구했다. 그들은 일상의 양식을 얻기 위해서뿐만 아니라 새로운 사회 형태를 추구하기 위해 일하고 있다(818쪽).

우리 협동조합의 공약에서는 새로운 사회질서를 추구한다는 목표가 한시도 간과되어서는 안 된다(815쪽).

협동조합 기업들의 단순한 기능이 노동문제에 대해 성숙한 인식을 가진 사람들의 목표가 될 수 없다는 사실을 우리는 감추지 않았다. 이 목적을 위해서는, 단위 협동조합들이 이룩한 성과가 크건 작건, 협동조합주의자들은 전체 경제적 사회적 질서가 노동자들의 위엄과 노동에 따른 요구에 기초하여 조직되지 않는 한 끊임없이 반反보수주의자로 있기 위해 노력해야 한다. 그렇지 않으면 우리는 편협하고 근시안적인 나락으로 떨어질 것이다. 만족하는 자는 새로운 세상을 만들 수 없으며, 인도적이고 공정한 새로운 사회질서를 건설할 수 없을 뿐만 아니라, 위험을 무릅쓰고 공동의 노력을 기울이지 않는 한 그런 사회는 우리에게 다가오지 않는다(816쪽).

지도자로서 돈 호세 마리아

돈 호세 마리아는 카리스마적인 지도자였는가? 오늘날 그를 알고 있는 많은 사람이 그렇게 묘사하고 있다. 하지만 그런 묘사는 아무것도 설명할 수 없으며 오해를 불러일으킬 수도 있다. 우리는 카리스마적 지도자란 그를 추종하는 사람들을 웅변을 통해 움직이게 만드는 사람이라고 생각해왔다. 그와 가장 가까운 사람들이 우리에게 말해준 바에 따르면, 연설을 하는 직업을 가진 사람으로서 연단에서 그의 설교는 언제나 평범한 수준이었다. 그는 연설자로서는 재능이 부족했다.

시종일관 언제나 그는 교사였다. 그러나 동시대는 물론, 어느 시대 어떤 곳과 비교해도 그는 매우 특이한 교사였다. 그는 집단 토론이나 개인과의 대화에서는 매우 유능한 사람이었다. 때때로 자신의 생각과 감정을 말로 표현하는 데 어려움을 겪었지만 다른 사람의 말을 듣는 데는 아무런 어려움이 없었기 때문에, 사람들은 그가 그들에게 관심이 있으며, 그들의 가치를 인정하고, 무엇보다 그들을 이해하려 한다는 것을 잘 알 수 있었다.

우리는 이 특이한 사람이 그의 추종자들과 그들이 만든 제도에 끼친 영향을 가장 압축적으로 설명할 수 있는 단어를 찾으려고 여러 해 동안 고심했다. 그리고 우리는 마침내 두 단어에 근접했다. 바로 '도전'과 '지원'이다. 그는, 그들이 자신들의 능력 바깥에 있다고 생각해왔던 일을 맡음으로써 그들을 도와주었다. 또한 그는, 그들이 좌절하지 않고 강인한 정신력으로 더 큰 도전에 임할 수 있도록 부단히 새로운 도전 과제를 제시함으로써 그들을 지원했다.

호세 마리아 오르마에케아와의 인터뷰에서 인용된 논평은, '도전'과 '지원'을 잘 조화시켜놓았기 때문에 반복할 만한 가치가 있다.

그에게 조언을 구하러 가면, 그는 다른 사람들과 달리 우리를 다그치는 대신 애정을 갖고 대해주면서 노동운동과 경제, 그리고 사회를 변화시키기 위해 항상 헌신하라고 격려해주었습니다.

1941년 아리스멘디가 처음 접했던 몬드라곤은 물질적 자원과 기회가 부족했을 뿐만 아니라 정신적인 면에서도 침체된 도시였다. 돈 호세 마리아는 물적 자원과 기회에 접근할 수 있는 정신을 제공해주었다.

그의 첫 번째 도전 중의 하나는 스포츠클럽을 조직하는 것이었다. 그는 축구 연습장을 구하기 위해 대중의 관심과 지원을 확보하는 작업부터 시작했다. 이를 위해 돈 호세 마리아는 젊은이들이 포스터에 찍을 구호를 마련했다. 그의 사후 10주기를 기리는 모임에서 노동인민금고의 전무이사는 그때의 구호를 하나 기억해냈다. "스포츠는 우리를 단합시킨다. 우리에게 구장을 달라. 그러면 우리는 승리자가 될 것이다."⁴ 돈 호세 마리아가 몬드라곤에 도착한 지 불과 3년 뒤인 1944년, 그의 축구단은 큰 도시인 톨루사시 팀을 5:1로 격파하고 기푸스코아 지방의 우승팀이 되었다.

돈 호세 마리아는 미래에 대한 비전으로, 눈앞의 성공을 추구하기보다는 항상 새로운 도전과 마주하라고 강조했다. 그가 은행을 설립해야 한다는 것을 울고 개척자들에게 확신시키지 못했을 때도, 그는 그것을 기정사실로 받아들이도록 했으며, 이후에도 그들의 능력 밖에 있는 것들을 성취하도록 이끌었다. 그는 연구·개발조직이 필요하다는 생각으로 기술전문학교의 젊은 선생님들을 격려함으로써 그 꿈을 추진하게 했고, 사람들이 너무 큰 재정 부담을 걱정하고 있을 때도 건물과 설비에 막대한 투자를 하도록 촉구했다.

1975년 우리가 그곳을 처음 방문했을 때, 기술전문학교 교장 하비에르 레테기는 "그는 미래를 내다보고 우리에게 그것을 직시하도록 했습니다"라고 말했다.

돈 호세 마리아는 애정과 지성을 가지고 몬드라곤운동을 지원했다. 그는 자신과 함께 일하는 사람들과 온화하고 자애로운 관계를 유지했다. 그는, 자신이 그들을 믿고 있다는 것을 알게 해주었다. 특히 초창기에는 그들이 그들 스스로를 믿는 것보다 더 그들을 믿었다. 그리하여 새로운 도전에 직면했을 때, 그들은 돈 호세 마리아의 신임을 받기 위하여 그를 찾아갔다.

돈 호세 마리아는 사람들을 신뢰하는 데 분별이 없지는 않았으나 그 행동을 면밀히 관찰했으며, 최초의 목표들을 어떤 방법으로 실현했는지 검토함으로써 앞으로 과업을 완수해나갈 능력을 판단했다. 예를 들면, 마누엘 케베도는 일급의 공업기술 연구기관을 지도하기에는 일반적으로 기대되는 교육 배경과 학위를 갖고 있지 못했다. 그러나 초기의 연구 계획 수립 과정에서 보여준 그의 자세를 보고, 돈 호세 마리아와 점점 많은 사람들은 케베도와 그 팀이 적임자라고 확신하게 되었다.

1983년 노동인민금고 기업국 개입과의 한 직원은 자신이 어떻게 파산한 사기업을 성공적인 협동조합으로 전환하여 경영했는지 다음과 같이 서술했다. 그 회사는 최대 주식 소유자가 각 부문 책임자와 관리자에 대해 결정권을 행사해왔기 때문에 부문 책임자들은 경영 경험이 전혀 없었다. 따라서 그 독재적인 사장이 사라진 뒤(그 사장은 파산했다 — 옮긴이 주) 부문 책임자들이 일을 잘 처리할 수 있을까에 대해 노동인민금고 기업국은 확실한 판단을 내리기가 무척 힘들었다. 새로운 경영팀을 외부에서 데려와야 할까? 하지만 노동자와 관리자를 접촉하는 동안 그는 그들 중 많은 수가 훈련을 받았고 경영에도 재능이 있다는 것을 확신하게 되었다. 그리하여 그는 외부인을 데려오지 않기로 결심했다. 그는 이 결심을 설명하면서, 자신도 돈 호세 마리아의 제자였다고 우리에게 말해주었으며, 돈 호세 마리아는 경영 경험이 없는 사람들도 기회가 주어지면 얼마든지 도전할 수 있다는 믿음을 자신에게 심어주었다고 말했다.

  돈 호세 마리아는 체계적으로 완성된 철학을 가진 사회철학자는 아니었다. 그는 말과 행동, 믿음과 실천을 연결하는 데 도움이 되는 한에서만 철학이나 사회 이론에 관심을 기울였다. 그는 경험을 통해 체득된 것과 철학적 사회적 이론에 관한 의견을 조화시킴으로써, 그와 그의 동료들이 협동적인 문화를 건설하기 위해 고려해야 할 요인들을 깊이 생각할 수 있도록 '지적인 지원'을 제공했다.

20
민족문화와 조직문화

 만일 바스크 문화가 몬드라곤 협동조합 복합체의 성립과 발달에 가장 중요한 기초였다고 한다면 몬드라곤의 실천적 의의는 극히 제한될 것이다. 우리는 바스크 문화가 몬드라곤의 형성에 영향을 끼쳤다는 사실을 부정하지 않지만, 몬드라곤이 바스크 문화만의 산물이라고는 생각하지 않는다. 또한 우리는 몬드라곤의 지도자들이 형성한 독특한 조직문화를 분석하는 것이, 바스크 사람들의 민족문화에 주의를 기울이는 것보다 몬드라곤을 더 잘 이해할 수 있을 방법이라고 생각한다.

 오늘날 문화의 개념은 사회과학, 특히 인류학에서 공동체를 연구하는 데 널리 사용되고 있는 개념이다. 최근 들어 문화의 개념은 미국 경영자 집단에게도 관심거리가 되고 있어, 그들은 조직의 기능을 개선하기 위해 회사문화를 어떻게 형성할 것인가에 대해 도움말을 해줄 조언자를 구하고 있다. 학계와 경제계 양쪽 영역에서 문화의 중요성에 대한 인식이 높아가고 있는 것이다. 그러나 아직까지 문화의 의미에 대한 일치된 견해는 없다.

우리 논의와 관련지어 규정한다면, 한 민족의 문화는 넓게 공유된 신념과 가치체계이고 사회화 과정에 익숙해진 일련의 특징적인 행동양식이다. 문화에는 이데올로기, 또는 자신들의 특성을 설명하고 타문화와의 관계를 설명하는 인식 지도(cognitive map)나 기본 구조 등이 포함된다.

문화의 개념은 조직에도 적용될 수 있는데, 이번 20장에서 다룰 것이 바로 그런 측면이다. 우리는 문화의 중요성을 인식하고 있지만, 문화라는 것이 환경이 변해도 계속 같은 방식으로 행동과 가치를 형성하는 이른바 자기 영속적 실체라고는 생각하지 않는다. 문화는 사회적·경제적·정치적 문제들을 해결하려는 인간의 노력으로 생겨난다. 기존 문화는 특정기구와 구조—이 가운데 일부는 우리가 몬드라곤 협동조합 문화를 연구할 때 검증 대상이 된다—의 도움으로 유지된다. 그리고 이 도움이 변화하게 되면 문화도 변화하는 것이라고 생각한다.

문화가 문제를 해결하려는 노력에서 형성되었다고는 하지만, 그렇다고 해서 기존의 문화가 그러한 문제에 대해 최선의 해결책을 제공하는 것은 아니다. 문화가 해결책을 찾는 것을 돕느냐 방해하느냐 하는 것은 구체적으로 검증할 문제이다.

사람들은 일반적으로 어떤 상황에서 직접적인 자극이나 명백한 장애에 대해서만 반응할 뿐, 어떤 특정한 기준에 따라 결정을 내리지는 않는다. 사람들은 가정과 지역사회, 그리고 조직에서의 생활 경험으로부터 개념적이고 규범적인 사고를 발전시킨다. 즉 세계는 어떻게 운동하는지, 또 자신과 다른 사람들은 어떻게 행동해야 하는지에 대한 생각들을 형성한다. 이러한 사회화 학습 과정의 특정한 문맥 속에서 사람들은 여러 가지를 평가하고 선택한다. 이러한 기본 구조가 이른바 문화이다.

바스크 문화

우리는 바스크 사람들의 역사를 연구하면서 바스크 문화의 특징을 알게 되었다. 바스크 사람들은 그것을 스스로 "우리의 공동체적 성향"이라고 말한다. 그들은 강한 민족적 자존심을 갖고 있으며, 평등주의적 가치와 민주적 통치를 존중한다. 그리고 그들은 노동의 종류와 직업에 따라 귀천의 차이가 있다고 생각하면서도, 모든 노동의 존엄성을 인정한다. 이는 확실히 몬드라곤 운동에 나타난 주요한 특징이지만, 그런 운동이 전혀 일어나지 않았던 지역에서도 발견되는 특징들이다. 따라서 일반적인 성격의 민족문화가 몬드라곤 협동조합의 발전에 어느 정도 영향을 미쳤는지는 분명하지 않다.

바스크의 역사에서 그들의 공동체적 성향은 외부인에 대해 문을 닫은 채 굳게 결합한 그룹·조직들을 형성했던 데서 분명히 드러난다. 그러나 몬드라곤 협동조합 복합체는 초기부터 개방체계였다. 작업에 필요한 교육적 기술적 소양이 있는 사람은 누구나 조합원이 될 수 있고, 사실 조합원의 약 25%는 바스크 사람이 아니다. 민족적 자존심은 특히 독재 치하에서 고통 받으면서 스스로를 피억압자라고 여겼던 초기에 사회적 연대를 고취한 것이 사실이다. 그러나 민족적 자존심은 협동조합의 발달을 도운 측면도 있었지만, 동시에 바스크 독립을 위한 ETA의 테러리즘의 근거가 될 수도 있다. 바스크 사람들의 다른 특징들과 마찬가지로 민족적 자존심은 그들의 조직 형태를 아주 다양하게 만들었다.

바스크 문화는 노동자생산협동조합의 발달에 좋은 조건이 되었던 것으로 보인다. 사실 바스크 지방에는 몬드라곤 협동조합 복합체 내의 노동자생산협동조합보다 더 많은 노동자생산협동조합이 존재한다. 그러나 노동자생산협동조합이 민족문화가 아주 다른 스페인의 여타 지방에서도 매우 일반화되어 있다는 사실은, 바스크 문화가 몬드라곤을 만들어냈다는 견해를 무색케 한다. 더욱이 몬드라곤 협동조합 복합체는 바스크 지방에서뿐 아니라 세계에서도 유일한 것이다.

협동조합이라는 시각을 벗어나 몬드라곤 협동조합 복합체의 구조적인 특징에 눈을 돌리면, 민족문화에 의한 설명은 별로 의미가 없음을 알게 된다. 바스크 지역의 다른 곳에 있는 협동조합들과는 달리 몬드라곤 협동조합은 변화하는 환경에 적응할 수 있는 유연성을 가진 조직문화, 그리고 이를 유지하는 지원체계를 갖고 있다.

협동조합의 문화

몬드라곤을 이해하기 위해서 우리는 몬드라곤의 문화를 유지시키고 또 그것이 적응·변화할 수 있도록 해주는 지원 제도를 포함한 몬드라곤 전체의 조직문화를 이해할 필요가 있다. 우리는 몬드라곤 협동조합의 문화를 '사고의 틀'과 '제도의 형성'이라는 두 가지 범주에서 생각해보고자 한다.

'사고의 틀'은 어떤 조직의 기초를 형성하는 기본 가치, 조직의 목적 및 지도 원칙에 대한 일련의 생각과 신념들로 나타난다. 기본 가치는 자신과 자신의 동료 노동자에 대한 신뢰를 의미한다. 목적은 지도자가 조직을 위해 정립한 목표 또는 도달점 — 그것은 조합원들에 의해 지지되거나 거부되거나 수정될 수 있다 — 을 의미한다. 지도 원칙은 기본 가치로부터 목표로 나아갈 때 취하는 종합적인 방향을 결정하는 생각 — 명문화된 것이든 암시적인 것이든 — 을 말한다.

'제도의 형성'은 조직문화를 유지하고 변경하는 것이다. 문화는 스스로 유지되는 것이 아니라 정책, 구조, 운영 및 경영기구와 같은 여러 가지 힘에 의해 만들어진다.

'사고의 틀'의 특성을 연구할 때 우리는 몬드라곤 협동조합의 조합원들을 대상으로 그들의 태도, 인식, 신념 등을 표본조사하는 방법을 취하지 않고, 어떤 문제에 대한 그들의 결정 과정을 기초로 연구했다. 그래서 개인과 집단의 행동과 상호작용을 관찰하고, 결정에 참여한 사람들과 자문위원들을 인터뷰하고, 결정이나 제안에 대한 회의 기록을 조사했다. 우리는 어떠한 회의도 방청할 기회가 없었지만, 몬드라곤의 조합원들을 만나볼 기회는 상당히 많았고, 우리의 목적에 아주 유용한 문서들을 구할 수 있었다. 예를 들어 울고와 파고르의 조합평의회 회의 기록은 제안된 것과 결정사항을 알려줄 뿐만 아니라 주요 제안에 관한 찬반 논쟁의 내용도 알려주었다.

우리가 정책결정기구에 특별히 중점을 둠으로써 일반 조합원들의 사고와 감정을 상대적으로 소홀하게 취급했을 수도 있고, 그래서 우리의 해석이 다소 편향되었을지도 모른다. 하지만 지도자들은 일반 조합원의 의견을 수렴하여 주요한 제안과 결정을 내리고 있다. 이러한 제안과 결정에 반대하는 조합원들도 물론 있었다. 특히 대립되는 주장이 있었던 주제들(1974년 파업과 1980년대에 있었던 급여와 출자금에 대한 정책의 변경)을 연구하는 동안, 우리는 지도자들에 대한 일반 조합원들의 반발이 어느 정도 있었다는 것을 알 수 있었다. 우리는 물론이고 몬드라곤의 관계자들 또한 지도자들과 조합원들 사이에, 혹은 지도자들 사이에 반드시 의견이 일치된다고, 또 일치되어야 한다고는 결코 생각하지 않는다. 특정한 주제를 놓고 서로 다른 의견들이 부딪쳤지만 지도자들과 일반 조합원들은 함께 갈등을 해소하고 사회적·경제적·기술적 발전을 가능케 하는 조직의 문화를 만들어왔다. 바로 이것이 몬드라곤의 힘이다.

사고의 틀과 지원 제도에 대해 먼저 설명하고, 이어서 그들이 사회적 과정과 행동 속에서 어떻게 그것들을 실현해왔는지 알아보자.

사고의 틀

기본 가치

- **평등**   모든 인간은 동등한 권리와 의무를 가지고 평등하게 태어났다고 믿는다. 이 말은 몬드라곤 사람들이 사회 계급과 조직에서의 지위 차이들을 인정하지 않는다는 뜻이 아니다. 이 말은, 그런 차이로 인한 충돌이 개인 간 또는 조직 간의 관계에서 최소화되어야 함을 의미한다.
- **연대**   협동조합의 조합원은 흥하고 망하는 것을 함께해야 한다. 즉 다른 사람이 잃는 동안 얻어서는 안 된다. 연대는 협동조합 간에, 그리고 단위 협동조합과 지원기관 사이에도 필요하다. 이러한 개념은 일정한 범위 내에서 조합원들과 협동조합 사이, 협동조합들과 바스크 지역사회 사이, 그리고 일반 노동자들 사이에도 적용될 수 있다.
- **노동의 존엄**   이 가치는 분명히 위에서 말한 두 가치와 밀접하게 연관되어 있다. 이는 사무직과 경영직뿐만 아니라 생산직 노동도, 즉 어떠한 노동도 권위가 있어야 한다는 것이다.
- **참여**   조합원은 자신에게 영향을 미치는 결정이 내려지는 과정에 가능한 한 많이 참여할 권리를 갖는다. 또한 참여할 의무를 갖는다.

목적

주요한 목적은 초기에 협동조합 복합체의 지도자들에 의해 결정되었다. 물론 조합원들이 그것을 어느 정도나 공유했는지는 의문이다. 그러나 우리가 명심해야 할 것은, 일정 시기에 설정된 목적은 많은 조합원이 무관심한 경우에도 그 목표가 실현되도록 작용하는 특정한 제도를 만든다는 사실이다.

중요한 목적으로 생각되는 것으로는 다음과 같은 것이 있다.

• **고용 창출** 고용 창출은 초기부터 제1의 목표였고, 협동조합의 중요한 의무이다.

• **고용 보장** 정상적인 모든 노동자는 정년퇴직 때까지 지속적으로 고용될 수 있어야 한다. 이는 특정 직종에 대한 무기한의 권리를 의미하는 '직종 보장'을 뜻하는 것은 아니다. 특정 작업이 무한히 지속될 수 있다고 기대하는 것은 경제의 역동성에 비춰 보더라도 비현실적이다. 경제가 발전하는 과정에서는 필연적으로 어떤 직종이 배제될 수밖에 없다. 따라서 그에 상응하는 신규 고용이 창출되지 않으면 실업이 증가할 수밖에 없기 때문에 고용 보장에 대한 책임은 고용 창출에 대한 책임을 의미하기도 한다.

• **인간과 사회의 발전** 작업에 대한 토론에서는 작업 자체를 인간적인 것으로 만드는 일의 중요성과 조합원의 사회적 발달을 고려해야 할 필요에 대한 많은 논의를 발견할 수 있다.

• **자치와 자주관리** 지도자들은 국내 및 국제적 경제 상황에 대처하기 위해 공동으로 연대하는 자치와 자주관리조직들을 발전시킬 책임을 져왔다.

• **경제 발전** 지도자들은 이익을 조직의 기본 목적으로 보지는 않았지만, 필요하다면 한정된 조건하에서 이익과 잉여를 낼 수 있다고 인식하고 있다. 재정적 뒷받침 없이 다른 목적을 달성할 수는 없는 것이다.

지도 원칙

몬드라곤은 9개의 지도 원칙을 가지고 있다.

• **균형** 중요한 결정을 내리는 토론 과정에서 제안된 안건을 정당화하기

위해 균형이라는 말이 자주 사용되고 있다. 이 말의 기본적인 의미는 협동조합에서의 생활이 전체적으로 누구는 얻고 누구는 잃는 제로섬 게임이어서는 안 된다는 것이다. 이익과 필요는 균형을 이루어야 한다. 즉 기술적 필요성은 조합원의 재정적 필요와 균형을 이루어야 한다. 균형이라는 말은 한 협동조합과 다른 협동조합 사이, 그리고 가맹 협동조합과 협동조합 그룹의 경영진 사이의 관계와 같이 집단 사이의 관계를 논의할 때 분명히 드러난다. 또, 한 협동조합과 협동조합 그룹이나 지원기구 사이의 관계를 논의할 때도 나타난다. 더 나아가 협동조합과 협동조합이 위치하고 있는 지역사회의 관계를 논의할 때도 나타난다.

• 미래의 방향 설정   초기부터 지도자들은 당면 문제를 해결할 때도 항상 미래를 바라보고 계획을 세워야 한다고 강조해왔다.

• 조직적인 자기평가   현재의 상태를 완전하고 변화될 수 없는 것으로 생각해서는 안 된다. 조직의 기능을 조사하고 개선할 방법을 모색하기 위해 비판적인 자기평가를 자주 하는 것이 중요하다. 이는 미래의 방향 설정이라는 원칙을 지키는 데 중요한 의미를 갖는다.

• 개방성   협동조합은 본질적으로 비차별적이며, 필요한 기술과 훈련을 받은 사람이라면 누구에게나 개방되어 있다.

• 정치적 지향의 다원성   협동조합의 지도자들은 초기부터 어떤 정당 또는 정치 이데올로기와도 제휴하는 것을 피했다. 조합원 개인은 자유롭게 자신의 정치적 견해를 표현하고 어떤 정당이라도 가입할 수 있지만, 협동조합 자체는 그런 행동을 피한다. 이것은 다른 나라, 특히 협동조합이 노조나 당에 가입하는 이탈리아의 경우와 아주 다른 점이다. 프랑코 통치하에서는 물론 그런 정치적 제휴가 가능하지도 않았지만, 초기에 필요했던 이 원칙은 정치 행동이 자유로운 현재에도 지도 원칙이 되고 있다.

● 정보의 자유　조합원들이 판단해서 결정을 내려야 한다면 그 권리와 의무에 관계되는 모든 정보에 접근할 권리를 가능한 한 실제적으로 가져야 한다.

● 협동조합 간의 보완　각 조합은 어느 한쪽에 명백히 불이익이 될 때를 제외하고는 다른 조합들과 사고파는 거래를 해야 한다. 몬드라곤은 이 원칙을 울고의 부속품을 생산하는 회사를 설립할 당시부터 적용했으며, 이를 통해 울고는 급격히 성장할 수 있었다. 이후 울고 및 다른 협동조합 이외의 시장을 확보하는 데도 이 원칙이 적용되고 있다. 농업 관련 분야에서 라나(농업 관련 협동조합 ― 옮긴이 주)의 성장이 관련 협동조합의 발전을 촉진한 경우도 이러한 사례다. 노동인민금고의 재정국과 기업국이 에로스키(소비자협동조합 ― 옮긴이 주)와 맺었던 협력 관계 역시 보완의 또 다른 예다. 에로스키의 사무장 이냐키 이마사는 보완 원칙의 실천에 대해 설명해주었다. 에로스키는 몬드라곤 협동조합의 생산물만 사야 하는 것은 아니고, 또 어떤 협동조합이든 생산물 전체를 에로스키에 팔아야 하는 것도 아니다. 예를 들어 에로스키는 라나의 유제품 중 상당량을 사고 있는데, 에로스키가 전량을 사고자 해도 라나는 다른 시장을 유지하기를 원한다. 어떤 협동조합이 에로스키에 자기의 생산품을 대려고 하는데 에로스키는 그 협동조합이 아닌 다른 사기업체의 생산품을 사기를 원한다고 가정해보자. 이 경우, 팔고자 하는 협동조합은 에로스키의 구입 담당 관리에게 설명을 요구할 수 있다. 그러면 에로스키의 관리는 다른 사기업체에서 사기로 결정한 이유들 ― 가격, 질, 효과적인 배달 등 ― 을 설명할 것이다. 그리고 앞으로 그 협동조합이 구비해야 할 조건들에 대해 정보를 주고 조언해줄 것이다. 즉 양쪽은 서로를 돕는다는 가치를 인정하고 있으나, 돕는 것이 한쪽에 큰 피해를 입힐 때는 그렇게 하지 않는다.

● 협동조합 그룹의 형성　운동을 전개하는 동안 규모의 경제를 이루고 연대를 확대·강화해나가려면 개별 협동조합들이 서로 결합하는 것이 중요하다.

이런 중요성으로 말미암아 같은 지역에 위치하는 협동조합들이 단일 경영하에 그룹을 형성하고, 지리적으로 다른 지역에 있지만 같은 산업 부문에 있는 협동조합들과 시장이나 기타 서비스 면에서 공동의 노력이 추진되었다.

• 규모의 제한 이 원칙은 한 조직이 일정 규모 이상으로 커지면 탄력적·민주적·효과적이기 어렵다는 가정에 근거한다. 가능하다면 한 협동조합에서 설치되는 새로운 생산라인은 새 협동조합을 만들어 가동시키도록 해야 한다.

협동조합 복합체의 이러한 기본 가치와 그 외의 지도 원칙들은 협동조합 운동의 일반적인 틀을 제공한다. 고용은 유지되어야 하며, 조합원의 평등한 권리와 경제적 기회는 촉진되어야 한다. 새로운 협동조합을 협동조합 그룹 내에 확보한다는 것은 더 큰 효율성을 담보하는 동시에 각 협동조합의 자치권을 보장하는 것이다.

조직문화를 유지·변화시키기 위한 제도의 형성

우리는 조직문화를 만드는 힘을 다음과 같은 세 가지 범주로 나누어 고찰했다. 주요 정책, 구조, 운영과 경영 수단 등이 그것이다. 이들 중 어떤 것은 몬드라곤의 사회적 발명이 대단히 창조적이었음을 보여주었다. 새로운 아이디어들이 협동조합의 절실한 필요에 따라 실제로 실천에 옮겨졌다. 그러나 몬드라곤의 성공이 그러한 사회적 발명에 전적으로 의존했던 것은 아니다. 몬드라곤은 다른 곳에서 개발된 아이디어, 정책, 실천 등이 몬드라곤의 목적 달성에 기여한다고 판단되면 기꺼이 그것을 채택해서 적응하기 위해 노력했고, 스페인의 다른 지방이나 해외로부터 폭넓고 풍부하게 기술적 사회적 정보를 수입했다. 우리가 특히 사회적 발명을 강조하는 까닭은, 그것이 몬드라곤 협동조합 복합체로부터 교훈을 얻으려는 연구자들에게 몬드라곤의 독특성을 알려준다는 점에서 매우 중요하기 때문이다.

주요 정책

조합원의 권리와 의무에 관한 정책은 대단히 중요하다. 조합원의 자격은 자본보다 노동에 근거한다. 이 말은 노동자생산협동조합에 일반적으로 적용되는 것이지만, 이런 정책이 관철되고 있다는 사실을 특히 주목해야 한다. 주식은 발행되지 않는다. 조합원이 가입할 때 낸 출자금은 협동조합에 빌려준 돈으로 취급된다.

조합원의 자본구좌와 조합원에 대한 이익배당 정책은 협동조합 복합체의 핵심적인 특징이다. 1965년 이래, 조합원에게 배당된 모든 잉여금은 현금으로 지불되지 않고 자본구좌에 입금되었다. 이 정책은 협동조합을 강화하고 안정시키는 데 크게 기여했다.

각 협동조합에서 비조합원의 수를 10%로 제한한 정책은 몬드라곤에서만 시행된 것은 아니지만, 특별히 강조할 가치가 있다. 이 정책은 협동조합의 정관에 규정되어 있을 뿐 아니라 스페인 법률에도 명시되어 있다. 그러나 법률로 정해져 있다 하더라도 이러한 법률적 제한이 몬드라곤에 대한 통제가 지나치다는 것을 의미하지는 않는다. 스페인 정부는 노동 현장에서 그 법을 항상 관철시킬 수 없다.

고용 창출과 고용 안정 정책은 서로를 보강시켜준다. 급속한 기술 혁신과 시장 상황의 변화로 말미암아 어떠한 협동조합도 고용 규모를 그대로 유지할 수는 없다. 경쟁에서 살아남기 위해서 협동조합은 생산 노동자의 수를 줄이면서도 생산을 증대시킬 수 있어야 한다. 협동조합은 잉여 노동자들을 해고

할 자유가 없기 때문에 새로운 협동조합을 설립하여 고용을 확대하는 방향을 취해야 한다.

운영과 경영을 위한 구조

몬드라곤은 훌륭한 내부 구조와 함께 아주 중요한 협동조합 지원조직망을 만들어왔다. 많은 조합원의 비판을 받았음에도 조합평의회는 중요한 사회적 발명이라고 할 수 있다. 조합평의회는 노동자를 대표하는 기능과 함께 조직적인 자기평가 원칙이 적용된 특수기관이다.

공동의 경영진으로 협동조합을 묶는 것은 사회적 가치와 경제적 의무가 균형을 이루게 하는 중요한 수단이 되고 있다. 협동조합 그룹의 경영진은 각 구성 협동조합 간에 조합원들을 이동시키고 새 협동조합을 설립하고 신규 고용을 창출함으로써 고용을 유지하는 데 일차적인 책임을 진다.

협동조합을 지원하고 협동조합들에 의해 지원되는 조직망에 의해 단결이 강화된다. 노동인민금고는 주요한 지원조직일 뿐 아니라, 초기에 돈 호세 마리아와 울고의 개척자들이 발전시킨 기본 가치와 원칙을 각 구성 협동조합들이 지키도록 하는 데 지도적인 역할을 하고 있다. 노동인민금고는 이러한 가치와 원칙을 위반하는 협동조합과의 연합협정을 취소할 수 있는데, 이는 몬드라곤을 협동조합의 느슨한 연합이 아니라 협동조합 복합체로 만드는 본질적인 요소이다.

라군-아로는 사회보장과 실업보험을 제공할 뿐만 아니라, 협동조합 그룹이 그룹 내 모든 조합원에게 일을 줄 수 없을 때 조합원을 다른 협동조합에 배치하는 중요한 역할을 한다. 마찬가지로 이켈란은 협동조합이 경제 발전을 지속시키는 데 필요한 새 기술과 제조 방법을 갖춰 나가도록 하는 꼭 필요한 존재이다.

기술전문학교로부터 시작하여 알레코프, 오냐테 경영전문학교, 사이올란, 레운코, 아이스케, 이카스비데의 발전 등 더욱 강화된 교육제도는 몬드라곤의 미래에 필요한 지식과 기술을 조합원들에게 제공해왔다. 이들 교육기관은 협동조합 경영에 대한 (일반적인 경영 과정과 구별되는) 정규 과정을 설치하고 있지는 않지만, 협동조합과 몬드라곤 지역사회의 실정에 알맞은 교육 프로그램을 실시함으로써 조합원들과 조합원 예정자들을 협동조합의 노동 방식으로 사회화시킨다.

이들 기구 중 일부는 몬드라곤의 독자적인 창의성을 담고 있다. 몬드라곤은 협동조합들의 발전을 지원하기 위해 특별히 고안된 재정기구를 설립했다. 이것은 참으로 혁신적이다. 노동인민금고 기업국은 집단적인 기업가 정신을 지도하고 지원하기 위한 창조적인 기구이다. 마찬가지로 몬드라곤은 공업(응용)기술의 연구·개발기관을 발명해내지는 못했지만, 상호 지원 관계를 맺고 있는 이켈란 조직은 뛰어난 사회적 발명의 하나이다.

경영 수단

몬드라곤은 또한 다양한 경영 수단을 갖고 있는데, 이는 노동과정을 조직하고 실천하는 제도이다. 이들 중 일부는 외국에서 도입되었다. 예를 들어 몬드라곤의 초기 경영 프로그램은 프레드릭 W. 테일러와 그의 동료가 발표했던 과학적 경영의 원칙을 모델로 삼은 것이다. 이후 이 원칙의 한계가 드러나자, 몬드라곤의 지도자들은 작업 방식을 재고할 수 있는 아이디어와 정보를 찾아 노르웨이 등지를 방문했다. 파고르는 노동자 참여 제도와 '목표 경영'에 관한 외국 문헌을 참조해서 이 아이디어들을 자체 훈련 프로그램에 훌륭하게 적용해왔다. 미국에서는 노동자 참여 제도와 목표 경영이 두 개의 별도 개념으로 사용되고 있다. 하지만 파고르의 지도자들은 '참가적 목표 경영'

에 관해 의견을 나누고, 평조합원들에게 '목표에 의한 노동'을 장려하는 방법을 모색하고 있다. 1983년 파고르 협동조합의 경영자들은 제로베이스 예산 편성에 대한 집중 훈련을 (미국의 자문회사와 함께) 진행하고 있었다. 1984년과 1985년의 현장학습에서 우리는 이런 변화(그리고 약간의 문제)가 일본에서 개발된 '적기適期 생산방식'을 도입함으로써 나타난 것임을 알게 되었다.

우리는 파고르 인사 담당 직원들과의 공동연구를 통해, 몬드라곤의 몇몇 협동조합의 경우 조직의 설계나 노동 재조직 및 경영 개발 등에서 집행부와 인사 담당자들의 지도적 역할이 대부분의 미국 사기업체를 능가한다는 사실을 알 수 있었다. 과거 미국 사기업체에서 인사 담당 부서는 대부분 자료를 관리하거나 노동관계에서 '불을 끄는' 업무로 역할을 제한하고 있었기 때문에, 불이 나지 않도록 하는 전략적인 계획을 수립할 기회가 거의 없었다. 반면, 몬드라곤의 발전 과정에 나타난 사회적 지향성은 인사 담당자들의 영향력을 증대시켰으며, 나아가 그들 자신의 조직이 성장하도록 적극적인 역할을 수행하게끔 했다. 또 그들은 자신들이 단위 협동조합 및 협동조합 그룹 내의 이사회와 협동조합 경영진에 대해서 일차적으로 책임을 져야 한다고 생각할 뿐만 아니라 조합평의회에 대해서도 책임을 져야 한다고 생각하고 있다.

몬드라곤은 다른 곳에서 개발된 기술이나 방법론을 그대로 적용하지는 않지만, 그런 방법들이 몬드라곤의 독특한 사회적 발명들과 잘 조화되고 결합되어 나타나는 경우도 있다. 다음의 예가 바로 그렇다. 기업국의 책임자인 하비에르 레테기가 우리에게 이야기해준 바에 따르면, 그의 부서는 매달 15일까지 100개 이상의 관련 협동조합들로부터 지난달의 재정 및 운영 기록을 받아 부서의 정보은행에 저장한다. 이를 설명하기 위해 그는 책상 위에 있는 컴퓨터를 작동해 거기에 입력된 각 협동조합의 자료들을 보여주었다. 그는 또 이른바 '경고 단계'가 자동적으로 계산되는 것을 보여주었다. 이 부서에 의해 운영되는 프로그램에는 0~10까지의 수치가 있다. 0은 협동조합이 대단히 좋은 조건에 있음을 의미하는데, 화면에는 5가 표시되었다. 그때 그는 다른 키를 눌러 이 협동조합이 그 전달에는 경고 단계였음을 보여주었다. 7.5였다. 이렇게 매달의 수치를 비교해보면, 이 협동조합이 심각한 문제를 갖고 있기는 하지만 나아지고 있음을 분명하게 알 수 있다.

물론 기업국은 단순한 표준 하드웨어와 소프트웨어를 사용하고 있다. 기업국이 컴퓨터를 발명한 것도 아니며, 전부는 아닐지라도 대부분의 자료들이 표준 방식으로 처리되고 있다. 그러나 '경고 단계' 프로그램은 기업국이 고안한 컴퓨터 프로그램으로서, 많은 수치를 종합하여 회사 상태를 알려주는 지표를 산출한다.

몬드라곤 협동조합의 문화가 그 밑에 깔려 있는 바스크 사람들의 민족문화와 관련이 없는 것은 아니다. 그러나 몬드라곤을 이 민족문화의 산물로서만 설명하는 것은 지나친 왜곡과 단순화를 가져온다. 몬드라곤의 지도자들은 바스크 문화의 여러 요소 중에서 그들이 가치를 인정하는 것을 강화시키고, 현재 없는 — 적어도 분명하지 않은 — 요소들을 만들어낼 수 있는 지원 제도를 고안했다. 이런 방법으로 그들은 독특한 조직문화를 창조했다.

몬드라곤의 사고의 틀 — 기본 가치, 조직 목적, 지도 원칙 — 은 협동조합 복합체의 지도자들로 하여금 그들이 도달하고자 하는 목적지에 대한 감각을 갖게 한다. 제도의 형성 — 주요 정책, 운영과 경영구조, 그리고 그 수단들 — 은 일반적으로 목적에 도달하는 방법을 의미한다. 사고의 틀과 제도의 형성은 하나가 다른 하나를 통제하는 것이라기보다 서로 의존하는 것으로 보아야 한다. 만일 형성된 제도가 목적을 성취하는 데 기여하지 않는다면, 그들은 조직적 자기평가라는 지도 원칙에 따라 재조사하고 제도의 일부를 바꾸거나 재고해서 목적을 수정한다.

몬드라곤의 조직문화에는 결정을 내리는 과정이 있다. 지도자와 조합원들은 당장의 이익을 좇아 마음대로 결정을 내리지 않는다. 협동조합의 문화는 여러 행동이 기존의 통로를 통해 행해지도록 한다. 따라서 변화는 단순히 특정한 문제에 대한 대응으로 일어나는 것은 아니다. 우리는 몬드라곤이 변화하는 상황에 적응하고 새로운 요구에 대처해나가는 데서 보여준 유연성에 깊은 인상을 받았다.

21
몬드라곤의 경험은 우리에게 무엇을 의미하는가?

오늘날 몬드라곤의 경험이 우리에게 의미하는 바가 무엇인가에 대한 평가는 자연스럽게 두 개의 명제로 귀착된다. 첫째, 몬드라곤은 다른 지역의 노동자생산협동조합에 어떤 영향을 미쳤는가? 둘째, 몬드라곤 협동조합 복합체가 주는 실천적 교훈은 무엇인가?

몬드라곤의 획기적인 성공은 노동자생산협동조합이 더 이상 단순히 공업경제의 외곽에 있는 몽상가 몇 사람의 유토피아적 망상이 아니라는 메시지를 세계에 널리 알렸다. 그리고 몬드라곤 협동조합 복합체는 생산과 분배를 더 효율적으로 조직하는 방법뿐만 아니라 노동자와 경영진의 더 나은 관계를 모색하는 전 세계의 실천가와 학자들에게 점점 더 깊은 관심과 흥미의 대상이 되고 있다.

많은 나라에서 너무나도 많이 몬드라곤으로부터 실천적 교훈을 이끌어내려 했기 때문에 이를 다 개괄하기란 무척 벅찬 일이다. 여기서는 몬드라곤의 영향을 받은 나라 가운데 주로 미국에 대해 살펴보기로 한다.

미국에서 몬드라곤의 영향

무엇보다도 몬드라곤은 미국에서 노동자생산협동조합과 종업원 소유 경영제의 관련 입법이 마련되는 데 상당한 영향을 끼쳤다. 1982년까지 이 분야의 조직 활동가들은 주 입법이 없었기 때문에 많은 어려움을 겪었다. 이들은 노동자생산협동조합에 대한 구상을 개인법인이나 소비자협동조합, 농업협동조합 관련 법률에 맞춰야만 했다. 종업원협동조합 법률인 ACT[1]의 제정은 법적으로 이런 문제가 해결되었음을 의미했다. 메인 주, 뉴햄프셔 주, 뉴욕 주 등이 매사추세츠에 이어 같은 법률[2]을 제정했다. 산업협동조합연합의 간부들은 법안 작성 전문가들의 협력을 받아 매사추세츠 주 법의 원안을 작성하고, 노동자생산협동조합에 몬드라곤 모델을 적용할 수 있도록 하는 지원조직을 만들어냈다.

전국 차원의 법제에 미친 몬드라곤의 영향은 직접적이지는 않지만 매우 중요했다. 몬드라곤은 의회의 일부 의원과 백악관 참모들이 노동자생산협동조합에 관심을 갖도록 만드는 데 중요한 역할을 했다. 조셉 블라시와 윌리엄 푸트 화이트는 종업원 소유제 입법과 관련하여 의회에서 전문적 조언을 하던 중,[3] 몬드라곤의 예를 들어가며 공공 정책을 세울 때 노동자생산협동조합(종업원 소유 회사뿐만 아니라)에 주의를 기울일 필요가 있음을 강조했다. 블라시는 당시 레이건 대통령의 정책고문이던 존 맥로이를 통해 영국 BBC 방송사가 비디오테이프로 만든 몬드라곤 다큐멘터리를 백악관의 모든 참모에게 보여주었다. 블라시는 또한 상원의원 러셀 롱을 하버드대학의 '종업원지주계획 (ESOPs)' 강연에 초청하여 강연 전 만찬석상에서 그가 종업원 소유 경영 형태만 인정하는지 물었다. 상원의원 롱은 자신은 일반적으로 종업원 소유 경영을 신뢰하며 그것이 다양한 형태를 가질 수 있다고 생각한다고 대답했다. 그

때 블라시가 다시 물었다. "왜 종업원지주계획에 주는 세제 혜택을 노동자생산협동조합에까지 확대하지 않지요?" 롱은 세금 혜택의 가능성을 고려하겠다고 답했다.

롱 상원의원은 그날 저녁 연설에서, 노동자생산협동조합을 포함한 종업원소유 경영의 다른 형태들에 대해서도 사실상 확고한 지지를 표명했다. 블라시는 당시 롱 의원과 상원 재정위원회를 보좌하는 참모였던 제프리 게이츠 등과 논의를 계속했다. 이상과 같은 정보 제공 및 로비 활동의 결과, 1984년 재정 적자 삭감 법안은 종업원지주계획에 주던 세제 특혜를 (전부는 아니었지만) 일부 '자격을 갖춘 노동자소유협동조합(EWOCS)'에도 확대 적용해주었다.•

몬드라곤은 또한 유럽의 전국노동자생산협동조합연합과 지원기구 지도자들 사이에서도 관심을 불러일으켰다. 1984년 몬트리올에서 개최된 국제노동자생산협동조합 회의에서, 이들 전국 조직의 대표들은 몬드라곤이 어떻게 강력한 지원기구를 건설했는가를 열심히 배우려고 했다. 런던에서는 로버트 오크샷이 '직업 소유권(Job Ownership)'이라는 단체를 세웠는데, 몬드라곤 방식에 따라 노동자생산협동조합을 추진하는 것이 주 업무였다.

미국에는 종업원소유경영운동으로부터 두 개의 전국 조직이 생겨났다. 종업원지주계획연합은 이 계획에 참여하는 각 기업의 지원을 받아 매달 간행물을 내고 로비 활동을 벌이며 정보 교환 회의를 주최한다. 국립종업원소유제센터(The National Center for Employee Ownership: NCEO)는 특히 최근에 큰 변화가 일어난 종업원지주제계획(ESOPs)을 포함하여 노동자생산협동조합에 폭넓은

• 당시 제외된 것은 EWOCS에 대한 대출금의 이자 문제에 관한 것이었다. 1984년 법은 EWOCS에 대한 대출금이 아니라, 이 계획에 대한 대출금의 이자 수입 가운데 50%를 면세 조치했다. 이 규정에 따라 대부분의 은행이 대출이자를 인하했다.

관심을 갖고 있다. NCEO는 한 달에 두 번 간행물을 내며, 조사 활동을 벌이고, 노동조합의 지도자와 지지자들을 위한 특별 회의를 포함해 일반 대중을 대상으로 전국적이고 지역적인 회의를 조직한다.

노동자 소유제에 대한 관심이 급증하면서 원조기관도 늘어났다. 그들 중 일부는 몬드라곤의 경험을 미국에 적용하는 것을 자신의 임무로 삼기도 했다. 가장 활동적인 조직은 매사추세츠 주에 있는 소머빌 산업협동조합연합(ICA)과 필라델피아 지역협동조합기업(PACE)이다.

두 기구는 모두 노동자생산협동조합이나 ESOPs에서 일하는 집단, 혹은 이를 건설하려는 집단에 대해 정보를 제공하고 조직적 기술적 지원을 할 뿐만 아니라 자금도 빌려준다. ICA는 1986년경 포드재단에서 최초의 자금을 지원받은 것 외에도 100만 달러 이상의 자금을 조성했다. PACE 역시 자금 지원을 받았으며, 그와 비슷한 수준의 자금을 만들어가고 있다. 이 정도의 자금은 노동인민금고와 비교하면 매우 작은 규모지만, 노동인민금고도 초기에는 소자본의 약한 조직이었다. 노동인민금고가 오늘날 가입조직에 제공하는 물적·인적 지원을 조성하기까지는 20~30년이 걸렸다. ICA와 PACE 모두, 자기 자금에 전적으로 의존해서 생산자 소유 회사의 재정 문제를 해결하려 하지 않는다. 양쪽 지도자들은 민간기관에서 더 많은 자금을 끌어오기 위해 회전자금을 활용하여 씨앗자금으로 이용한다.

1985년 당시 노스캐롤라이나는 협동조합이 발전하는 데 좋은 조건을 갖추고 있었다. 그곳에는 16개의 노동자생산협동조합 기업과 6개의 지원조직이 있었다.[4] 다람의 지역자료센터와 트윈 스트림즈 교육센터는 기술 원조와 교육 서비스를 제공한다. 자조自助 신용조합은 150만 달러 이상의 자산으로 12개의 생산자 소유 회사 또는 민주적으로 경영되는 회사에 자금을 빌려주고 있다. 길포드대학은 민주적 경영에 관한 학사 과정 프로그램을 설치하고

이 주제에 대해 매년 회의를 개최하고 있으며, 많은 사람이 노동자생산협동조합에 대해 생각하고 있다. '여성들을 위한 경제적 대안센터'는 그 이름처럼 여성이 생산자 소유 기업을 만드는 것을 돕기 위해 조직되었다. '법률서비스회사'도 이런 사업을 시작하는 사람들을 도왔다.

1980년대에 노동자 소유제에 대한 노조 지도자들의 태도에 뚜렷한 변화가 생겨났다. 1970년대 초 노조 지도자들은 노동자 소유제를 대체로 잘못 이해하고 있었다. 요즘 많은 노조는 그들이 종업원 소유 경영을 좋아하든 좋아하지 않든, 그것이 미국에서 좀 더 일반적인 것이 되어가고 있음을 알고 있다.

미국 철강노동조합연합 간부들은 필라델피아 식품상업노동조합연합(UFCW)의 제1,357지부인 A&P 슈퍼마켓이 폐쇄 위기에 처하자, 경영진과 교섭을 통해 약간의 경제적 손실을 감수하고 이익의 공유와 정책 결정 과정에 대한 참여권을 확보했다. 협약 내용은 기존의 폐점된 두 개의 슈퍼마켓을 A&P에서 인수할 수 있도록 하는 것이었다. A&P는 노동자생산협동조합으로 바뀌 새로 상점 문을 열었다. UFCW는 PACE와 함께 노동자생산협동조합과 종업원 소유 회사의 발전을 위해 계속 일하고 있다.•[5]

건설업계 노조들은 조합원을 가입시키는 수단으로 노동자생산협동조합에 관심을 가졌다. 일부 노조 지도자들은 협동조합을 만들어 주택을 건설·개축하고, 소규모 상업 프로젝트에서 비조합계 청부업자들에 대항하여 경쟁 입찰을 할 수 있어야 조합원을 확충하고 조합을 확대할 수 있음을 알고 있었다.

벽돌공조합 의장인 잭 조이스는 몬드라곤을 직접 방문해서 건설 분야의 협동조합에 대해 공부했다. 벽돌공조합은 이미 앨라배마주 버밍엄에서 노동

• 몬드라곤에 관한 BBC의 다큐멘터리는 PACE와 UFCW가 생산자협동조합 슈퍼마켓의 신입 조합원을 대상으로 실시한 훈련 프로그램에서 매우 커다란 역할을 했다.

자협동조합을 조직했고, 건설 분야에서 최초의 노동자협동조합을 계획하고 있었다. 더욱이 조이스는 몬드라곤으로부터 강한 인상을 받고, 호세 마리아의 사상이 많은 미국인에게 도움을 줄 수 있다는 생각에서 아수르멘디가 지은 『협동조합의 사람』의 번역 가능성을 타진했다.[6]

플로리다의 폼파노 해변에 있는 국제 오퍼레이팅 기술자노동조합(IUOE) 제675지부는 ESOPs의 민주적 발전과 노동자생산협동조합의 발전에 크게 기여했다. IUOE의 지도적인 인물은 노조의 사업부장 데니스 J. 월튼과 변호사 제인 젱글레인이었다. 젱글레인은 원래 뉴욕 주 버펄로의 노동 관련 변호사였는데, 생산협동조합의 발전을 추진하기 위해 비공식 연구 그룹에 참가했다. 월튼은 혁신적으로 자신의 조합을 개혁했다. 그 지방 경제학자의 전문적인 도움과 시장조사 회사의 조언을 받아 "월튼은 노조기금을 부동산 투자에 활용하는 길을 열었다. 1985년 연방법정에서 승소함으로써 그는 수백만 달러 상당의 지부기금을 플로리다의 브로워드 지방에 있는 노조 부지 등 여러 부동산에 투자했다. 이것들은 이후 모두 높은 가격으로 올랐고 3억 달러 상당의 고용과 수익을 가져왔다."[7]

월튼과 젱글레인은 BBC의 몬드라곤 다큐멘터리를 이용해서 노조원들에게 노동자생산협동조합을 소개했다. IUOE 최초의 노동자생산협동조합인 유나이티드 크레인 회사는 파산에 직면한 건설회사를 체불임금을 떠안는 조건으로 인수하여 발족했다. 이 지부는 실업한 5명에게 각각 2,000달러씩 출자시키고 4만 달러의 대출을 받아 IUOE의 최초 노동자협동조합 기업을 설립한 것이다.

그 외에도 현재 주요 기업으로는 파크센트럴 서비스 회사가 있다. 이 회사는 조합 지부가 노동·경영 합동기금에서 4,500만 달러 전액을 출자한 자회사이다. 이 회사의 조경부는 노동·경영 합동기금으로 95에이커의 사업소 단지 내 조경 작업을 수주하기 위해 설립되었다. 조경부는 외부 고객으로부터도 인기가 높아 계약 의뢰가 쇄도했는데, 원래는 사업소 단지 내의 회사를 대상으로 한 훈련 프로그램의 일환으로 발족된 것이었다. 그 뒤에 곧 외부의 광범한 고객으로 대상을 넓혀 높은 수익을 올리고 있다.[8]

1987년 가을, 조합 지부의 간부들은 근처에 은행과 보험사를 취득하기 위한 계획을 검토했다. 노조는 또한 자신의 협동조합군을 건설하는 계획을 추진하고 있었다.

기업의 매수와 합병이 빈번히 일어나는 오늘날, 기업을 매수한 쪽이든 용케도 매수당하지 않은 기업이든 소유권의 교체로 인해 대규모의 부채를 지게 된다는 사실을 노조 지도자들이 충분히 알고 있었다. 이 부채로 인해 경영진이 공장 문을 닫거나 공장을 팔아 치우고 나면, 수천 명의 노동자들은 방치되어버린다. 지금까지 노동자와 노조는 이러한 매수 과정에서 항상 약자였지만, 이제는 직접 경영을 위해 자금을 조달하고 있다. 'American Capital Strategy'는 이러한 목적을 위해 새로운 투자은행으로 설립된 것이다. 늘 공장폐쇄의 위협을 받아오던 노동자들과 노조 지도자들은 이 은행의 도움으로 공장이나 회사를 매입할 자금을 조달할 수 있게 되었고, 생산자 소유 회사도 건설할 수 있게 되었다.

봉제섬유연합노조는 노조 소유의 은행을 가지고 있지만 지금껏 지극히 통상적으로 운영되어왔다. 그러나 이 은행이 노조원들에게 생산자 소유 회사를 설립할 돈을 개인적으로 빌려준다면 하나의 지원기관이 될 수도 있다. 많은 노조가 신용조합을 가지고 있지만, 필라델피아에 있는 O&O 슈퍼마켓의 조합원들이 자금을 댈 수 있었던 이유는 UFCW 신용조합에서 개인이 돈을 빌릴 수 있었기 때문이다.

전국협동조합은행은 카터 정권 당시 설립된 것으로, 주로 소비자협동조합이나 주택협동조합에 대출해주고 있지만 정관에 따르면 노동자협동조합에도 대출이 가능하다. 지금까지 이 은행은 이 분야에서 거의 아무런 역할도 하지 않았으며, 대부분 주 차원의 금융기관이 생산자 소유 회사의 발전을 지원하고 있는 실정이다.

뉴욕 주와 펜실베니아주의 노동조합이나 정부 관리들은 노동조합에 가맹한 노동자 및 자치단체 직원의 연금기금을 고용 지원금으로 전용할 수 있는 가능성을 검토하고 있다. 현행 법규는 종래와 같은 방식, 즉 피고용인 개개인의 이익을 보장하도록 기금 투자를 규정하고 있기 때문에 법적 장애가 되고 있지만 결코 변경이 불가능한 것만은 아니다.

이른바 '상쇄기금'이라는 간접적인 방식으로 그 기금을 사용할 수도 있다. 즉 기금 관리기관이 은행과 협의하에 협동조합을 위해 기금을 사용하는 것이다. 예를 들면 은행이 자기자본 100만 달러를 어떤 종업원 소유 기업에 대출해주는 경우, 기금 관리기관은 은행으로부터 100만 달러의 증권을 구입한다. 은행 입장에서는 자기자본을 대출해주는 것이므로 단지 기금 관리기관의 요구에 응한다기보다는 대출의 재정적 건전성을 검토할 것이다. 하지만 법적 장애가 제거되기만 한다면 노동자들의 이익을 보장하는 한도 내에서 종업원 소유 기업에 대규모 융자가 이루어질 수 있을 것이다.

코넬대학과 다른 여러 대학에서는 노동자생산협동조합과 종업원 소유 기업에 대한 연구가 진행되고 있으며, 전문적인 조언이 이루어지고 있다. 주립대학들도 노사관계에 관한 교과과정을 확대하는 과정에서 노동자생산협동조합과 종업원 소유 기업의 발전과 필요성에 점점 더 많은 주의를 기울일 것으로 보인다.

교회는 미국에서 생산자 소유 경영을 확대하는 데 큰 힘이 될 것이다. 몬드라곤운동이 한 신부에 의해 개척되고 지도되었기 때문에, 가톨릭은 당연히 이것을 자랑할 수 있다. 점점 더 많은 신부와 수녀가 몬드라곤에 관심을 갖게 되었으며, 일부는 그곳을 직접 방문했다. 가톨릭계에서 몬드라곤에 관심을 갖는 이들 중 가장 중요한 인물은 보스턴의 후임 대주교 홈베르토 마데이로스 추기경이다. 추기경은 보스턴 항구의 새우 채취 어민들이 부동산 개발업자들에 대항해 그들의 어장을 지키기 위해 벌인 싸움을 교회가 지원하는 과정에서 몬드라곤의 이상을 간절히 염원했다. 이와 관련하여, 『뉴스위크』는 다음과 같이 썼다(1984. 7. 9).

> 보스턴 대교구는 지금, 스페인의 한 신부가 노동자들을 도와 조직한 몬드라곤의 협동조합 방식에 따른 경제적 실험을 후원하고 있다. 몬드라곤 협동조합은 25년 동안 꾸준히 확장되어 현재 80개의 생산·제조업체와 약 2만 명의 노동자를 포괄하고 있다. "우리는 몬드라곤을 옮겨 심을 수는 없다. 그러나 우리는 몬드라곤을 우리의 모델로 이용할 수는 있다"고 보스턴 교구의 계획사무소 책임자 마이클 그로든 신부는 말했다.

마데이로스 추기경의 후임자인 버나드 로우 대주교 역시 노동자생산협동조합과 종업원 소유 회사의 발전에 몰두하고 있다. 몬드라곤이 전하는 메시지는 분명히 세계의 많은 사람들에게 확산되어가고 있다. 이제 우리는 그 메시지의 의미를 분석해보도록 하자.

노동자에 의한 소유와 통제의 유지

기록에 따르면 노동자생산협동조합은 파산하는 경우나 지나치게 성공하는 경우에도 소멸될 수 있다. 주식이 소유의 기초가 될 때, 성공한 회사는 이른바 집단이기주의의 문제를 해결하지 않으면 안 된다. 회사가 확장되거나 떠나는 사람들로 인해 새로운 노동자들이 필요해질 때, 원래의 소유 노동자는 노동자를 고용한다면 자본 가치를 증대시킬 수 있다는 사실을 알고 있다. 그래서 미국에 있는 일부 합판협동조합은 직원의 30~40%가 고용 노동자이다. 1984년 몬트리올 회의에서 프랑스 협동조합은 평균 40%, 퀘벡은 20%의 비조합원을 갖고 있다고 보고되었다. 미국의 합판협동조합 연구자 중 한 사람은 이렇게 말했다.

> 성공한 노동자 소유 기업의 주식은 퇴직하는 주식 소유자가 새로 소유 노동자가 되려는 사람에게 주식을 판매하기 불가능할 정도로 가격이 올라간다. 이런 상황이 심화되면 성공적인 노동자 소유 기업은 주식시장에 공개되거나 아니면 대기업에 매각될 수 있다.[9]

집단이기주의 문제와 관련해서, 회사 설립 초기에 미리 이 문제에 제도적으로 대처하지 않는 한, 성공한 협동조합에서는 다음의 시나리오가 발생한다. 즉 소유 노동자는 신규 노동자를 소유자로 받아들이기를 싫어할 것이다. 주식은 퇴사할 때 동료 노동자에게 팔 수도 있지만 주식 가치가 매우 높아질 경우, 이는 불가능하다. 몬드라곤의 구조와 재정 정책은 이런 문제가 일어나지 않도록 하고 있다. 주식은 전혀 발행되지 않는다. 또한 각 협동조합의 법규와 내규는 비조합원의 수를 10%로 제한한다.

그들의 자본구좌는 타인에게 양도될 수 없고 주식은 전혀 발행되지 않기 때문에 조합원들은 외부 사람에게 그들의 몫을 팔아서 이익을 얻을 수 없다. 물론 이 경우에도 이론상으로는 집단이기주의가 나타날 가능성이 있다. 즉 성장해가는 협동조합의 원래 조합원들이 투표를 통해 피고용인의 고용 비율을 10% 이상으로 할 수 있도록 정관이나 내규를 바꿀 수도 있는 것이다. 이렇게 바꾸면 각 조합원의 이익은 커질 것이다. 그러나 몬드라곤에서는 그런 일이 일어나지 않았다.

몬드라곤의 문화가 집단이기주의의 발생을 봉쇄하고 있지만, 더 중요한 것은 각 협동조합의 임의적인 법규 개정은 노동인민금고와의 연합협정을 위반하는 것이라는 점이다. 협정을 위반하면 노동인민금고와 협동조합 간의 협정과 모든 계약이 취소된다. 그렇게 되면 노동인민금고는 그 협동조합에 대한 재정적 기술적 지원을 중단할 것이다. 또한 비조합원의 수 10% 제한을 초과하는 것은 스페인 법률에도 저촉된다. 물론 스페인 법률의 구속력은 노동인민금고와의 협정만큼 강력하지는 않다.

종업원 주식 소유에 대한 입법은, 샌프란시스코 폐품수집협동조합 골든게이트 폐기물 처리 회사의 소유 노동자들이 최근 발견했듯이 이 함정에서 벗어날 방법을 제공한다. 폐품수집협동조합은 높은 이익을 얻었고, 예상대로 처음의 소유자들은 이익의 공유를 자신들만으로 제한하고자 했다. 그러다 보니 몇 년 뒤에는 소유 노동자보다 고용 노동자가 직원의 대다수를 점하게 되었다. 개인 주식의 가치가 10만 달러로 올랐기 때문에, 고용 노동자는 퇴직하는 사람의 주식을 살 수가 없었다. 퇴직하는 소유 노동자는 외부 투자자들에게 그들의 몫을 팔기보다는 협동조합을 '종업원지주계획'의 협동조합으로 바꾸려 했다. 이는 지금은 널리 알려진 방식으로, 퇴직하는 주식 소유 노동자는 변호사와 재정고문의 도움을 받아 '종업원지주소유기금'을 설립하여 주식을 구입하는 데 필요한 돈을 대출해주었다. 대출금은 수년에 걸쳐 급여에서 변제됨으로써 고용된 노동자들은 곧 소유자가 될 수 있었다.[10]

이런 방법은 앞으로도 계속 늘어날 것으로 보인다. '종업원지주계획법'은 여러 가능성을 시사한다. ESOPs는 노동자들에게 오랫동안 소유 경영을 유지하게 하고, 회사의 의사결정 과정에 참여할 수 있도록 하는 중요한 기구이다.

종업원지주계획은 노동자가 장기적으로 소유권을 획득하고 회사의 정책 결정에 참여할 수 있게 하는 중요한 수단이 되었다. 종업원지주계획법은 그 주체를 관리자와 사무직 노동자로 국한하고 있지만, 만약 생산직 노동자가 이 계획에 포함된다면 어떤 고용 노동자라도 모두 소유권을 갖게 되는 것이다.

일반적으로 종업원지주소유기금을 관리하는 투표권은 주식 소유자가 가진 주식의 수에 비례해 주어지고, 주식은 봉급에 비례해 배당된다. 따라서 경영자와 고임금의 종업원은 보통 사람들보다 훨씬 많은 투표권을 갖는다. 그러나 종업원지주계획법은 상당히 폭넓은 가능성을 제공하고 있다. 1981년 변호사 잭 커티스는 래스 팩킹 회사의 종업원들을 위한 종업원 주식 소유 계획을 고안하면서, 주식 관리인의 선거권을 각 주식 소유자의 권한에서 분리했다.[11] 래스사의 구상에 따라 회사 주식의 60%를 종업원들이 가질 경우, 주식 지출을 의결하고 이사회를 통제하는 관리인은 주식 수에 관계없이 주식을 소유한 모든 종업원의 1인 1표로 선출된다. 또한 주식은 원칙적으로 모든 소유 노동자에게 똑같이 배분된다. 하지만 래스사는 1985년에 문을 닫았다. 만약 래스사가 존속했다면, 이 구상대로 주식이 각 종업원 소유자에게 배분되었을 것이고, 그에 따라 고액 봉급자들이 행사했을 영향력을 저지할 수 있었을 것이다.

노동자로서의 이익과 소유자로서의 이익 균형

몬드라곤의 경험은 노동자생산협동조합에서 노동자로서의 이익과 소유자로서의 이익이 균형을 이루어야 함을 보여준다. 노동자생산협동조합이 완전히 민주적으로 운영되고, 모든 혹은 거의 대부분 노동자가 동료 소유자이고 동등한 투표권을 갖는다면, 굳이 소유자와 노동자라는 두 가지 표현을 사용할 필요가 없을 것이다. 우리가 지적했듯이 소유자와 노동자로서의 두 가지 역할은 어느 정도 양립할 수밖에 없다. 노동자로서 그들은 직접적인 수입을 늘리고 노동 생활의 질을 향상시키기를 원하지만, 소유자로서 그들은 협동조합의 장기적인 자금력과 조직력을 걱정해야 한다. 정책 결정에서 이런 양립성은 많은 문제를 야기한다. 개별 경영자나 노동자가 결정을 내리는 것보다는 이러한 균형 문제가 공개적으로 토론되고 논쟁이 벌어지도록 기구와 과정을 분리하는 편이 좋을 것이다.

노동조합 조합원인 노동자가 주식을 매입할 경우, 경영진이나 일부 노동자는 노동조합에 남아 있을 필요성에 의문을 제기할 수도 있지만 노동자들은 계속 노조에 남아 있는 경향이 있다. 미국에서 이루어진 조사에 따르면, 노조는 종업원 소유 회사에서도 중요한 의미가 있다. 비록 종업원 지주제가 노동자의 경영 참여를 가능하게 할지라도, 노조는 노동자의 이익을 대변하고 소유자로서의 이익에 대해 노동자로서의 이익이 균형을 이루도록 하는 중요한 역할을 맡는다. 이런 사실은 노조 역할의 재조정을 요구한다. 노조는 종래의 조언자 역할에서 벗어나 경영의 도구가 되지 않으면서도 경영진과 협력할 필요가 있는 것이다. 이는 노조가 협력에 기초한 합의를 이끌어내기 위해 경영진과 협상해야 함을 의미한다.

이런 분석은 초기의 종업원소유제운동에서 노조 회의론자들이 자주 거론했던 의문, 즉 "당신은 당신 자신과 어떻게 협상할 수 있는가?" 하는 질문에 대한 답변이 되기도 한다. 그 답변은, 실제로 노조 지도자들은 자기 자신과 협상하는 게 아니라는 것이다. 노조 지도자들과 경영진의 협상은 비용과 수익 분배 등 주로 협력에 관한 사항이나 조건에 집중되어 있다. 어떠한 소유의 형태에서도 개별 노동자 또는 노동자 그룹은 자신들이 부당한 대우를 받는다고 느낄 것이고, 자신들의 불만이 고려되어야 한다고 요구할 것이다. 노조는 이런 불만들을 반영하고 처리해야 한다.

만일 노조를 가져보지 않은 노동자 그룹이 노동자생산협동조합이나 종업원 소유 회사를 세운다면, 그들은 소유를 통해 얻은 것 이상의 참여권이 필요하다고 느끼기 어려울 것이다. 따라서 그들에게 노조를 세우라고 권하는 것은 비현실적이다. 그러나 몬드라곤의 경험으로 볼 때, 조직의 지도자들은 경영진과의 교섭에서 노동자의 이익을 대표할 조합평의회 같은 기구를 고려해야만 한다. 더욱이 이는 기업 경영 측면에서도 당연히 고려되어야 할 것이다.

양자의 관계가 매우 자유스럽고 규모가 작은 신설 노동자생산협동조합의 경우, 조합원들은 그들의 대표를 뽑을 필요를 느끼지 못할 것이다.[12] 협동조합이 확장됨에 따라 그들은 노동자의 이익과 경영진의 이익을 조화시킬 수 있는 기구와 과정이 필요하다는 것을 느끼게 된다. 식품 및 상업 노동조합 연합 산하에 있는 필라델피아 슈퍼마켓협동조합이나 국제 오퍼레이팅 기술자협동조합에서 볼 수 있는 것처럼, 설립 당시 조합원은 대부분 노조원이었으며 계속 노조원의 자격을 유지했다. 노조 지도자들은 노조원의 고용을 보장하기 위해 종업원에 의한 기업 매수, 노동자협동조합, 또는 종업원 소유 기업을 설립할 필요를 느끼게 되었으며, 그에 따라 노동자 소유제를 추진하는 노동조합은 점점 더 늘어갈 것으로 보인다.

보완·지원조직

노동자생산협동조합을 연구하는 모든 사람이 동의하는 것이 하나 있다. 그것은 사기업체의 바다에서 생존을 위해 노력하는 개별 협동조합의 장기적 전망이 매우 어둡다는 것이다. 살아남기 위해서 협동조합들은 그룹을 만들어 서비스를 교환하고 비용을 분담해야 한다. 또한 몬드라곤의 경우처럼 재정 면에서 여유가 있는 협동조합이 모(母)협동조합과 자(子)협동조합 쌍방의 이익을 지원할 수 있는 분야에서 신규 협동조합을 설립할 수도 있다. 예를 들면, 필라델피아 지역에서 노동자생산협동조합 슈퍼마켓이 계속 확장됨에 따라 식품가공협동조합이나 식품포장협동조합 설립 계획을 세우는 식이다. 국제 오퍼레이팅 기술자노동조합의 폼파노비치 계획도 그런 사례다.

노동자생산협동조합은 각 단위 협동조합 간의 협력 외에 지원조직도 필요로 한다. 우리는 몬드라곤만큼 완벽하게 보완·지원조직이 그물망처럼 짜여 있는 경우를 보지 못했다. 다른 여러 나라에도 노동자생산협동조합에 여러 가지 서비스를 제공하는 전국적 지역적 기구들과 기술 지원기구가 있기는 하다. 미국에 있는 유사한 기구들은 이미 앞에서 소개한 바와 같다.

지도력

돈 호세 마리아를 되살려내는 것은 불가능하다. 그러나 우리는 그를 본보기로 배울 수 있다. 노동자생산협동조합의 역사를 돌이켜보면, 그것은 종종 일개인의 창의와 조직적 지도로 설립되었으며 또 그에 의해서 운영되었고, 그의 신봉자들은 그를 의지했다. 그리고 그가 조직을 떠나거나 죽으면 협동조합은 붕괴되거나 영원히 사라지는 경향이 있었다.

그러나 돈 호세 마리아의 경우는 달랐다. 그는 도전과 지원의 비범한 조화를 보여주었다. 또 노동인민금고의 설립을 제외하고는 조합원들을 대신해서 결정을 내리지도 않았다. 물론 그는 성장, 변화, 발전을 위한 기본 틀을 제시했다. 하지만 그는 결코 결정권을 가진 직위에 앉은 일도 없다. 그는 새로운 발전 방향을 위한 이념을 제시했지만, 한 번도 협동조합 이사회에 참여한 적이 없었다. 그는 최초의 창안자이자 기획자였지만, 자신이 제시한 계획에 대한 판단과 결정은 항상 그들에게 일임했다.

돈 호세 마리아는 강한 신념을 가진 사람이었으며 동료 협동조합주의자들과 논쟁하기를 주저하지 않았다. 미래를 향한 강한 책임 의식은 그의 후계자들로 하여금 변화에 대한 대응력과 조직적 창조성을 갖추게 했다.

대부분의 경우 노동자생산협동조합의 설립자는 초기는 물론이고 상당 기간 최고의 지도자이다. 직접적으로 결정을 내리지 않고 영향력을 행사한다는 점에서 볼 때, 돈 호세 마리아는 다른 대부분의 지도자와 비교가 안 될 것이다. 간부직에 있는 지도자는 자신이 더 이상 지도력과 권위를 발휘할 수 없게 되었을 때 조합원들이 독자적으로 현명한 결정을 내릴 수 있도록 자신을 억누르고 조합원들을 지도하는 것이 얼마나 어려운 일인지 잘 알고 있을 것이다. 지도자는 자신의 생각이 조합원들의 생각을 지배하게 되는 자연스런 경향을 경계하지 않으면 안 된다.

조직문화

몬드라곤이 만들어낸 독특한 사회적 기구·정책·과정을 연구한 사람들 중에는, 그 기구와 정책 및 사회화 과정이 몬드라곤과는 조직 기반이 완전히 다른 조건에서도 별다른 수정 없이 충분히 적용될 수 있다고 생각하는 이들도 있을 것이다. 그러나 이는 오해이다. 몬드라곤은 이들 기구·정책·과정을 단순히 모아놓은 것이 아니기 때문이다. 우리와 함께 연구해온 파고르 인사부 사람들은 몬드라곤이 저마다 독특한 문화를 지닌 여러 조직들의 묶음이라는 사실을 잘 알고 있었다. 다양한 요소들을 하나로 묶을 수 있었던 것은 그러한 문화 때문이었다.

파고르처럼 오랫동안 버텨온 조직에서는 구성원들이 단순히 당면한 상황에 따른 득과 실을 예측하여 행동하고 반응하지 않는다. 조합원들이 어떤 사건과 문제들을 이해하는 방식은 그들이 만들어온 조직문화의 맥락 속에 있다. 사기업체의 간부는 자신의 경험과 친구나 친척들에게 들은 것, 책에서 읽은 것 등을 통해 사기업에 대해 잘 알고 있다는 이유만으로 자기 회사의 조직문화를 이해한다고 생각할 수도 있다. 그러나 사기업체 지도자들은 노동자와 경영진의 새로운 관계를 형성해가기 위해 그들 조직이 만들려는 조직문화에 대해 더 많이 생각하고 토론할 필요가 있다.

노동자생산협동조합이나 종업원 소유 회사, 혹은 기존 지식이나 경험이 없는 조직을 구상하고 만들 경우, 지도자들은 처음부터 조직문화를 어떻게 만들지 생각해야 하며 조건이 변해감에 따라 이 문화를 끊임없이 재검토해야 한다. 이는 단순히 조직을 이끌기 위해 고려되는 문화적 요소들을 밝히고 명령을 통해 조직문화를 만들어낼 수 있다는 의미가 아니다. 몬드라곤에서 보았듯이 문화적인 요소는 서로 조화를 이루고, 서로 보강되어야 하는 것이다. 문화적 요소는 바람직한 문화적 제 요소의 단순한 집합이 아니다. 더욱이 문화는 회사의 사훈이나 사시에 표현된 '신봉 이론'이 아니다. 문화의 본질은 행동 연구를 통해 알 수 있는 '활용 이론'이다. 그리고 기업문화의 기본 요소를 명시해 널리 홍보함으로써 조합원들이 행동 지침, 또는 나아가 연구나 토론의 판단 기준으로 삼을 수 있도록 만드는 일도 중요하다.[13]

명시된 문화와 행동으로 나타난 문화에 대한 논의를 교대로 진행하는 것이 바람직할지도 모른다. 그 과정은 조합원들이 이론과 실제 행동의 괴리를 이해하는 데 도움이 되며, 나아가 문화와 행동의 어느 쪽을 변화시켜야 할 것인가를 구체적으로 토의하는 데도 도움이 된다.*

몬드라곤 문화의 특정한 요소는 다른 지역에서도 응용할 수 있을 것이다. 특히 중요한 요소의 하나는 미래에 대한 방향 설정이다. 조직의 지도자들은 미래 지향적 목적을 지니고 현재의 행동을 지도해야 한다. 이 미래의 방향과 관련된 조직 내의 자기비판 또한 중요하다. 조직의 구성원과 지도자들은 효과적으로 결정을 내리기 위해서라도 당장 결정해야 할 주제에서 일보 후퇴하여 그들의 조직이 기능해온 방식에 대해 비판적으로 생각해봐야 한다.

특히 노동자생산협동조합의 경우 교조주의의 속박에서 벗어나는 것이 중요하다. 소규모 생산협동조합이나 비공식으로 조직된 생산협동조합들이 크게 성장한 이후 미국의 경험을 보면, 그런 조직들은 종교적 열성을 가지고 협동조합의 가치를 받아들이는 '진정한 신자'를 만들어내는 경향이 있다. 예를 들어 몇몇 협동조합에서는 지도자와 구성원들이 참여와 직접민주주의를 지나치게 신봉한 나머지, 모든 결정이 그룹의 만장일치 또는 그에 가까운 총의에 따라 내려져야 한다고 주장한다. 작은 규모의 조직에서도 이런 정책은 구성원들에게 높은 정신력을 요구하는 데다 조직의 효율성에 중대한 걸림돌이 될 뿐만 아니라, 길고 지루한 토론을 낳곤 한다. 물론 협동조합이 커지면 이 정책은 제대로 기능하지도 못하게 된다. 또한 한편에는, 모든 노동자가 똑같은 봉급을 받아야 하고 작업을 순환해서 교체해야 한다는 믿음을 가진 조합원도 있을 수 있다. 하지만 전문적인 기술에 대한 요구가 극히 다양하기 때문에 그런 회사는 숙련된 기술자를 확보하기 어려울지도 모른다.

* 신봉 이론과 활용 이론에 관한 논의는 Argyris et al., 1986; Schon, 1983 참조.

교조주의를 방지하고 올바로 지도하기 위해서는 몬드라곤에서 아주 효과적으로 적용되었던 평형·균형의 원칙을 확립하는 것이 중요하다. 조직이 살아남고 성장하려면 경제적 기술적 필요와 사회적 가치·목적 등이 균형을 이루게 하는 체계가 있어야 한다.[14]

우리는 단순히 몬드라곤의 문화를 모방하도록 권유하는 것이 아니다. 하지만 조직의 지도자, 특히 협동조합 또는 종업원 소유 회사의 지도자들은 일관성 있는 조직문화를 만들기 위해 노력해야 한다고 권하고 싶다. 몬드라곤의 문화는 조직문화를 연구하고 해석하는 데 유용한 연구 방법과 일련의 범주들을 제공해줄 수 있을 것이라 생각한다.

지역경제의 발전

마지막으로, 몬드라곤의 경험이 주는 교훈은 미국이나 그 밖의 지역경제 발전에도 보편적 의의를 지닌다. 몬드라곤의 경험은, 상품과 서비스 생산에 필요한 인적·물적자원을 가능한 한 조직 지도자들의 통제하에 두는 수직적 조직보다는 수평적인 교환과 봉사의 관계를 통한 성장이 더 중요하다는 사실을 말해주고 있다. 미국에서는 산업 성장의 초기 수십 년간 회사의 지도자들이 자원과 경영을 조절하는 유일한 방법은 수직적인 방식으로 만드는 것이라 생각했다. 하지만 근래에는 이런 모델에 따라 빚어진 조직의 경직성과 비효율성이 더욱 분명해지고 있다. 큰 회사에서조차도 제품과 서비스를 공급하기 위해 재정과 경영을 직접 통제하는 것보다 다른 조직으로부터 그 제품과 서비스를 구입하는 것이 더 이익일 때가 많다는 사실을 깨닫게 된 것이다.

몬드라곤은 자율적인 여러 조직이 제품과 서비스를 공유하는 보완의 원칙을 따름으로써 크게 성장한 으뜸가는 예다. 따라서 몬드라곤은 수직적인 사고에서 수평적인 사고로의 이동, 지배에서 협동으로의 이동을 의미한다. 비슷한 이유로, 이탈리아 북부 지역에서 확대되고 있는 역동적인 소규모 사업 부분이 지역경제 개발을 연구하는 연구자들과 실천가들의 주목을 끌고 있다.[15] 조르지오 알베르티는 (개인적인 소식통에 의해) 기업들이 경비를 공동부담하고 서비스를 교환하고 지원조직을 만드는 등 다른 소규모 회사들과 관계를 발전시키고 있다는 것을 알았다. 이런 경향에 자극받은 정책 관리 경제학자 알란 맥담스는 '현실적 공장'의 확산이라는 도식을 만들었다. 지도자들이 한 회사 내에 가능한 한 많은 생산과 서비스를 집중시키려 했던 초기의 공장과는 반대로, 상대적으로 작은 독립된 조직들로 이루어진 ― 큰 규모의 조직에 의해서라면 훨씬 비효율적으로 만들어질 상품과 서비스를 함께 개발·생산·판매한다 ― 이른바 현실적 공장이 확산되고 있다는 것이다.

노동 비율을 시장조건에 대응하여 조정함으로써 고용을 부분적으로(in part) 유지하는 몬드라곤의 능력은 '분배 경제'[16]에서 주장하는 원칙의 실제적인 사례가 된다. 그러나 급여를 회사의 경제력과 연관시키는 몬드라곤의 성공 사례가 다른 지역에도 그대로 적용될 수 있다고는 생각하지 않는다. 불리한 시장조건에 적응하기 위해 몬드라곤 협동조합들은 일련의 통합된 과정과 정책들을 개발했다. 급여 공제는 그 정책들 중 하나에 지나지 않는다. 더욱이 몬드라곤에서 급여 공제는 평조합원만이 아니라 전 계층의 모든 구성원에게 부과되었고, 어려운 회사의 전면적인 구조조정도 동시에 이루어졌던 것이다.

미국의 경영자들은 서로 분리되어 관련이 없는 두 개의 노동시장이 있다고 생각했다. 하나는 임노동자 시장이며, 다른 하나는 경영자 및 전문가 시장이다. 1980년대의 경기침체기에 재정 문제의 원인은 고임금이라고 주장했던 사기업체의 지도자들은, 일반적으로 임금이 총비용의 15%에 불과함에도 노조 지도자들을 설득하여 노동자들로 하여금 고용 보장의 대가로 임금 인하를 받아들이도록 만들었다. 일본의 경우와는 달리 미국의 경영자들은 자신들 스스로는 급여 공제를 받아들이지 않는다. 미국 경영자들은 노동자들에게 임금 인하를 요구할 때도, 그리고 재정적으로 어려운 회사를 구조조정하기 위해 비용을 분석할 때도 노조 지도자들이나 노동자들을 부르지 않는다. 미국의 노동자들은, 만약 불가피한 급여 공제가 회사의 전 직원에게 균등하게 이루어지거나 혹은 그들이나 그들의 대표가 회사를 구조조정하고 살리는 계획에 참여한다면, 그들의 급여를 회사 여건에 맞추는 발상을 쉽게 받아들였을지도 모른다.

미국인들은 그들의 기업가 정신과 철저한 개인주의를 자랑스럽게 생각한다. 이 기업가 정신은 다른 문화에 비해 개인의 창업 정신을 적극적으로 고취해온 것이 사실이다. 그러나 미국에서 고용이 증가한 것은 대기업의 고용이 증가했기 때문이 아니라는 사실은 잘 알려져 있다. 실제로 1980년대의 기록에 따르면, 대기업이 새로운 일자리를 만들어낸 것은 사실이지만 적어도 같은 수의 일자리가 감소되었다. 고용의 증가는 새로운 회사의 설립과 확장에 크게 의존하기 때문에, 기업을 강화하고 지원하기 위해서는 잠재적인 기업가나 행정당국 또는 기타 지원조직 모두가 기업의 성장과 존속을 촉진하는 조건들을 이해해야만 한다. 이것이야말로 사회정책의 본질적 문제이다.

경영대학의 조사 활동이나 공공 정책을 통해 기업 설립이 지원되는 것은 아니기 때문에 기업가들은 사회다원주의, 즉 적자생존의 원리에 따라 성공하거나 실패하도록 방치된다. 오르비스 콜린스와 다른 연구자들은 기업가들의 경력 조사를 실시하여 1945년부터 1958년까지 미시간 주의 기업가들 110명의 이력서를 수집했다. 연구자들은 이 회사들 모두가 근소한 이익을 냈으며 대부분 20명 또는 그 이상의 종업원을 고용하고 있었지만, 대부분의 기업가들이 적어도 한 번 이상 파산한 경험이 있었음을 밝혀냈다. 그리고 이것이 성공을 위해 매우 중요한 학습 과정이었다고 해석했다.[17] 하지만 그것이 사실이라 하더라도, 새 기업을 설립하고 새 상품과 서비스를 제공하고 고용을 확대하고자 하는 기업가들이 덜 좌절할 수 있는 경제 시스템은 무엇인가를 묻지 않을 수 없다.

물론 이것이 기업 설립에 따른 위험이 제거될 수 있고 또 제거되어야 한다는 것을 의미하지는 않는다. 몬드라곤에서도 신설 협동조합이 성공하리라는 보장은 없으며, 모든 관계자는 그들 앞에 놓인 어려운 투쟁과 위험요인을 잘 인식하고 있다. 그럼에도 노동인민금고 기업국과 협동조합 그룹의 경영진은 시장성을 조사하는 기구를 만들고, 새 회사의 지도자들에게 훈련과 지도뿐만 아니라 필요한 기술을 제공한다. 이런 서비스는 장래성이 없는 회사를 청산하고 새로운 기업을 설립하려는 개인과 집단을 보호해준다. 기업가들은 단지 격려뿐만 아니라 기술적·경제적·사회적 지원을 받는 것이다.

몬드라곤은 또한 재정적 기술적 지원의 상호 의존성을 인식했다는 점에서도 중요하다. 미국의 패턴은 분리와 특수화였다. 예를 들어 초기에 전국협동조합은행은 노동자생산협동조합에 기술 지원을 제공하는 대리인들에게 자금을 대주기는 했지만, 그 돈은 은행이 협동조합에 돈을 빌려주기 시작한 뒤에야 기술 지원에 사용될 수 있다고 규정했다. 이는 협동조합을 조직·계획하고 구체화하는, 때로는 수개월에서 수년씩 걸리는 과정에서 조직자들이 은행으로부터 아무런 기술 지원도 받지 못했음을 의미한다. 이런 정책은 이후 변화되긴 했지만, 이들이 재정 지원과 기술 지원 측면에서 기업의 상호 의존이 꼭 필요함을 인식하지 못했다는 의미이다.

미국에서 기술 지원을 필요로 하는 기업가들에게 가장 큰 문제 중 하나는, 조언자들이 매우 전문화되어 있고 서로 치열하게 경쟁한다는 점이다. 소규모 사업의 경영자는 법률가나 회계사의 지원이 필요하며, 제조·판매·조직의 발전을 위한 기술 지원도 필요하다. 그러나 법률가, 회계사, 시장 전문가, 기술 고문들은 각자 어떻게 조직을 세우고 경영할 것인가에 대해 일반적인 조언에 그칠 테고, 그 결과 서로 충돌되며 조화되지 않는 관점들을 내보일 것이다. 이에 비해 몬드라곤에서 이들 조언자들은 정보와 아이디어가 완성된 모습으로 만들어지고 표현되는 하나의 체계 속에서 일하고 있다.

미국은 아마도 몬드라곤 같은 통합적인 자문·지원체계를 발전시키지는 못할 것이다. 하지만 협동조합을 지원하는 미국 경영기관이나 행정당국은 조직과 함께 일하고 있으며, 따라서 그 조직에 대해 친숙하게 알고 있는 조직의 고문이나 조언자와 특수한 기술 정보 및 아이디어를 위해 초청된 전문가를 구별해서 볼 필요가 있다. 고문이나 조언자는 조직과 기술 전문가 사이의 교량 역할을 해야 하며, 필요할 경우 기술 정보와 아이디어를 확보할 수 있도록 지원하고, 아이디어를 사업 전략적 차원에서 통합하는 역할을 해야 한다.

미래가 어떻게 되든 우리는 분명히 사회적 기술적 격변기에 살고 있다. 이런 시대에는 조직과 상품 및 서비스의 생산에 대한 전통적인 전략은 더 이상 적합하지 않다. 엄혹한 경제적 기술적 현실에 직면해서도 인간적인 이상을 추구하는 사람들에게, 몬드라곤은 어떤 영감을 줄 수 있다. 몬드라곤은 이러한 도전이 쉽지는 않지만 그럼에도 불구하고 가능하다는 것을 보여준다.

| 부록 |

참고문헌
미주
추천사

참고문헌

Aldabaldetrecu, F., and J. Gray
    1967   *De l'artisanat industriel au complexe coopératif: L'Experience de Mondragón*. Paris: Centre de Recherches Cooperatives.

Alleva, Ernest L., Jr.
    1983   "The Justification of Workers' Self-Management." Ph.D. diss., Columbia University.

Amsden, Jon
    1972   *Collective Bargaining and Class Conflict in Spain*. London: Weidenfeld and Nicolson.

Aranzadi, Dionisio
    1976   *Cooperativismo industrial como sistema: Empresa y experiencia. Bilbao*, Spain: Universidad de Deusto.

Argyris, Chris, Robert Putnam, and Diana Mclain Smith
    1986   *Action Science*. San Francisco: Jossey-Bass.

Ash, M.
    1979   "Reflections on Mondragón." *Town and Country Planning* 47:11-14.

Axworthy, Christopher S.
    1986   "Mondragón: A Less Favorable Assessment." In *Radical Perspectives on Social Problems*,

edited by Frank Lindenfeld. Dix Hills, N.Y.: General Hall.

Azurmendi, Joxe
    1984   *El bombre cooperativo: Pensamiento de José María Arizmendiarrieta*. Mondragón: Caja Laboral Popular.

Barton, D.
    1982   "Mondragón: Experiment or Prototype?" *Accountancy* 93:125–26

Bellas, Carl J.
    1975   "Industrial Demcracy through Worker Ownership: An American Experience." In *Self-Management: Economic Liberation of Man*, edited by jaroslav Vanek. Hammondsworth, England: Penguin Books.

Benson, C.
    1980   "purely for profit?" *Employee Relations* 2:2–5.

Berger, Lisa, and Chris Clamp
    1983   "Striking Similarities: Spain." *Workplace Democracy* 10(4):4–8.

Bradley, Keith, and Alan Gelb
    1981   "Motivation and control in the Mondragón Experiment." *British Journal of Industrial Relations* 19:211–31.
    1982a   "The Mondragón Cooperatives: Guidelines for a Cooperative Economy?" In *Paricipatory and Self-Managed Firm*, edited by Derek C. Jones and Jan Svejnar. Lexington, Mass.: Lexington Books.
    1982b   "The Replicability and Sustainability of the Mondraón Experiment." *British Journal of Industrial Relation* 20:20–33.
    1983   *Cooperation at Work: The Mondraón Experience*. London: Heinemann Educational Books.
    1985   *"Mixed Economy" versus Cooperative Adjustment: Mondragón's Experience through Spain's Recession*. Report no. DRD122. Washington, D.C.: World Bank.
    1987   "Cooperative Labour Relations: Mondragón's Response to Recession." *British Journal of Industrial Relations* 25:77–97.

Caja Laboral Popular

1967 *Uma experiencia cooperativa*. Mondragón: Caja Laboral Popular.

1979 *Nuestra experiencia cooperativa*. Mondragón: Caja Lboral Popular.

Campbell, A.

1980 *Mondragón 1980*. London: Industrial Common Ownership Movement.

Campbell, A., and B. Foster

1980 *The Mondragón Movement*. ICOM Pamphlet 5. London: Industrial Common Ownership Movement.

Campbell, A., C. Keen, G. Norman, and R. Oakeshott

1977 *Worker-Owners: The Mondragón Achievement*. London: Abglo-German Foundation for the Study of Industrial Society.

Caro Baroja, Julio

1974 "La tradicion técnica del pueblo vasco." In *Vasconiana* 3:103−79. San sebastián, Spain: Txertoa.

Centre for the Study of Co-operatives

1987 *Worker Cooperatives for the Creation and Maintenance of Employment. Proceedings of the International Conference on Cooperatives, Montreal, 1984*.

Clamp, Christine Anne

1983 "mondragón Meets the Recession." *Workplace Democracy* 10(2):10−11

1984 "Managing Cooperation at Mondragón," In *Proceedings of the National Employee-Ownership and Participation Conference*. Greensboro, N.C.: Guilford College.

Clutterbuck, D.

1974 "Where Industrial Co-operatives Reign in Spain." *International Management* 29:35−40.

Coates, Ken, and Tony Topham

1968 *Worker's Control*. Revised edition. London: Panther Books.

Collins, Orvis, David G. Moore, and Darab B. Unwalla
  1964 *The Enterprising Man.* East Lansing: Michigan State University.

Co-operatives Research Unit, Open University
  1982 *Mondragón Co-operatives — Myth or Model.* Milton Keynes, England: Co-operatives Research Unit, Open University.

Cort, John
  1982 "The Marvels of Mondragón." *Commonweal* (June 18):369-71.

de Arroiabe, Simon Mz.
  1984 "Caja Laboral Popular: 25 años." *Trabajo y Unión* (June-July):4-5.

del Arco, José Luis
  1982 *El complejo cooperativo de Mondragón.* Madrid: Asociación de Estudios Coopérativos.

Eaton, J.
  1978a *The Mondragón Cooperatives.* London: Centre for Alternative Industrial and Technological Systems (CAITS).
  1978b "The Relevance of Mondraón to Britain." *Political Quarterly* 49:478-83.
  1979 "The Basque Workers' Cooperatives." *Industrial Relations Journal* 10:32-40.

Elena Diaz, Fernando
  1973 *Quince años de la experiencia de la zona de Mondraón.* No. 476. Madrid: Información Comercial Española, Ministerio de Economia y Hacienda.

Ellerman, David F.
  1982 *The Socialization of Entrepreneurship: The Empresarial Division of the Caja Laboral Popular.* Somerville, Mass.: Industrial Cooperative Association.
  1984a "Entrepreneurship in the Mondragón Cooperatives." *Review of Social Economy* 42:272-94.
  1984b *Management Planing with Labor as a Fixed Cost: The Mondragón Annual Business Plan Manual.* Somerville, Mass.: Industrial Cooperative Association.
  1984c *The Mondragón Cooperative Movement.* Case 1-384-270. Cambridge, Mass.: Harvard

University Business School.

1984d "Theory of Legal Structure: Worker Cooperatives." *Journal of Economic Issues* 18:861-91.

Fishman, Robert Michael

1985 "Working Class Organization and Political Change: The Labor Movement and the Transition to Democracy in spain." Ph.D. diss., Yale University.

García, Quintin

1970 *Les coopératives industrielles de Mondragón*, Paris: Editions Ouvrieres.

Gardner, David

1982 "Co-operative Experiment a Success." *Financial Times* (June 10).

Gorrono, Iñaki

1975 *Experiencia cooperativa en el pais vasco*. Durango, Spain: Leopoldo Zugaza.

1985~86 "L'experience cooperative de Mondragón." *Cooperatives et Developpement* 17:2.

Goyder, M.

1979 "The Mondragón Experiment." *Personnel Management* 11:24-27

Greenwood, Davydd

1976 *Unrewarding Wealth: Commercialization and the collapse of Agriculture in a Spanish Basque Town*. New York: Cambridge University Press.

1984 *The Taming of Evolution: The Persistence of Nonevolutionary View in the Study of Humans*. Ithaca, N.Y.: Cornell University Press.

Greenwood, Davydd, and José Luis González

1990 *Las culturas de Fagor: Estudio anthropologico de las cooperativas de Mondragón*. San Sebastián, Spain: Txertoa.

Grupo Cooperativo Mondragón

1989 *Congreso del Grupo Cooperativo Mondragón: Compendio de normas aprobadas*. Mondragón: GCM.

Gui, Benedetto
    1984   "basque versus Illyrian Labor-Managed Firms: The Problem of Property Rights." *Journal of Comparative Economics* 8:168-81.

Gunther, Richard, Giacomo Sani, and Goldie Shabad
    1986   *Spain after Franco: The Making of a Competitive Party System*. Berkeley: University of California Press.

Gutiérrez-Johnson, Ana
    1976   "Cooperativism and Justice: A Study and Cross-Cultural Comparison of Preferences for Forms of Equity among Basque Students of a Cooperative School-Factory." M.S. thesis, Cornell University.
    1978   "Compensation, Equity, and Industrial Democracy in the Mondragón Cooperatives." *Economic Analysis and Worker's Self Management* 12:267-89
    1982   "Industrial Democracy in Action: The Cooperative Complex of Mondragón." Ph.D. diss., Cornell University.
    1984   "The Mondragón Model of Cooperative Enterprise." *Changing Work* 1:35-41.

Gutiérrez-John, Ana, and William F. Whyte
    1977   "The Mondragón system of Worker Cooperatives." *Industrial and Labor Relation Review* 31:18-30.

Gutiérrez-Marquez, Antonio
    1985   "The Creation of Industrial Cooperatives in the Basque Country." Ph.D. diss., University of Chicago.

Heckscher, Charles C.
    1988   *The New Unionism: Employee Involvement in the Changing Corporation*. New York: Basic Books.

Industrial Cooperative Association
    1984   "Report on a Study Visit to Mondragón." Unpublished manusript.

Información Comercial Española
    1972   *El cooperativismo industrial de Mondragón*. NO. 467-68. Madrid: Información Comercial Española, Ministerio de Economia y Hacienda.

Jakobs, S.
    1979   "Community, Industrial Democracy, and the Cooperatives of Mondragón." B.A thesis, Harvard University

Jacobs, Jane
    1984   *Cities and the Wealth of Nations*. New York: Random House.

Jay, p.
    1977a   "St. George and Mondragón." *Times* (London) (Apr.7)
    1977b   "Til We Have Built Mondragón." *Times* (Apr.14)

Job Ownership Ltd.
    1982   *Lagun-Aro: The Non-Profit Making Social Welfare Mutuality of the Mondragón Co-operatives*. London: Job Ownership.

Johnson, Ana Gutiérrez. *See* Gutiérrez-Johnson, Ana.

Jones, Derek C.
    1980   "Producer Co-operatives in Industrialized Western Economies." *British Journal of Industrial Relations* 18:141-54.

Klingel, Sally, and Ann Martin, eds.
    1988   *A Fighting Chance*. Ithaca, N.Y.: ILR Press.

Kochan, Thomas, Harry Katz, and Robert McKersie
    1986   *The Transformation of American Industrial Relation*. New York: Basic Books.

Kroeber, Alfred L., and Clyde Kluckhohn
    1952   *Culture: A Critical Review of Concepts and Definitions*. Cambridge, Mass.: Peabody

Museum.

Larrañaga, Jesús

1981   *Buscando un camino: Don José María Arizmendi-Arrieta y la experiencia cooperativa de Mondragón*. Bilbao, Spain: R & F.

1982   "José Ayala: Con la muerte a cuestas." *Trabajo y Unión* (Oct.):8–9.

Larrañaga, Juan

1986   *El consejo social: Pasado, presente y futuro*. Mondragón: Caja Laboral Popular.

Lazes, Peter, and Tony Costanza

1984   *Xerox Cuts Cost without Layoffs through Union-Management Collaboration*. Labor-Management Cooperation Brief. Washington: U.S. Department of Labor.

Leighton, Alexander H.

1984   "Then and Now: Some Notes on the Interaction of Person and Social Environment." *Human Organization* 43:189–97

Logan, Chris

1979   "The Mondragón Cooperative Model: A critical Appraisal." *Public Enterprise* 16:7–8.

Mendicute, José Antonio

1987   "ETEO, junto con eskola, en la enseñanza de técnicas de gestion." *Trabajo y Unión* (Apr.):40–41.

Milbrath, Robert

1983   "Lessons from the Mondragón Cooperatives." *Science for the People* 15:3–11, 28–29.

1984   "Long-Run Accumulation of Capital in a Cooperative Sector: Simulation Analysis Based on the Case of Mondragón." In *Proceedings of the National Employee-Ownership and Participation Conference*. Greensboro, N.C.: Guilford College.

1986   "Institutional Development and Capital Accumulation in a Complex of Basque Worker Cooperatives (Spain)." Ph.D. diss., University of Michigan.

Mollner, Terence Jerome
- 1982 "The Design of a Nonformal Education Process to Establish a Community Development Program Based upon Mahatma Grandhi's Theory of Trusteeship." Ph.D. diss., University of Massachusetts.
- 1984 "Mondragón: Where Workers Call the Shots. An Alternative to Multinationals." *Multinational Monitor* 5:9-13.

National Center for Employee Ownership
- 1988 *The Employee Ownership Report* 7 (Jan-Feb.).

Norkett, Paul C.
- 1983 "Management Accounting for Co-operatives." *Management Accounting* 61:30-32.

Oakeshott, Robert
- 1973 "Mondragón: Spain's Oasis of Democracy." *Observer (London) Supplement* (Jan. 21).
- 1978a *The Case for Worker's Co-ops*. London: Routledge & Kegan Paul.
- 1978b "Industrial Cooperatives: The Middle Way." *Lloyds Bank Review* (Jan.):44-58.
- 1978c "The Mondragón Model of Participation." *Industrial and Commercial Training* 10:50-56.
- 1978d *The Prospect and the Condition for Successful Co-operative Production*. London: Cooperative Union Ltd.
- 1981 "European Co-operatives: Perspectives form Spain." In *Prospects for Workers' Co-operatives in Europe* 2:S1-S22. Brussels: Commission of the European Communities.

Ochoteco Aguirre, Pedro
- 1985~86 "La methode de création de nouvelles coopératives a partir de la Caja Laboral Popular." In *Cooperatives et Developpement, Revue de Ciriec*, edited by Benoit Levesque.

Olibarri, Ignacio
- 1984 "Tradiciones cooperativas vascas." In *Euskal herria: Historia y sociedad*, edited by Joseba Intxausti. Mondragón: Caja Laboral Popular.

Ormaechea, José María
- 1986 *El hombre que yo conocí*. Mondragón: Fundación Gizabidea.

Ornelas-Navarro, Jesús Carlos
    1980   "Producer Cooperatives and Schooling: The Case of Mondragón." Ph.D. diss., Stanford University.
    1982   "Cooperative Production and Technical Education in the Basque Country." *Prospects* 13:467-75.

Pérez de Calleja, Basterrechea A.
    1975   *The Group of Cooperatives at Mondragón in the Spanish Basque Country*. Mondragón: Caja Laboral Popular.

Piore, Michael J., and Charles F. Sabel
    1983   "Italian Small Business Development: Lessons for U.S. Industrial Policy." In *American Industry in International Competition: Government Policies and Corporate Strategies*, edited by John Zysman and Laura Tyson. Ithaca, N.Y.: Cornell University Press.

Riaza, Ballesteros, et al.
    1968   *Cooperativas industriales de production. Experiencias y futuro*. Bilbao, Spain: Ediciones Deusto.

Rosen, Corey, and Karen M. Young, eds.
    1991   *Understanding Employee Ownership*. Ithaca, N.Y.: ILR Press.

Rothschild-Whitt, Joyce
    1979   "The Collectivist Organization: An Alternative to Rational-Bureaucratic Models" *American Sociological Review* 44:509-27.

Royal Arsenal Cooperative Society Ltd.
    1980   *Mondragón: The Basque Cooperatives*. London: Royal Arsenal Cooperative Society Ltd.

Saive, Marie-Anne
    1980   "Mondragón: An Experiment with Co-operative Development in the Industrial Sector." *Annals of Public and Co-operative Economy* 51:223-55.
    1981   "Cooperative Doctrine and Rent in Mondragón." *Annals of Public and Co-operative*

Economy 52:369-79.

Schön, Donald A.
1983   The Reflective Practitioner. New York: Basic Books.

Shostak, Arthur B.
1991   Robust Unionism. Ithaca, N.Y.:ILR Press.

Sperry, Charles W.
1985   "What Makes Mondragón Work?" Review of Social Economy 43:345-56.

Spinks, N.
1981   "The Acceptable Face of Worker Capitalism." Accountant 185:164-66.

Tarrow, Norma Bernstein
1985   "The Autonomous Basque Community of Spain: Language, Culture and Education." In Cultural Identity and Educational Policy, edited by Colin Brock and Witold Tulasiewicz. London: Croom Helm.

Tetrault, Ives, et al.
1979   Coopératives ouvrieres de production. Coopératives forestieres. Coopératives industrielles. France et Mondragón. Quévec: Gouvernement du Québec.

Thomas, Henk
1980   "The Distribution of Earnings and Capital in the Mondragón Co-operatives." Economic Analysis and Workers' Management 14:363-92.
1985   "The Dynamics of Social Ownership: Some Considerations in the Perspective of the Mondragón Experience." Economic Analysis and Workers' Management 19:147-60.

Thomas, Henk, and Chris Logan
1980a   Mondragón: An Economic Analysis. London: George Allen and Unwin.
1980b   Mondragón Producer Cooperatives. The Hague: Institute of Social Sciences.
1982   "The Performance of the Mondragón Cooperatives in Spain." In Participatory and

self-Managed Firms, edited by D.C. Jones and J. Svejnar. Lexington, Mass.: Lexington Books.

Vines, S.
1981   "A Mondragón for Wales?" *Observer (London)* (Feb. 8).

Weitzman, Martin L.
1984   *The Share Economy: Conquering Stagflation.* Cambridge, Mass.: Harvard University Press.

Wellens, John
1978   "Worker Owners: The Mondragón Achievement." *Industrial and Commercial Training* 10:57-59.

White, D.
1984   "Successful Basque Co-operatives: The Unorthodox Survivor." *Financial Times* (May 22).

Whyte, William F.
1982   "Social Inventions for Solving Human Problems." *American Sociological Review* 47:1-13.
1986   "Philadelphia Story." *Society* (Mar.-Apr.):36-44.

Whyte, William F,. and Joseph Blasi
1980   "From Research to Legislation on Employee Ownership." *Economic and Industrial Democracy* 1:395-415.
1982   "Worker Ownership, Participation and Control: Toward a Theoretical Model." *Policy Sciences* 14:137-63.

Whyte, William F., and Damon Boynton, eds.
1984   *Higher Yielding Human Systems for Agriculture.* Ithaca, N.Y.: Cornell University Press.

Whyte, William F., Davydd Greenwood, and Peter Lazes
1989   "Participatory Action Research: Through Practice to Science in Social Research."

American Behavioral Scientist 32(May-June):513-51.

Whyte, William F., Tove Helland Hammer, Christopher B. Meek, Reed Nelson, and Robert N. Stern
   1983   *Worker Participation and Ownership: Cooperative Strategies for Strengthening Local Economies.* Ithaca, N.Y.: ILR Press.

Whyte, William F.,with Kathleen King Whyte
   1985   *Learning from the Field: A Guide from Experience.* Beverly Hills, Calif.: Sage Publications.
   1990   *Mondragón: Mas que una utopia.* San Sebastián, Spain: Txertoa.

Workplace Democracy
   1985   "Worker Ownership in North Carolina." *Workplace Democracy* 12(1):2-3.

Zwerdling, Daniel
   1980   "Mondragón of Spain." In *Workplace Democracy*, edited by Daniel Zwerdling. New York: Harper & Row.

미주

저자 서문
1 Oakeshott, 1973.
2 Gutiérrez-Johnson, 1977; 1982.

01 인류의 실험장, 몬드라곤
1 Cates and Topham, 1968: 67
2 Gutiérrez-Jonson and Whyte, 1977
3 Centre for the Study of cooperatives, 1987.
4 Bellas, 1975.

02 바스크 지방에 대하여
1 Tarrow, 1985: 248.
2 Caro Baroja 1986: 170.
3 *Ibid*.: 172.
4 Gorrono, 1975.
5 Caro Baroja, 1974: 161.
6 Azurmendi, 1984: 98.
7 *Ibid*.: 39.
8 Gunther et al., 1986: 23.
9 Amsden, 1972: 109.
10 Gunther et al., 1986: 26~27.
11 Fishman, 1985.
12 Olibarri, 1984.
13 *Ibid*.: 307.

03 몬드라곤 협동조합 복합체의 전사
1 Azurmendi, 1984: 99.
2 Larranãga, 1981: 65.
3 Azurmendi, 1984: 101.

04 최초의 노동자협동조합
1 Azurmendi, 1984: 170.

2 Larrañaga, 1981: 120.
3 Gutiérrez-Johnsona and Whyte, 1977.
4 Larrañaga, 1981: 137.
5 del Arco, 1982: 29.

05 지원기관과 협동조합의 다양화
1 de Arroiabe, 1984.
2 *Ibid.*,: 5.
3 *Ibid.*
4 *Ibid.*,: 2~4.
5 Larrañaga, 1981: 8~9.

06 협동조합 그룹으로 발전
1 Gorrono, 1975: 155.
2 Jacobs, 1984.

08 협동조합 은행, 노동인민금고의 중추적 역할
1 Ellerman, 1982.
2 *Ibid.*
3 *Ibid.*
4 *Ibid.*
5 *Ibid.*
6 *Ibid.*,: 36.
7 Gutiérrez-Marquez, 1985.
8 *Ibid.*,: 176.

09 내부 갈등의 극복
1 Azurmendi, 1984: 617.
2 *Ibid.*,: 624.
3 *Ibid.*,: 627.
4 Gutiérrez-Johnson, 1978.
5 Azurmendi, 1984: 629.
6 *Ibid.*,: 632.

7 *Ibid.*,: 632.
8 *Ibid.*,: 633.
9 *Ibid.*,: 630.

10 노동자 참여체계의 재고
1 Gutiérrez-Johnson, 1978.

11 노동개혁 프로그램
1 Larrañaga, Juan, 1986: 19.

12 모두가 살기 위해 나누는 희생
1 Thomas and Logan, 1982: 108.
2 Bradley and Gelb, 1987: 83.
3 Gutiérrez-Johnson, 1982: 345.
4 *Ibid.*,: 365~368.

13 실업에 대한 보상과 지원
1 *Trabajo y Unión*, November, 1985.

14 울라르코에서 파고르로
1 Gutiérrez-Johnson, 1982.

15 서비스업과 농업 관련 협동조합의 규모 확장
1 Greenwood, 1976.
2 *Trabajo y Unión, July-August*, 1985.

16 노동인민금고의 역할 변화
1 Industrial Cooperative Association, 1984.
2 *Ibid.*
3 *Ibid.*

17 전략적인 조직 재편
1 Ormaechea, 1986.

2 Grupo Cooperativo Mondragón, 1989.
3 Ormaechea, 1986.
4 *Ibid.*
5 Bradley and Gelb, 1987.
6 *Ibid.*,: 88~89
7 *Ibid.*,: 92.
8 Milbrath, 1983: 11.
9 *Trabajo y Unión*, Februry 1989.
10 *Ibid.*, Februry 1990.
11 *Ibid.*, November, 1990.

18 강화된 경쟁에 따른 조건 변화에의 대응
1 Ormaechea, 1986.
2 *Trabajo y Unión*, Jannuary, 1986.
3 *Ibid.*, Februry, 1986.
4 Greenwood and Gonzalez et al., 1990.
5 *Trabajo y Unión*, June 1989.
6 Bradley and Gelb, 1981: 221~222
7 Kochan et al., 1986: Hekscher, 1988: Klingel and Martin, 1988; Whyte, Greenwood, and Lazes, 1989 참조.
8 Bradley and Gelb, 1981: 221.

19 돈 호세 마리아의 사상
1 Larrañaga, 1981: 77.
2 *Ibid.*,: 84-85.
3 *Ibid.*,: 83.
4 Ormachea, 1986: 12.

21 몬드라곤의 경험은 우리에게 무엇을 의미하는가?
1 The Employee Cooperative Corperation Act(매사추세츠 주법 104장)
2 National Center for Employee Ownership, 1988.
3 Whyte and Blasi, 1988.
4 *Workplace Democracy*, 1985.

5 Whyte, 1986.
6 Chris Mackin, Personal Communication.
7 Shostak
8 *Ibid*.
9 Bellas, 1975: 212.
10 *San Fransisco Chronicle*, January 20. 1987.
11 Whyte et al., 1986.
12 Whyte, 1986.
13 Argyris et al., 1986; Schon, 1983.
14 Whyte and Blasi, 1982; Rothschild-Whitt, 1979.
15 Piore and Sabel, 1983.
16 Weeitzman, 1984.
17 Collins et al., 1964.

추천사
좋은 벗에 대한 이야기, 몬드라곤

필자는 저의 오래된 제자입니다. 1992년도에 필자는 홍제동 정토법당에서 생활하며 『몬드라곤에서 배우자』를 번역했습니다. 새벽마다 예불을 드리고 아침에는 발우공양을 하고, 가끔 2박 3일 절 수행도 하면서 틈틈이 번역을 했던 걸로 기억합니다.

당시 정토회에서는 새로운 문명에 대해 많은 토론이 있었습니다. 한 1년 정도 도반들과 토론한 끝에 '맑은 마음, 좋은 벗, 깨끗한 땅'이라는 세 가지 주제가 새로운 문명의 화두라고 결론 내렸던 걸로 기억합니다. 몬드라곤은 '좋은 벗'에 대한 이야기입니다.

필자가 절에서 나가 직접 실천해보겠노라고 이야기하던 모습이 눈에 선합니다. "일에 빠지지 말고 일을 굴려라. 모든 일을 수행삼아 하라"고 얘기해 주었습니다. 세월이 벌써 이렇게 흘러 벌모레 쉰 살 다 된 제자가 추천사를 써달라고 하니 그때 일이 떠올라 감회가 새롭습니다.

『몬드라곤에서 배우자』와 『몬드라곤의 기적』이 두 권의 책이 많은 사람들로 하여금 사이좋게 살도록 하는 데 도움이 되기를 바랍니다. '사이좋음'은 남과 북, 동과 서, 넉넉한 사람과 모자란 사람, 기독교와 이슬람 사이에서뿐 아니라 직장 안에서, 가정 안에서도 지켜져야 할 이 시대의 가장 중요한 원칙이라고 생각합니다.

2011년 8월, 정토회 지도법사 법륜 합장

추천사
따뜻하고 다정한 공동체를 꿈꾸며

　1992년 미국에서 돌아온 지 얼마 안 되었을 때, 동숭동 방송통신대학의 내 연구실에서 처음 필자를 만났다. 그때 그는 『몬드라곤에서 배우자』를 번역하고 있었던 걸로 기억한다. 처음 만남에서 우리는 기업지배구조에 대해 많은 이야기를 나누었다. 미국에서 공부하고 돌아온 내가 기업법 지식을 길고 지루하게 풀어헤치는 동안, 그는 꾹 참고 귀를 기울여주었다. 필자는 나에게 협동조합에 대해 이야기했던 것 같다. 지금 생각해보니, 나는 그에게서 무슨 활동가라기보다는 종교인 같은 느낌을 받았던 것 같다.
　나는 미국에서 기업법을 공부하면서 이미 몬드라곤을 알고 있었다. 로버트 오크샷이나 조셉 블라시처럼 당시 미국과 영국의 진보적 사회경제학자들은 몬드라곤 협동조합에 큰 관심을 기울이고 있었고, 나는 이들과 교분을 갖고 있었다. "한국에 가면 이걸 한번 알려주자" 생각하던 차였다. 내가 움직이기도 전에 이미 관련된 책을 번역하고 있다는 소식이 반갑기도 하고 놀랍기도 했다.
　첫 대화 이후 우리의 토론 주제는 몬드라곤 협동조합에서 노동조합의 경영 참여, 종업원지주제로 확장되었다. 1995년 무렵 민주주의 법학연구회에서 『민주법학』이라는 잡지를 만들 때, 필자에게 '한국에서 노동조합의 경영 참여'라는 주제로 원고를 부탁한 적이 있다. A4 용지로 약 30쪽 정도 되는 그 원고는 머리말, 본론, 결론으로 구성되었는데, 긴 본론 뒤에 쓴 결론을 보고 충격을 받았다. 거기에는 딱 두 마디가 쓰여 있었다. "제3부 결론. 문제는 실천이다."(필자는 편집자의 실수였노라고 해명했지만, 나는 그 해명을 믿지 않았다.)

1997년 외환위기 직후 나는 필자가 대표로 있던 '노동자기업인수지원센터'의 자문위원장을 맡았다. 그리고 2001년인가 내가 삼성 이건희 회장을 고발하는 '스탑 삼성' 운동을 벌일 때 필자는 사무국장을, 그의 부인은 홈페이지 관리자를 맡아주었다.

2011년 8월로 기억한다. 필자는 내게 『몬드라곤에서 배우자』의 번역을 가다듬어 복간하고 직접 쓴 책 『몬드라곤의 기적』과 함께 동시 출간하게 되었다는 사실을 알려주면서 추천사를 써달라고 부탁했다. 그를 만난 이후 처음으로 내게 청탁한 원고로 기억한다. 그때 나는 무상급식 투표 때문에 매우 바쁜 일정을 보내고 있었지만, 이 청탁을 수락하지 않을 수 없었다.

아마도 이 글을 쓰고 책이 출간된 뒤에야 그의 저서를 자세히 살펴보게 될 것이다. 하지만 몬드라곤 협동조합이 한국의 수많은 협동조합 활동가와 노동조합 운동가들, 그리고 경제학과 경영학 연구자들에게 신선한 발상의 전환을 일으킬 수 있다고 확신한다. 이것을 계기로 한국 사회가 좀 더 따뜻하고 다정한 공동체로 나아갈 수 있기를 희망한다.

2011년 9월, 서울특별시 교육감 곽노현

추천사
현실적이고 강력한 경제적 대안, 몬드라곤

'하늘에서 비가 오면 좋지만, 비가 오지 않을 땐 우물이라도 파자.'

정치는 기본적으로 '우물'에 관한 이야기다. 이상理想이 아니라 현실을 추구하는 것이 정치이기 때문이다. 따라서 정치를 한다면서 하늘에서 비가 내리게 하는 방법을 찾거나, 비가 오지 않는 모든 이유를 찾아내 투덜거리고 있어선 안 된다. 기우제를 지내도 비가 오지 않는다는 과학이 알려지기 전까지 정치는 주술이었다. 지금도 정치를 주술적 행위로 이해하는 사람들이 없지 않다. 그들은 비가 오지 않는 한 궁극적인 해결책은 없다고 믿고, 간절히 기도하면 언젠가는 비가 오리라 믿는 선량한 신앙인들과 흡사하다.

반대로 비가 오지 않는 이유를 누구보다 명확하게 분석하고 비가 와야 할 이유를 누구보다 실감나게 설명하는 이들은 과학적이다. 그렇게 과학적 인식으로 무장하고 열심히 비판하다 보면 반드시 비가 오리라는 신념에 찬 운동가들도 우리 주변에 여전히 많다.

하지만 정치는 주술도 과학도 아니다. 어디를 파면 가장 빠르고 쉽게 물을 찾을 수 있는지 알아내 바로 곡괭이질을 시작하는 게 정치다. 정치는 뭔가를 간절히 빌거나 격하게 비판하는 데 그 본령이 있지 않다. 정치는 권력을 획득함으로써 공공의 문제를 해결하는 데 궁극적인 목적이 있다.

몬드라곤 협동조합운동은 현실적인 대안 찾기로서의 '정치'처럼, 주술과 얼치기 과학을 포기한 이들이 찾아낼 수 있는 강력한 경제적 대안이라고 나는 확신한다. 진보주의자들은 자본주의의 피폐함 때문에 좀 더 인간적인 경제체제를 찾아 나섰고, 사회주의가 그 대안이 될 수 있으리라 보았다. 하지만 현실화된 사회주의는 경제체제로서의 작동 자체가 곧 한계에 부딪치는 한편 인간성조차 보장하지 못했다.

그에 따라 정치가 다시 돌아간 곳은 민주주의였다. 자본주의가 됐든 사회주의가 됐든, 시장과 국가의 힘을 민주주의 원리를 통해 제어해보려 했던 것이다. 반면 경제는 자본주의의 극단적 형태인 신자유주의 국면으로 가면서 악화 일로에 있다. 그래서 여러 가지 대안이 나오고 있다. 나 역시 경제적 대안이 없지 않다고 본다. 몬드라곤은 실재하는 하나의 경제체제이기 때문이다. 협동조합이라는 생산과 소비 방식을 운동에서 출발해 더 큰 규모의 경제체제로 발전시키는 일 정도면 우리가 마실 충분한 '우물 파기' 작업이 되지 않겠는가?

그런 점에서 한 시대를 지나 지금 다시 『몬드라곤에서 배우자』를 복간하고 필자의 소신과 한국의 현실, 변화된 시대를 반영하여 『몬드라곤의 기적』으로 한 걸음 내딛는 것은 정치로 우물을 파는 나로선 몹시 반갑고 시사적인 사건이다.

2011년 9월, 국회의원 김부겸